Independência

Sesc

SERVIÇO SOCIAL DO COMÉRCIO
Administração Regional no Estado de São Paulo

Presidente do Conselho Regional
Abram Szajman
Diretor Regional
Danilo Santos de Miranda

Conselho Editorial
Áurea Leszczynski Vieira Gonçalves
Rosana Paulo da Cunha
Marta Raquel Colabone
Jackson Andrade de Matos

Edições Sesc São Paulo
Gerente Iã Paulo Ribeiro
Gerente Adjunto Francis Manzoni
Editorial Cristianne Lameirinha
Assistente: Maria Elaine Andreoti
Produção Gráfica Fabio Pinotti
Assistente: Ricardo Kawazu

Biblioteca Brasiliana Guita e José Mindlin

UNIVERSIDADE DE SÃO PAULO

Reitor Carlos Gilberto Carlotti Junior
Vice-reitora Maria Arminda do Nascimento Arruda

Pró-Reitoria de Cultura e Extensão Universitária
Pró-reitora Marli Quadros Leite
Pró-reitor adjunto Hussam El Dine Zaher

Biblioteca Brasiliana Guita e José Mindlin
Diretor Alexandre Macchione Saes

Publicações BBM
Editor Plinio Martins Filho
Editoras assistentes Amanda Fujii e Bruna Xavier Martins

Edições Sesc São Paulo
Rua Serra da Bocaina, 570 – 11º andar
03174-000 – São Paulo SP Brasil
Tel.: 11 2607-9400
edicoes@sescsp.org.br
sescsp.org.br/edicoes
/ edicoessescsp

Publicações BBM
Biblioteca Brasiliana Guita e José Mindlin
Rua da Biblioteca, 21
Cidade Universitária
05508-065 – São Paulo, SP, Brasil
Tel.: 11 2648-0840
bbm@usp.br

Independência

Memória e Historiografia

Wilma Peres Costa
Télio Cravo
[org.]

edições sesc

© Télio Cravo e Wilma Peres Costa, 2023
© Edições Sesc São Paulo, 2023
Todos os direitos reservados
Direitos reservados e protegidos pela Lei 9.610 de 19.02.1998.
É proibida a reprodução total ou parcial sem autorização,
por escrito, das editoras.

Edição	Plinio Martins Filho
Preparação	Gabriela Amorim Molina, Isac Araujo dos Santos
Projeto gráfico	Isac Araujo dos Santos
Composição	Amanda Fujii, Isac Araujo dos Santos
Capa	Fabio Pinotti
Foto da capa	Michelli Cristine Scapol Monteiro
Revisão	Raira Cortes

Ficha catalográfica elaborada pelo Serviço de Biblioteca e Documentação da
Biblioteca Brasiliana Guita e José Mindlin (BBM-USP)

IN38

Independência: Memória e Historiografia / Télio Cravo; Wilma Peres Costa (orgs.). – 1. ed. – São Paulo: Edições Sesc, 2023.

416 p. ; 18 x 25 cm ; il.

ISBN: 978-85-9493-235-8

1. Independência do Brasil. 2. História do Brasil. 3. Nação. 4. Brasil. I. Organizadores. II. Título

CDD: 981.04

Bibliotecário Resp.
Rodrigo M. Garcia, CRB8ª: SP-007584/O

Sumário

Temporalidades Heterogêneas – *Danilo Santos de Miranda* ... 7

Sobre o Passado e o Futuro de uma Memória – *Wilma Peres Costa e Télio Cravo* ... 9

PARTE 1. SOBRE O FUTURO DE UMA MEMÓRIA

I. Foram os Grandes Vultos que Fizeram a História das Independências do Brasil? – *Lucia Bastos P. Neves* ... 15

II. O Nacionalismo Autoritário Ritualizado: O 31 de Março e o 7 de Setembro nas Comemorações Cívicas da Ditadura Militar – *Rodrigo Patto Sá Motta* ... 37

III. Independência, Documentos de Arquivo e Políticas da Memória – *Renato Venancio* ... 59

IV. Brasil Paralelo: Restaurando a Pátria, Resgatando a História. A Independência entre Memórias Públicas e Usos do Passado – *Fernando Nicolazzi* ... 73

PARTE 2. NARRATIVAS, CONEXÕES E IMAGENS

V. A Independência, em Síntese: Sobre um Exercício de Escrita Histórica – *Jurandir Malerba* ... 95

VI. A Independência Negociada com os Artistas: Afonso Taunay, o Museu Paulista e a Fabricação das Imagens para 1922 – *Carlos Lima Junior* ... 119

VII. Do Reino Unido ao Império: Memórias, Narrativas e Prismas – *Wilma Peres Costa* ... 147

VIII. Ideias Republicanas na Era da Independência – *Heloisa Murgel Starling* ... 175

IX. Memórias da Independência: Um Projeto Expositivo para Discutir o Bicentenário – *Paulo César Garcez Marins* ... 191

PARTE 3. TERRITÓRIOS EM MOVIMENTO

X. Nossas Províncias Africanas: Angola (Benguela) e a Independência do Brasil (C. 1822-1825) – *Roquinaldo Ferreira* — 203

XI. Expansionismo e Crise: A Independência do Brasil e a Província Cisplatina (1808-1828) – *Fabrício Prado* — 219

XII. 1825: Um Ponto de Inflexão no Processo Independentista do Brasil e da América Hispânica – *João Paulo Pimenta* — 237

XIII. As Praças de Comércio: Ordem Liberal e Persistências do Antigo Regime – *Cláudia Maria das Graças Chaves* — 251

XIV. Crise, Desenclave das Minas e o Avesso do Vicinal: Conexões e Território no Processo de Independência do Brasil – *Télio Cravo* — 267

PARTE 4. FRONTEIRAS DA CIDADANIA NA FORMAÇÃO DA NAÇÃO

XV. Escravidão e Regimes Representativos no Atlântico: Um Exercício de História Conceitual – *Tâmis Parron* — 291

XVI. Independência, Constituição e Cidadania: Que Sujeitos? Que direitos? – *Andréa Slemian* — 313

XVII. Quem Eram os "Briosos Militares"? O Exército de D. Pedro às Vésperas da Independência (Rio de Janeiro, 1821-1822) – *Adriana Barreto de Souza* — 331

XVIII. Interpretações e Alinhamentos dos Povos Indígenas na Era das Revoluções Atlânticas – *André Roberto de A. Machado* — 347

XIX. Tráfico de Escravos, Africanos Livres e Trabalho Compulsório ou os Silêncios na História da Independência – *Beatriz G. Mamigonian* — 369

XX. Vozes Africanas no Lado Avesso da Independência e da Língua Brasileira – *Ivana Stolze Lima* — 391

Sobre os Autores — 407

Temporalidades Heterogêneas

DANILO SANTOS DE MIRANDA
Diretor do Sesc São Paulo

MUITOS PROCESSOS MENTAIS HUMANOS DEPENDEM de analogias para serem compreendidos, e, dentre eles, a memória talvez seja nossa faculdade mais subordinada à metaforização. No contexto da cultura ocidental, exemplos como os blocos de cera em que os gregos antigos escreviam, o palimpsesto medieval, a chapa fotográfica do século XIX e, mais recentemente, os bits digitais, têm sido utilizados para registrar o modo como nos lembramos do passado.

Na esteira dessa lógica comparativa, porém inversamente, poderíamos dizer que a história enquanto disciplina apresenta similitudes com as dinâmicas verificadas na experiência pessoal da rememoração: certas reminiscências são evocadas segundo uma busca premeditada e intencional, enquanto outras se desdobram na medida em que eventos da atualidade as desencadeiam, como ocorre nas efemérides ou nas festividades. Já no caso de eventos traumáticos, fazem-se necessários trabalhos psíquicos capazes de atenuar a dor ensejada por tais experiências, principalmente no sentido de constituir um aprendizado com o passado, como propõem espaços de recordação como os monumentos públicos ou os estudos que preservam e dão visibilidade aos testemunhos das vítimas dessas ocorrências.

Na aproximação entre memória e história, essa última, ao se fundar nas exigências do presente, dirige aos tempos idos uma mirada que, se por um lado, parte dos dados objetivos da realidade, por outro, é dotada de certa instabilidade originária dos usos que podem ser feitos do passado.

A publicação *Independência: Memória e Historiografia* se detém nos veios de contradição e complexidade que marcam a escrita da história da emancipação do Brasil em relação a Portugal. Esses estudos, organizados pelos historiadores Wilma Peres Costa e

Télio Cravo, abordam desde a construção do imaginário da independência em pinturas localizadas no Museu Paulista – cuja reabertura também compõe o feixe de ações comemorativas de 2022 – até a análise documental sobre o conceito de cidadania numa sociedade escravocrata que, ao mesmo tempo que reivindicava um regime representativo, se alicerçava na exclusão da maior parcela de sua população quanto a essas instâncias governamentais, dentre outros mecanismos de negação de direitos humanos.

Por acreditar no papel fundamental que o conhecimento sobre a complexidade do passado desempenha no delineamento do futuro, o Sesc, instituição comprometida com o desenvolvimento humano e social, encontra nesta obra oportunidade de reafirmar seu compromisso com a sociedade. Assim, por ocasião da efeméride dos duzentos anos da Independência do Brasil, propomos um ato comemorativo pautado na reflexão crítica, dialógica e plural acerca das histórias que nos perfazem enquanto coletividade.

Sobre o Passado e o Futuro de uma Memória

Wilma Peres Costa e Télio Cravo

> *O meu pai era paulista*
> *Meu avô, pernambucano*
> *O meu bisavô, mineiro*
> *Meu tataravô, baiano*
> *Meu maestro soberano*
> *Foi Antônio Brasileiro*
> Chico Buarque de Holanda, *Paratodos*

O livro que o leitor tem em mãos reúne trabalhos apresentados no Seminário 3x22: 1822 – Independência: Memória e Historiografia, evento que integrou o vasto empreendimento posto em marcha pela Biblioteca Brasiliana Mindlin da Universidade de São Paulo, em colaboração com o Sesc, em torno da instigante sobreposição de efemérides e temporalidades que terá lugar em 2022 – o bicentenário da Independência do Brasil e o centenário da Semana da Arte Moderna. Menos do que a definição de um lugar de comemoração, o espírito da iniciativa convidava a falar dos múltiplos significados daqueles eventos e da sua reverberação no nosso presente. Sabidamente, uma das virtualidades das comemorações é a de desenhar atalhos inéditos entre os pesquisadores e o grande público, pois nessas ocasiões novas trilhas de pesquisa e interpretações podem dialogar com os lugares de memória e alcançar também as salas de aula, além do campo sempre alargado das tecnologias digitais.

Para os historiadores de ofício, a Independência é temática incontornável. Ela se liga à própria trajetória da disciplina, do seu ensino e da sua pedagogia nos espaços públicos onde se cristalizam memórias e celebrações. Por essa razão, pareceu a nós que o evento, e o livro que dele resulta, devesse enfatizar, ao lado da apresentação de algumas das novas linhagens que têm sido exploradas sobre o tema da Independência, a própria historicidade das suas comemorações. Ao propor a reflexão sobre as comemorações como um dos eixos do evento, buscávamos um modo de revisitar a sempre sensível relação entre história e memória, por meio de alguns relevos que vale a pena aqui explicitar.

O tema das celebrações da independência convidava-nos a olhar não apenas para o passado dessas celebrações, na conhecida acepção de que cada época o recria e reincorpora, a seu modo, mas também para as demandas que as vozes do presente expressam, com urgência sobre o "futuro da memória", disputa que se manifesta por vezes com grande estridência no ataque a imagens e efígies ou na exigência do tratamento de temas e personagens antes silenciados.

Na busca de um recorte que respondesse ao desafio de pensar a efeméride da Independência a partir de suas celebrações, dois momentos nos ajudaram a organizar os eixos do evento e que se expressam nas duas partes iniciais do livro. O primeiro, analisar, à luz dos debates historiográficos atuais, a narrativa sobre a formação da nação brasileira que se cristalizou em um dos seus "lugares de memória", o Museu do Ipiranga, às vésperas de sua reabertura à visitação pública, programada para 2022, depois de longa ausência. Entre as manifestações populares que problematizaram alguns dos ícones daquela decoração – a estátua do Borba Gato – e a sonoridade poética da canção Paratodos de Chico Buarque de Holanda (na epígrafe), que pontuou a mensagem de Ano Novo veiculada pelo Museu (2020-2021), as discussões sobre a memória da independência adquiriram, para nós, pertinência e sentido.

Uma segunda referência orientou nossas escolhas e também nossas apreensões, pois não é demais registrar que vivemos tempos sombrios, doentes e cercados de incertezas. Presentes em nossas discussões estiveram reiteradamente os modos de comemoração/rememoração do Sesquicentenário da Independência (1972). Os eventos de 1972 invadiam nossas falas, pois naquela ocasião se fizeram presentes de modo particularmente significativo as distintas dimensões aqui propostas – comemoração, disputas pela memória e historiografia – razão pela qual reverberam até nossos dias.

Dentre elas vale ressaltar, naquele ano, as cerimônias de repatriamento dos restos mortais de D. Pedro I pelo governo ditatorial, construindo um périplo pelas várias regiões do país, evento que foi um notório investimento político do regime, ecoando na imprensa escrita e televisada, quando se aprofundavam as suas dimensões mais cruéis. Ao mesmo tempo na esfera acadêmica, que fora fortemente vitimada pelo regime, 1972 foi a data de publicação do livro *1822: Dimensões*, pela Editora Perspectiva, coordenado pelo historiador Carlos Guilherme Mota, livro que constituiu um marco em torno do qual gravitaram muitos dos debates em torno da Independência pelas décadas subsequentes.

A memória do sesquicentenário se faz presente em nossos debates com admiração e respeito por aqueles historiadores, que souberam naquela altura responder com coragem, rigor e argúcia crítica ao espetáculo patético do funeral extemporâneo do nosso primeiro Imperador. Ao mesmo tempo, somos tomados pela incerteza ao nos defrontar com o fato de que as comemorações do bicentenário da Independência se farão sob a égide de governantes que não têm apreço pela democracia nem pelo pensamento crítico. É certo que não temos mais imperadores para repatriar, mas é impossível imaginar quais cenografias poderão ser projetadas para dar visibilidade a tentações autoritárias que as manifestações do Sete de Setembro de 2021 tristemente prefiguraram.

O livro que apresentamos ao leitor ecoa essas apreensões. Se não podemos responder a elas, registrá-las é um dever do nosso ofício.

Se, em efemérides passadas (1922, 1972) os círculos do poder fizeram-se presentes pelas cerimônias fúnebres (e extemporâneas) dos esquifes de D. Pedro II (1822) e D. Pedro I (1972), agora trata-se de honrar a memória de mais de 600 mil mortos pela terrível pandemia, agravada pela irresponsabilidade e pelo negacionismo dos nossos dirigentes.

Compartilhamos essa apreensão sobre o "o futuro da memória" com nossos leitores enfatizando, na segunda metade do livro, o esforço de dar lugar àquelas vozes que têm expressado em suas lutas e pesquisas o desejo e o direito de fazer parte da história e da memória da construção da nação: os indígenas, os escravizados, os forros, os livres e pobres, pessoas de todos os gêneros e raças, gente que estava viva e que precisa ser lembrada como quem viveu – em suas lutas, escolhas e nos indícios que deixaram e que pedem lugar de entrada na história escrita, na história ensinada, nos lugares públicos.

Por essa, entre tantas razões, é que refletir sobre a Independência no contexto da comemoração é tarefa que envolve um desafio distinto daquele que os historiadores de ofício enfrentam em seu trabalho cotidiano em salas de aula ou em encontros acadêmicos regulares, pois envolve a necessidade de nos questionarmos sobre que respostas seríamos capazes de oferecer, a partir do nosso ofício, nesses tempos insalubres e sombrios, que possam contribuir de algum modo para minorar a incerteza e abrir janelas para o futuro.

Parte 1
Sobre o Futuro de uma Memória

CAPÍTULO I

Foram os Grandes Vultos que Fizeram a História das Independências do Brasil?

LUCIA BASTOS P. NEVES

Para Começar

Figura 1. *Selo Comemorativo do 1º Centenário da Independência do Brasil.*
Projeto de Eliseu Visconti[1]

---

1. O projeto foi de Eliseu Visconti. Neste selo, à esquerda aparece o retrato de D. Pedro I. Entre ele e José Bonifácio de Andrada e Silva, o Cruzeiro do Sul, à direita o presidente da República Epitácio Pessoa. Ao centro, uma figura feminina coroa com uma mão Epitácio Pessoa e, na outra, há o escudo com o valor do selo. Disponível em https://eliseuvisconti.com.br/obra/a822/. Acesso em 14 out. 2022.

Em 7 de setembro de 1922, quando a Independência do Brasil completou 100 anos de existência, a narrativa da história de sua construção ainda se voltava essencialmente para o estudo dos fatos e das grandes personagens que haviam realizado esse processo. Inúmeros festejos e comemorações foram realizados, sempre em caráter oficial, provocando, portanto, desconfiança por parte da historiografia posterior. Artigos de jornais e escritos de divulgação também exaltavam os grandes heróis do feito. Regra geral, não havia novidades que trouxessem inquietações ao historiador para outras abordagens acerca do fato, considerado, por muitos, como o marco fundador da nacionalidade brasileira[2].

Na produção historiográfica, coube a Manuel de Oliveira Lima, em 1922, publicar uma das obras fundamentais a fim de explicar o processo – O Movimento da Independência – iniciado pelo regresso de D. João e "as causas e efeitos da Revolução Portuguesa de 1820", e finalizado com a coroação de D. Pedro e as intrigas e tramas entre os grupos de José Bonifácio e de Gonçalves Ledo[3]. Utilizando uma narrativa minuciosa e erudita e pautando-se em rigorosa crítica documental de fontes ainda inexploradas, como documentos de arquivos estrangeiros, cartas trocadas entre D. Pedro e seu pai, relatos de viajantes, periódicos e panfletos, Oliveira Lima inovou ao procurar apresentar uma visão processual da Independência, em que estruturas e acontecimentos mesclavam-se[4]. *Malgré tout*, os indivíduos não deixavam de se fazer presentes como os grandes responsáveis pela Independência.

Ainda, posteriormente, trabalhos clássicos, como o de Otávio Tarquínio de Sousa, trilhavam o caminho da historiografia do oitocentos, revelando, em certa medida, o papel adquirido por uma personagem fundamental no mundo contemporâneo: o indivíduo.

---

2. Para o estudo das comemorações dos 100 anos da Independência, ver, especialmente, Marly Silva da Motta, *A Nação Faz 100 Anos: A Questão Nacional no Centenário da Independência*, Rio de Janeiro, Editora da Fundação Getúlio Vargas, 1992.
3. *O Movimento da Independência, 1821-1822*, São Paulo, Melhoramentos, 1922, ver capítulos I e XXI. A obra foi criticada em vários aspectos, à época, por Capistrano de Abreu, *Correspondência de Capistrano de Abreu*, Rio de Janeiro/Brasília, Civilização Brasileira/INL, 1977, vol. 2, Carta de 3 de agosto de 1922. No sesquicentenário também mereceu a crítica de José Honório Rodrigues, *Independência: Revolução e Contrarrevolução: As Forças Armadas*, Rio de Janeiro, Livraria Francisco Alves Editora S.A., 1975, p. 16.
4. Para a análise da escrita da história em Oliveira Lima, cf. Eduardo Luis Flach Käfer, *Entre Memória e História: A Historiografia da Independência nos Cem Anos de Emancipação*, Dissertação de Mestrado apresentada no Programa de Pós-graduação em História na PUC-RS, 2016. Disponível em: http://tede2.pucrs.br/tede2/handle/tede/6978. Acesso em: 30 jan. 2020. Cf. também: Lucia Bastos P. Neves, "Oliveira Lima e o Império do Brasil: Uma Nova Narrativa", em André Heráclio do Rêgo, Lucia Bastos P. Neves e Lucia Maria Paschoal Guimarães (orgs.), *Oliveira Lima e a Longa História da Independência*, São Paulo, Alameda Casa Editorial, 2021, pp. 165-188.

No ritual dos sucessos políticos brasileiros da época faltava ainda parte essencial: a consagração no recinto do teatro. E à noite lá esteve o imperador, saudado por vivas estrondosos. [...] "Numerosas composições" de poetas improvisados antecederam ao principal da noite – um elogio dramático, uma cantata de Troncarelli, o drama Independência de Escócia. [...] Programa vasto, a que não faltou "um novo hino patriótico, que a todos agradou, ainda mais pelo entusiasmo que inspiraram as letras do que pela sua harmoniosa música". [...] No dia seguinte prosseguiram as festas. Salvas de artilharia logo de madrugada lembraram aos fluminenses que tinham um imperador constitucional, e este, ainda debaixo da comoção da véspera, quis louvar a Deus, pedir suas graças. Às onze horas deixava o Paço da Boa Vista para o da cidade e de lá se encaminhava para a Capela Imperial, onde o bispo capelão-mor e todo o cabido, paramentados com magnificência o esperavam. [...] celebrou-se missa pontifical, ouvindo-se no curso desta a "música do insigne herói a quem a natureza prodigalizou todos os talentos". Quem poderia ser esse herói senão D. Pedro?[5]

A longa transcrição acima demonstra o caráter laudatório da obra de Tarquínio de Sousa em relação à personagem que considerava como central no processo da Independência do Brasil: Pedro I.

Sem dúvida, alguns avanços se fizeram. Em 1972, no sesquicentenário da Independência, José Honório Rodrigues trouxe à luz a participação de atores de menor importância – o homem comum – nesse processo, mas ainda pouco avançou nesse sentido[6]. Foi preciso esperar a renovação de uma historiografia do final do século XX que forneceu pistas inovadoras em relação ao processo de separação entre Brasil e Portugal, mas, que ainda não se debruçou de maneira profunda sobre aqueles que permaneceram na sombra, embora estes tenham lutado e interferido de algum modo nos rumos da cisão. Tais estudos abriram novas perspectivas para se analisar o papel das camadas médias e populares ao longo desses anos. Mas muito ainda é necessário se fazer.

Há conhecimento que "eles" – escravos, libertos, homens pobres, mulheres livres, brancos ou mestiços, indígenas, homens e mulheres das camadas médias – estiveram presentes no processo de separação do Brasil. Ainda é, contudo, bastante difícil compreender como essa presença se efetivou nas práticas políticas. Um primeiro problema é a escassez de fontes produzidas por esses atores. Regra geral eram iletrados,

---

5. Otávio Tarquínio de Sousa, *A Vida de D. Pedro I*, [1952], Brasília, Senado Federal, Conselho Editorial, 2015, tomo 2, pp. 426-428.
6. José Honório Rodrigues, *Independência: Revolução e Contrarrevolução*, Rio de Janeiro, Livraria Francisco Alves Editora S. A., 1975, vol. 5. Outro trabalho de fundamental importância que veio à luz naquela época foi: Carlos Guilherme Mota (org.), *1822: Dimensões*, São Paulo, Perspectiva, 1972.

embora travassem conhecimento com a cultura letrada por meio da oralidade[7], o que muitas vezes levou o historiador a aceitar uma certa inércia dessas camadas populares, cabendo apenas às elites o papel de protagonistas no processo. Além disso, há documentos que foram produzidos pelas camadas ilustradas ou pelas autoridades locais, que preocupadas com qualquer levante ou movimentação que viesse das ruas, ampliavam o teor das mensagens, exagerando a possibilidade de motins ou revoltas. Apesar destes fatores e mesmo que nem sempre seus projetos tenham culminado em uma vitória, esses anônimos e esquecidos precisam ser apreendidos, pois suas ações indicam tensões em um processo repleto de incertezas e de possibilidades. É necessário também observar que nem sempre tais documentos apresentavam como objetivo final a independência do Brasil em si, especialmente em uma sociedade multifacetada, em que mais de 30 por cento da população era escravizada, e em que a população livre de cor era a faixa da população que mais crescia[8]. Esse trabalho procura apontar outras formas de abordar a Independência do Brasil, para além de seus grandes vultos e heróis, bastante conhecidos e analisados pela historiografia do oitocentos e mesmo do século XX. Objetiva-se, portanto, trazer à tona personagens comuns ou anônimos que mediante suas ideias e práticas políticas também apresentaram projetos distintos de se construir as Independências do Brasil. Por outras linguagens distintas daquelas das elites que comandaram o processo, forneceram argumentos e percepções que possuíam sobre o momento histórico que vivenciaram, emprestando outros significados ao conceito de Independência[9].

Por conseguinte, nas proximidades dos duzentos anos desse processo, cabe não apenas comemorar ou relembrar fatos que fornecem um discurso político que pode "constituir uma memória nacional", nas palavras de Pollack[10]. Torna-se necessário alargar o campo de análise e repensar o processo que não se circunscreve ao Sete de Setembro e ao consagrado Grito do Ipiranga, reconstruindo por meio de uma trama

---

7. Cf. Lucia Bastos P. Neves, *Corcundas e Constitucionais. A Cultura Política da Independência (1820-1823)*, Rio de Janeiro, Faperj/Revan, 2003, pp. 103-104.
8. Hendrik Kraay, "Slaves, Indians, and the "Classes of Color: Popular Participation in Brazilian Independence", em Willem Klooster (org.), *The Cambridge History of the Age of Atlantic Revolution*, Cambridge, Cambridge University Press, no prelo.
9. Javier Fernández Sebastián, *Diccionario Político y Social del Mundo Iberoamericano, La Era de las Revoluciones, 1750-1850*, Madrid, Fundación Carolina, Sociedad Estatal de Conmemoraciones Culturales, Centro de Estudios Políticos, 2009, pp. 25-48.
10. Michael Pollack, "Mémoire, Oublie, Silence", *Une Identité Blessée*, Paris, Métailié, 1993, pp. 28-29.

coerente, a Independência, voltada não apenas em suas fronteiras, mas em um diálogo, que encontra no Atlântico o ponto de união de suas ideias e ações[11].

Novos Instrumentos e Espaços da Política: Os Escritos de Circunstâncias, as Ruas, as Praças Públicas, as Petições e as Listas Eleitorais

> Às armas Cidadãos. É tempo Às Armas
> Nem um momento mais, perder deveis
> Se à força da razão, os Reis não cedem
> Das armas ao [sic] poder cedam os reis[12].

> Dis o Pagoni que hade por sobrescriptos na testa dos Independentes, cada um deles esta cagando huma poia de merda para lhe cobrir a calva, e as sobras para lhe untar nos bigodes e a seos companheiros bigodistas[13].

Assim proclamavam dois panfletos manuscritos, colados nas paredes e nos postes das ruas de cidades brasileiras entre os anos de 1820 e 1824, quando a política ganhava as ruas e as praças públicas, demonstrando um clima agitado pela constitucionalização e pelas independências do Brasil. O primeiro, encontrado na cidade do Rio de Janeiro, incitava o povo a aderir ao movimento constitucionalista português. Utilizando-se de uma retórica que lembrava aquela dos textos da Revolução Francesa de 1789 – *Citoyens! Aux armes!* – ainda que não refletisse o mesmo clima, pois o objetivo não consistia em destronar a dinastia reinante – a de Bragança – apenas desejava-se quebrar os grilhões do despotismo, que, há tanto tempo, julgava-se, oprimiam os luso-brasileiros. Refletia, assim, o clima do ano de 1821 – aquele do constitucionalismo e das ideias liberais.

O segundo, presente nas ruas do Maranhão, datado provavelmente de 1823, indicava a indignação dos grupos contrários à união com o Rio de Janeiro – os indepen-

---

11. Jeremy Aldeman, *Sovereignty and Revolution in the Iberian Atlantic*, Princeton, Princeton University Press, 2006.
12. Arquivo Histórico do Itamaraty, Rio de Janeiro, Lata 195, maço 6, pasta 13. Transcrito em José Murilo de Carvalho, Lucia Bastos P. Neves e Marcello Basile, *Às Armas Cidadãos. Panfletos Manuscritos da Independência do Brasil (1820-1823)*, São Paulo/Belo Horizonte, Companhia das Letras/Fapemig/Editora UFMG, 2012, pp. 126-128.
13. Biblioteca Pública Benedito Leite, São Luís. Documentos Manuscritos, 27 A, M4A, G – 2, E – 11. Documentos enviados à Junta do Governo da província do Maranhão, contendo pasquins alusivos à Independência, 1822-1823.

dentistas – e demonstrava uma outra postura em relação à Independência realizada no Sudeste, sob a égide de D. Pedro.

Todos eram anônimos, em especial por sua linguagem mais enfática e virulenta do que os panfletos políticos impressos, motivados, sem dúvida, por uma censura que ainda assombrava o Reino/Império do Brasil.

Era o tempo convulsivo das revoluções liberais iberoamericanas que afluíram nos movimentos de independência. Tais conflitos, iniciados em 1820 no chamado triênio liberal, do qual a Revolução de 1820 é resultante, bem como o movimento constitucionalista de 1821 no Reino do Brasil, criaram as condições para os primeiros ensaios de uma relativa liberdade de imprensa, exercida em espaços públicos cada vez mais amplos e que se propagavam por toda as províncias do norte ao centro-sul da antiga América portuguesa. Seus diálogos atravessaram ainda, inúmeras vezes, o Atlântico, numa espécie de conversas estridentes entre o Brasil e a antiga metrópole. Instituía-se, por conseguinte, uma nova maneira de fazer política, uma vez que esta ganhava, de um lado, as ruas, as praças públicas, as casas de pasto e, de outro, os salões, as sociedades secretas e as tipografias. Eram anos de crise e movimentação política.

Desses acontecimentos inéditos surgiu uma espantosa quantidade de jornais e panfletos, contendo vocabulários, palavras e conceitos ressignificados, que utilizados pelos atores da época, traduziam, de alguma forma, uma época de mudanças e revoluções. Igualmente, uma nova prática política – aquela do uso de requerimentos, petições, cartas e memórias, escritas por camadas médias, não só pelos homens, mas também pelo belo sexo, permitem identificar argumentos e percepções que esse grupo, mantido, muitas vezes, fora do direito de cidadania, possuía sobre a moderna política daquele momento na passagem para o Império no Brasil[14].

Um ponto fundamental para esse novo olhar sobre as Independências é trazer à tona esta documentação rica, em sua maioria inédita ou pouco explorada pelas pesquisas históricas sobre o período. Esse material constitui a história de um tempo, pois os fatos e personagens que aí se encontram narrados podem ser vistos como registros com que os historiadores elaboram a reconstrução de um momento do passado. Como escrevia o redator do jornal *O Conciliador do Maranhão*, em abril de 1821: "Os grandes acontecimentos políticos das Nações devendo algum dia entrar nas páginas da História,

---

14. Lucia Bastos P. Neves, *Corcundas e Constitucionais...*, pp. 36-38; José Murilo de Carvalho, Lucia Bastos P. Neves e Marcello Basile, "Introdução", *Guerra Panfletária. Panfletos da Independência (1820-1823)*, Belo Horizonte, Editora UFMG, 2014, vol. 1, pp. 23-35.

precisam ser minutados por testemunhas contemporâneas e desinteressadas, a fim de que a posteridade possa avaliar o mérito, ou demérito dos seus cooperadores". Assim, os jornais serviam de "mediadores entre os governos e os povos", auxiliando o trabalho dos historiadores, contemporâneos dos fatos, e cuja história escrevem, precisando do auxílio de "documentos verídicos", como os periódicos, para além de uma tradição, "quase sempre suspeita"[15]. Portanto, esses escritos constituem-se em memórias que, ao apresentar distintas visões de um mesmo fato, servem como fundamentos da história porque servem também para pensar e repensar a História do Brasil. E, muitas vezes, é possível se deparar nesses textos com personagens desconhecidas ou com uma gama de anônimos que também foram protagonistas das Independências. Em meio a esse clima agitado e efervescente, as pessoas, mesmo as comuns, passavam a discutir sobre todas essas novidades políticas ainda que não tivessem voz decisiva na condução política do governo, mas expressavam suas opiniões com indignação e veemência, expressando-se por meio da cultura escrita e oral.

Ao dar forma a esse discurso, utilizavam-se de instrumentos simples, por meio de uma escrita pouco custosa e de rápida circulação. Não eram tratados teóricos, mas textos que trilhavam o caminho entre a história e a política, permitindo a circulação das informações entre os vários segmentos da sociedade – principalmente os panfletos políticos.

Há muito conhecidos no mundo da política ocidental trouxeram à luz, especialmente os panfletos manuscritos, aqueles indivíduos que permaneceram anônimos. Aqueles que, muitas vezes, não se encontra o rosto ou o nome de seus autores, mas cujos traços revelam outras interpretações sobre as Independências do Brasil[16]. Chamados, algumas vezes, de papelinhos ou pasquins, pois se apresentavam em folhas soltas, ora verticais, ora horizontais, eram colocados nas paredes e postes dos locais públicos, como demonstram os restos de caliça nos poucos exemplares encontrados hoje nos arquivos, especialmente nos arquivos regionais. Revelavam por meio de sua escrita um estilo simples e direto, buscando causar impacto sobre o receptor e facilitar a compreensão da mensagem.

Encontravam-se repletos de erros de grafia e de estruturação lógica do texto, indicando que, provavelmente, eram redigidos por indivíduos que apresentavam algum grau de estudo, mas não eram, certamente, letrados diplomados em Coimbra ou ver-

---

15. *Conciliador do Maranhão*, n. 1, 15 abr. 1821, São Luís.
16. Para o estudo dos panfletos manuscritos, cf. José Murilo de Carvalho, Lucia Bastos P. Neves e Marcello Basile, *Às Armas Cidadãos!...*

sados nas ideias do século das Luzes, que, regra geral, são considerados como personagens-chave do processo que permitiu a entrada do antigo Reino Luso-Brasileiro na modernidade política, conduzindo-o à formação de um novo Estado, independente de Portugal. Se de início, apresentavam suas opiniões sobre as novas ideias constitucionais, anos mais tarde fornecem pistas de outros projetos de independência. Assim, refletindo o ambiente do processo constitucional de 1821, e ainda da aceitação da Constituição que se elaborava em Portugal, encontra-se um panfleto que, certamente, não expressava a linguagem mais moderada daqueles que lideraram o movimento de 1821:

> AVISO
> Pelo povo ao Rei, o poder é dado,
> A(o) povo portanto legislar compete,
> Se a este aviso o Rei não cede,
> Às armas cederá o seu poder inerte.
> Da Nação o Rei não é mais que chefe,
> Para executar a Lei por ela imposta.
> Como é possível então que o Rei dite?
> Não! Não! Cidadãos! ex [eis] a resposta!!
> Viva o rei que jurar
> A sábia Constituição
> Que pelas Cortes for dada
> Da Portuguesa Nação[17].

Tratava-se, sem dúvida, de algum escrito, claramente favorável à adesão da causa portuguesa, não apresentando qualquer menção a um processo de separação entre Brasil e Portugal. No entanto, em suas palavras, encontram-se uma proposta de uma nova legitimidade que se pautava na vontade e na soberania da nação e dos povos e, não mais, na "figura simbólica do rei" ou em uma ordem imemorial sancionada por Deus. O panfleto transmite uma mensagem como se fosse uma estrutura complexa de pressupostos, usos e experiências presentes de um tempo determinado, cujos agentes, que dela fazem uso, articulam uma visão de mundo e possibilitam um grande número de enunciados coerentes entre si, pois só dessa forma, essa linguagem era capaz de for-

---

17. Arquivo Histórico do Itamaraty, Rio de Janeiro, Lata 195, maço 6, pasta 13. Transcrito em José Murilo de Carvalho, Lucia Bastos P. Neves e Marcello Basile, *Às Armas Cidadãos!...*, p. 195.

necer significado ao passado. Seus autores podiam não ser homens da plebe, mas eram anônimos que, embora aceitassem a monarquia, vislumbravam um outro horizonte de expectativas, distinto dos projetos das elites do Rio de Janeiro, comandadas por José Bonifácio ou por Joaquim Gonçalves Ledo.

Nestes escritos é possível também encontrar propostas distintas para a constituição do Império, considerando-se, inclusive, uma participação mais ampla das diversas camadas da sociedade. Se os conceitos de liberdade e igualdade eram proclamados por todos os cidadãos, nem sempre seu significado era semelhante. Assim, em um panfleto impresso encontra-se uma alusão crítica ao conceito de igualdade social. Um "pedreiro" (entenda-se um pedreiro-livre) narrava a seguinte passagem em relação a um sonho que tivera a respeito das Cortes de Lisboa:

> Diz-se que todas as comodidades que deve ter uma sociedade devem ter os habitantes dessa sociedade: isto não é assim; os direitos dos habitantes de uma sociedade são iguais, mas as comodidades não o podem ser para todos, [dizia o Sr Cal]. Ora isto lá me pareceu assim, quando me recordei então, que todos têm direito a dormir na cama, mas que nem todos têm a comodidade de deitar-se em colchões fofos, porque alguns dormem em tarimbas![18]

Depreende-se que o conceito de igualdade social não se incluía nessa nova cultura política[19], proclamada pelas camadas mais abastadas e ilustradas. Tal perspectiva, no entanto, não era uma proposta totalmente ignorada. No Maranhão, província que se destacou por sua adesão às Cortes de Lisboa, sendo contrária, de início, ao movimento separatista, um panfleto manuscrito, proveniente dessa conjuntura, proclamava:

> El Rey e as Cortes, e por isso, a Lei é igual para todos e somos iguais qual seja o castigo para quem fizer crime, que tanto faz o branco como os das mais cores livres, e não cativos; iguais se hão de enviar para mais longe desta capital. [...] O Povo Livre do Maranhão[20].

---

18. *Carta de Hum Pedreiro ao Seu Amigo em que lhe Refere Hum Sonho que Teve a Respeito das Cortes*, Rio de Janeiro, Tip. do Diário, 1822, pp. 6-7. O Sr. Cal era, na discussão das Cortes, o deputado português Manuel Borges Carneiro, segundo o autor do próprio panfleto.
19. Para o conceito de cultura política, cf. Keith Michael Baker, "Introduction", em K. M. Baker (ed.), *The French Revolution and the Creation of Modern Political Culture* (vol. 1: *The Political Culture of the Old Regime*), Oxford, Pergamon Press, 1987, p. 12; Serge Berstein, "La Culture Politique", em Jean-Pierre Rioux e Jean François Sirinelli, *Pour une Histoire Culturelle*, Paris, Seuil, 1997, pp. 371-386.
20. Biblioteca Pública Benedito Leite, São Luís. Documentos Manuscritos. 27 A, G2, E11. Documentos enviados à junta da Província do Maranhão contendo pasquins alusivos à Independência, 1820-1823.

Nesse pasquim o povo livre não era certamente formado pelas camadas mais altas da sociedade. Indicava, contudo, outros setores que acreditavam na possibilidade de uma igualdade civil e social, que, embora, não tenha se constituído em realidade, não deixou de se fazer presente nas expectativas de determinados segmentos sociais. Pasquins em São Luís conclamavam que o bispo, como presidente da junta da província, devia ler o papel que se encontrava à "entrada da porta da Catedral", para que os fiéis à Constituição não permitissem que "homens mulatos e mulatas forras" apanhassem "castigos arbitrários". Afinal, a Lei era igual para todos[21].

Encontram-se ainda para esse tipo de abordagem os panfletos políticos impressos – uma das mais instigantes fontes para o estudo das Independências[22]. Sendo instrumentos de divulgação da nova cultura política do constitucionalismo e, posteriormente, do separatismo, apresentavam um caráter didático e polêmico. Mantinham-se, regra geral, anônimos por causa da censura. Escritos sob a forma de comentários aos fatos recentes ou de discussões sobre as grandes questões do momento, traduziam em linguagem acessível os temas fundamentais do constitucionalismo. Procuravam, assim, levar notícias e informações a uma plateia mais ampla, que deixava de vê-las como meras novidades do domínio privado para encará-las como parte de um espaço comum, esboçando-se a formação de espaços públicos. Naquelas ocasiões esses escritos surgiam como eficazes meios de mobilização por meio do debate que propiciavam, fazendo alcançar um público cada vez mais amplo, graças à leitura coletiva em voz alta, concorrendo para uma maior familiaridade com o escrito e assegurando uma roupagem nova – a interpretação política – a antigos hábitos. Afinal, vislumbrava-se a possibilidade de intervenção do indivíduo comum na condução dos destinos públicos.

Nestes escritos de circunstâncias faziam-se presentes personagens diversas, que envolviam em seus diálogos figuras das mais distintas categorias sociais. Se o médico formado em uma universidade tornava-se presença frequente, pois a metáfora bio-

---

21. Biblioteca Pública Benedito Leite, São Luís. Documentos Manuscritos. 27 A, G2, E11. Documentos enviados à junta da Província do Maranhão contendo pasquins alusivos à Independência, 1820-1823.
22. A edição mais acessível de alguns folhetos é a de Raimundo Faoro, "Introdução", *O Debate Político no Processo de Independência*, Rio de Janeiro, Conselho Federal de Cultura, 1973. Para uma visão mais completa dos panfletos impressos, ver José Murilo de Carvalho, Lucia Bastos P. Neves e Marcello Basile, *Guerra Panfletária...* Essas publicações foram estudadas de maneira mais sistemática por: José Honório Rodrigues, *A Independência: Revolução e Contrarrevolução* (vol. 1: *A Evolução Política*), Rio de Janeiro, Francisco Alves, 1975, pp. 156-168; Cecília Helena Salles de Oliveira, *O Disfarce do Anonimato. O Debate Político Através dos Folhetos: 1820-1822*, Dissertação de Mestrado apresentada à Universidade de São Paulo, 1979; Maria Beatriz Nizza da Silva. *Movimento Constitucional e Separatismo no Brasil, 1821-1823*, Lisboa, Livros Horizonte, 1988; Lucia Bastos P. Neves, *Corcundas e Constitucionais...*

lógica dominava esse tipo de discurso, uma vez que devia curar as deformidades dos "corcundas"[23], outras figuras do povo também eram contempladas, como um alfaiate, adepto às ideias liberais, voltadas para "servir o povo", enquanto muito de seus clientes – o negociante, o fidalgo, o mercador de lã, o comendador e outros – assumiam atitudes, no mais das vezes, anticonstitucionais[24].

Um exemplo pode ser fornecido pelo panfleto intitulado Diálogo político e instrutivo entre dois homens da roça, André Raposo, e seu compadre Bolonio Simplício, acerca da Bernarda do Rio de Janeiro e Novidades da mesma[25]. O compadre André explicava a Simplício o que eram as Bernardas – "novidades e mudanças que se fazem no Rocio, juntando-se tropas e o povo". Num tom crítico narrava o que havia acontecido no dia 5 de junho de 1821 – um motim liderado pelas tropas portuguesas, comandadas por Jorge Avilez, que impuseram a D. Pedro o juramento das bases da Constituição portuguesa, a demissão do ministério e a nomeação de uma Junta Consultiva de Governo. Mesmo sem ter um desfecho totalmente favorável, o diálogo mostrava a imagem de uma turba, composta por homens do povo – soldados – que fizeram grande barulho. Tudo se iniciara com um tiro dado inadvertidamente por "um soldado, que corria, caiu e disparou-se-lhe a espingarda". Apesar da ironia, o diálogo não deixava de indicar uma participação de segmentos mais comuns das camadas sociais. Ainda fazia críticas aos "letrados da Corte", que ao invés de cuidarem de suas obrigações, envolviam-se em discussões estéreis e tomavam medidas inúteis, deixando muita gente desaconselhada porque escreviam "na areia e [faziam] castelos no ar"[26]. Embora, muitas vezes, tais personagens fossem figuras de retórica, artifícios de construção do texto indicavam, sem dúvida, certa preocupação social, produzindo escritos que pudessem transmitir os princípios fundamentais do constitucionalismo a uma camada mais alargada da população.

---

23. Corcundas eram os seguidores do Antigo Regime, cf. *Diálogo entre Hum Médico e Três Corcundas*, Lisboa, Officina de J. F. M. de Campos, 1821.
24. Cf. *O Alfaiate Constitucional. Diálogo Entre o Alfaiate e Seus Fregueses...* por José Anastácio Falcão, Rio de Janeiro, Tipografia Nacional, 1821.
25. Rio de Janeiro, Tipografia Régia, 1821.
26. *Diálogo Político e Instructivo Entre Dous Homens da Roça...*, pp. 4-5 e 16. Esse panfleto trouxe inúmeras discussões que se fizeram presentes por meio de correspondências nos periódicos, como no *Revérbero Constitucional Fluminense*, nos números 12, 16 e 17 de janeiro, fevereiro e março de 1822. Para a análise dessa polêmica, ver Isabel Lustosa, *Insultos Impressos: A Guerra dos Jornalistas na Independência, 1821-1823*, São Paulo, Companhia das Letras, 2000, pp. 149-155.

Assim, pode-se afirmar que o povo, ou seja, aqueles que se situavam nas fímbrias da sociedade, mesmo sem estudos mais aprofundados, não desconheciam o que se passava na Corte e nas demais províncias naquele agitado momento. Mesmo sem saber ler, inteiravam-se das novidades políticas por meio do falar de boca do cotidiano, do imaginário que se fazia circular, traduzindo uma luta simbólica das representações e concepções de mundo que eram resultantes de um novo horizonte de expectativas por meio do ingresso na política moderna[27]. Comprovando tal argumento, pode-se verificar que Cailhé de Geine, considerado um espião da polícia, elaborara um relatório em 1820 ao Intendente geral da polícia alertando para a gravidade da situação em que se encontrava o Brasil, pois inúmeras obras eram lidas "diante de um auditório já predisposto" a "passagens mais infestadas do espírito revolucionário das obras francesas mais perniciosas", traduzidas "para o português, para a edificação dos ignorantes". Não se tratavam de reuniões secretas, mas se manifestavam no "salão dourado, na humilde loja e mesmo na praça pública"[28]. Logo, ainda que se tratasse de documento redigido por indivíduo que pretendia alarmar as autoridades, pode-se pressupor que o público real desses acontecimentos e manifestações era bem mais amplo do que a historiografia fez supor. E que a massa anônima, à sombra dos fatos, assistia ao desenrolar do processo, nem sempre de forma silenciosa, pois a política tornava-se pública, demonstrando a capacidade do indivíduo em interferir na vida e nos acontecimentos da sociedade.

Outro meio de manifestação dessas personagens, esquecidas pela história da Independência, foi o das petições. Conhecidas no Império português desde os tempos medievais, elaboradas de forma oral ou escrita, por súditos – em caráter privado – ou por corporações, representavam a opinião de um corpo coletivo do Antigo Regime, apresentando reclamações ou queixas ao monarca ou a qualquer instância jurisdicional. Foi no contexto da Revolução Liberal do Porto de 1820, possibilitando uma nova linguagem relacionada à cultura política do constitucionalismo, que as petições se ressignificaram e politizaram[29], sob a forma de requerimentos e memórias ainda que escritas ao monarca, mas também a um novo poder que se estabelecia – o Soberano Congresso. Segundo Benjamin Constant, a petição institucionalizada em seu sentido moderno era

---

27. Reinhart Koselleck, *Futuro Passado, Contribuição à Semântica dos Tempos Históricos*, Rio de Janeiro, Contraponto/PUC-Rio, 2006, pp. 305-327.
28. "Rapport sur l'Opinion Publique", em Angelo Pereira, *D. João VI, Príncipe e Rei*, Lisboa, Empresa Nacional de Publicidade, 1856, pp. 304-307, citação à p. 306.
29. Reinhart Koselleck, "Introducción al Diccionario Histórico de Conceptos Políticos-sociales Básicos em Lengua Alemana", *Revista Anthropos*, trad. Luis Fernández Torres, 223, pp. 92-105, Barcelona, 2009.

o "exercício de um direito político" desejável em um país de governo representativo[30]. O periódico *Correio do Rio de Janeiro* informava que "nos governos constitucionais" as representações e petições são parte integrante da "Liberdade Pública", pois podem conter "assinaturas de todas as classes"[31]. Assim, é possível exemplificar essa questão com a Petição do Senado da Câmara do Rio de Janeiro de 23 de maio de 1822, que encaminhou uma representação a D. Pedro pedindo a convocação de uma Assembleia Geral das províncias do Brasil, consolidando essa instituição como lugar essencial nos espaços públicos de poder político. Se o documento foi elaborado por alguns membros das elites mais radicais: Joaquim Gonçalves Ledo, José Clemente Pereira, os padres Januário da Cunha Barbosa e Antonio João Lessa, João Soares Lisboa e Bernardo José da Gama, buscava-se um cunho popular, convidando o público, por meio de um anúncio estampado no *Correio do Rio de Janeiro*. Exortava a todos a comparecerem à loja da Gazeta ou à Tipografia de Silva Porto nos dias 21 e 22 de maio, "desde às 8 horas da manhã até o meio-dia, e desde as duas até às seis da tarde", trazendo memórias e planos a este respeito, ou para simplesmente "ver, ler e assinar a representação a ser enviada a Sua Alteza Real". Segundo o mesmo jornal, 6 000 pessoas assinaram. Entretanto, o original do documento registra um total de 2 982 assinaturas[32]. De qualquer modo, legitimava-se a representação por meio de uma demonstração da vontade popular, caracterizando uma nova postura na prática política do Brasil constitucional, pois, doravante, o apoio da nação representava a decidida maioria da opinião pública". Analisar tais assinaturas pode desvendar pistas interessantes, especialmente porque no documento, ao lado da assinatura, identifica-se a ocupação do subscritor. Assim encontram-se profissões das camadas mais baixas, como marceneiros, sapateiros, lavradores[33], alfaiates, criados, empregados e, mesmo uma mulher que dizia ser viúva. Talvez, o mais instigante seja a indicação em 31 assinaturas da categoria "cidadãos". Como afirmava Cipriano Barata, deputado baiano junto às Cortes de Lisboa – "todos diante da lei são iguais", todos são

---

30. Para o papel das petições políticas no mundo ibérico cf. Diego Palacios Cerezales, "Ejercer Derechos: Reivindicación, Petición y Conflicto", em M. Romeo, e M. Sierra, (eds.), *La España Liberal, 1833-1874*, vol. II: *Historia de las Culturas Políticas en España y América Latina*, Madrid, Marcial Pons, pp. 253-285. A citação de Constant encontra-se nesse texto.
31. *Correio do Rio de Janeiro*, n. 40, 28 de maio de 1822.
32. Cf. *Correio do Rio de Janeiro*, n. 33, 18 de maio de 1822. A última citação encontra-se no *Correio do Rio de Janeiro*, n. 62, 27 jun. 1822. Para o número de assinaturas na Representação do Rio de Janeiro, cf. Arquivo Nacional do Rio de Janeiro. Cód. 2. Representação do Senado da Câmara do Rio de Janeiro, pedindo a convocação de uma Assembleia Legislativa, 20 de maio de 1822.
33. Essa categoria não inclui os proprietários, que vão também assinalados.

cidadãos[34]. Verifica-se, portanto, o interesse e a participação daqueles que se podem enquadrar como povo nestes novos meios de organização da política.

Uma outra fonte que pode trazer à luz atores originais e pouco conhecidos nesse processo são as listas eleitorais. Para a época, uma "lei fundamental de eleições pode chamar-se o paládio das liberdades civis"[35]. O fim último desse processo era o voto, direito que cada cidadão exercia individualmente. O voto transformava-se em uma arma com que se podia defender os direitos e os foros pelos representantes de cada indivíduo. Daí, por não haver no primeiro processo eleitoral de 1821 para a deputação nas Cortes de Lisboa, o estabelecimento de censo, foi necessário a adoção de vários níveis de eleição. Em um primeiro nível, elegiam-se os compromissários, por meio dos paroquianos votantes, que se reuniam na Casa da Câmara ou na igreja, sob a presidência do Juiz de Fora, Juiz ordinário ou de quem fizessem suas vezes. Esse era o nível em que os eleitores se achavam mais próximos de seus escolhidos. Embora, o material seja muito escasso, é possível encontrar as listas dos compromissários eleitos em diversas freguesias do Rio de Janeiro. Por exemplo, na freguesia de Santa Rita os eleitos em 8 de abril de 1821 revelam as diversas personagens que se envolveram nesse processo: negociantes, totalizando um número de 15; dois bacharéis em Direito, sendo que um obteve o maior número de votos; quatro militares; um médico; um tabelião; um conselheiro; um lente de matemática; e um funcionário da administração real. Somam-se a essas personagens outras figuras comuns, que eram presenças marcantes na freguesia: o vigário e o coadjutor da freguesia e o mestre de primeiras letras. Também, na freguesia de Santana, encontra-se o pároco da mesma na lista dos compromissários[36]. Verifica-se, portanto, que em um primeiro nível das eleições, segundo as fontes de época, os compromissários deviam ter como qualidades, além de um juízo reto e um "decidido amor à causa da Constituição", o conhecimento das pessoas da respectiva freguesia[37], demonstrando uma maior proximidade entre eleitores e candidatos, e escolhendo-se, por conseguinte, figuras do cotidiano da vida desses votantes. Nesse sentido, a importância do papel do pároco em uma sociedade que ainda sentia o peso de ser regida por alguns valores do Antigo Regime.

---

34. *Diário das Cortes de Lisboa*, Sessão de 17 de junho de 1822, pp. 467-468.
35. Porto, *Gênio Constitucional*, n. 13, 16 out. 1820.
36. Para as listas de compromissários, cf. *Gazeta do Rio de Janeiro*, n. 30, 14 abr. 1821. Para a análise da lista de Compromissários da Freguesia de Santa Rita, ver Maria Beatriz Nizza da Silva, *Movimento Constitucional...*, pp. 58-63.
37. *Semanário Cívico*, n. 15, 7 jun. 1821, Bahia.

Os Esquecidos do Processo: Os Escravos, os Homens Livres e as Mulheres

A cultura política constitucional e liberal acabou por colocar em cena uma série de novos indivíduos e suas redes de sociabilidades. Não eram apenas as elites que compareciam e participavam do processo. Outras adesões se fizeram sentir, sendo marcadas por tensões sociais e étnicas. Foi, sobretudo nas ruas e nas praças públicas – os novos espaços públicos – onde explodiram movimentos, motins, desavenças e ameaças que envolviam pobres livres, libertos, mulatos, escravos, negros, índios, desertores, soldados rasos, que apresentavam distintos desejos políticos. Estas camadas eram chamadas de ralé, plebe e populacho. Não integravam o conceito de povo da época. Traziam à tona suas reivindicações, nem sempre próximas àquelas das elites. Embora se constituíssem em figuras fundamentais, fosse no processo de separação, fosse na própria atuação na luta a favor da Independência nas províncias, como Bahia, Pará e Maranhão, entre outras, muitas vezes foram esquecidos pela historiografia. Sem dúvida, estudos mais recentes como os de João José Reis, Marcus Carvalho e Hendrick Kraay[38], entre outros, trabalham a questão; contudo, ainda não há uma obra de fôlego sobre o assunto. Como afirma Kraay, mesmo "os historiadores simpáticos às lutas do povo" acabam reconhecendo que estas terminaram em derrota. Embora, em sua opinião, a derrota não signifique que "essas lutas carecem de importância"[39].

Para além de sua participação nas guerras de independências – assunto de fundamental importância pois demonstra o fim da lenda rosa de nossa Independência feita sem sangue e sem lutas – há de se analisar os projetos que possuíam para participar desse movimento. João Reis já registrou que o "partido dos negros e das pessoas de cor" constituía-se como o mais perigoso, "pois trata[va]-se do mais forte numericamente falando"[40]. Sem dúvida, em províncias com grande presença de escravos, seu comportamento frente à situação de conflito era contrário aos portugueses, que monopolizavam a venda de pro-

---

38. Ver, por exemplo, Marcus Joaquim M. de Carvalho, "Os Negros Armados pelos Brancos e Suas Independências no Nordeste (1817-1848)", em István Jancsó (org.), *Independência: História e Historiografia*, São Paulo, Fapesp/Hucitec, 2005, pp. 881-914; Hendrik Kraay, "Muralhas da Independência e Liberdade do Brasil: A Participação Popular nas Lutas Políticas (Bahia, 1820-1825)", em Jurandir Malerba (org.), *A Independência Brasileira: Novas Dimensões*. Rio de Janeiro, FGV Editora, 2006, pp. 322-330; João José Reis, "O Jogo Duro do Dois de Julho: O 'Partido Negro' na Independência da Bahia", em João José Reis e Eduardo Silva, *Negociação e Conflito: A Resistência Negra no Brasil Escravista*, São Paulo, Companhia das Letras, 1989, pp. 79-98.
39. Hendrik Kraay, "Slaves, Indians, and the 'Classes of Color'...", no prelo.
40. Um documento inédito para a história da Independência, transcrito por Luiz Mott em Carlos G. Mota (org.), *1822: Dimensões*, pp. 465-483, citação à p. 482.

dutos básicos de subsistência, manipulando seus preços de acordo com seus interesses. Claro que muitos também se opunham à elite branca nascida no Brasil[41].

Nas correspondências, é possível encontrar posturas de escravos que tentaram obter um papel político mais claro na vitória dos favoráveis à "causa brasileira", como, por exemplo, na Bahia. Assim, nas cartas de Maria Bárbara Garcez Pinto, importante dama baiana, dona de engenhos na Bahia, a seu marido, Luís Paulino d'Oliveira Pinto da França, deputado pela província da Bahia nas Cortes de Lisboa, ela informava que: "a crioulada da Cachoeira fez requerimentos para serem livres", acreditando que de forma ordeira, podiam ter uma intervenção maior na cena pública. Afirmava ainda que havia na Bahia, alguns indivíduos, talvez brancos, que enviavam "às Cortes requerimentos" sobre o assunto. No entanto, apesar da "mulatada" ser "infame" e "soberb[a]" – uma "corja do diabo" – havia "boas leis" que os podiam escutar, mas também castigar. Afinal, "estão tolos, mas a chicote tratam-se!"[42] Essa atitude de rebeldia era relatada, mais tarde, em 1823 pela *Idade d'Ouro*, que, ao afirmar o aumento da fuga de escravos, atribuía esse fenômeno preocupante ao mau exemplo dos senhores patriotas, que não perseguem os escravos fugitivos. Para o periódico, esse fato era "muito perigoso em terras de escravidão"[43]. Ainda o *Astro da Lusitânia*, publicado em Lisboa, também comentava que os faciosos da Bahia – adeptos da causa do Rio de Janeiro – armavam os "pretos escravos"[44].

Ainda na Bahia, a consequente insubordinação das chamadas camadas ínfimas foi sempre uma preocupação para as elites. Luís Paulino Pinto d'Oliveira França, filho dos já mencionados Maria Bárbara e Luís Paulino, ao escrever para seu pai, em 1823, afirmava que:

> Anarquistas, terríveis anarquistas, é de que me queixo. Eles querem tudo perder para ver se alguma coisa, ganham. Querem lançar por terra o majestoso edifício que tanto custou aos bons erigir, para em seu lugar apresentar o horrível painel da dissolução e ruínas! [...] E devemos, portanto, suportar um punhado de homens que, tendo nascido sem pátria, queiram formar uma a seu jeito, para a nossa ruína?[45]

41. João José Reis, *O Jogo Duro do Dois de Julho: O "Partido Negro"*..., pp. 79-98.
42. António Manuel Monteiro Cardoso e António d'Oliveira Pinto da França, "Correspondência Luso-brasileira", vol. II: *Cartas Baianas. O Liberalismo e a Independência do Brasil (1821-1823)*. Lisboa, Imprensa Nacional/Casa da Moeda, 2008, Carta de 13 de abril [de1821] pp. 87-88 e Carta de 15 de abril [de 1822], p. 90.
43. *Idade d'Ouro do Brazil*, Bahia, n. 8, 28 jan. 1823.
44. *Astro da Lusitânia*, Lisboa, n. 164, 3 set. 1822.
45. António Manuel Monteiro Cardoso e António d'Oliveira Pinto da França, *Cartas Baianas*..., Carta de 14 de setembro de 1823, p. 163.

Cabe destacar que o constitucionalismo para muitos escravos revelava uma outra compreensão das ideias liberais. Mais do que a proposta de uma independência do Brasil podia significar a sua liberdade, esperando-se que seus senhores os libertassem de seus serviços. Independência significava a não sujeição. Neste caso, a não sujeição dos cativos a seus senhores. Na província do Grão-Pará, Felipe Alberto Patroni Martins Maciel Parente, um dos líderes do movimento liberal na dita província, intitulando-se "Advogado do Povo", ao procurar atingir seu objetivo de ser o representante do Pará nas Cortes de Lisboa, indicou, em suas *Peças Interessantes Relativas à Revolução no Pará Propostas*, sugestões em relação às eleições. Segundo ele, cada deputado deveria corresponder a trinta mil almas, "entrando neste número os escravos, os quais, mais que ninguém, devem ter quem deles se compadeça, procurando uma sorte mais feliz, até que um dia se lhes restituam seus direitos"[46]. Por tal declaração foi acusado, em denúncia, de querer promover a revolta dos escravos na província. Sua proposta provocara "um grande choque nos escravos", que "[...] conceberam ideias de liberdade, e julgaram que as figuradas expressões de que se serviam os autores da nossa regeneração política, quando disseram 'quebraram-se os grilhões, acabou-se a escravidão, somos livres' se entendiam com eles, e começaram a encarar Patroni como seu libertador"[47].

Utilizando uma linguagem liberal dos autores da Regeneração de maneira figurada, cujo sentido não se relacionava, em seus textos originais, à escravatura negra, levava a alguns homens que sabiam ler, mas nem sempre compreendiam o que liam, persuadir-se que a escravidão se encontrava em vias de ser abolida e que Patroni tornava-se o seu Salvador[48].

Nos escritos de época, havia ainda uma crença comum entre escravos nas Américas que os decretos reais sobre a abolição eram escondidos pelas autoridades públicas locais. O *Correio do Rio de Janeiro* publicou, em abril de 1822, que o padre José Pinto Macedo da Costa, conhecido pelo pseudônimo de Filodemo (que se encontrava preso)

---

46. Filippe Alberto Patroni Martins Maciel Parente, *Peças Interessantes Relativas à Revolução que se Efetuou no Pará a Fim de Se Unir à Sagrada Causa da Regeneração Portuguesa*, Lisboa, Imprensa Régia, 1821, p. 109.
47. Retirado de Domingos Antônio Raiol, *Motins Políticos ou História dos Principais Acontecimentos Políticos na Província do Pará Desde o Ano de 1821 até 1835*, Belém, Universidade Federal do Pará, vol. 2, p. 19, 1970.
48. Cf. Iara Lis Schiavinatto, "Cultura Política do Primeiro Liberalismo Constitucional. A Adesão das Câmaras no Processo de Autonomização do Brasil", *Araucaria, Revista Iberoamericana de Filosofia, Política y Humanidades*, n. 18, segundo semestre de 2001, pp. 220-235, Sevilha. Ver ainda Tiago de Almeida Zebende, *Um Utópico no Império: Patroni, Filósofo e Profeta*, Dissertação de Mestrado, Universidade do Estado do Rio de Janeiro, Rio de Janeiro, 2011, capítulo 2.

havia dito a um "preto, oficial de sapateiro", que as Cortes haviam decretado a liberdade da escravatura, e que S.A.R. ocultava esses papéis, a fim de conservar o infame cativeiro dos cidadãos!". Por fim, aquele "Demo, Diabo ou Monstro" ofereceu ao preto dinheiro e armas. É curioso que O *Correio do Rio de Janeiro*, conhecido por suas posturas mais radicais, valia-se do principal argumento de diversos autores portugueses para justificar a necessidade de o Brasil manter-se unido à antiga metrópole, transformando os liberais portugueses em jacobinos radicais, com o efeito evidente de acirrar a animosidade, já presente, contra as Cortes[49].

Sem dúvida, há muito a se vasculhar e buscar, procurando pequenos indícios para se apreender quais as esperanças, expectativas e projetos que esses homens de cor, livres ou não, tiveram em participar do movimento. Como alertou Matthias Röhrig Assunção, "escravos e artesãos negros livres já imaginavam a abolição como um possível resultado da Independência"[50]. Em todas as províncias tal proposta surgia como uma força ameaçadora, por meio de uma representação[51] da revolta do Haiti, que os portugueses lançavam mão para evitar o desenlace final da separação entre os dois povos outrora irmãos, como José Liberato de Carvalho, redator de *O Campeão Português em Lisboa*[52]. Da mesma forma, havia autoridades que culpavam agitadores ou emissários que supostamente avisavam aos escravos que seriam libertos "em virtude do sistema Constitucional, por Decretos d'El Rei", como relatou Madeira em março de 1822[53]. Tal situação não deixava de ser uma forma de negar a autonomia a estas camadas subalternas[54] e encobrir seu papel no processo do separatismo.

---

49. *Correio do Rio de Janeiro*, n. 13, 24 abr. 1822.
50. Matthias Röhrig Assunção, "Elite Politics and Popular Rebellion in the Construction of Post-Colonial Order: The Case of Maranhão, Brazil (1820-1841)", *Journal of Latin American Studies*, vol. 31, n. 1, pp. 25-26, 1999.
51. O conceito é utilizado na perspectiva de Chartier, *A História Cultural entre Práticas e Representações*, 2. ed., Lisboa, Difel, 2002, pp. 13-28. Para a ideia de medo social em tempos de comoção, ver Georges Lefebvre, *O Grande Medo de 1789: Os Camponeses e a Revolução Francesa*, Rio de Janeiro, Editora Campus, 1979.
52. José Liberato Freire de Carvalho, *O Campeão Português ou Amigo do Povo e do Rei Constitucional*, Lisboa, vol. 1, por exemplo, n. 5, 4 de maio de 1822.
53. Citado por João José Reis, *Quilombos e Revoltas Escravas no Brasil*, p. 28; João José Reis, *Rebelião Escrava no Brasil: A História do Levante dos Malês em 1835*, edição revisada e aumentada, São Paulo, Companhia das Letras, 2003, p. 95; Matthias Röhrig Assunção, *De Caboclos a Bem-te-vis: Formação do Campesinato numa Sociedade Escravista: Maranhão, 1800-1850*, São Paulo, Annablume, 2015, p. 341; Adilson Júnior Ishihra Brito, *Viva a Liberté!: Cultura Política Popular, Revolução e Sentimento Patriótico na Independência do Grão Pará, 1790-1824*, Dissertação de Mestrado, Universidade Federal de Pernambuco, Recife, 2008, pp. 154-155, 158-160, 163, 257.
54. Não há espaço para analisar o papel dos indígenas no processo de separatismo do Brasil. Ver para tal assunto o texto de André Roberto de Arruda Machado nesse livro.

Ainda há outras personagens a comentar: o papel das mulheres, embora algumas pertencentes às elites, em suas petições para ter alguns direitos reconhecidos. Por exemplo, a petição escrita em 1823, de mulheres ao imperador Pedro I, no clima de antagonismo entre portugueses e brasileiros. Essas mulheres – brasileiras – pediam por seus maridos portugueses, ameaçados de expulsão das terras brasileiras. Estavam sobressaltadas, "ao ouvir dizer" que "alguns malvados e ambiciosos" querem reduzi-las "a um estado novo na história humana: isto é, sermos casadas sem esposo, viúvas com marido, termos filhos sem pais, órfãos com eles". O argumento utilizado era direto: se as mulheres europeias casadas com brasileiros não eram perseguidas, por que motivo os europeus casados com senhoras brasileiras, que tivessem jurado a Independência, deviam perder a Pátria? Lamentavam não possuírem "certos foros civis", o que era "uma moda universal" e, provavelmente, "uma tirania do sexo masculino", demonstrando nas entrelinhas a injustiça social que se praticava. Ainda que afirmassem que seguiam "as lições da antiga moral universal", não sendo filósofas, mas possuindo "alma, Religião e coração", reivindicavam serem reconhecidas, no fundo, como cidadãs efetivas, capazes de também passarem pelo sangue aos maridos a nova nacionalidade[55]. Apesar de ser uma representação anônima, pois, os nomes das senhoras não vinham à tona, demonstrava o sentimento de algumas das mulheres de elite daquela época.

Sem dúvida, há muito a ser repensado no processo da(s) Independência(s). Vasculhar mais documentos ou pistas sobre a questão, torna-se impossível nesse ensaio.

Para Terminar

Se a Constituição de 1824 consagrava o direito de cidadãos a todos os homens livres nascidos no Brasil, bem como aos libertos, excluía desse direito os africanos e as mulheres. Nas discussões da Constituinte, o deputado pela província do Ceará José Martiniano de Alencar proclamava:

> [...] ainda que pareça que deveríamos fazer Cidadãos Brasileiros a todos os habitantes do território do Brasil, todavia não podemos seguir rigorosamente este princípio, porque temos entre nós muitos que não

---

55. *Requerimento, Rasão e Justiça: Representação Dirigida a D. Pedro I de Mulheres no Brasil*. Rio de Janeiro, Imprensa Nacional, 1823. Citações à f. 1

podemos incluir nessa regra, sem ofender a suprema Lei da Salvação do Estado. É esta lei que nos inibe de fazer Cidadão aos escravos, porque além de serem propriedade de outros, [...], abriríamos um foco de desordens na sociedade [...][56].

Logo, o processo de emancipação do Brasil não foi único e nem trouxe uma igualdade a todos aqueles que compunham o povo do novo Império. Portanto, é preciso voltar-se para o exame do passado que, por definição, não mais existe e que cabe ao historiador reconstituí-lo a partir do lhe restou de mais seguro – suas fontes, que se encontram no presente.

Por meio da análise dos panfletos manuscritos encontram-se redatores anônimos, cuja linguagem era mais violenta e contundente do que aquela usada nos panfletos impressos, justificando a origem de cunho popular dos primeiros. Nesse sentido, as informações que contêm esse material oferecem perspectivas distintas sobre o movimento constitucionalista que o Brasil conheceu em 1821, bem como dá pistas inesperadas sobre seu processo de separação de Portugal. Amplia-se a base social de tais movimentos, consagrados pela historiografia como um processo em que apenas as elites políticas e intelectuais tiveram atuação. Claro, que tais elites foram os condutores do movimento, mas não se pode esquecer que o político aumentava seu espectro passando a ser discutido nas praças públicas.

Para além da questão do medo do haitianismo, ameaça constante por parte de deputados e periodistas portugueses, que insuflavam o medo de um levante escravo no Brasil, tal conjunto ainda deve ser ampliado com a presença de escravos e libertos. Notícias circulavam nos panfletos e jornais sobre tal temática, tanto que o *Revérbero Constitucional Fluminense* rebatia tais boatos, argumentando que era

> [...] seguramente bem estólida esta ameaça contínua de sublevação de escravos. Como não veem essas toupeiras que a sublevação de escravos em que tanto falam lhes [aos portugueses] há de ser mais fatal que a nós. [...] os pardos e os pretos no Brasil dividem-se em duas classes – forros e cativos – dos primeiros têm bastante que temer os autômatos fardados de Portugal; dos segundos nada receiam os brasileiros[57].

---

56. *Diário da Assembleia Geral e Constituinte do Império do Brasil*, 1823, ed. fac-similar, Brasília, Senado Federal, Sessão de 30 de setembro, p. 133.
57. *Reverbero Constitucional Fluminense*, n. 16, 10 set. 1822.

A ameaça de rebelião escrava não impedia a expectativa do Brasil como estado independente e constitucional, pois a única possibilidade de garantir a ordem na monarquia constitucional em construção era manter a escravidão. Envolvia, no entanto, uma questão fundamental: a discussão do conceito de independência naquele momento limitava-se ao da política para o Brasil ou incluía a do indivíduo para o escravo?

Para encerrar, deve-se ressaltar que o estudo desses esquecidos ou desses anônimos permite, de um lado, demonstrar que para além dos heróis, outras personagens participaram dos projetos de Independência do Brasil. Por meio de encontros, de trocas e de contatos entre esses indivíduos e entre as distintas partes que habitavam no Império português, as narrativas de suas ações apontam para a necessidade de conhecer e analisar comparativamente os processos de separação que a iberoamerica conheceu bem como a atitude das colônias de Portugal na África, em especial, Angola, em relação à independência do Brasil[58]. Desse esforço podem surgir novas suposições sobre o conceito de independência (ou independências) naquela época.

Pode-se ainda constatar o quanto o Império luso-brasileiro não ficou indiferente aos abalos que o ocidente conheceu entre finais do século XVIII e inícios do século XIX. Ou seja, não ficou indiferente ao período que se situava na transição das sociedades tradicionais de antigo regime para o mundo moderno – o *Sattelzeit* de R. Koselleck. Contudo, ainda que surgissem uma multiplicidade de linguagens novas, outras, como a do constitucionalismo antigo, a da economia política e a do direito natural, permaneceram ativas e, muitas vezes, preponderantes. Afinal, até hoje, nesse momento crítico como o atual, parte dos habitantes do Brasil parecem continuar desprezando prognósticos para lidar com profecias...[59]

---

58. Ver Maria Cristina Portella Ribeiro, *Angola e Brasil: Convergências Identitárias na Construção de um Pensamento Nacionalista Angolano (1789-1830)*, Tese de Doutorado, Universidade Federal do Rio de Janeiro, Rio de Janeiro, 2020.
59. Reinhardt Koselleck, *Futuro Passado...*, pp. 31-39.

CAPÍTULO II

O Nacionalismo Autoritário Ritualizado
O 31 de Março e o 7 de Setembro
nas Comemorações Cívicas da Ditadura Militar

RODRIGO PATTO SÁ MOTTA

PODE-SE DIZER QUE RITUAIS POLÍTICOS são tão antigos como as instituições estatais, que os criaram com a intenção de divulgar valores e interesses caros aos grupos dominantes e a seu projeto de manter-se nessa posição. Tradicionalmente, os rituais utilizam-se de imagens de figuras sagradas, marchas, missas, cantos, hinos, bandeiras e uma série de outros petrechos e práticas culturais. No mundo contemporâneo, o estabelecimento do Estado-nação e da concepção de que a soberania emana do povo implicou mudanças importantes nos rituais políticos. As mais significativas são o lugar central ocupado por Nação e Povo, ao lado da tendência à laicização dos rituais e comemorações. No entanto, elementos religiosos foram reapropriados para sacralizar o poder laico, uma estratégia de legitimação do poder republicano inspirada nas reflexões de J.J. Rousseau acerca da religião cívica[1].

O estado brasileiro independente investiu também no ritualismo cívico, com os mesmos objetivos buscados em qualquer parte: fixar a memória sobre eventos e heróis fundadores, tendo em vista os interesses dos governantes; divulgar os valores dominantes e educar politicamente os cidadãos; estimular a coesão social e a sensação de pertencimento à Nação recém fundada; celebrar os ocupantes do poder e tentar convencer o público de que o status quo político seria legítimo e útil à maioria. Obviamente, em uma sociedade elitista e caracterizada pelo escravismo, tais discursos eram dirigidos apenas a uma parte do povo, e não a todos e todas, o que revela um dos primeiros obstáculos à construção de uma Nação coesa.

---

1. Fernando Catroga, *Nação, Mito e Rito. Religião Civil e Comemoracionismo*, Fortaleza, Museu do Ceará, 2005, pp. 9-12.

A ritualização cívica no Brasil encontrou outros percalços para se consolidar, para além do fato de que se baseava na exclusão da maioria. Um dos problemas era definir os heróis, quem seriam? O Tiradentes não poderia entrar no panteão nacional durante o Império, devido a seu perfil republicano e popular. Além disso, ele gerava constrangimento por sua execução ter ocorrido no reinado da avó de Pedro I. Outro problema era definir as datas referenciais para as festas públicas, havendo dúvidas entre o Sete de Setembro, ou o doze de outubro (Aclamação do Imperador no Rio de Janeiro), ou mesmo o dia em que o futuro monarca decidiu permanecer no Brasil e rejeitar a ordem das Cortes para retornar a Portugal (nove de janeiro). Havia também peculiaridades regionais, como na Bahia, que comemora a independência a dois de julho[2], data em que as tropas portuguesas, derrotadas, abandonaram Salvador. O próprio Imperador tornou-se figura complexa durante o período regencial devido aos conflitos que o levaram a abdicar do trono, a 7 de abril de 1831, data que, significativamente, durante algum tempo foi comemorada para lembrar a vitória contra o absolutismo.

No entanto, e especialmente, a partir da consolidação do regime monárquico sob Pedro II, o Sete de Setembro acabou se fixando como a data da principal festividade nacional, com uma ritualística que passava por desfiles militares e celebrações religiosas marcadas pelo *Te Deum*, bem como às vezes espetáculos teatrais e homenagens aos retratos dos monarcas[3]. Com o advento do regime republicano as comemorações nacionais voltaram a ser objeto de disputa, devido ao constrangimento de celebrar a Independência liderada por um herdeiro do trono português que manteve o regime monárquico. Por isso, a República recuperou e investiu na memória de Tiradentes e colocou Pedro I em posição secundária, pelo menos nas primeiras décadas do novo regime. Por razões semelhantes se investiu na comemoração do Quinze de Novembro, como estratégia de inserir o regime republicano nas tradições cívicas nacionais[4]. As reticências republicanas quanto ao que (e a quem) comemorar na Independência ficaram visíveis nas festividades do Centenário, em 1922, quando outros personagens (como José Bonifácio) foram celebrados para reduzir a proeminência da figura de Pedro I[5].

2. Wlamyra Ribeiro de Albuquerque, *Algazarra nas Ruas: Comemorações da Independência na Bahia (1889-1923)*, Campinas, Unicamp, Centro de Pesquisas em História Social da Cultura, 1999.
3. Hendrik Kraay, "Definindo Nação e Estado: Rituais Cívicos na Bahia pós-Independência (1823-1850)", *Topoi*, vol. 2, n. 3, pp. 68-71, set. 2001, Rio de Janeiro.
4. Lúcia Lippi de Oliveira, "As Festas que a República Manda Guardar", *Revista Estudos Históricos*, vol. 2, n. 4, 1989, Rio de Janeiro, Fundação Getúlio Vargas.
5. Marly Silva da Motta, *A Nação Faz 100 Anos: A Questão Nacional no Centenário da Independência*, Rio de Janeiro, Fundação Getúlio Vargas, 1992, p. 16.

Com a crise da República nos anos 1920 e, principalmente, com a ascensão de Vargas e a implantação do Estado Novo na década seguinte estabeleceu-se memória mais positiva da herança portuguesa e monárquica, o que coincidia com (e legitimava) o fortalecimento do autoritarismo e a rejeição discreta da imigração não ibérica, em nome da preservação de uma nacionalidade mais coesa. O discurso varguista incorporou o tema das três raças fundadoras da Nação e a pretensa harmonia racial brasileira, embora sempre valorizando mais o elemento ibérico. Significativamente, a ditadura de Vargas se aproximou politicamente e culturalmente do Estado Novo português, participando com destaque nas comemorações que o regime de Salazar empreendeu para exaltar a memória dos grandes feitos dos conquistadores lusitanos[6].

O Estado Novo brasileiro, tal como seu congênere português e as demais ditaduras do período, investiu na ritualização cívica e na mobilização da juventude, a quem se pretendia educar politicamente para garantir longevidade ao regime autoritário e a seus valores[7]. Além de caprichar nas festas do Sete de Setembro, a ditadura Vargas criou o Museu da Inconfidência, em Ouro Preto, espaço que sacralizou a memória dos inconfidentes em um panteão reunindo seus restos mortais[8]. Importante registrar que a liturgia política do Estado Novo exaltava a unidade da Pátria contra dois inimigos principais: o federalismo (regionalista e liberal) e o comunismo. O último continuaria a povoar os pesadelos – e a nutrir a propaganda – das forças de direita pelas décadas seguintes[9].

A Ritualística Cívica e o Comemoracionismo da Ditadura Militar

A ditadura liderada pelos militares a partir de 1964 seguiu caminhos semelhantes ao Estado Novo, embora escamoteasse tais laços, entre outras razões porque preferia não assumir seu caráter ditatorial. A ligação entre as duas ditaduras envolve diferentes facetas, mas interessa aqui ressaltar as semelhanças no campo dos rituais cívicos e das

---

6. Fernando Catroga, *Nação, Mito e Rito: Religião Civil e Comemoracionismo (EUA, França e Portugal)*, Fortaleza, NUDOC-UFC/Museu do Ceará, 2005, pp. 127-129; Daryle Williams, *Culture Wars in Brazil: The First Vargas Regime (1930-45)*, Durham & London, Duke University Press, 2001, pp. 227-250.
7. Maurício Barreto Alvarez Parada, *Educando Corpos e Criando a Nação: Cerimônias Cívicas e Práticas Disciplinares no Estado Novo*, Tese de Doutorado em História, UFRJ, 2003.
8. Daryle Williams, *Culture Wars in Brazil: The First Vargas Regime (1930-45)*, Durham & London, Duke University Press, 2001, pp. 129-133.
9. Rodrigo Patto Sá Motta, *Em Guarda Contra o Perigo Vermelho: O Anticomunismo no Brasil (1917-1964)*, 2. ed, Niterói, Eduff, 2020.

comemorações públicas. Movidas por semelhante nacionalismo autoritário e disposição anticomunista, bem como basicamente a mesma concepção sobre a história brasileira, as duas ditaduras empenharam-se na valorização dos ideais cívicos e patrióticos tradicionais, bem como dos respectivos símbolos, datas e heróis. Com fins parecidos, elas construíram monumentos e fizeram reformas educacionais, com destaque para a implantação da educação moral e cívica.

Tratava-se de divulgar um nacionalismo anticomunista/antiesquerdista e autoritário, caracterizado pela luta contra valores considerados dissolventes da Nação. Portanto, uma concepção conservadora sobre o ser brasileiro que não admite o pluralismo de ideias e o dissenso, e investe no Estado ditatorial para proteger a Nação dos supostos responsáveis por conflitos sociais. Tais discursos minimizavam as diferenças entre os brasileiros para exaltar a unidade e a harmonia, acusando de comunista quem discordasse. Em movimento igualmente parecido ao Estado Novo, a ditadura militar abraçou o mito da harmonia racial, objetivando anular um potencial foco de conflitos sociais. Por isso, quem denunciava o racismo no Brasil era acusado de ameaçar a segurança nacional.

O calendário cívico da ditadura teve como base tais valores e convicções. Por tratar-se de regime político que golpeou a ordem constitucional para derrubar o presidente João Goulart, havia também a necessidade de legitimar-se, tanto no país como no exterior. Portanto, além de divulgar seus valores políticos e conectar-se com as tradições cívicas conservadoras, as comemorações da ditadura eram momento para conquistar ou para demonstrar que o regime tinha legitimidade e apoio social.

Nesse sentido, é interessante analisar as peculiaridades das comemorações cívicas da ditadura em contraste com períodos anteriores, atentos à apropriação da cultura cívica prévia, mas também aos novos elementos adotados a partir de 1964. Assim, ao lado de temas e datas preexistentes do patriotismo tradicional, com ênfase para aquelas mais típicas das comemorações cívicas nas fases autoritárias, as festas públicas da ditadura militar procuraram exaltar os próprios feitos, em especial a vitória contra a subversão de esquerda e o desenvolvimento econômico. O nosso objetivo é menos descrever as iniciativas comemorativas da ditadura e mais refletir sobre as suas intenções e os seus resultados, embora as duas operações sejam interdependentes. As principais questões a orientar este texto são: o investimento nas comemorações cívicas gerou os resultados políticos esperados? As festas públicas provam que a ditadura era popular e apoiada pela maioria dos brasileiros?

Para alcançar nosso objetivo poderíamos enfocar os festejos de diferentes datas cívicas, como o 21 de abril (Inconfidência), o Quinze de Novembro (Proclamação da República), ou mesmo a data em que se celebrava a vitória contra a Intentona Comunista, o 27 de novembro. Mas vamos nos concentrar no Sete de Setembro, principalmente devido ao grande investimento feito pela ditadura nessa tradicional festa da nacionalidade. Para aprofundar a análise sobre a questão do apoio social à ditadura, e ao mesmo tempo permitir um contraste com o Sete de Setembro, vamos centrar foco também nas celebrações do dia 31 de março, data oficial do golpe de 1964.

As Comemorações do 31 de Março

É relativamente comum o investimento das ditaduras na comemoração de sua data fundadora, com o propósito de criar um marco divisor de nova era. É o que fizeram os líderes do Estado Novo, que comemoravam a data de dez de novembro, ou os franquistas, com seu Dia da Vitória (1º de abril), ou para citar exemplos mais próximos, os pinochetistas com seu onze de setembro e a ditadura do Processo de Reconstrução Nacional, da Argentina, que celebrava o dia 24 de março.

Tal como suas congêneres, a ditadura de 1964 tentou atrair pessoas às ruas em demonstração de apoio e lealdade ao novo regime. O objetivo era impressionar não apenas os aliados internos e externos, como também os opositores. Para tanto, adotou-se o 31 de março como dia da "revolução", aliás, uma data que tem sido rememorada – e disputada – no contexto do atual governo nostálgico da ditadura. Os conflitos em relação ao 31 de março começam pela própria definição da data, que, desde então, tem sido questionada sob o argumento de que o golpe se deu em 1º de abril. Na falta de tempo e de espaço para esclarecer a controvérsia, importa apenas registrar que enfocaremos o 31 de março por ser a data das celebrações oficiais.

Na tentativa de fixar essa data no calendário cívico organizou-se a primeira celebração já no ano seguinte ao golpe. Naquele 31 de março de 1965 foram estabelecidos rituais e atividades que fariam parte do evento nos anos seguintes, principalmente a celebração de missas em agradecimento a Deus, discursos presidenciais transmitidos pelos meios de comunicação e ordens do dia dos chefes militares a serem lidas nos quartéis e divulgadas pela imprensa. Nos momentos de auge, organizaram-se também desfiles militares em espaços públicos, atividades esportivas e mobilização de estudantes dos níveis básicos de ensino.

Segundo registros coetâneos, inclusive de observadores interessados no sucesso do governo Castelo Branco, como os diplomatas norte-americanos, os resultados do primeiro aniversário foram em média modestos (tendo em vista o objetivo de mobilizar a população), apesar do empenho da imprensa simpática ao golpe, que comemorou a derrota da esquerda e a suposta vitória da democracia. Uma das manchetes, por exemplo, afiançava que "O País Optou pelo Ocidente". Destaque-se também que os jornais tradicionais publicaram manifestos de exaltação à queda de Goulart, por exemplo de entidades patronais e de intelectuais de direita (entre eles Alberto Deodato, Clementino Fraga Filho, Carlos Chagas, Luís Câmara Cascudo, Orlando Carvalho e Pedro Calmon)[10].

Em São Paulo, cidade que havia presenciado um ano antes a Marcha da Família com Deus pela Liberdade, marco da mobilização direitista que gerou o golpe, os organizadores das festividades de 31 de março de 1965 preferiram realizar apenas eventos em espaços fechados[11]. As comemorações foram empanadas devido à indisposição entre o governador Ademar de Barros e parte dos líderes militares, que pretendiam expurga-lo (por suspeita de corrupção) mesmo tendo contribuído decisivamente para o golpe. Evidenciando o conflito, Ademar criticou a política econômica do general presidente Castelo Branco em um de seus discursos. Também durante as comemorações de 31 de março de 1965, outro dos pilares civis do golpe, o governador Carlos Lacerda, mencionou a importância de o povo votar, mais um indício de dissensões entre os vitoriosos de 1964[12].

Quanto às celebrações no Rio de Janeiro, *O Globo* dedicou um editorial ao primeiro aniversário do golpe, cujo título resumia bem o espírito das comemorações: "É preciso não esquecer". Entre os eventos realizados na cidade, a imprensa deu maior destaque a uma missa de Ação de Graças na igreja da Candelária organizada pela entidade feminina direitista Campanha da Mulher pela Democracia (CAMDE), que teria atraído cerca de duas mil pessoas, na maioria militares e políticos[13].

A comemoração mais bem-sucedida do primeiro aniversário do golpe se deu em Belo Horizonte, principalmente porque o governador Magalhães Pinto pretendia afirmar-se junto aos líderes da ditadura e investiu muito no evento. Ele convidou o presidente Castelo Branco a participar e o general desfilou em carro aberto desde o aeroporto, ocupando em seguida o palanque armado na avenida Afonso Pena. No seu discurso para a multidão presente, estimada em dezenas de milhares de pessoas, Castelo Branco afirmou que não se tratava da comemoração de um golpe militar, pois a derrubada de Goulart

10. *O Globo*, p. 5, 31 mar. 1965; *O Estado de S.Paulo*, p. 8, 31 mar. 1965.
11. RG 59, caixa 1928, pasta 4, National Archives and Records Administration, College Park, Maryland, Estados Unidos (NARA II).
12. *O Estado de S.Paulo*, pp. 1 e 16, 01 abr. 1965.
13. *O Globo*, p. 1, 31 mar. 1965 e p. 3, 01 abr. 1965.

teria representado a união de todas as forças nacionais para salvar o Brasil da subversão[14]. A imprensa exaltou o tamanho do público presente em BH, mas o *Correio da Manhã* destoou. Na altura já arrependido de ter apoiado o golpe, o jornal carioca fez cobertura mais crítica, afirmando que os presentes eram na maioria funcionários públicos liberados para participar e que a multidão teria recebido Castelo Branco com frieza. Outra voz dissonante no 31 de março de 1965 foi a bancada do PTB na Câmara dos deputados que, sob a liderança de Doutel de Andrade, anunciou que não participaria da sessão solene do Congresso convocada para comemorar a derrubada de João Goulart[15].

No segundo aniversário, os registros da imprensa e dos diplomatas norte-americanos mostram que celebrar o golpe havia se tornado mais complicado. Além da intensificação das dissensões internas, com o afastamento definitivo de Barros e Lacerda do governo federal, entre outras razões por discordarem da instituição de eleições indiretas, a ditadura teve de enfrentar protestos contra as comemorações[16]. Na mesma Belo Horizonte que presenciou evento significativo em 1965, no ano seguinte a festa foi menor. O seu ponto alto, uma parada militar, foi assistida por poucas pessoas, tendo chamado muita atenção um panfleto caricatural contra a ditadura lançado de prédios na área central[17]. Na cidade de São Paulo, a 19 de março de 1966, grupos de direita tentaram comemorar o segundo aniversário da Marcha com Deus, mas o evento atraiu público exíguo, cerca de quarenta pessoas. Na mesma semana, protestos estudantis contra a ditadura na capital paulista atraíram cerca de duas mil pessoas[18]. Protesto mais grave contra a celebração oficial do golpe ocorreu no Recife, em que estava programada missão campal a ser celebrada por D. Hélder Câmara no dia 31 de março de 1966, quando três bombas caseiras foram detonadas perto de instalações militares e do escritório do SNI, sem vítimas[19].

Nas celebrações em outros estados, ainda em 1966, adotou-se a prática de usar atividades esportivas como recurso de propaganda. Em Goiás ocorreu desfile militar e

---

14. RG 59, caixa 1931, pasta 1, NARA II. Sobre as comemorações de 1965 ver também Cristina Ferreira, "Cinquenta Anos do Golpe Civil-militar: Ordem Cívica e Ilegalidade no Início do Governo Ditatorial no Brasil (1964-1965)", *Passagens. Revista Internacional de História Política e Cultura Jurídica*, vol. 9, n. 2, pp. 191-213, maio-ago. 2017.
15. *Correio da Manhã*, p. 6, 01 abr. 1965; *O Globo*, p. 6, 31 mar. 1965, Rio de Janeiro.
16. Castelo Branco fez visita a São Paulo, mas teve encontro apenas protocolar com o governador Ademar de Barros. Previa-se um protesto estudantil contra a visita do general a SP, *Folha de S.Paulo*, p. 3, 31 mar. 1966.
17. Diplomatas norte-americanos guardaram cópias do panfleto, assim como o DOPS. RG 59, caixa 1927, pasta 2, NARA II. Além disso, atestando a repercussão do ato de protesto, alguns jornais reportaram a panfletagem "subversiva" (*O Estado de S.Paulo*, p. 8, 01 abr. 1966).
18. RG 59, caixa 1943, pasta 4, NARA II.
19. *O Estado de S.Paulo*, p. 6, 30 mar. 1966 e p. 4, 01. abr. 1966.

missa de Ação de Graças, mas também uma partida entre Atlético goiano e Vila Nova, com portões abertos. Em Porto Alegre realizou-se comemoração curiosa, também na linha de associar o esporte à política. O hipódromo local fez algumas corridas de cavalo em homenagem à "Revolução Democrática", com páreos em nome de personalidades governamentais como Ernesto Geisel, Cordeiro de Farias, e um prêmio especial Ministro Artur da Costa e Silva. A propósito, nos eventos de 1966 Costa e Silva foi um protagonista de destaque, pois aproveitou a ocasião para divulgar seu nome tendo em vista a sucessão presidencial[20].

No ano de 1967, primeiro do governo Costa e Silva, as comemorações foram mais fracas, em contexto de queda de popularidade da ditadura e aumento de protestos estudantis. Para tentar criar um clima positivo, o governo anunciou indulto parcial a condenados por crimes leves, inclusive de natureza política, desde que houvesse a anuência da Justiça Militar[21]. As celebrações propriamente ditas foram escassas, na maioria missas e desfiles militares em algumas cidades.

No ano de 1968, comemorar o golpe ficou ainda mais complicado devido aos grandes protestos a partir do assassinato do estudante Edson Luís de Lima Souto, que ocorreu no dia 28 de março, às vésperas do aniversário da ditadura. A violência e a tensão obscureceram as comemorações do golpe, sendo o protesto o tom dominante, não a celebração. Em Brasília, por exemplo, os estudantes destruíram o palanque oficial do desfile militar de 31 de março, o que gerou dúvidas quanto à sua realização. A parada militar na capital acabou ocorrendo, mas, por medo dos estudantes, em ritmo célere e com grande aparato de segurança[22].

Em 1969, começo da vigência do AI-5, em princípio haveria menos razão para temer protestos públicos contra a celebração do golpe, dado o aumento da repressão. Mesmo assim, as autoridades preferiram atos discretos e adotaram novas estratégias, que seriam mantidas nos anos seguintes. As principais novidades foram enfatizar as realizações econômicas da ditadura, e, aproveitando a imagem do "milagre" econômico, inaugurar obras nas proximidades da data e usar o 31 de março para nomear lugares públicos, como uma praça em Brasília inaugurada por Costa e Silva após o desfile militar de praxe. Vale destacar que no discurso televisado de 1969 Costa e Silva afirmou que a "revolução" foi obra também da imprensa, que ajudou "na tarefa importantíssima

---

20. *O Estado de S.Paulo*, p. 1, 01 abr. 1966.
21. *Correio da Manhã*, p. 9, 01. abr. 1967.
22. *O Estado de S.Paulo*, p. 7, 30 mar. 1968; *Folha de S.Paulo*, p. 17, 31 mar. 1968 e p. 3, 01 abr. 1968.

e preliminar de esclarecer a opinião pública"[23]. No Rio de Janeiro ocorreu um desfile de tropas, porém, no subúrbio de Deodoro, próximo à Vila Militar, provavelmente uma forma de evitar o centro da cidade[24].

Em 1970, auge do "milagre" e da repressão política, o governo Médici se esforçou para conferir brilho popular aos festejos da data, com auxílio de sua agência de propaganda, a AERP. Poucos dias antes foi baixado o decreto declarando soberania brasileira sobre a faixa de duzentas milhas náuticas, para afiançar a disposição nacionalista da ditadura e responder aos críticos. Além das tradicionais paradas militares, nas celebrações públicas do 31 de março de 1970 mobilizou-se milhares de estudantes em várias cidades, cujos professores foram orientados a ensinar a importância da data a seus alunos. Muitos espaços públicos e escolas 31 de março foram inauguradas por diferentes autoridades[25], que não pouparam esforços para destacar as conquistas econômicas do regime militar.

Mais uma vez práticas esportivas foram mobilizadas para atrair atenção popular, como um salto de paraquedistas militares na praia de Copacabana. A iniciativa mais importante foi um jogo treino da seleção brasileira de futebol no Maracanã, com portões abertos. Para atrair mais público, a partida entre os titulares e os reservas, que, aliás, ganharam (Dario fez 3 gols), foi precedida de apresentações de escolas de samba (Mangueira, Portela, Salgueiro) e dos cantores Elizeth Cardoso e Jair Rodrigues. No dia seguinte, a imprensa publicou fotos dos artistas e jogadores se confraternizando. No entanto, o público presente preencheu apenas um quarto da capacidade do estádio de futebol, e houve queixas em relação à qualidade ruim do som[26]. Público muito menor foi atraído para o desfile militar em Brasília, segundo reportagem do *Estadão*. Nessa altura crítico em relação a algumas políticas da ditadura, o diário paulistano comentou que a ausência do povo se deveu à distância do local do desfile e também porque o governo não decretou ponto facultativo[27].

Os resultados das festas de 1970 não parecem ter empolgado os esforçados organizadores do aniversário do golpe, pois, nos anos seguintes, o 31 de março voltou a ser

---

23. *O Estado de S.Paulo*, p. 5, 01 abr. 1969.
24. *O Globo*, p. 22, 01 abr. 1969.
25. Por exemplo, o governador de São Paulo Abreu Sodré iria inaugurar uma escola estadual chamada 31 de março, *O Estado de S.Paulo*, p. 1, 31 mar. 1970.
26. Ana Carolina Zimmermann, *O Golpe Vira Uma Festa: O 31 de Março de 1964 e as Práticas Cívico-patrióticas (1970-1971)*, Trabalho de Conclusão de Curso de Graduação em História da Universidade Regional de Blumenau, 2020, pp. 72-75, e reportagens em *O Globo* e *O Estado de S.Paulo* do dia 31 mar. 1970.
27. *O Estado de S.Paulo*, p. 5, 01 abr. 1970.

a cobertura jornalística preocupou-se pouco em destacar a presença do público, o que mudaria nos anos seguintes.

Entre 1965 e 1968 uma das novidades foi a presença de autoridades estrangeiras, cumprindo o papel de representar a existência de apoio internacional ao regime militar. Estiveram presentes o prefeito de Londres, o rei da Noruega e o presidente chileno Eduardo Frei, entre outros. Segundo a imprensa, Frei declarou que era inquestionável a importância do Brasil no plano mundial[36]. As Forças Armadas se esmeraram na exibição de equipamentos bélicos novos, especialmente blindados e aviões, para afiançar seu poder e também as realizações tecnológicas nacionais. A grande imprensa exaltou os desfiles militares com manchetes do tipo: "Soldados da Democracia Mostram as Armas da Paz" e "Vibração Popular no Desfile da Independência"[37].

No entanto, a aparência de unidade nacional foi quebrada algumas vezes por manifestações de dissenso, por isso mesmo a necessidade de demonstrar coesão e força militar. Nas celebrações de 1965, o governador Ademar de Barros espicaçou os militares, dizendo que era preciso atenção contra os subversivos, mas também com aqueles que pretendiam "fugir à consulta popular"[38]. Em 1966 foi a vez da oposição parlamentar disputar a data, pois o MDB mineiro marcou um comício para o dia Sete de Setembro, em Ouro Preto[39]. Já em 1968 foi a vez dos estudantes, que protestaram contra a ditadura em algumas solenidades e sofreram prisões em São Paulo e Goiânia. Na mesma data, estudantes de Brasília protestaram com balões pretos[40].

O caso dos protestos em São Paulo no Sete de Setembro de 1968 merece maior atenção. O DOPS deteve dezessete estudantes que distribuíam panfletos criticando as Forças Armadas por impedirem a verdadeira independência do povo, e também três jovens operários por fazerem piada com as medalhas exibidas por um general. Mostrando antipatia pelos jovens e preconceito de gênero, um dos textos jornalísticos sobre o evento notou que uma das estudantes era feia, não se pintava e tinha os cabelos mal penteados[41]. No caso do *Estadão*, a mesma edição que noticiou os protestos estudantis trouxe manchetes como "Dia da Pátria une Armas e Povo" e "Ordem Total". Os textos

---

36. *O Estado de S.Paulo*, p. 1, 07 set. 1968.
37. *O Globo*, p. 20, 08 set. 1965; p. 12, 08 set. 1967.
38. *O Estado de S.Paulo*, p. 6, 07 set. 1965.
39. *O Globo*, p. 12, 06 set. 1966.
40. *O Estado de S.Paulo*, p. 8, 08 set. 1968. O governo de Goiás iria expulsar cerca de quarenta estudantes dos ginásios oficiais por envolvimento com os protestos.
41. *Folha de S.Paulo*, p. 12, 08 set. 1968.

diziam que as tentativas estudantis de perturbar a ordem malograram e não impressionaram o povo. Segundo o jornal, cerca de duzentos estudantes tentaram perturbar o desfile em São Paulo, mas fracassaram graças à ação policial (foram mobilizados oitocentos agentes, quase todos à paisana!)[42]. Assim, a imprensa noticiava as manifestações de dissenso, mas garantia ao público que elas não ameaçavam a ordem, muito bem defendida pelo aparato repressivo.

Quanto aos desfiles de 1969, a imprensa registrou que atraíram grande público[43]. Em Belo Horizonte, um grupo "subversivo" distribuiu panfletos concitando o povo a não prestigiar a festa, mas "a manobra não alcançou nenhum resultado prático"[44]. Já em 1970, o presidente general Médici adotou a prática de anunciar medidas populares próximo ao Sete de Setembro, desta feita a criação do Programa de Integração Social (PIS).

Percebe-se na cobertura jornalística das festas da Independência no ano de 1970 o surgimento de tom eufórico, conectado à imagem do "milagre" econômico e à conquista do Tricampeonato Mundial de Futebol. As manchetes são eloquentes: "Brasil unido de ponta a ponta na mesma emoção"; "Médici no dia da Pátria: o Brasil está mais unido"; "Povo aplaude o presidente na festa da Independência"[45]; "Pra frente Brasil" (o texto registrava que essa marchinha foi muito tocada pelas bandas militares); e "Data reúne armas e povo", cujo texto afirmava que os desfiles foram um sucesso popular, exceto em São Paulo, pois uma tempestade provocou o cancelamento do evento[46]. Uma matéria do *Estadão* comentou que os desfiles de 1970 visivelmente atraíram maior público que os anteriores. Segundo o autor isso se devia a vários fatores, como o clima de entusiasmo pela conquista do Tricampeonato Mundial e as medidas do governo para popularizar-se, o que incluiu uma eficaz estratégia de publicidade para os desfiles, especialmente mensagens de convocação gravadas por alguns dos jogadores de futebol mais célebres[47].

Em 1971, a cobertura de imprensa manteve o mesmo tom empolgado, que falava de multidões presentes a grandes desfiles. Em São Paulo, por exemplo, o desfile militar no local que a imprensa chamava de Vale da Independência (proximidades do Monumen-

---

42. *O Estado de S.Paulo*, pp. 8-9, 08 set. 1968.
43. *O Globo*, p. 4, 08 set. 1969, e *Folha de S.Paulo*, p. 1, 08 set. 1969.
44. *O Globo*, p. 4, 08 set. 1969.
45. *O Globo*, p. 32, 07 set. 1970 e p. 17, 08 set. 1970.
46. *O Estado de S.Paulo*, pp. 5 e 36, 08 set. 1970.
47. *O Estado de S.Paulo*, p. 3, 08 set. 1970.

to do Ipiranga) teria atraído cem mil pessoas[48]. Dois dias antes, o governador Laudo Natel havia presidido um evento para jovens que encheu o Pacaembu[49]. No Rio, um texto de capa de *O Globo* afirmava que "ninguém detém este país". Explorando o clima patriótico, uma fábrica produziu picolés em verde e amarelo (mistura de maracujá e abacate!), que apelidou de "brasileirinho"[50].

Portanto, a partir de 1970 surgiu um clima de patriotismo ascendente propalado pelos meios de comunicação e planejado pelo Estado. Nesse quadro, surgiu a ideia de caprichar nas festas de 1972, aproveitando a data redonda de 150 anos da Independência, o Sesquicentenário, palavra tão comprida que a imprensa às vezes abreviava para "Sesqui". Inicialmente, pensou-se em fazer uma grande exposição internacional, no estilo das comemorações do centenário de 1922. Porém, logo as autoridades decidiram-se por algo mais ambicioso, um conjunto de eventos cívicos, culturais e esportivos com duração de vários meses, com destaque para o retorno ao Brasil dos restos mortais de Pedro I.

O planejamento foi entregue a uma Comissão Executiva Central (CEC), sem surpresa chefiada por um general (Antônio Jorge Correa), que buscou uma data para ser ponto de partida da longa sequência de atividades do Sesquicentenário. Significativamente, a data do golpe de 1964 não foi a escolhida, embora o ponto alto nas insípidas comemorações do 31 de março de 1972 tenha sido o lançamento de um selo comemorativo que remetia ao Sesquicentenário. O selo trazia o desenho dos três primeiros presidentes militares ao lado da bandeira nacional. No canto esquerdo aparecia a marca publicitária do Sesquicentenário, que conectava 1822 a 1972 e seria usada em diferentes peças gráficas ao longo do ano.

O ponto de partida oficial para as pomposas e prolongadas celebrações de 1972 acabou sendo o 21 de abril. Por que não optaram pelo 31 de março, o que poderia ser uma estratégia para reforçar a popularidade da ditadura? Acreditamos que da ótica dos agentes estatais não seria inteligente arriscar o sucesso do Sesquicentenário associando-o ao 31 de março, uma data sem brilho popular e que além disso poderia atrair protestos das forças de oposição e de resistência. Mais proveitoso seria conectar o Sesquicentenário ao feriado de Tiradentes, uma das datas mais consagradas no imaginário nacional, embora recebesse menor atenção do aparato estatal (exceto em Minas Gerais) que o Sete de Setembro.

---

48. *O Estado de S.Paulo*, p. 9, 08 set. 1971.
49. *Folha de S.Paulo*, p. 6, 06 set. 1971.
50. *O Globo*, , p. 1, 07 set. 1971 e p. 11, 08 set. 1971.

As comemorações do 21 de abril já vinham sendo apropriadas pelos golpistas de 1964, sob o discurso de que tal como Tiradentes lutaram contra a escravização dos brasileiros, só que desta feita a potência escravizadora seria o comunismo[51]. Mas havia certo constrangimento relacionado à figura do Alferes José Joaquim da Silva Xavier, pois a esquerda o mobilizava também como lutador revolucionário e ele era usado para ironizar os discursos antissubverssivos da ditadura[52]. Talvez isso tenha reforçado a decisão de centrar as comemorações em torno de Pedro I, embora ele gerasse constrangimento por outras razões, já que não era modelo de moralidade e abdicou do trono para voltar a Portugal, deixando no Brasil uma fama de absolutista[53]. De qualquer modo, a imagem do primeiro Imperador era apreciada pelos líderes da ditadura por permitir a valorização da autoridade e do protagonismo militar no Sete de Setembro.

Além disso, a figura de Pedro I agradava por reforçar a mensagem de uma Independência sem grande ruptura, que teria permitido a continuidade de laços entre Brasil e Portugal, o que a ditadura celebrou também. Um dos marcos iniciais das festas do Sesquicentenário foi a chegada ao Rio do navio português conduzindo os restos mortais de Pedro I, no dia 22 de abril de 1972[54]. As cinzas do Imperador foram cedidas pela ditadura de Portugal, que além de afinidades ideológicas com a brasileira tinha interesses próprios a defender, especialmente sua política colonial na África[55]. Por isso, o presidente Américo Thomaz e outras autoridades portuguesas vieram tomar parte nas festividades. Importante analisar a visão de história embutida em tais gestos, que realçavam a proximidade com Portugal e a valorização das raízes ibéricas do Brasil, assim como um modelo de Independência negociado e conservador.

A propósito de perspectivas historiográficas tradicionais, o governo se associou ao Instituto Histórico e Geográfico Brasileiro (IHGB), que ganhou sede nova e criou uma linha editorial, a Biblioteca do Sesquicentenário. Liderado por Pedro Calmon, esse grupo de historiadores semioficiais publicou uma obra de 4 volumes organizada por Josué Montello, *A História da Independência do Brasil*, que reuniu a fina flor da intelectualidade associada à ditadura (por exemplo, Artur César Ferreira Reis, Pedro Calmon e

---

51. Ver ordem do dia do Ministro da Guerra Artur Costa e Silva, *O Globo*, p. 6, 21 abr. 1964.
52. Por exemplo a charge de Jaguar em *Última Hora*, 21 abr. 1969.
53. Janaína Cordeiro, A *Ditadura em Tempos de Milagre:. Comemorações, Orgulho e Consentimento*, 2015, p. 99.
54. Adjovanes Thadeu Silva de Almeida, *O Regime Militar em Festa: A Comemoração do Sesquicentenário da Independência Brasileira (1972)*, 2009, p. 19.
55. Não obstante, após a Revolução dos Cravos a ditadura se aproximou dos governos dos países recém independentes de Portugal, por pragmatismo econômico.

Gilberto Freyre) a autores militares. Com patrocínio público, o IHGB organizou também um Congresso de História da Independência, realizado no Rio e em São Paulo[56]. Em contrapartida, o Instituto nomeou como presidente de honra o general Médici, o que aliás era de praxe nas suas relações com o Estado. O papel do IHGB era fornecer um lustro intelectual e de erudição histórica às festividades, o que aceitou de bom grado, até porque desde sua origem produzia uma historiografia semioficial de matiz patriótico conservador. Momento marcante de sua presença no Sesquicentenário foi a oração fúnebre de Pedro Calmon em homenagem à memória de Pedro I, durante a cerimônia de inumação de seus restos mortais no Monumento à Independência (Ipiranga).

Mas a programação principal do Sesquicentenário era voltada para atrair o grande público. Para tanto foram organizadas muitas atividades, em tal número que é difícil resumir, de paradas militares a eventos esportivos, passando por um espetáculo de luzes de alta tecnologia no Monumento à Independência. Além disso, houve eventos esportivos de todo tipo: regatas, atletismo, ginástica, hipismo etc. O carro chefe era o futebol, claro, e o principal evento foi a Taça Independência, com participação de equipes estrangeiras, embora não todas as que foram convidadas, pois Alemanha, Espanha, Inglaterra, Itália e México declinaram[57]. No jogo final, disputado entre Brasil e Portugal, no Maracanã, Médici foi ovacionado pelo público, gerando a sensação de que seria o general mais popular da ditadura.

Para animar as festividades foi composto um hino oficial do Sesquicentenário, cujo texto falava em mistura de raças, potência, união, amor e paz. No campo das publicações, além de livros de história tradicional, investiu-se também em histórias de quadrinhos patrióticas para atingir as crianças, talvez o grupo mais visado pelos organizadores. Vale a pena registrar o engajamento de muitas empresas nas festividades, que adotaram iniciativas publicitárias próprias divulgadas através da imprensa [Figura 1]. Tratava-se de mostrar patriotismo e afinidade ideológica com o regime político vigente, mas igualmente de aproveitar o clima de patriotismo para fins próprios.

Voltando ao périplo das cinzas de Pedro I, seu esquife foi levado a várias cidades brasileiras e oferecido à visitação pública. Ele percorreu um grande circuito de viagens, com muitos discursos, paradas e largo uso de simbologia e aparatos militares, em ceri-

---

56. Adjovanes Thadeu Silva de Almeida, *O Regime Militar em Festa: A Comemoração do Sesquicentenário da Independência Brasileira (1972)*, 2009, pp. 62-79.
57. Bruno Duarte Rei, *Celebrando a Pátria Amada. Esporte, Propaganda e Consenso nos Festejos do Sesquicentenário da Independência do Brasil (1972)*, Rio de Janeiro, 7Letras, 2020, pp.125-132.

De trás deste olhar, 150 anos de liberdade vos contemplam.

Um ano de idade e todo um futuro pela frente. Um futuro garantido por 150 anos de independência, trabalho e progresso. Um futuro que começou há muito tempo e que hoje se faz presente em você, no seu filho e em todos nós.

A você, Brasil presente. A você, Brasil futuro, os votos de alegria e confiança da General Motors.

General Motors do Brasil.

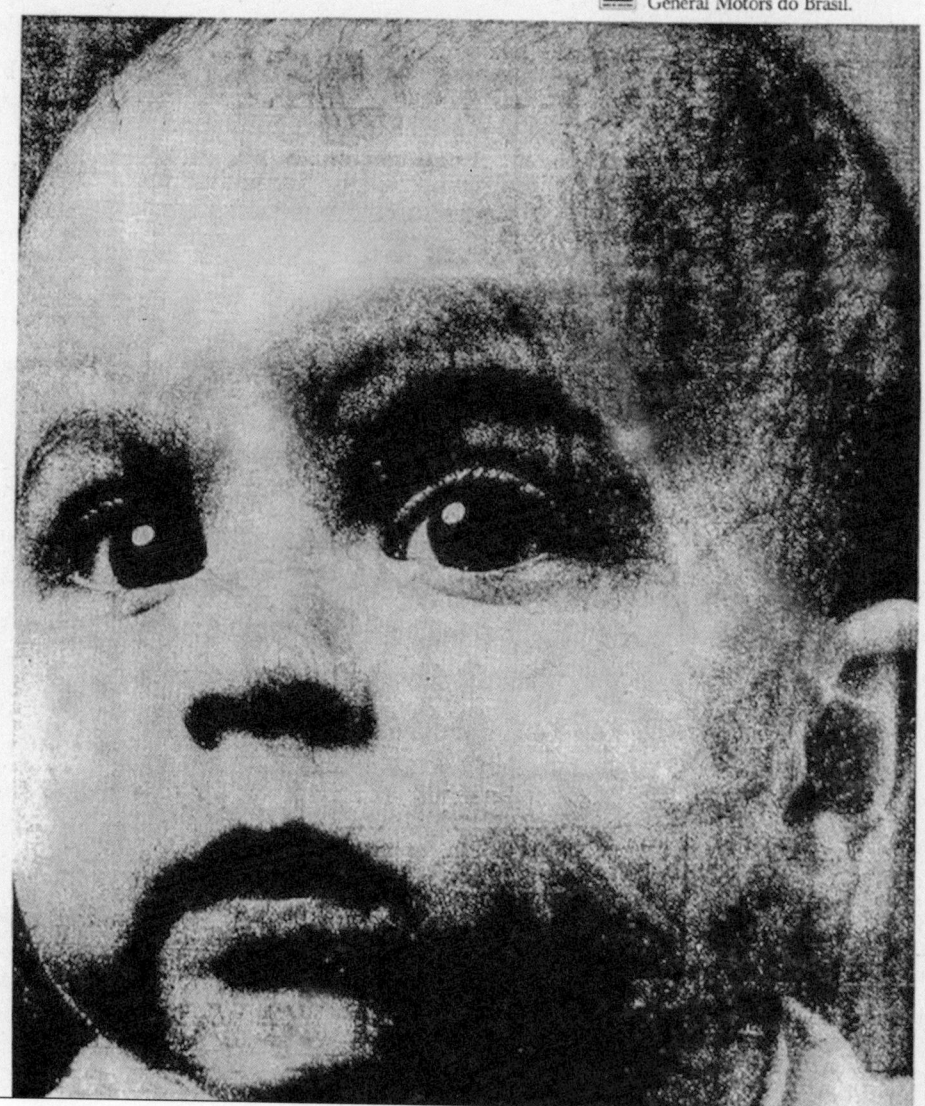

Figura 1. *Estado de S.Paulo*, p. 8, 7 set. 1972.

moniais cuidadosamente preparados para atrair e impactar o público[58]. No período em que o esquife esteve exposto na Quinta da Boa Vista, por exemplo, consta que 25 mil pessoas o visitaram. A última parada foi em São Paulo, para a cerimônia de inumação no Monumento à Independência na tarde de Sete de Setembro, que contou com a presença de Médici e do presidente português.

Um pouco mais cedo, na manhã do mesmo dia Sete de Setembro de 1972, Médici e Thomaz participaram do desfile militar oficial do governo brasileiro, que excepcionalmente foi realizado em São Paulo, na Avenida Paulista, local mais adequado para receber o público previsto. A organização foi minuciosa e não poupou recursos, como de resto as outras atividades do Sesquicentenário. Segundo *O Globo*, "Todo o Brasil Marchou no Ritmo do Sesqui" e "Meio Milhão de Paulistas Viu Parada do Sesqui"[59]. O *Estadão* registrou que "Armas e Povo Encerram a Festa", mas não fez estimativa de público tão grandiosa como o diário carioca, ainda que tenha registrado o aplauso de uma parte do povo a Médici no fim do desfile. A reportagem do diário paulista comentou as manifestações de patriotismo, mas também registrou o cansaço de parte da multidão, e que uma parte das pessoas foi atraída pelo próprio ajuntamento de gente, alguns querendo aproveitar a ocasião para paquerar[60].

Quanto à essência dos discursos oficiais, como seria de esperar as autoridades investiram na associação entre o regime vigente e as imagens de Pedro I e da Independência. Porém, diferentemente de comemorações anteriores, em que o anticomunismo teve destaque, nas festas do Sesquicentenário buscou-se ressaltar mais as realizações tecnológicas e econômicas. Tratava-se de mostrar a ditadura como um momento de consolidação do Brasil como nação moderna e desenvolvida. O discurso oficial do "Sesqui" era que, com pulso firme, Pedro I conquistara a independência política e garantira a unidade do Brasil contra as forças centrífugas. Por seu lado, coube à "revolução de 1964" conquistar a independência econômica e, assim, completar o trabalho do Imperador, o que estabelecia conexão estreita entre as duas datas[61].

Durante as comemorações do Sesquicentenário ouviu-se algumas vozes públicas criticando a iniciativa do governo de celebrar com tanta pompa o evento, bem como a sua estratégia de apropriação da imagem da Independência. Por exemplo, tais críticas foram manifestadas pelo intelectual católico Alceu Amoroso Lima e pelo

---

58. Janaína Cordeiro, *A Ditadura em Tempos de Milagre: Comemorações, Orgulho e Consentimento*, 2015, pp. 68-84.
59. *O Globo*, p. 11, 08 set. 1972.
60. *O Estado de S.Paulo*, pp. 1, 13 e 14, 08 set. 1972.
61. Janaína Cordeiro, *A Ditadura em Tempos de Milagre...*, p. 311.

periódico satírico *Pasquim*⁶². Mas não foram encontrados na imprensa registros sobre protestos (ou tentativas) durante os eventos públicos de 1972, diferente do que se passou em 1968 e 1969.

Entretanto, os registros da imprensa indicam que nos anos seguintes ao Sesquicentenário as festas do Sete de Setembro tenderam ao declínio. Em 1973, a novidade foi que o desfile oficial ocorreu pela primeira vez em Brasília e com a presença do presidente, mas o contingente que desfilou (7 mil homens) foi diminuto se considerarmos eventos anteriores⁶³. Para atrair publicidade positiva para a data, Médici anunciou medidas de impacto como a ampliação da assistência social aos trabalhadores rurais. De seu lado, a imprensa destacou os novos equipamentos militares exibidos pelas Forças Armadas, mas sem entusiasmo. É como se houvesse uma ressaca depois da festança do "Sesqui". Segundo *O Globo*, em 1973 apenas 30 mil pessoas presenciaram o desfile de São Paulo, uma sombra em comparação a 1972. Mas a estimativa do *Estadão* foi pior ainda, cerca de 10 mil pessoas, supostamente por causa do frio que fazia na capital paulista.⁶⁴ A propósito, a discrepância na avaliação do público em São Paulo entre os dois jornais indica que a cobertura jornalística fazia estimativas sem rigor.

Em 1974 a baixa no patriotismo continuou, para o que contribuiu o início da crise do mal chamado milagre econômico. No desfile oficial, em Brasília, houve limitação no número de veículos militares (apenas metade do contingente do ano anterior), por causa da crise do petróleo. Em outros estados ocorreu o mesmo, também por economia de combustível, enquanto em Belo Horizonte e São Paulo não houve mobilização de estudantes, devido ao surto de meningite. Outra demonstração da falta de empenho foi que das três Armas só a Marinha elaborou Ordem do Dia⁶⁵. Fica-se com a impressão de que a grandiosidade cuidadosamente planejada do Sesqui esgotou o patriotismo brasileiro. Por outro lado, talvez o público das grandes cidades tivesse outras preocupações (a inflação, por exemplo) e menos ânimo para prestigiar festas oficiais. Significativamente, dois meses depois, em novembro de 1974, ocorreram as eleições para senadores e deputados em que o partido de oposição colheu larga vitória principalmente nos centros urbanos, tendo eleito 16 das 22 vagas em disputa para o Senado.

---

62. Adjovanes Thadeu Silva de Almeida, *O Regime Militar em Festa: A Comemoração do Sesquicentenário da Independência Brasileira (1972)*, 2009, pp. 158-160.
63. *O Globo*, p. 1, 08 set. 1973.
64. *O Globo*, p. 3, 08 set. 1973 e *O Estado de S.Paulo*, p. 1, 08 set. 1973.
65. *O Globo*, p. 15, 08 set. 1974 e *O Estado de S.Paulo*, p. 14, 07 set. 1974.

Considerações finais

Uma avaliação adequada do impacto político das comemorações cívicas da ditadura, em especial se o apoio social ao regime autoritário estiver em foco, ao nosso ver precisa levar em conta o fracasso em tornar o 31 de março uma data popular. A análise centrada apenas na comemoração das datas cívicas tradicionais, como o Sete de Setembro, será sempre marcada pela dificuldade de discernir o que seria apoio ao regime autoritário e o que seria simples manifestação de patriotismo.

As festividades do Sesquicentenário atraíram grande público[66] e pode-se imaginar que essas pessoas apreciaram a iniciativa da ditadura de celebrar a data. Entretanto, é complexo avaliar se a manifestação de patriotismo provocada pela comemoração da Independência – afinal, um evento fundador da nacionalidade – converteu-se integralmente em apoio popular ao regime autoritário. Da mesma forma, as manifestações de aplauso ao general Médici não indicam, necessariamente, consenso popular em relação à ditadura. Vale a pena reiterar que dois anos depois da apoteose do "Sesqui" a ditadura colheu resultado bastante ruim nas eleições de 1974. O MDB se tornou partido de oposição popular e com força para impedir que o governo seguisse controlando tranquilamente o Congresso – por isso a invenção dos senadores biônicos e outras manobras casuísticas da ditadura.

Além disso, vale questionar em que medida os esforços oficiais para conferir brilho às comemorações cívicas afetaram os seus resultados. Afinal, uma parte dos presentes às festas era convocada compulsoriamente, como estudantes e professores, e os governos decretavam ponto facultativo para servidores e às vezes também o fechamento do comércio durante os eventos. Ademais, usava-se chamarizes para atrair público como shows de artistas populares e jogos de futebol. Outro ponto a considerar na análise dos resultados das comemorações é que as mobilizações críticas aos eventos oficiais eram vigiadas e reprimidas. Entretanto, é importante fazer uma ressalva, para evitar mal-entendido. Não se trata de negar que a ditadura teve apoio, mas de questionar o seu alcance e extensão, bem como problematizar a existência de apoio consensual.

A redução na escala das festas cívicas a partir de 1973 coincidiu com a decadência da ditadura, cujos líderes tiveram de concentrar sua energia na contenção das forças oposicionistas em ascensão. Durante o processo de luta contra o regime militar, os atores democráticos oscilaram entre disputar os símbolos nacionais ou rejeitá-los devido

---

66. Janaína Cordeiro, *A Ditadura em Tempos de Milagre. Comemorações, Orgulho e Consentimento*, 2015.

a sua constrangedora apropriação pelas forças autoritárias. Portanto, fica a dúvida se a ditadura legou um país mais consciente dos valores e símbolos patrióticos, ou se ampliou a margem de rejeição e de ceticismo em relação à ritualística cívica tradicional.

Quanto à história tradicional e conservadora fomentada pela ditadura, que tinha como modelo ideal a produção do IHGB, cujas figuras luminares gozavam de prestígio, recursos e às vezes cargos oficiais, ela logo encontrou no mundo universitário um sério oponente. A historiografia acadêmica, paradoxalmente produzida nas universidades públicas reformadas e ampliadas pela ditadura, a partir dos anos 1970-80 tornou-se uma bem-sucedida alternativa crítica à história oficial e conservadora.

O texto não poderia ser concluído sem uma menção aos movimentos de extrema-direita atuais, que se apropriam do verde e amarelo e demais símbolos patrióticos em contraposição aos governos de (centro) esquerda que estiveram à frente do Brasil nos anos iniciais do século XXI. Além do patriotismo verde-amarelo autoritário, tais grupos se conectam à ditadura pela valorização da história tradicional e conservadora, recuperando as mesmas imagens de harmonia social e racial pretensamente perturbada pelas esquerdas. Algumas dessas pessoas foram educadas durante a ditadura, outros, muito jovens para isso, aprenderam os valores autoritário-conservadores em outros meios, principalmente nas redes sociais. Movidos por tais convicções, os mais radicais entre eles defendem simplesmente a volta da ditadura militar.

Porém, os tempos são outros, e o sucesso do projeto da direita radical e autoritária está ameaçado pela crise do bolsonarismo. Felizmente, os atuais candidatos a ditador mostram-se menos sagazes que seus ídolos do passado. Permito-me concluir com uma fala engajada, mas em defesa de valores democráticos. É preciso atuar para derrotar tais projetos, que implicam tanto autoritarismo político como visões conservadoras sobre a nação e a história. Derrotá-los para construir uma Nação brasileira merecedora do N maiúsculo, que para tanto deveria ser democrática e plural, portanto, aberta à incorporação de diferentes brasis.

Oxalá a ditadura e seu patriotismo autoritário e conservador sejam para nós apenas um objeto de estudo, e não mais um horizonte possível.

CAPÍTULO III

Independência, Documentos de Arquivo e Políticas da Memória

RENATO VENANCIO

MEMÓRIA E ESQUECIMENTO ESTÃO NO cerne do debate contemporâneo. Por isso é importante iniciar este texto conceituando a compreensão arquivística das noções e conceitos aqui empregados. Se em relação ao termo "Independência" não são necessários esclarecimentos, pois remete ao cerne deste livro, o mesmo, porém, não se dá a propósito das expressões "documentos de arquivo" e "políticas de memória", que merecem ser contextualizadas.

Conforme é sabido, a definição mais geral de documento considera-o como a materialização de informações em suportes, ou então, como consta no dicionário de terminologia arquivística do Arquivo Nacional, uma "unidade de registro de informações, qualquer que seja o suporte ou formato"[1]. Se essas definições forem aceitas, toda criação humana é um "documento", sendo, portanto, vastíssimos os tipos de fontes documentais a propósito de qualquer fenômeno histórico, inclusive a Independência.

No repertório de fontes de 1822 devem-se incluir, por exemplo, as publicações de época ou atuais, como os periódicos e livros, ou então toda e qualquer representação artística, como as pinturas e esculturas, ou ainda os demais objetos tridimensionais não-textuais do período em questão ou que a ele digam respeito. No amplo universo documental desse fenômeno histórico, cabe sublinhar a diferença dos "documentos de biblioteca" e "documentos de museu", acima citados, em relação

---

1. Arquivo Nacional, *Dicionário Brasileiro de Terminologia Arquivística*, Rio de Janeiro, Arquivo Nacional, 2005, p. 73. Disponível em: http://www.arquivonacional.gov.br/images/pdf/Dicion_Term_Arquiv.pdf Acesso em: 22 de jun. 2021.

aos "documentos arquivísticos". Esses últimos constituem um segmento específico das informações registradas. Em outras palavras, os "documentos de arquivo" apresentam características próprias, remetendo a conjuntos que surgem e são acumulados para registrar atividades de instituições ou de pessoas físicas. Soma-se a isso a natureza orgânica desses registros. Graças à manutenção do vínculo que tem com o produtor, "o caráter probatório dos arquivos fica protegido, uma vez que os documentos inerentemente refletem as funções, programas e atividades da pessoa ou instituição que os produziu"[2].

De certa maneira, o documento de arquivo de instituições está no cerne da vida social, pelo menos a partir do surgimento da sociedade fundada na propriedade privada e em formas de dominação delas derivadas. As sociedades assim organizadas são dependentes de instituições, que, por sua vez, se assentam em regras pactuadas ou outorgadas, escritas ou consuetudinárias. Luciana Duranti chama atenção para o nascimento dos sistemas jurídicos e dos códigos legais decorrentes dessas mudanças. A vida social passa a depender de registros de prova da ação, registros relacionados a um conjunto específico de atos decorrentes de uma vontade de realizá-los e de gerar provas de sua existência[3].

Além das características acima elencadas, a definição dos acervos arquivísticos não se restringe a suportes específicos, nem muito menos a espécies ou tipos documentais pré-determinados. Dependendo do contexto, tanto os documentos textuais como iconográficos – apenas para citar dois exemplos – são considerados "documentos de arquivo". O que de fato define esse tipo de registro não é a materialidade que assume, mas sim a função que desempenha, como prova de uma ação.

Além de servir de prova, o documento de arquivo também testemunha a ação. Os historiadores lidam com essas duas dimensões dos registros. Seus usos como fonte de pesquisas geram muitas dúvidas e questionamentos, pois relacionam-se ao conceito da "verdade". Conforme é sabido, a noção de verdade histórica é problemática. A arquivologia pode auxiliar os historiadores a compreendê-la de forma mais profunda. A verdade do "documento de arquivo" remete ao registro de "ações", que mantêm vínculos orgânicos com o produtor. O que caracteriza um fundo arquivístico, e o que o

---

2. Terry Cook, *O Conceito de Fundo Arquivístico: Teoria, Descrição e Proveniência na Era Pós-custodial*, Rio de Janeiro, Arquivo Nacional, 2017, p. 9. Disponível em: http://www.arquivonacional.gov.br/images/virtuemart/product/Terry%20Cook%20publicacao_tecnica%20593.pdf. Acesso em: 22 de jun. 2021.
3. Luciana Duranti, "Diplomatics: New Uses for an Old Science, Part II", *Archivaria*, n. 29, pp. 4-17, 1989. Disponível em: https://archivaria.ca/index.php/archivaria/article/view/11605. Acesso em: 22 de jun. 2021.

diferencia de uma coleção qualquer de documentos, é a preservação desse vínculo. A proveniência ou autoria permite a identificação e atribuição de responsabilidade pela ação. É isso que faculta a utilização de documentos de arquivo, gerados e acumulados por instituições de governos despóticos, para provar o despotismo desses governos.

Outro aspecto a ser enfatizado é a custódia confiável do documento arquivístico, garantidora de que ele não tenha sido adulterado ou falsificado. A função do arquivo público é justamente a de ser uma instituição confiável de custódia. Conforme pode ser percebido, o documento de arquivo opera através de uma noção subjetiva de verdade, em que se considera verdadeiro o que seu titular, na forma de pessoa jurídica ou física, considerou como tal[4]. Em certo sentido, e diferentemente da noção genérica de documento, os documentos arquivísticos são fieis às instituições ou indivíduos que os produziram e acumularam, pois esse tipo de registro autodocumenta quem lhe deu origem.

A interpretação dos documentos de arquivo, e eventuais "verdades" que registram, exige saber como foram produzidos e acumulados. A partir desse conhecimento, o seu conteúdo, inclusive daqueles com deliberada intenção de manipular informações ou de mentir, pode tornar-se relevante como fonte ou ser desconsiderado. Quanto a isso, cabe lembrar que a crítica ao negacionismo baseia-se nas fontes arquivísticas das instituições que os negacionistas se propõem reinterpretar e deturpar[5].

Os documentos de arquivo de instituições da época da Independência, como qualquer outro conjunto dessa mesma natureza, são relevantes por permitirem o acesso a ações registradas, atribuindo-se responsabilidade aos órgãos que as formularam. O estudo das representações presentes nesses documentos depende de sua compreensão contextual e de sua interpretação crítica. A existência desses registros impõe limites às reinterpretações do passado. Em outras palavras, a imaginação histórica é livre, mas isso não implica que ela deva desconsiderar as evidências existentes.

Se as premissas acima forem aceitas, podemos avançar em direção ao segundo conceito apresentado no título deste texto. A expressão "políticas de memória" deve ser aqui compreendida a partir de dois de seus elementos constitutivos. Por "política"

---

4. Francis X. Blouin Jr. e William G. Rosenberg, *Processing the Past: Contesting Authority in History and the Archives*, Oxford University Press, 2011, p. 45.
5. É bastante interessante lembrar que os historiadores negacionistas do Holocausto foram desmascarados através da documentação produzida e acumulada pelas próprias instituições nazistas responsáveis pelo Holocausto, ver Deborah E. Lipstad, *Negação: Uma História Real*, São Paulo, Universo dos Livros Editora, 2017.

entende-se "política pública", ou seja, "o que o governo escolhe fazer ou não fazer"[6]. A "memória", por sua vez, merece maiores detalhamentos, pois consiste em um termo polissêmico, podendo ser entendida como um fenômeno neurológico, ou então, na forma de uma vivência coletiva, como fenômeno social. Há ainda outros sentidos dessa palavra. Margaret Hedstrom, por exemplo, alerta que frequentemente se procura relacionar "os termos 'arquivo' e 'memória' de uma maneira que é retoricamente útil, mas que ignora as circunstâncias e condições em que o arquivo e a memória coletiva podem entrecruzar". Conforme argumenta a autora, as informações registradas nos documentos de arquivo não são "memória", mas sim "registros da memória". Diferentemente da memória individual ou coletiva, a registrada é fixa, podendo os documentos de arquivo "permanecer insuspeitados e imperturbáveis enquanto as memórias individuais se esvaem, enquanto a memória coletiva é reconfigurada, ou até mesmo enquanto existem esforços conscientes de se apagar a memória"[7].

Diferentemente das memórias individual e coletiva, que são oportunistas e tendem a se adaptar às circunstâncias do presente, atualizando-se por meio de anacronismos voluntários ou involuntários, a memória registrada impõe limites. Pierre Nora, ao tratar dessa dimensão, afirmou que no "coração da história trabalha um ativismo destruidor da memória espontânea". E mais: "A memória é sempre suspeita para a história, cuja verdadeira missão é destruí-la". No limite, é possível afirmar que a memória diz respeito ao "mito" e não à "história"[8].

Portanto, de acordo com os pontos de vista aqui apresentados, a "política da memória" remete a políticas públicas que lidam com os "registros da memória". Empregou-se, no presente texto, o termo "instituições memoriais" para tratar apenas daquelas constituídas pelos arquivos públicos, embora reconhecendo que, numa acepção ampla, as instituições memoriais também englobam as bibliotecas, museus ou entidades híbridas, como os centros de memória.

Os arquivos públicos preservam registros da memória e estão sujeitos a políticas públicas da memória. Quando diante dessas instituições os poderes públicos, quer fe-

6. José Maria Jardim, "Governança Arquivística: Contornos Para uma Noção", *Acervo*, vol. 31, pp. 15-45, 2018. Disponível em: http://revista.arquivonacional.gov.br/index.php/revistaacervo/article/view/987. Acesso em: 7 maio 2021.
7. Margaret Hedstrom, "Arquivos e Memória Coletiva: Mais que uma Metáfora, Menos que uma Analogia", em Terry Eastwood e Heather Macneil, *Correntes Atuais do Pensamento Arquivístico*, trad. Anderson Bastos Martins; revisão técnica Heloísa Liberalli Bellotto, Belo Horizonte, Editora da UFMG, 2016, pp. 237-259.
8. Pierre Nora, "Entre Memória e História: A Problemática dos Lugares", trad. Yara Aun Khoury, *Projeto História: Revista do Programa de Estudos Pós-Graduados de História*, vol. 10, pp. 7-28, 1993.

derais, estaduais ou municipais, escolhem "não fazer" ou "não atuar", eles produzem uma política pública que poderia ser qualificada como "política pública do esquecimento" ou "política pública da opacidade", conforme definiu José Maria Jardim[9].

Tal constatação ganha ainda mais relevância quando lembramos que os arquivos públicos custodiam a documentação de órgãos públicos. A Constituição Federal[10] e a legislação que os regulamenta[11] preveem formas de proteção a esses conjuntos documentais. De acordo com as leis brasileiras, todos os entes da federação e de todos os três poderes devem, ou deveriam, constituir seus próprios sistemas de arquivos que, por sua vez, se integrariam a um grande sistema nacional, definido como Sistema Nacional de Arquivos (Sinar), cujo órgão central formulador das políticas públicas arquivísticas é o Conselho Nacional de Arquivos (Conarq).

Tal arquitetura de política de memória é bastante ambiciosa e, em certo sentido, totalmente irrealista. Quanto a isso, basta mencionar que, no nível local, prevê-se a criação de um arquivo público do poder executivo e outro do legislativo. Quase sempre, porém, nenhum desses órgãos implanta tais instituições. Isso se deve não apenas ao descaso dos gestores, cabendo lembrar que há problemas estruturais que dificultam a implementação desses arquivos públicos. Quanto a isso, cabe lembrar que dos 5 568 municípios existentes no Brasil, 1 252 têm menos de cinco mil habitantes[12].

Além disso, a autoridade do Arquivo Nacional restringe-se aos órgãos do Poder Executivo Federal, pois a Constituição Federal prevê que os municípios são entes da federação, dotados, portanto, de autonomia. O Conarq pode, no máximo, emitir orientações em relação à política arquivística, mas não conta com nenhuma agência pública responsável pela implementação e fiscalização dessas políticas. Por outro lado, mesmo se o Arquivo Nacional assumisse essa missão, teria muita dificuldade em executá-la, pois as representações regionais desse órgão, embora previstas legalmente[13], nunca fo-

---

9. José Maria Jardim, *Transparência e Opacidade do Estado no Brasil: Usos e Desusos da Informação Governamental*, Niterói, Eduff, 1999, pp. 72-73.
10. Brasil, *Constituição* (1988). *Constituição da República Federativa do Brasil*. Brasília, 1988. Disponível em: http://www.planalto.gov.br/ccivil_03/constituicao/constituicao.htm. Acesso em: 27 jun. 2021, Artigos 215 e 216.
11. Brasil. Presidência da República. Lei n. 8.159, de 8 de janeiro de 1991. Dispõe sobre a política nacional de arquivos públicos e privados e dá outras providências. *Diário Oficial da União*, Brasília, DF, 9 de jan. 1991. Disponível em: http://www.planalto.gov.br/ccivil_03/leis/L8159.htm. Acesso em: 9 ago. 2022.
12. IBGE – Instituto Brasileiro de Geografia e Estatística. Disponível em: https://cidades.ibge.gov.br/brasil/mg/panorama. Acesso em: 07 jun. 2021.
13. Brasil. Presidência da República. Lei n. 8.159, de 8 de janeiro de 1991. Dispõe sobre a política nacional de arquivos públicos e privados e dá outras providências. Artigo 18. *Diário Oficial da União*, Brasília, DF, 9 jan. 1991. Disponível em: http://www.planalto.gov.br/ccivil_03/leis/L8159.htm. Acesso em: 9 ago. 2022.

ram efetivadas. Conforme é sabido, o Arquivo Nacional possui sede no Rio de Janeiro e conta apenas com uma representação no Distrito Federal, que, por sinal, surgiu em 1975, bem antes da promulgação da Lei de Arquivos de 1991[14].

O levantamento de dados a respeito dos arquivos públicos municipais confirma a precariedade do Sinar, sugerindo um quadro que se aproxima de uma política pública de opacidade. Tal levantamento revela que a maioria esmagadora dos municípios brasileiros não conta com arquivos públicos. De acordo com o Cadastro Nacional de Entidades Custodiadoras de Acervos Arquivísticos (Codearq), base de dados mantida pelo Conarq a situação das instituições arquivísticas municipais é catastrófica: apenas 122, dos 5 568 municípios brasileiros, dispõem de arquivos públicos.

Cabe aqui sublinhar que o Codearq conta com mais de dez anos de existência, além de ter o aval da autoridade arquivística nacional, pois foi concebido e é mantido pelo Conarq. Esse cadastro procura identificar os arquivos municipais existentes e mostra que apenas 2,1% municípios brasileiros contam com esse tipo de instituição. Em outras palavras, a esmagadora maioria das localidades municipais não conta com instituições que têm como função proteger, organizar e promover o acesso aos acervos arquivísticos[15].

Em relação aos municípios, é forçoso reafirmar que no Brasil há uma política de esquecimento, ou de promoção da opacidade, e não uma política de memória. Essa situação afeta a preservação dos registros da memória da Independência. Tais registros, na forma de documentos de arquivo, dispensam justificativas quanto à sua importância. Além das dimensões acima apresentadas, cabe sublinhar que historiadores das mais diversas orientações, desde o século XIX, em suas pesquisas fazem uso dessas fontes para interpretar 1822.

Para compreender melhor no que consistem essas fontes, é importante lembrar que as instituições coloniais em nível municipal se restringiam às paróquias eclesiásticas e às câmaras municipais. No primeiro caso, a separação entre Igreja Católica

---

14. Arquivo Nacional. Coordenação Regional do Arquivo Nacional no Distrito Federal, Disponível em: https://www.gov.br/arquivonacional/pt-br/canais_atendimento/imprensa/noticias/conheca-o-arquivo-nacional-em-brasilia Acesso em: 26 jun. 2021.
15. Quando se considera os levantamentos realizados pelos arquivos públicos estaduais paulista e mineiro, constata-se que o número de instituições arquivísticas municipais nessas unidades da federação é maior do que a registrada no CODEARQ, mas sem alterar substancialmente a constatação de que a maioria dos municípios brasileiros não possui arquivos públicos. Mapa da Gestão Documental Paulista. Disponível em: http://www.arquivoestado.sp.gov.br/web/gestao/assistencia_municipios/mapa_paulista. Sistema Integrado de Acesso do Arquivo Público Mineiro. Disponível em: http://www.siaapm.cultura.mg.gov.br/modules/municipal/destaque.php. Acessos em: 26 jun. 2021.

Figura 1. *Correspondência Recebida pela Câmara Municipal de Ouro Preto*, MG, 1823.

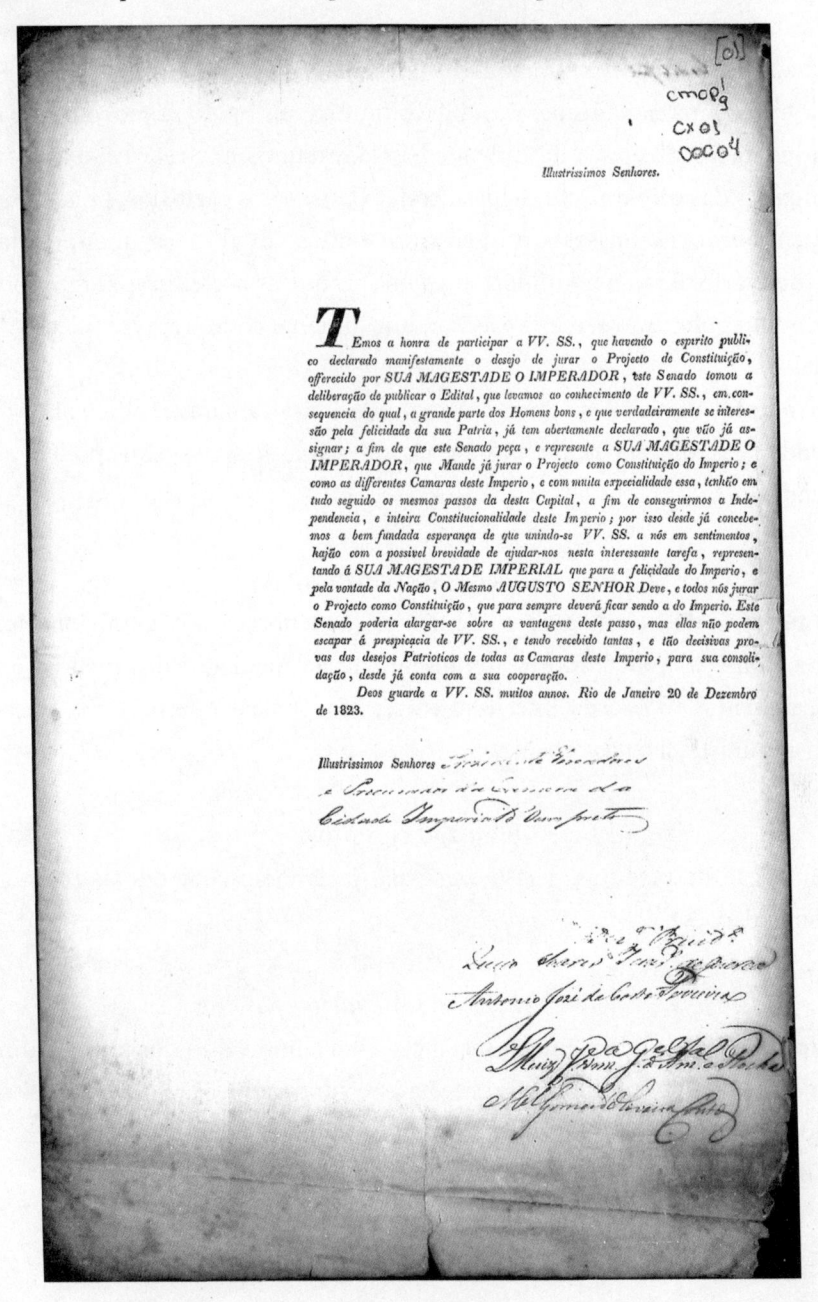

Fonte: Correspondência recebida do Governo Imperial e da Assembleia Geral, Arquivo Público Mineiro, CMOP 1/9-CX.01, 10 dez. 1822 e 31 dez. 1829 (1), p. 10. Disponível em: http://www.siaapm.cultura.mg.gov.br/modules/cmopdocs/photo.php?lid=35561. Acesso em 27 jun. 2021.

e Estado, após a Proclamação da República, alterou o estatuto dos arquivos eclesiásticos transformando-os em arquivos privados, sob a autoridade dos bispados, que custodiam, preservam e eventualmente promovem o acesso a esses acervos. Portanto, quando mencionamos "arquivos públicos municipais", pelo menos no que se refere à documentação da época da Independência, estamos nos referindo aos conjuntos documentais das câmaras municipais, com extensão aos cartórios, pois essas últimas instituições vinculavam-se às primeiras, que atuavam como primeira instância do poder judiciário. É também importante lembrar que as prefeituras surgiram somente no período republicano e, mesmo assim, inicialmente como representações do poder estadual[16].

Quando identificadas as estruturas e funções das câmaras municipais à época da Independência, constata-se que elas mesclavam várias funções[17], que podem assim ser sintetizadas:

Função Administrativa

- Manutenção do funcionamento da instituição e nomeação de funcionários da câmara, como os procuradores (representante na mediação dos pleitos), escrivães (encarregados da escrita interna e correspondências) e tesoureiros (responsável pela administração das rendas).

Função Legislativa

- Formulação de posturas (leis municipais) e elaboração de editais (com avisos e recomendações).

Função Judiciária

- Exercício da justiça de primeira instância, com a nomeação dos juízes ordinários e os de vintena, esses últimos com sede na área rural; nomeação de carcereiros, assim como de alcaides encarregados de realizar a vigilância da área urbana e do meirinho encarregado de prender e executar mandados judiciais.

---

16. Raymundo Faoro, *Os Donos do Poder: Formação do Patronato Político Brasileiro*. 3ª ed., revista, Porto Alegre, Globo, 2001, pp. 662-779.
17. Maria do Carmo Pires, "Câmara Municipal de Mariana no Século XVIII: Formação, Cargos e Funções", em Cláudia Maria das Graças Chaves; Maria do Carmo Pires e Sônia Maria de Magalhães (orgs.), *Casa de Vereança de Mariana: 300 Anos de História da Câmara Municipal*, Ouro Preto, UFOP, 2008, pp. 45-62.

Função Executiva
- Abertura de caminhos e vias urbanas; construção de edificações urbanas; organização do abastecimento de água.

Função Fiscalizadora
- Nomeação dos almotacés, que fiscalizavam as atividades comerciais; nomeação do juiz demarcador das sesmarias, que fiscalizava o cumprimento das demarcações de terras; nomeação do juiz dos órfãos, que fiscalizava a elaboração dos inventários dos bens deixados em herança e nomeava tutores dos órfãos.

Função Militar
- Organização do recrutamento das companhias de ordenança.

Função Religiosa
- Organização de solenidades religiosas anuais, onde eram comunicadas determinações régias e mudanças dinásticas (mortes, casamentos, nascimentos na família do rei).

Não é de estranhar que tal emaranhado de funções tenha dado origem a uma documentação bastante diversificada e rica. Eis algumas séries relevantes: atas de vereação, acórdãos (ou seja, decisões), atestados, correspondências, editais, listas nominativas (ou seja, listas de habitantes para fins de recrutamento ou cobrança de impostos), livros de receita e despesa, livros de almotaçaria (ou seja, de cobrança de impostos), matrícula de presos, matrícula de expostos (ou seja, de crianças abandonadas), ofícios, posturas, registros de impostos, registros de provisões, requerimentos, e outros conjuntos documentais relevantes.

A eventual perda dessa documentação representa não só um atentado contra o patrimônio arquivístico nacional, como também um empobrecimento na compreensão do passado, abrindo caminho para interpretações não baseadas em evidências e que comprometem a compreensão do processo de formação nacional. No sentido de mostrar os riscos a que esses acervos estão submetidos, identificamos as câmaras municipais existentes em 1822, e as comparamos aos dados disponíveis a respeito das instituições arquivísticas atualmente existentes nessas localidades. Para isso recorremos não apenas aos dados do Codearq, como também às leis municipais. Tendo em vista a vastidão desse levantamento, restringimo-nos aos resultados de três unidades da federação: Rio de Janeiro, Minas Gerais e São Paulo, considerando suas denominações e seus limites territoriais atuais[18].

Os três estados selecionados foram as principais áreas de mobilização política e militar do movimento da Independência, além de serem áreas de povoamento mais antigo e atualmente contarem com mais recursos para instituir arquivos públicos. Para o levantamento dos dados referentes aos municípios existentes em 1822 utilizou-se como fonte a *Enciclopédia dos Municípios Brasileiros*, publicação do IBGE[19]. Em relação às instituições arquivísticas, conforme foi mencionado, recorreu-se às leis municipais. Quando vistos em conjunto, os estados de Minas Gerais, Rio de Janeiro e São Paulo contam com 1.590 municípios, sendo que apenas 63 (3,9%) possuem arquivos públicos municipais, conforme informa o Codearq, revelando um percentual não muito diferente da média nacional.

Ao se identificar as localidades existentes na época da Independência e contrapô-las aos dados referentes à presença de instituições arquivísticas naquelas localidades no momento atual, chega-se às seguintes constatações:

- Rio de Janeiro (incluindo a província e a Corte) possuía quinze vilas ou cidades: Angra dos Reis, Cabo Frio, Cachoeiras de Macacu, Campos dos Goytacazes, Cantagalo, Itaguaí, Macaé, Magé, Maricá, Niterói, Nova Friburgo, Paraty, Resende, Rio de Janeiro e São João da Barra. Desse total, apenas quatro (26,6%) atualmente possuem arquivos públicos: Campos dos Goytacazes, Friburgo, Macaé e Rio de Janeiro.
- São Paulo possuía 32 vilas ou cidades: Areias, Atibaia, Bragança Paulista, Campinas, Cananéia, Cunha, Guaratinguetá, Iguape, Ilhabela, Itanhaém, Itapetininga, Itapeva, Itu, Jacareí, Jundiaí, Lorena, Mogi das Cruzes, Mogi Mirim, Nazaré Paulista, Pindamonhangaba, Piracicaba, Porto Feliz, Santana de Parnaíba, Santos, São José dos Campos, São Luiz do Piratininga, São Paulo, São Roque, São Sebastião, Sorocaba, Taubaté e Ubatuba. Desse total, apenas cinco (15,6%) atualmente possuem arquivos públicos: Campinas, Jacareí, Piracicaba, Santos e São José dos Campos.
- Minas Gerais possuía 16 vilas ou cidades: Baependi, Barbacena, Caeté, Campanha, Conselheiro Lafaiete, Itapecerica, Jacuí, Mariana, Minas Novas, Ouro Preto, Paracatu, Pitangui, Sabará, São João del Rei, Serro e Tiradentes. Desse total, apenas cinco (31,2%) atualmente possuem arquivos públicos: Barbacena, Mariana, Ouro Preto, Paracatu e Tiradentes.

---

18. Por exemplo, no caso do estado de São Paulo, a área do atual do Paraná permaneceu como território paulista até 1853.
19. *Enciclopédia dos Municípios Brasileiros*, Rio de Janeiro, IBGE, 1957-1964, vols. 22, 24 e 30. Disponível em: https://biblioteca.ibge.gov.br/index.php/biblioteca-catalogo?id=227295&view=detalhes. Acesso em: 26 jun. 2021.

Figura 2. Conjunto de municípios do Rio de Janeiro existentes em 1822

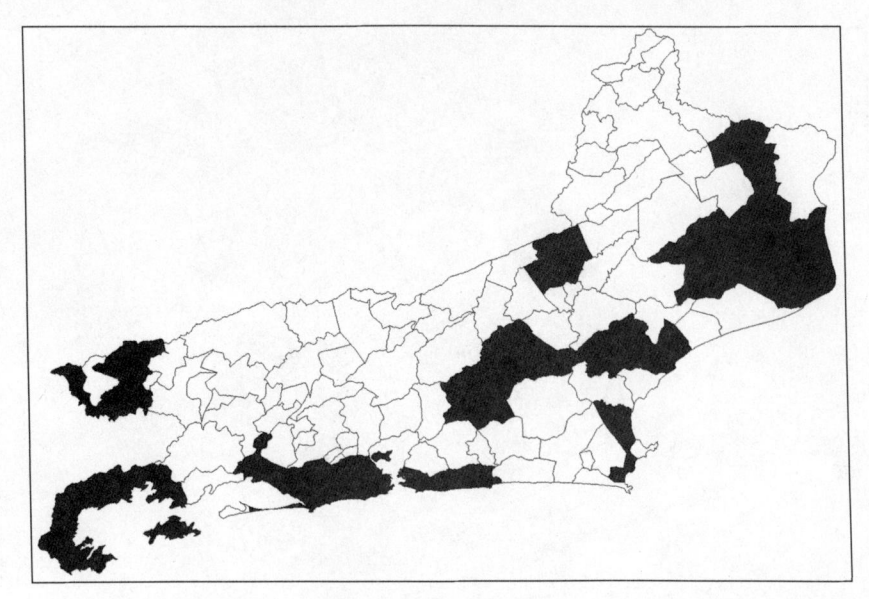

Fonte: elaborado pelo autor.

Figura 3. Conjunto de municípios de São Paulo existentes em 1822

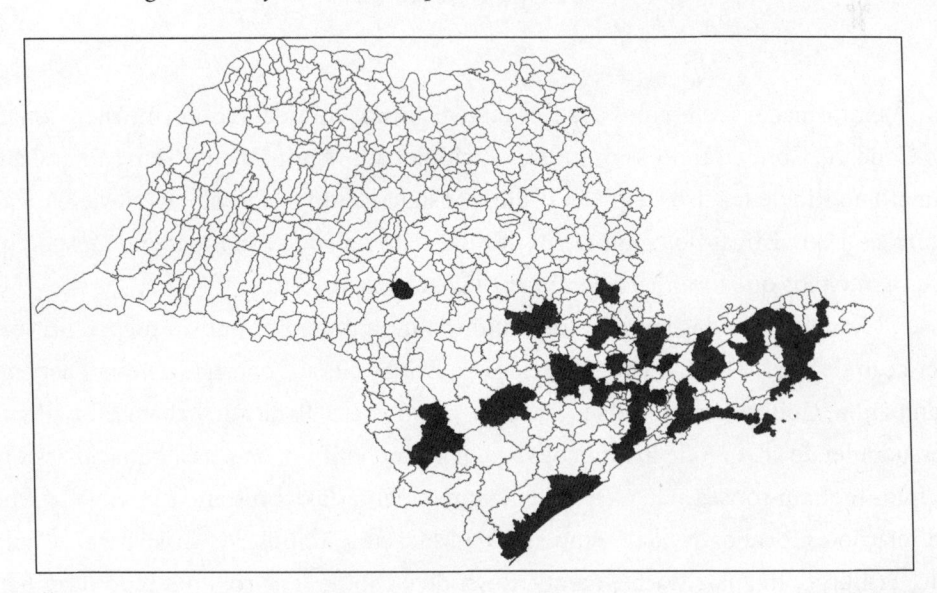

Fonte: elaborado pelo autor.

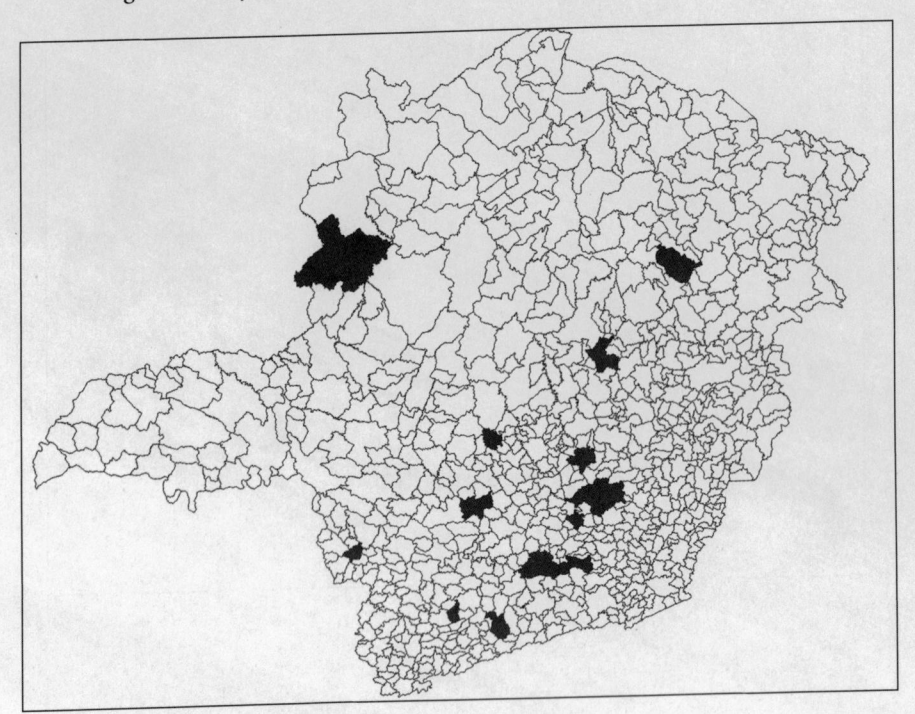

Figura 4. Conjunto de municípios de Minas Gerais existentes em 1822

Fonte: elaborado pelo autor.

As informações referentes aos três estados foram colhidas, conforme mencionado, no Codearq. Comparando-se os índices nacionais aos regionais, tanto em Minas Gerais quanto no Rio de Janeiro e em São Paulo, constata-se um número mais elevado de instituições arquivísticas nos municípios que existiam na época da Independência do que nos municípios que foram criados após 1822 até a data atual.

O levantamento das leis amplia o número de municípios que ao menos preveem a criação de arquivos públicos. Em relação a Minas Gerais, constata-se que Baependi, Campanha, Conselheiro Lafaiete, Mariana, Ouro Preto, Paracatu, Sabará e Tiradentes possuem lei de criação de instituições arquivísticas, embora apenas alguns desses municípios tenham conseguido efetivamente implementá-las. O mesmo é possível afirmar em relação às localidades de Cachoeiras de Macacu, Campos dos Goytacazes, Cantagalo, Friburgo, Itaguaí, Macaé, Paraty, Resende e Rio de Janeiro, no estado fluminense ou em seu ente federativo vizinho, onde as seguintes localidades preveem em lei a instituição de arquivos públicos, mas nem sempre conseguindo implantá-los: Atibaia,

Campinas, Cananéia, Iguape, Ilhabela, Itanhaém, Itapeva, Itu, Jacareí, Lorena, Mogi das Cruzes, Mogi Mirim, Pindamonhangaba, Piracicaba, Porto Feliz, Santana de Parnaíba, Santos, São José dos Campos, São Luiz de Piratininga, São Paulo, São Sebastião, Sorocaba, Taubaté e Ubatuba[20].

Frente a essa situação é necessário traçar políticas de curto e médio prazos, quais sejam:

- Criação de plataformas digitais do SINAR-regional, articulado por regiões (Centro-Oeste, Nordeste, Norte, Sul e Sudeste), estimulando formas de colaboração regional entre os sistemas de arquivo, quer federais, estaduais e municipais.
- Intensificação de campanhas de sensibilização em que os arquivos públicos estaduais de Minas Gerais, Rio de Janeiro, São Paulo (esse último, cabe destacar, conta com um "Centro de Assistência aos Municípios") promovam junto aos municípios esclarecimentos a respeito da importância da preservação do patrimônio arquivístico local.
- Financiamento de projetos de identificação das massas documentais acumuladas que se encontram em depósitos das prefeituras e câmaras. Uma vez efetuados esses diagnósticos, será possível promover captação de recursos para tratamento, organização e digitalização desses acervos.
- Criação de condições para a efetiva implantação de arquivos públicos. Também deveria haver uma flexibilização da legislação, no sentido de as instituições memoriais já existentes nestes municípios, como bibliotecas públicas, museus e centros de memória, pudessem desempenhar funções arquivísticas, respeitando a teoria e metodologia recomendadas na área[21].

Enfim, relembrar a Independência sem propor medidas efetivas para que os registros da memória desse período sejam preservados e se tornem acessíveis é, de certa maneira, ser conivente com a política de esquecimento e de opacidade atualmente em vigor no Brasil.

---

20. Leis Municipais.. Disponível em: https://leismunicipais.com.br/. Acesso em: 21 jun. 2021.
21. Fundacíon Histórica Tavera, *Primier Borrador de Informe Sobre la Situación del Patrimonio Documental de América Latina*, Madrid, Fundacíon Histórica Tavera, 1999.

CAPÍTULO IV

Brasil Paralelo
Restaurando a Pátria, Resgatando a História. A Independência entre Memórias Públicas e Usos do Passado

FERNANDO NICOLAZZI[1]

> *Se a história é uma mestra, qual é a sua face? Ela é a configuração do passado apenas?*
> MICHELINY VERUNSCHK, *O Som do Rugido da Onça*, 2021.

> *The individual can only remember the revelation, not the event itself.*
> MICHEL-ROLPH TROUILLOT, *SILENCING THE PAST*, 1995.

I

DAS MUITAS INDEPENDÊNCIAS QUE VÊM circulando em nosso espaço público nos últimos anos, na forma de palavras, objetos, sons, imagens, relatos... enfim, usos que configuram não apenas histórias e memórias sobre fatos passados, mas igualmente expectativas por tempos vindouros, gostaria de mencionar apenas uma. Trata-se não da mais conhecida, aquela que foi gloriosamente proclamada por Pedro às margens do "Ipiranga", mas sim da que foi decidida pouco antes do famoso Sete de Setembro, em sessão do Conselho de Estado presidida por sua esposa, a princesa Leopoldina, quem

---

1. Gostaria de agradecer ao gentil convite feito por Wilma Peres Costa e Télio Cravo para participar do Seminário *3 VEZES 22: 1822 – Independência: Memória e Historiografia* e aos colegas e às colegas que ofereceram excelentes contribuições ao longo de todo o evento. Este texto é parte do projeto coletivo *Outros200*, realizado no âmbito do Laboratório de Estudos sobre os Usos Políticos do Passado/LUPPA, e contou com as pesquisas realizadas por Gabriel dos Santos Barboza, Gabriel Garcia e João Pedro Simões, a quem também manifesto meus agradecimentos.

por direito detém o posto de "primeira chefe de Estado do Brasil", segundo nos é informado pelo "economista e palestrante" Gastão Reis, na série *Brasil: A Última Cruzada* realizada pela produtora Brasil Paralelo[2].

De acordo com o relato, narrado de forma épica pela voz de palestrantes contratados pela empresa, tudo começou com o amor, pois a jovem Habsburgo estava apaixonada pelo Bragança muito antes de conhecê-lo efetivamente. Prova disso é que havia sido por ele presenteada com um colar de diamantes que tinha um medalhão onde podia ser visto o retrato do seu futuro marido e Imperador do Brasil. Enquanto todos na corte ficaram espantados com o tamanho dos diamantes, Leopoldina ficou apenas "fixada na imagem do príncipe dela", encantada pelo "moço do retrato", com quem viria a se casar pouco tempo depois[3].

Seu casamento com o filho do rei de Portugal, além de um tratado diplomático habilmente costurado pela casa austríaca, foi também o encontro de duas personalidades que marcariam profundamente o nascimento do Brasil como Estado independente. "É bonitinho ver o encontro dos dois" – diz Paulo Rezzutti, "biógrafo de D. Pedro e Leopoldina" – "dois jovens totalmente tímidos, sabe, um olhando para o pé um do outro... e aí dá uma olhadinha, assim, de rabo de olho, para ver, né, como que é a pessoa, que tal... Isso logo quando eles se encontram no navio que trouxe ela"[4].

Somos ensinados, então, que Leopoldina vinha de uma linhagem de mulheres altamente preparadas para a vida política e para o exercício do poder. Dispunha, portanto, de plena capacidade para perceber os rumos que os acontecimentos mais significativos de sua época estavam tomando. Tal formação seria fundamental para os eventos que estavam prestes a acontecer, os quais colocariam seu nome na história brasileira e também despertariam, cerca de dois séculos depois, memórias significativas num contexto de particular importância para as formas contemporâneas de usos do passado no Brasil.

Em meados de 1822, Pedro seguiu em viagem para Minas Gerais com o intuito de angariar apoio político contra as ordens que vinham das Cortes em Lisboa e procuravam impor obstáculos ao rumo natural dos fatos que estavam se desenhando naquele

---

2. Brasil Paralelo, "Independência ou Morte", em *Brasil: A Última Cruzada*, Gastão Reis, 00:28:35 (as referências às produções da empresa seguem em diante apenas com o título do episódio, o nome do autor do comentário e o momento do vídeo em que o trecho aparece).
3. Brasil Paralelo, "Independência ou Morte", Paulo Rezzutti, 00:07:35. Em todos os trechos citados, busquei manter na transcrição o tom de oralidade com que foram enunciados no vídeo.
4. Brasil Paralelo, "Independência ou Morte", Paulo Rezzutti, 00:08:05.

momento. Segundo Rafael Nogueira, apresentado como "professor de história e pesquisador", seguidor fiel de Olavo de Carvalho e atual presidente da Biblioteca Nacional,

> [...] ele foi até lá, conquistou o povo porque ele fazia de tudo: discursava nas sociedades secretas, bebia com o povão, visitava as mulheres, pegava as mulheres dos nobres... [neste momento, a cena corta para uma imagem da imperatriz Eugénie de Montijo, esposa de Napoleão III, cercada por suas damas de honra na pintura feita por Franz Winterhalter, em 1855] enfim, ele corrompia a estrutura portuguesa que já havia e colocava todo mundo do lado dele. Um grande sucesso, ele foi aclamado, jogado para cima. Era um molecão, né! Imagina, 24 anos, tu é o príncipe andando por lá, o cara fazia de tudo"[5].

Alguns dias depois, o "molecão" se deslocou rumo a São Paulo com o mesmo intuito que havia realizado na província mineira e, sobretudo, buscando apaziguar os ânimos que estavam bastante exaltados por conta das investidas do "irmão de José Bonifácio" contra as elites locais. O Andrada, no entendimento de Nogueira, era "carrasco nas contas públicas, ele pegou alguns desvios de verbas públicas. E ele denunciou e mandou os caras serem perseguidos"[6]. Pedro, então, resolveu se fazer presente em terras paulistas para acalmar as coisas. Antes disso, porém, nomeou sua esposa, Leopoldina, como regente. "Era a primeira vez na história que uma mulher comandava o país", nos conta a voz *in off* que conduz a narrativa. "É uma coisa que vale a pena a gente relembrar, porque também está meio no baú das coisas esquecidas", complementa Gastão Reis[7].

Ocorre que ainda em agosto chegaram ao Brasil as novas reivindicações das Cortes portuguesas, deixando a ex-colônia e seu príncipe regente numa humilhante posição de subalternidade, colocando em risco o processo emancipatório então em curso. É neste momento que a astúcia política de Leopoldina se manifestou de maneira decisiva, no sentido de reorganizar a história e encaminhar o país para o destino que naturalmente lhe pertencia. Ela convocou e presidiu uma sessão do Conselho de Estado onde tomou-se a decisão, fomentada pela própria princesa regente e com a importante concordância de José Bonifácio, de aconselhar Pedro pela separação do Brasil de Portugal.

"Uma mulher muito sagaz e ela via que o melhor para este contexto era, de fato, a Independência para o Brasil. Ela já estava casada com esse intento há muito tempo, ao

---

5. Brasil Paralelo, "Independência ou Morte", Rafael Nogueira, 00:27:45.
6. Brasil Paralelo, "Independência ou Morte", Rafael Nogueira, 00:29:15.
7. Brasil Paralelo, "Independência ou Morte", Gastão Reis, 00:28:35.

passo que Pedro I talvez não. Ele ainda estava dosando ainda algumas decisões", afirma Luiz Philippe de Orleans e Bragança, apresentado como "cientista político e membro da família real", que ocupa hoje uma vaga na Câmara dos Deputados e chegou a ser cogitado para ser candidato a vice-presidente na chapa de Jair Bolsonaro[8]. "Quem assinou a ata da reunião do Conselho de Estado onde se decidiu a Independência foi dona Leopoldina. E dom Pedro apenas ratificou o ato de sua esposa", assegurou Dom Bertrand, tio de Luiz Philippe e "descendente da família real", um dos principais expoentes do movimento monarquista brasileiro, também muito ativo nas festividades promovidas pela Sociedade Brasileira de Defesa da Tradição, Família e Propriedade[9].

José Bonifácio, por sua vez, estava em consonância com a posição da regente e resolveram ambos expor para Pedro a decisão ali tomada, enviando cartas assim que foram encerrados os trabalhos do Conselho. É neste momento que a "emblemática carta de José Bonifácio" aparece na narrativa, marcando sem dúvida o ápice emotivo da produção, conforme é possível perceber pelos comentários publicados sobre o vídeo[10]. Lido por uma voz que inspira experiência e serenidade, cujo dono é o professor deRose, desenvolvedor de um método de formação caracterizado pela "urdidura de técnicas e conceitos" usados como "instrumento de upgrade pessoal"[11], o texto da carta é acompanhado por desenhos em branco e preto que representam os principais envolvidos no fato (Pedro, Leopoldina, Bonifácio), intercalados por figuras da simbologia imperial fomentada pela empresa (brasões, esfera armilar, coroas), imagens de correntes rompendo-se, cataratas de sangue, o Pão de Açúcar e igrejas barrocas. Ao fundo, uma música de caráter épico envolve a leitura, dando um ar de solenidade e reforçando a carga dramática criada no episódio.

Assim que a leitura termina, somos guiados pelo registro aéreo do monumento realizado por Ettore Ximenes localizado no Parque do Ipiranga, em São Paulo, no exato momento em que o narrador *in off* profere as conhecidas divisas "Independência ou Morte!"

O fato está consumado: graças à sagacidade da princesa e ao aval de Bonifácio, a Independência foi proclamada e o espectador da Brasil Paralelo já pode se sentir à

---

8. Brasil Paralelo, "Independência ou Morte", Luiz Philippe O. Bragança, 00:30:57.
9. Brasil Paralelo, "Independência ou Morte", Dom Bertrand, 00:32:00.
10. Convém ressaltar que, como um dos próprios entrevistados afirma em obra que serviu de referência para a produção, nenhuma das cartas foi jamais encontrada, restando apenas o relato feito por testemunhos da época. (Paulo Rezzutti, *Dona Leopoldina: A História Não Contada da Mulher que Arquitetou a Independência do Brasil*, Rio de Janeiro, Leya, 2017, edição digital).
11. Segundo informações constantes no *site* DeRose Method: https://derosemethod.org/sobre (acesso em 14.06.2021).

vontade para liberar em lágrimas o fervor patriótico que estava há muito contido em seu peito. Como avisa um dos seguidores da empresa, "se você for brasileiro de verdade, prepare o lenço pois vai se emocionar! Nenhuma independência é tão linda como a nossa". O comentário foi postado no raiar do dia 28 de abril de 2018, pelo usuário SIPEA – Pesquisa Paranormal Brasileira, um canal com cerca de 7 500 inscritos que se define como um "sistema de pesquisa sobre evidências anômalas", cujo principal objetivo é divulgar "relatos paranormais, casuística ufológica além de desmontar mentiras, falácias e montagens da web"[12]. E assim como este caçador de ovnis, vários outros fãs da Brasil Paralelo e "brasileiros de verdade" manifestaram os sentimentos despertados pela narrativa épica contada pela produtora e seus convidados.

Araori Coelho[13], por exemplo, considera este "um dos documentários mais comoventes" que já viu. Ricardo Gomes afirmou ser o "capítulo mais lindo de nossa história" e William Feitosa postou que estava "chorandooooo", seguido por emojis com rostos em pranto. Comoção, beleza, lágrimas, estes são termos ou sensações constantemente expressadas pelos variados públicos da Brasil Paralelo, cuja narrativa indica algumas formas de recepção da história e de mobilização da memória nacional em torno da Independência na contemporaneidade. Deise Cristina Santos Gonçalves conseguiu sintetizar bem isso, ao publicar o seguinte comentário: "Parabéns por resgatar nossa verdadeira história, me comovi muito. Nossa história é linda, agora entendo a minha simpatia involuntária pela monarquia. Obrigada", inserindo ao final da sua postagem um emoji com a imagem de uma coroa[14].

Neste texto, busco oferecer alguns elementos interpretativos a respeito das produções sobre a história do Brasil realizadas pela empresa Brasil Paralelo, particularmente aquela voltada para o tema da Independência, assim como analisar algumas das modalidades de reação e recepção deste conteúdo manifestadas pelos seus seguidores a partir de postagens na caixa de comentários do canal da empresa no Youtube[15]. Situo minha perspectiva no âmbito dos estudos sobre as diferentes culturas de passado que operam

---

12. Cf. https://www.youtube.com/c/SIPEAEsp%C3%ADritosFantasmaseUfologia/about (acesso em 02 jun. 2021).
13. Os nomes que seguem são aqueles usados pelos usuários do Youtube que postaram comentários no referido vídeo, e seguem referenciados pela data em que publicaram suas opiniões.
14. Os três comentários foram postados em 21 dez. 2017.
15. Trata-se de um tipo de material cuja especificidade impõe alguns cuidados metodológicos que não poderão ser aqui discutidos em função dos limites do texto. Sobre isso, ver, por exemplo, Bruno Laitano Grigoletti, *Postando o Passado: A Difusão da Memória da Ditadura Civil-Militar Brasileira na Internet Através do Canal do Youtube da Comissão Nacional da Verdade*, Dissertação de Mestrado em História, Porto Alegre, UFRGS, 2018.

em nossa sociedade, entendidas aqui como as formas pelas quais os variados passados são simbolizados, ritualizados, cultuados e cultivados em determinados contextos[16].

De acordo com a referida perspectiva, dois postulados analíticos merecem ser mencionados. Em primeiro lugar, considero que inexiste representação de passado que não seja objeto de uma determinada forma de uso. Seja para fins políticos de construções identitárias, seja para fins comerciais (como no caso do turismo histórico e das modas retrôs), seja ainda para fins científicos de produção de conhecimento, trata-se sempre de formas variadas de uso do passado ou modalidades específicas de "relação com o passado"[17]. E isso tem menos a ver com uma compreensão utilitarista das formas de experiência do tempo do que com um modo de entendimento que considera o viés performático de nossas relações com os diferentes passados, ou seja, que busca perceber as práticas culturais que configuram tais relações.

Nesse sentido, a ideia de passado que interessa nesta análise reside em sua dimensão performativa, como o produto ou o resultado de uma determinada ação (ou de um determinado uso), a qual incide tanto no campo da produção de discursos sobre experiências pregressas, quanto na recepção destes discursos[18]. Disso resulta o segundo postulado analítico aqui assumido: a reflexão atual sobre a história e seu lugar social não pode prescindir de uma atenção sistemática e aprofundada aos públicos aos quais os discursos históricos são destinados, ou seja, às formas próprias de recepção destes discursos.

Em um contexto em que múltiplas modalidades de popularização da história encontram espaço na esfera pública, algumas complementares entre si, outras antagônicas, atentar a como os discursos históricos se inserem como partes constitutivas de determinadas culturas de passado significa considerar a prática historiográfica a partir das demandas e expectativas sociais que são projetadas a ela. Por que em determinadas situações as pessoas buscam a história e o que buscam nela? Eis dois questionamentos que orientam as considerações que se seguem e guardam relevância no contexto de comemorações do bicentenário da Independência.

---

16. Busquei desenvolver melhor a categoria de culturas de passado no ensaio "Culturas de Passado e Eurocentrismo: O Périplo de Tláloc", publicado em Arthur Lima de Avila; Fernando Nicolazzi e Rodrigo Turin (orgs.), *A História (In)Disciplinada: Teoria, Ensino e Difusão de Conhecimento Histórico*, Vitória, Editora Milfontes, 2019, pp. 211-244.
17. Herman Paul, "Relations to the Past: A Research Agenda for Historical Theorists", *Rethinking History: The Journal of Theory and Practice*, jun. 2014.
18. Karin Tilmanks et al. (eds.), *Performing the Past. Memory, History, and Identity in Modern Europe*, Amsterdam, Amsterdam University Press, 2010.

II

A empresa Brasil Paralelo e seus materiais já são bem conhecidos em nosso cenário político. Produtora voltada para o mercado de consumo de conteúdos culturais, notadamente nos campos da política e da educação, iniciou seus trabalhos em 2016, com um congresso que reuniu importantes frações da extrema-direita e do pensamento conservador nacional, e ganhou impulso a partir da intensificação de ações extremistas e fundamentalistas que levaram à presidência o ex-capitão do exército, Jair Bolsonaro. A série *Brasil: a Última Cruzada* foi lançada em setembro de 2017, poucos dias depois das comemorações do dia 7, e o episódio sobre a Independência foi disponibilizado em dezembro daquele ano.

As produções da empresa ganharam tamanha ressonância nos círculos autoritários do país que o filho do presidente, Eduardo Bolsonaro, em seu intento de ocupar um posto de embaixador nos Estados Unidos, afirmou publicamente que se preparava para a sabatina a que seria submetido no Senado estudando os conteúdos oferecidos pela empresa. O episódio sobre a Independência, que já passa de um milhão de visualizações no Youtube, foi especificamente mencionado pelo deputado como material que fazia parte de seus estudos. Considerando a capacidade de engajamento social que grupos ligados ao governo Bolsonaro possuem, com forte atuação em redes e plataformas digitais, a proposta de conteúdos oferecida pela empresa dispunha assim de um vasto mercado para sua circulação[19].

O sucesso comercial da produtora, no entanto, precisa ser inserido num contexto mais amplo em que um gosto popular pelo passado nacional ganhou relevância no espaço público brasileiro. Talvez um marco cronológico significativo para isso possa ser situado nas celebrações dos quinhentos anos, ocorridas no ano de 2000 e com ampla repercussão midiática. Embora não possua dados para subsidiar quantitativamente esta hipótese, o fato é que o fenômeno comemorativo contemporâneo faz parte de um processo em que a história do Brasil, sob variadas formas, ocupa um lugar importante na esfera pública.

A atuação do jornalista Eduardo Bueno, neste caso, pode ser mencionada como um indício importante. Com livros publicados desde o momento em que as comemo-

---

19. Sobre as estratégias mercadológicas da empresa, ver também Diego Martins Dória Paulo, "Os Mitos da Brasil Paralelo – Uma Face da Extrema-direita Brasileira (2016-2020)", *Rebela. Revista Brasileira de Estudos Latino-Americanos*, vol. 10, n. 1, 2020.

rações ganharam ressonância, no final da década de 1990, os quais formaram a coleção *best-seller* intitulada *Terra brasilis*, Bueno se tornou um escritor de história conhecido e reconhecido nacionalmente, a ponto de ser contratado por um banco para escrever a história de São Paulo, por ocasião do aniversário de 450 da cidade, e estrear uma série televisiva no programa Fantástico, da Rede Globo[20]. Naquele mesmo contexto, cabe ressaltar ainda o surgimento de revistas de ampla circulação e fácil acesso, vendidas em bancas de jornal, como a *História Viva* e a *Revista de História da Biblioteca Nacional*, que começaram a circular respectivamente em 2003 e 2005[21].

Esse gosto popular pela história certamente foi favorecido pelas novas formas de difusão de conteúdos históricos possibilitadas pelo advento da *Web* 2.0 e do uso massivo das redes sociais, sobretudo na segunda década do século XXI. A realidade digital permitiu, entre outras coisas, um engajamento muito maior entre os públicos da história e os produtores e divulgadores de tais conteúdos, não necessariamente historiadores profissionais. Não há dúvidas de que o surgimento e o rápido crescimento das atividades da Brasil Paralelo devem ser igualmente inseridos neste processo. Mas isso pode também ser percebido a partir dos profundos deslocamentos da situação política e social do país ocorridos na década de 2010.

A crise econômica de 2008, cujos efeitos mais devastadores tardaram ainda alguns anos para chegar ao Brasil, os acontecimentos que ficaram conhecidos como Jornadas de Junho, em 2013, as grandes manifestações sociais de 2015, bem como a consumação do golpe em 2016 ocasionaram um contexto de profunda crise social que se manifestou nas formas como a temporalidade era experienciada. Se o futuro parecia pouco promissor (a categoria sociológica do desalentado e seu aumento vertiginoso a partir de 2015 ilustra isso[22]), o presente tampouco era um tempo que alimentava muita confiança (pesquisa realizada pela FGV em 2017 sinalizou que apenas 31,2% dos entrevistados

---

20. "Nossa Caixa Reconta a Fundação de São Paulo", *O Estado de S.Paulo*, 29 ago. 2003. Sobre a série *É Muita História*, exibida entre setembro e novembro de 2007, ver: https://memoriaglobo.globo.com/jornalismo/jornalismo-e-telejornais/fantastico/series/e-muita-historia/ (acesso em 15 jun. 2021). Uma análise sobre as produções de história realizadas pelo jornalista pode ser encontrada em Rodrigo Bragio Bonaldo, *Presentismo e Presentificação do Passado: A Narrativa Jornalística da História na Coleção Terra Brasilis de Eduardo Bueno*, Dissertação de Metrado em História, Porto alegre, UFRGS, 2010.
21. Ver ainda, sobre um contexto posterior ao referido, Rodrigo Perez Oliveira, "Por que Vendem Tanto? O Consumo de Historiografia Comercial no Brasil em Tempos de Crise (2013-2019)", *Revista Transversos*, n. 18, 2020.
22. Em 2015, houve um aumento de mais de 100% no número dos desalentados (pessoas sem ocupação que desistiram de buscar postos de trabalho) em comparação com 2012. Paulo Peruchetti e Laísa Rachter, "Quem São os Desalentados no Brasil?". Disponível em: https://blogdoibre.fgv.br/posts/quem-sao-os-desalentados-no-brasil. Acesso em 15 jun. 2021.

concordavam com a afirmação: no Brasil há uma democracia[23]). A crise era também uma crise do tempo.

A revista britânica *The Economist* ofereceu uma boa ilustração desse movimento de colapso de perspectivas futuras e perda de confiança no presente em duas capas lançadas respectivamente em novembro de 2009 e em setembro de 2013, que tiveram ampla repercussão na mídia brasileira e nas redes sociais do país. Na primeira, o Cristo Redentor decolava e o editorial afirmava que o risco para o Brasil e sua história de grande sucesso da América Latina era apenas o excesso e a soberba (a *hubris*). Quatro anos depois, contudo, o voo prometido falhava e a revista então indagava: "o Brasil estragou tudo?", mencionando como a economia estagnada, o Estado inchado e as manifestações de rua indicavam a profunda instabilidade do período. Assim, o crescente descompasso entre as experiências de crescimento vivenciadas na primeira década do século e as expectativas surgidas com as tensões políticas e a estagnação econômica da década seguinte denotava a profundidade da crise.

Diante deste cenário, não seria forçoso considerar que, junto ao mencionado gosto pela história, o interesse pelo passado nacional pode ser situado como espécie de recurso terapêutico para tempos de incertezas. Afinal, se todo passado é sempre objeto de uma determinada ação, sua busca não poderia também ser motivada por um desejo de encontrar saídas para a crise? Quando nem o futuro, nem o presente parecem propiciar um lugar de estabilidade, restam os tempos passados e suas vastas possibilidades de uso como expediente possível. O caráter exemplar de algumas experiências pretéritas pode sempre ser mobilizado por e para públicos desejosos de encontrar um porto seguro onde atracar sua embarcação quando navegam em mares revoltosos. Como se sabe, demandas por volta da ditadura e volta da monarquia ganharam ressonância no contexto da crise. A empresa Brasil Paralelo parece ter captado bem essas demandas populares e passou a oferecer um produto ajustado a tais públicos: um passado de glórias, acontecimentos realizados por indivíduos excepcionais, uma história higienizada de conflitos e contradições, revisitando o Brasil Imperial e revisando a história da ditadura. Uma mitologia nacional, enfim.

O que se ofereceu, portanto, foi uma visão mitológica do passado. Creio ser possível, nesse sentido, pensar a atuação da empresa e suas formas de usos do passado a partir daquilo que o historiador francês Raoul Girardet chamou de "mitologias políti-

---

23. FGV/DAPP, *O Dilema do Brasileiro: Entre a Descrença no Presente e a Esperança no Futuro*, Rio de Janeiro, 2017.

cas"[24]. Convém ressaltar que, neste caso, falar em mito ou em mitologia não significa aceder simplesmente ao campo do irracional ou do puramente instintivo[25]. Nas palavras do historiador francês, o mito é "um sistema de crença coerente e completo. Ele já não invoca, nessas condições, nenhuma outra legitimidade que não a de sua simples afirmação, nenhuma outra lógica que não a de seu livre desenvolvimento"[26].

Trata-se de uma forma de imaginário político ou de estrutura imaginária que é povoada por determinadas figuras, ou seja, prefigurada por elas, e que, de acordo com os modos como são dispostas e apresentadas, produzem um efeito de adesão controlada por parte dos públicos aos quais tal estrutura é voltada. A organização e combinação de tais figuras constitui o que o autor define como "constelações mitológicas". Quatro grandes imagens se destacam, as quais permitem situar as linhas gerais que movem o empreendimento da Brasil Paralelo[27].

Em primeiro lugar, a imagem da conspiração, ou seja, a ideia de que existe subjacente aos fatos um grande complô previamente arquitetado por determinados atores sociais, contra o qual uma ação política necessita ser realizada. No caso, a conspiração envolve uma suposta hegemonia do marxismo cultural percebida tanto na grande imprensa como nas instituições formais de ensino, particularmente as universidades públicas. Tal hegemonia estaria vinculada ainda a um plano de dominação esquerdista na América Latina capitaneada pelo Foro de São Paulo. A origem desse discurso conspiratório encontra-se sobretudo nas obras e na atuação digital de Olavo de Carvalho, cujo fundamentalismo ideológico é plenamente incorporado pela Brasil Paralelo[28].

O recurso à conspiração como forma de explicar os processos sociais se baseia na ideia de que ela oferece uma organização lógica para os fatos no tempo, permitindo dotar tais processos de sentido por meio de uma rede mecânica de causalidade: o presente pode ser explicado por meio de uma concatenação de fatos organizados no processo

---

24. Raoul Girardet, *Mitos e Mitologias Políticas*, São Paulo, Companhia das Letras, 1987. Agradeço à Kátia Baggio por ter me indicado a leitura da obra.
25. Neste caso, minha abordagem, embora dialogue diretamente com ela, mantém algumas reservas em relação àquela oferecida por Diego Martins Dória Paulo, *Os Mitos da Brasil Paralelo – Uma Face da Extrema-direita Brasileira (2016-2020)*. Uma versão mais curta do texto foi publicada no *Le Monde Diplomatique Brasil*, em 18 mai. 2020.
26. Raoul Girardet, *Mitos e Mitologias Políticas*, pp. 11-12.
27. Girardet fundamenta suas análises a partir do estudo da história europeia, particularmente a francesa do século XIX. Em função do espaço, não mencionarei os casos e situações estudados por ele, restringindo-me aqui à apropriação conceitual de sua obra e adaptando-a ao objeto aqui analisado.
28. João Cezar de Castro Rocha, *Guerra Cultural e Retórica do Ódio: Crônicas de um Brasil Pós-político*, Goiânia, Caminhos, 2021.

conspiratório, ou seja, chegamos hoje no ponto em que estamos por causa da dominação marxista na cultura ocorrida após a ditadura e no contexto pós-Guerra Fria. Além disso, a conspiração permite reconhecer culpados e materializar um inimigo que serve de foco e de alvo da ação política. Em outras palavras, a conspiração aglutina forças em um combate que assume as vezes de uma nova cruzada contra infiéis (no caso, o comunismo e suas sempre imprecisas variantes).

A segunda imagem constitutiva das mitologias políticas sugerida por Girardet é a do salvador. No contexto brasileiro, com a ascensão de Bolsonaro como uma força política que se potencializa a partir da ideia de "Mito", essa imagem parece ser auto-explicativa. Mas no caso da narrativa da Brasil Paralelo, embora possa ser devidamente inserida no campo mais vasto dos discursos que sustentam a base ideológica do bolsonarismo, a figura do salvador é mais difusa, podendo ser encontrada em personagens históricos específicos, que ganham relevância no seu relato histórico (Leopoldina, Bonifácio, Pedro), mas sobretudo em uma forma mais abstrata, como a defesa de um monarquismo cristão e patriótico.

O elogio do Império, encarado como momento de estabilidade política e ordem social garantida pela existência do Poder Moderador, caracteriza um dos traços distintivos da narrativa oferecida pela empresa, a saber, uma "nostalgia imperial"[29]. Neste caso, trata-se de uma forma nostálgica, encarada como uma "emoção histórica", que traz os traços fortes daquilo que Svetlana Boym chamou de "nostalgia restaurativa", ou seja, um desejo de retorno a ou mesmo de restauração de um lar perdido (o *nostos* que forma a etimologia do termo), algo característico de movimentos nacionalistas e de extrema-direita contemporâneos[30].

Assim, a ideia de uma Idade de Ouro capaz de ser reatualizada e que serve de projeção a partir de uma idealização do passado é a terceira imagem da constelação

---

29. Ricardo Salles, em seu ensaio clássico elaborado na virada dos anos 1980 para 90, intitulado justamente *Nostalgia Imperial*, já prognosticava a possibilidade de uma reatualização do século XIX em plena República Nova: "Talvez não esteja longe o dia em que o isolamento e a estabilidade institucional do Império escravista despertem nostalgia e, mais importante, ação política e social excludente dos setores beneficiários de nossa modernidade" (Ricardo Salles, *Nostalgia Imperial. Escravidão e Formação da Identidade Nacional no Brasil do Segundo Reinado*, 2ª ed., Rio de Janeiro, Ponteio, 2013, p. 163).

30. Svetlana Boym, *The Future of Nostalgia*, Nova York, Basic Books, 2001. Sobre o tema da nostalgia e sua relação com os usos da Independência e da escrita da história, ver ainda André Freixo, "Passados Privados, ou Privados do Passado? Nostalgia, *In*-diferença e as Comemorações do Sete de Setembro Brasileiro", *Revista Nupem*, vol. 11, n. 23, 2019, e Eduardo Ferraz Felippe, "Renovar Votos com o Futuro: Nostalgia e Escrita da História", *História da Historiografia*, n. 25, 2017.

mitológica que conforma a compreensão de história da Brasil Paralelo, vinculando-se diretamente à nostalgia salvacionista anteriormente apresentada. Trata-se de uma forma de figuração apaziguadora do passado, que emerge como fonte de virtudes e exemplos por meio dos quais o presente pode e deve ser refundado com vistas à construção de um novo futuro. Leopoldina é percebida tendo a presidente Dilma Rousseff como imagem especular; os irmãos Bonifácio são representados como intransigentes com a corrupção; o poder moderador aparece como garantia de ordem e estabilidade num momento de crise; mesmo a Constituição de 1824 é encarada como superior à carta de 1988.

Não há como deixar de pensar aqui em uma forma particular de retomada do modelo magistral de história, neste caso em um contexto digital ou de uma espécie de *historia magistra vitae* 2.0, articulando um uso político do passado como guia e ensinamento com a mobilização afetiva do discurso patriótico, tudo potencializado pela movimentação algorítmica das redes sociais[31]. Dessa maneira, a mitologia nacionalista fomentada pela empresa se torna elemento central no que se poderia aqui chamar, apropriando-me livremente da expressão oferecida por Sara Ahmed, de uma "política cultural das emoções" que, como veremos na seção seguinte, encontra ampla ressonância na forma com esses conteúdos são recebidos pelos públicos[32].

Finalmente, a quarta e última imagem que faz parte da constelação mitológica abordada por Girardet e mobilizada pela Brasil Paralelo é a figura da unidade. Em uma conjunção entre o espaço privado e a esfera pública, as noções de família e de pátria, pensadas como justaposição de sentidos (se a pátria é a família do povo, a família é o núcleo fundante da pátria), ocupam lugar como eixo unificador de uma determinada compreensão moral e moralizante da história. Tanto uma quanto a outra são elementos indivisíveis que organizam a luta política: elas são a razão de ser da cruzada.

Obviamente, trata-se da compreensão de um modelo familiar fundamentado no moralismo cristão e de pátria como categoria que manifesta a vontade sincera e essencializada de um povo abstrato. Dessa maneira, tudo aquilo que questiona, desestabiliza ou coloca em risco essa unidade, tudo aquilo que corrompe a família e se contrapõe

---

31. Sobre o *topos* da história mestra da vida, a referência ainda é Reinhart Koselleck, "*Historia Magistra Vitae* – Sobre a Dissolução do *Topos* na História Moderna em Movimento", *Futuro Passado. Contribuição à Semântica dos Tempos Históricos*, Rio de Janeiro, Contraponto, Editora PUC/RJ, 2006. A retomada do discurso nacionalista pela chave de uma política das emoções é abordada, entre outros, por Aleida Assmann, "Re-Imagining the Nation: Memory, Identity and the Emotions", *European Review*, vol. 29, n. 1, 2020.
32. Sara Ahmed, *The Cultural Politics of Emotion*, 2ª ed., Nova York, Routledge, 2015.

àquela vontade, encarada de forma unificada e homogênea, precisa ser combatido e, em último caso, eliminado. A figura da unidade, portanto, é aquilo que estabelece os critérios de diferença que definem o outro a ser combatido. Toda cruzada, afinal de contas, prefigura um inimigo.

Essas quatro imagens conformam o imaginário político da Brasil Paralelo. Trata-se de uma constelação mitológica que, embora apele decisivamente para o âmbito das emoções e dos afetos, não se esgota em uma forma de mito pensada a partir da ideia de "irracionalidade como motor da ação política"[33]. Há, com efeito, uma dimensão lógica e racional no projeto, um uso calculado das emoções e uma forma planejada de mobilização dos afetos que, a julgar pela repercussão alcançada pela empresa, pode ser considerada como politicamente eficaz.

Nesse sentido, a contraposição entre razão e mito (como manifestação puramente instintiva ou emotiva) pode esconder elementos importantes na forma de atuação da empresa, particularmente em como tais produtos são recebidos e apropriados pelos seus variados públicos[34]. Uma atenção às respostas dadas ao conteúdo oferecido sobre a Independência revela como funciona a lógica de engajamento social assumida pela Brasil Paralelo.

III

O episódio *Independência ou morte* possui atualmente (junho de 2021) cerca de 4 100 reações postadas na caixa de comentários do vídeo. Ainda que este tipo de material demande cuidados redobrados em seu uso como fonte (existência de bots, engajamentos artificiais, filtros utilizados pela empresa para selecionar o que é postado etc.), ele pode ser utilizado como indício plausível para se pensar os efeitos provocados e as respostas dadas à história narrada. Se talvez a simples quantificação das respostas não seja a melhor estratégia, uma análise qualitativa dos comentários pode indicar certas constâncias de reação dos públicos[35].

---

33. Diego Martins Dória Paulo, *Os Mitos da Brasil Paralelo – Uma Face da Extrema-direita Brasileira (2016-2020)*, p. 102.
34. Uma coletânea que coloca em perspectiva a dimensão dos afetos nas relações políticas encontra-se em Nicolas Demertzis (ed.), *Emotions in Politics. The Affect Dimension in Political Tension*, Nova York, Palgrave Macmillan, 2013.
35. Para uma análise precursora sobre os públicos da história e sobre uma cultura de história em torno da do tema da Independência, a referência fundamental é o estudo realizado por João Paulo Garrido Pimenta e sua equipe

Antes de abordá-los, no entanto, convém esboçar rapidamente alguns dos elementos que definem as formas de engajamento mobilizadas pela Brasil Paralelo. Em outras palavras, atentar para as modalidades de relação com os públicos estabelecidas pela produtora, seja por meio de seu *modus operandi* empresarial, seja por meio dos conteúdos por ela oferecidos. Nesse sentido, trata-se de uma via de mão dupla a partir da qual a Brasil Paralelo tanto oferece um produto que atende a determinadas expectativas alimentadas por sua clientela, quanto produz outras expectativas a partir das produções realizadas, num jogo de retroalimentação em que a noção de público equivale simultaneamente ao sujeito de uma demanda existente e ao objeto produzido por novas demandas criadas[36].

É possível, então, reconhecer pelo menos cinco formas de adesão com os públicos estabelecidas pela empresa. Em primeiro lugar, uma adesão comercial por meio da compra ou assinatura dos produtos disponibilizados. Essa relação, que atravessa também a defesa da ideologia empreendedorística, como notado por Diego Martins Dória Paulo[37], é encarada menos como mero consumo cultural do que como participação efetiva em um projeto político: o público faz parte da mesma história, combate pelos mesmos valores, guerreia na mesma cruzada. Ao mesmo tempo em que se trata de um investimento na formação pessoal, suprindo as carências alegadamente provocadas pela educação deturpada das escolas, a aquisição dos produtos equivale a uma contribuição à luta. Produtora e público estabelecem, assim, uma relação de simbiose moral.

Nesse sentido, uma segunda forma de engajamento se dá pelo encontro de expectativas de determinados grupos sociais, que assumem o processo histórico a partir de uma narrativa dicotômica e maniqueísta, estabelecendo os dois campos da disputa política: o campo da virtude e o do vício, os bons de um lado, os maus de outro. A polarização política e sua manutenção constante é condição para esse tipo de engajamento. Complementar a isso, o recurso constante a uma retórica dos vencidos funciona como terceiro modo de engajamento. Trata-se de uma estratégia recorrente nos episódios da série: colocar-se em uma posição de marginalizados, excluídos ou mesmo de derrota-

da Universidade de São Paulo, João Paulo Pimenta *et al.*, "A Independência e Uma Cultura de História no Brasil", *Almanack*, n. 8, 2014.

36. Por exemplo, ao longo do episódio e da série foram vários os comentários que destacaram a qualidade da trilha sonora escolhida pela empresa, bem como a pertinência do conteúdo em relação ao que é ensinado nas escolas e universidades. Depois disso, a empresa lançou em seguida duas outras séries voltadas uma para a história da educação no Brasil, em uma crítica ao suposto predomínio do modelo de Paulo Freire no sistema educacional brasileiro, e outra para o papel social da música contemporânea na suposta crise cultural por que o ocidente está passando.

37. Diego Martins Dória Paulo, *Os Mitos da Brasil Paralelo – Uma Face da Extrema-direita Brasileira (2016-2020)*.

dos nos confrontos das chamadas "guerras culturais", particularmente no processo de transição democrática pós-ditadura, onde teria havido uma suposta hegemonia cultural esquerdista no país[38]. Por isso o produto é vendido como "uma história de sacrifício, virtude e coragem" que durante muitos anos foi negada e, assim, o objetivo do projeto é "reverter as mazelas feitas na nossa cultura nos últimos anos"[39].

Ainda segundo o relato, "ideologias perversas contaminaram o imaginário popular, causando danos incalculáveis em jovens, que hoje estão perdidos e sem norte [...] Estamos distribuindo o antídoto em cada canto do país"[40]. O que se oferece, portanto, é uma narrativa da história pensada sob a ótica daqueles que teriam sido vencidos, mas que guardariam uma indiscutível legitimidade moral capaz de fundamentar as lutas políticas contemporâneas a partir de uma reescrita da história.[41] Daí resulta uma quarta forma de adesão com o público: a história como recurso terapêutico. Como já sugerido anteriormente, a empresa oferece um produto adequado para tempos de incertezas, uma história que legitima e dá espessura temporal para as crenças compartilhadas pelos públicos, propiciando uma espécie de conforto moral a partir de um uso higienizado e edificante do passado.

Finalmente, uma quinta forma de adesão se dá por meio de uma narrativa sintética, englobante, que tenta abarcar a totalidade do processo histórico brasileiro no sentido de revelar os traços fortes de uma formação. A ideia de formação do Brasil, enquanto pátria, e dos brasileiros, como patriotas, confere legibilidade para a representação do passado nacional, em suas raízes exclusivamente europeias, inserindo-o de forma marcadamente eurocêntrica no conjunto mais amplo das "sociedades judaico-cristãs ocidentais", cujo fundamento reside em três eixos bem delimitados na série: a filosofia grega, o direito romano, a moral cristã.

Estes cinco elementos aqui brevemente esboçados estabelecem formas variadas de vínculo entre a produtora, os produtos por ela vendidos e os públicos cuja atenção ela consegue captar. Quando percebidos em relação à estrutura imaginária mobilizada em sua mitologia política, é possível compreender melhor algumas das características

---

38. João Cezar de Castro Rocha lançou uma hipótese a respeito do funcionamento das guerras culturais no bolsonarismo, mencionando a atuação da Brasil Paralelo na engrenagem dessa máquina de guerra (João Cezar de Castro Rocha, *Guerra Cultural e Retórica do Ódio. Crônicas de Um Brasil Pós-político*).
39. Brasil Paralelo, "A Cruz e a Espada", 00:00:09.
40. Brasil Paralelo, "A Vila Rica", 00:00:10.
41. Reinhart Koselleck escreveu sobre a relação entre experiência da derrota e re-escrita da história em Reinhart Koselleck, "Mudança de Experiência e Mudança de Método. Um Esboço Histórico-Antropológico", *Estratos do Tempo. Estudos Sobre História*, Rio de Janeiro, Contraponto, Editora PUC/RJ, 2000.

que emergem nas respostas dos seguidores da empresa. Dados os limites deste texto, gostaria de mencionar apenas dois caminhos para esta reflexão: o primeiro segue pela forma de mobilização dos afetos como elemento central da retórica narrativa da série; o segundo diz respeito à compreensão nostálgica da história oferecida, a qual pressupõe não apenas uma forma de apreensão da experiência de formação do Brasil, mas também uma missão de restauração, resgate ou mesmo de regeneração cultural da pátria a partir de um uso político do passado.

Assim, uma das características que logo de cara chama a atenção da forma como o conteúdo do vídeo é recebido pelos variados públicos é a carga de emotividade que ele desperta. Lindo, espetacular, emocionante, beleza, prazer, comoção, lágrimas, choro são termos e expressões recorrentes nos comentários, os quais são postos em movimento por algumas estratégias básicas: um relato centrado na figura de indivíduos que são heroicizados pela narrativa (Leopoldina, Bonifácio, Pedro); o destaque ao fervor patriótico da locução *in off* que conduz toda a narrativa por meio de um jogo de imagens, sons e textos (como na leitura da carta de Bonifácio a Pedro); o uso de uma trilha sonora que confere ao relato um toque de dramaticidade e um caráter épico, composta desde a abertura por um hino cristão medieval (*Da pacem domine*) até o final do vídeo, com a *Sonata ao Luar*, de Beethoven[42].

Essa dimensão da emotividade ou essa mobilização dos afetos encontra eco em uma das principais respostas do público à mitologia política oferecida pela empresa, ou seja, a ideia de *restauração*, que assume feições complementares: restauração da monarquia, da pátria, da cultura, dos valores, da dignidade do povo, do orgulho, do amor pela terra, da identidade nacional (todos esse são termos utilizados nos comentários ao vídeo)[43]. Importa ressaltar ainda que na mesma rede semântica em que a ação restaurativa ganha espaço, a ideia de *resgate* é igualmente instrumentalizada, mas com uma significativa particularidade: se a restauração assume variadas dimensões e objetos a serem restaurados, o resgate é predominantemente o da história, da verdade ou, na conjunção de ambos, da "nossa história verdadeira". Uma história que, na constelação

---

42. O recurso de captação da audiência foi igualmente notado por Rodrigo Turin em "Os Tempos da Independência: entre a História Disciplinar e a História como Serviço", *Almanack*, n. 25, 2020.

43. Um caminho que talvez poderia ser trilhado é o que coloca em perspectiva essa ideia contemporânea de restauração com aquela que foi mobilizada no próprio contexto da Independência pelos atores sociais da época, tal como estudado, entre outros, por Lucia Bastos P. Neves e Valdei Lopes de Araujo, *Revolução: Em Busca do Conceito no Império Luso-brasileiro (1789-1822)*; em João Feres Jr. e Marcelo Jasmin (orgs.), *História dos Conceitos: Diálogos Transatlânticos*, Rio de Janeiro, Editora da PUC/RJ, Loyola, IUPERJ, 2007, pp. 129-140; Valdei Lopes de Araujo, *A Experiência do Tempo: Conceitos e Narrativas na Formação Nacional Brasileira (1813-1845)*, São Paulo, Hucitec, 2008.

mitológica da empresa e no imaginário criado pelos públicos, havia sido ocultada, escondida, negada e, inclusive, roubada por parte dos professores nas escolas, dos historiadores nas universidades e dos jornalistas na grande mídia.

Restauração da pátria e resgate da história são, portanto, ações concomitantes e complementares na cruzada fomentada pela empresa e assumidas por sua clientela, o que mostra a efetividade da estrutura imaginária anteriormente salientada: vemos ali uma conspiração articulada por inimigos da pátria, a qual é respondida por um anseio salvacionista organizado em termos de uma unidade e voltado, sobretudo, para a restauração de uma idade perdida e para o resgate de uma história negada. O fundo moral dessa perspectiva acaba por assumir um viés afetivo que, além do evidente amor pela pátria que é instigado e compartilhado, mobiliza também outras emoções importantes.

Uma delas é o ódio que, no caso, tem um objeto privilegiado: os professores. São eles os principais responsáveis pelo ocultamento ou mesmo pelo roubo da história. O usuário Arthur Bernardo extravasou isso ao publicar o seguinte comentário: "sinto ódio de todos os meus professores, por terem me negado a verdade por tanto tempo"[44]. Ele foi acompanhado por Nilson Figueiredo Alves Junior: "que raiva de meus professores de história do brasil [sic], que tornaram insignificante nosso passado"[45]. E se Djalma Jr. praguejou "malditos professores de meia pataca"[46], Joaquim Anselmo ameaçou tomar medidas jurídicas: "minha vontade é processar todos meus professores de historia [sic]"[47], enquanto o usuário Scooby Motos esbravejava sua "vontade de vomitar na cara dos meus professores e dos professores dos meus filhos, por nos negarem a verdade"[48].

Obviamente, há comentários que destacam a importância dos professores e do conteúdo disponibilizado pela empresa para ser usado nas escolas, mas o que cabe salientar é que os sentimentos negativos em relação aos docentes foram fomentados pela própria estratégia mercadológica da empresa, cuja publicidade dizia que aquela era uma série que iria "desbancar o seu professor de história" ou fazer você parar de "acreditar nas mentiras do seu professor de história"[49]. Os ecos disso ficam evidenciados nas respostas do público: para Zeca Pereira, a série mostra "a história negada pelo professor esquerdista que odeia a

---

44. Comentário postado em 22 dez. 019.
45. Comentário postado em 29. fev. 2020.
46. Comentário postado em 05. dez. 2020.
47. Comentário postado em 27 out. 2020.
48. Comentário postado em 28. out. 2017.
49. Propaganda divulgada no perfil do Instagram da empresa no ano de 2017.

tradição e valores morais históricos"⁵⁰. Já para Rafael Gasparotto, o episódio faz perceber que "uma história como a de nosso país é deturpada e ironizada por professores preocupados apenas com doutrinação marxista"⁵¹, e Elizeu Castro lamentou a quantidade de "tempo perdido nas salas de aula com professores de esquerda"⁵².

Tudo isso levou outro usuário, Bruno Mendonça, a afirmar sobre a história narrada pela Brasil Paralelo: "esse sim é um verdadeiro projeto de resgatar a história do Brasil que foi negada durante muito tempo por professores analfabetos"⁵³. Assim, essa história negada que precisa ser resgatada é também uma história perdida, que exige ser reencontrada. Yechezkel Brito chegou a lamentar a situação: "nossa... o Brasil perdeu tanto ao romper com seu passado. Malditos Deodoro, Bocaiúva, Constant, e por aí vai..."⁵⁴, e Amanda Martins salientou que "nós Brasileiros em meio a tanta decepção e desespero perdemos o patriotismo quase por completo"⁵⁵. Esse sentimento de perda, por sua vez, está diretamente vinculado à ideia de uma nostalgia restaurativa fomentada pela empresa e anteriormente ressaltada. Disso resulta, então, um dos traços que parecem distintivos deste tipo de conteúdo e da forma como ele é apropriado pelos seus públicos: o ressentimento.

Maria Rita Kehl definiu o ressentimento como uma "constelação afetiva" que nasce da experiência da perda, tornando o ressentido aquele que, sem saber como resolver os dilemas dessa experiência, passa a atribuir sempre aos outros (professores, jornalistas, esquerdistas, comunistas, militantes do Foro de São Paulo e toda a ampla gama de inimigos construídos pela empresa) a responsabilidade pela situação em que se encontra. Como se percebe, portanto, a figura da conspiração é fundamental para estruturar o imaginário do ressentimento. Nas palavras da autora, "não se pode dizer exatamente que o ressentido tenha perdido um objeto; o que ele perdeu foi um lugar. A posição de vítima passiva de onde ele formula suas queixas sugere que o lugar perdido não teria sido, a seu ver, um lugar conquistado, e sim um lugar que, de direito, deveria ser seu"⁵⁶.

Na mitologia política vendida pela Brasil Paralelo, o lugar que, tal como numa cruzada, é preciso reconquistar, é o lar perdido que o sentimento nostálgico pretende novamente habitar, um lar onde pátria e história passam a ser conceitos quase que equivalentes: a res-

---

50. Comentário postado em 23 dez. 2017.
51. Comentário postado em 24 dez. 2017.
52. Comentário postado em 13 jan. 2018.
53. Comentário postado em 23 jan. 2018.
54. Comentário postado em 28 dez. 2017.
55. Comentário postado em 03 jan. 2018.
56. Maria Rita Kehl, *Ressentimento*, 3ª. ed., São Paulo, Boitempo, 2020, p. 36.

tauração de uma e o resgate da outra são processos correlatos nesta forma particular de uso político do passado. E o passado que surge deste processo, nesse sentido, é um passado revelado, uma obra de revelação. Isso explica em grande parte o tipo de resposta dos públicos para o conteúdo da empresa, que manifesta antes de tudo uma relação de fé com a história finalmente revelada, até então ocultada pelos professores, do que uma atitude propriamente de conhecimento, a qual pressupõe um gesto crítico diante do objeto conhecido[57].

A Independência do Brasil vendida pela Brasil Paralelo é, portanto, o resultado de uma revelação possibilitada pela bravura dos novos cruzados em sua guerra de reconquista contra os infiéis. Revelação que ganha espessura temporal significativa, pois se converte em uma "forma de transcender a nossa própria experiência e superar a realidade que nos é imposta"[58]. E essa superação só se torna efetivamente possível quando um determinado passado, o passado do século XIX, mais do que algo a ser superado ou esquecido, é configurado enquanto fonte de ensinamento e de virtudes a serem reatualizadas. E se os construtores do Império conseguiram consolidar uma sociedade predominantemente conservadora, por meio do que Ilmar Rohloff de Mattos habilmente chamou de "recunhagem da moeda colonial"[59], não seria demasiado considerar que o que se trata na proposta da Brasil Paralelo é de uma espécie de recunhagem da moeda imperial, o processo a partir do qual restauração e resgate convertem-se na atividade de regeneração moral da nação segundo seus valores originais e estruturantes: aqueles de uma sociedade patriarcal e escravista.

O que as memórias públicas manifestadas a partir do modelo de história oferecido pela Brasil Paralelo mostram, com isso, não é apenas a reação a uma determinada forma de uso do passado, mas também demandas e expectativas projetadas em relação à própria história e aos seus praticantes. Demandas e expectativas que indicam como que as disputas pelos passados e pelos presentes da Independência serão também, em larga medida, disputas sobre o lugar da história e de seus praticantes. E se parece não haver dúvidas de que a primeira permanecerá como objeto privilegiado do interesse público, a quem poderá ser conferida a legitimidade social de sua prática será tema de embates que irão muito além das questões epistemológicas da disciplina, empurrando-a diretamente para o espaço das querelas políticas.

---

57. Krzystof Pomian, "El Pasado: De la Fe Al Conocimiento", *Sobre la Historia*, Madrid, Ediciones Cátedra, 2007, pp. 59-82.
58. Brasil Paralelo, "O Último Reinado", 00:00:25.
59. Ilmar Rohloff de Mattos, *O Tempo Saquarema: A Formação do Estado Imperial*, 5ª. ed., São Paulo, Hucitec, 2004.

Parte 2
Narrativas, Conexões e Imagens

CAPÍTULO V

A Independência, em Síntese
Sobre um Exercício de Escrita Histórica[1]

JURANDIR MALERBA

La Synthèse Historique est Démodé. Há algumas décadas que os sábios do templo excomungaram a síntese do culto historiográfico. Narizes se torcem ao ouvir falar de síntese. Com aquele atraso protocolar de duas ou três décadas, o veto à síntese chegou dos Estados Unidos ao Brasil no começo dos anos 2010. Nessa época, um lampejo de discussão reiterando a decretação do fim das sínteses, a impossibilidade de escrevê-las, até mesmo, a desonestidade intelectual de se fazer uma síntese histórica ganhou pauta[2]. Longe de pretender oferecer o "estado da arte" da discussão, o objetivo deste capítulo é provocar, questionando esses vetos e interdições.

Como provocação, assumindo o papel de advogado do diabo, eu vou defender a síntese histórica, situando o argumento em linha com um dos eixos da "história pública", nomeadamente o da história engajada em disputar narrativas e na ampliação do público interessado. Não vou explorar muito esse item, só evocando-o mais no final. Este capítulo divide-se em dois momentos. Um primeiro, mais teórico/historiográfico no qual procurarei historicizar esse declínio do prestígio da síntese histórica. Em seguida, questiona-se brevemente a produção e o consumo das sínteses históricas no Brasil nas duas últimas décadas. Por fim, a essa reflexão historiográfica sucede o relato de

---

1. As informações completas dos livros citados nas notas de rodapé deste capítulo estão na "Referências Bibliográficas", de modo que não haja grandes notas de rodapés que interrompam o fluxo de leitura (N. da E).
2. Cf. na América do Norte, Monkkonen, 1986, pp. 1146-1157; McCullagh, 1987, pp. 30-46; Ross, 1995, pp. 651-677; Megill, 2007, pp. 188-208; Pierson, 1991, pp. 79-106. No Brasil, por exemplo, Pereira, 2011, pp. 1-18; Detoni, 2015, pp. 185-207; Nicolazzi, 2016, pp. 89-110.

uma experiência concreta, esquematizando aspectos de uma prática recente que tive de escrita no gênero "síntese", de uma obra afeita à Independência do Brasil.

Não se tomará como ponto de partida qualquer definição abstrata, "dicionaresca" do conceito; nem será necessário voltar às primeiras tentativas modernas de síntese histórica, que remontam às *Weltgeschichte,* as histórias universais do final do século XVIII a Hegel[3] – ainda que essas histórias filosóficas, inescapavelmente eurocêntricas, fossem abstrações sem qualquer lastro empírico, elas procuravam restituir o sentido histórico da humanidade por meio de uma síntese. Os primeiros grandes sucessos editoriais no campo da história foram histórias mundiais ou universais, muitas escritas por autores leigos. As sínteses históricas sempre tiveram muito prestígio de público mundo afora, inclusive no Brasil. Também não precisamos ir ao século XIX da *História Geral do Brasil,* de Varnhagen, para encontrá-las[4].

Eu mesmo passei a graduação lendo grandes sínteses; obrigatórias para jovens historiadores em formação mundo afora. Estudei história moderna com o Pierre Chaunu de *A Civilização da Europa das Luzes*; de Eric Hobsbawm li a coleção inteira de *A Era das Revoluções, do Capital, dos Impérios, dos Extremos.* E o que são *A Sociedade Feudal* de Marc Bloch, *A Evolução do Capitalismo,* de Maurice Dobb, as *Linhagens do Estado Absolutista* de Perry Anderson, a *História do Cristianismo,* de Ambrogio Donini, senão fantásticas sínteses de longos períodos históricos? Quem não passou pelos clássicos de Tulio Halperin Donghi, tanto a *História Contemporánea de América Latina*, quanto sua *Histórica da América Latina*? Ou a *Histórica Econômica da América Latina,* de Ciro Cardoso e Héctor Pérez Brignoli[5].

O mesmo vale para o Brasil: como melhor definir as obras clássicas de Caio Prado Jr., *Formação do Brasil Contemporâneo,* o magistral vol. 5 da HGCB, intitulado *Do Império à República,* todo ele escrito por Sérgio Buarque de Holanda; *Os Donos do Poder,* de Faoro; *A cultura Brasileira* de Fernando Azevedo; *O Povo* Brasileiro de Darcy Ribeiro; a *Formação Política do Brasil* de Paula Beiguelman; *Formação Econômica do Brasil,* de Celso Furtado, e outros clássicos da historiografia que compõe o pensamento social

---

3. Cf. Iggers, 1962, pp. 17-40; Sachsenmaier, 2007, pp. 465-489; Reill, 1994, pp. 345-366; Callinicos, 1995.
4. Cf. Varnhagen, s/.d. Talvez a *História Geral* não seja o melhor modelo de uma síntese, assemelhando-se mais a um tratado. Sua *História da Independência*, última parte publicada separadamente da *História Geral*, pode com mais propriedade ser definida uma síntese. Dela, referências à frente. A tradição crítica da obra de Varnhagen, que começou com Capistrano de Abreu, é imensa. Por todos, cf. Cezar, 2018.
5. Cf. Chanu, 1985; Hobsbawm, 2010; 2011; 2011b; 2014; Bloch, 1979; Dobb, 1976; Anderson, 1976; Donini, 1980; Halperin-Donghi, 2008; 2008b; Cardoso e Brignoli, 1983. Também Barman, 1989; Colley, 1992.

brasileiro senão obras de síntese?⁶ Mas aí, no espaço de uma geração, da minha graduação para cá, as sínteses foram banidas, saíram de moda, passaram mesmo a ser proscritas da formação de jovens historiadores e do debate acadêmico em geral. Por quê?

Vou sustentar minha análise sobre o declínio da síntese em duas hipóteses intimamente conectadas, que passam por dois fenômenos: primeiro, do ponto de vista teórico-institucional, sobretudo no pós-Segunda Guerra, a expansão da história social levou à adoção e proliferação de *estudos monográficos*. Cada vez mais especializada, a história científica e acadêmica passou a operar com recortes temáticos, temporais e espaciais cada vez mais reduzidos, estimulando a produção de estudos monográficos. Mas até meados do século XX, as grandes teses acadêmicas eram escritas em forma de síntese. Na França, lembremos o Braudel de *Civilização Material, Economia e Capitalismo, séculos XV-XVIII*, mas também de *A Identidade da França*. Nos Estados Unidos, muitos já apontaram para a centralidade das grandes sínteses *a la* Frederick Jackson Turner e, em especial, de Charles Austin Beard e Mary R. Beard: *History of the United States* (1921) e *The Rise of American Civilization* (1927), que tiveram dezenas de edições e literalmente milhões de exemplares vendidos⁷.

No pós-guerra, a *intelellectual history*, no figurino do programa estabelecido por Arthur Lovejoy e seu *Journal of the History of Ideas*, assim como de tantos outros pósteros como John Poccok e Quentin Skinner, essa história intelectual começou o veto e o deslocamento das grandes sínteses nos EUA⁸.

Foi a partir dos anos 1960, porém, que a própria a escrita de sínteses históricas passou a ser fortemente questionada. Sínteses, por definição, pressupõem uma abordagem do social ancorada em algum conceito de "totalidade"⁹. As generalizações que as sínteses tradicionais ofereciam, ancoradas em conceitos problemáticos de totalidade como de *zeitgeist* ou de "cultura nacional", passaram a ser questionadas em favor de abordagens em escala reduzida (não é por acaso que justamente nessa época surge a micro-história)¹⁰. Ao mesmo tempo, no torvelinho da revolução cultural dos anos

---

6. Cf. Prado Júnior, 1983; Holanda, 1985 (*História Geral da Civilização Brasileira*, t. II, vol. 2); Faoro, 1987, vol. 2; Furtado, 1986; Azevedo, 1958, 3 t.; Beiguelman, 1976; Ribeiro, 1995.
7. Braudel, 1995, vol. 3. (I. *As Estruturas do Cotidiano*. II. *Os Jogos da Troca*. III. *O Tempo do Mundo*); Braudel, 1986, (vol. I: *O Espaço e a História*; vol. 2 e vol. 3: *Os Homens e as Coisas*); Beard e Beard, 1921, vol. 2; Beard e Beard, 1927, vol. 2.
8. Randall, 1963, pp. 475-479; Macksey, 2002, pp. 1083-1097; Grafton, 2006, pp. 1-32; Butler, 2012, pp. 157-69.
9. O assunto é inesgotável. Uma boa síntese das questões em Grumley, 2016. Uma reflexão mais pontual em Kaye, 1979, pp. 405-419.
10. Uma introdução em Aguirre Rojas, 2011.

1960, balizada pelas teorias do poder propostas por Foucault e alimentadas pelos movimentos por direitos civis (movimento negro e antirracista e feminista, a que logo se agregou o conjunto de reivindicações LGBTQ e ambientalistas), esses sujeitos ou grupos até então negligenciados ou ativamente excluídos foram imediatamente assimilados na pauta historiográfica[11].

A entrada desses novos personagens e temáticas na agenda dos pesquisadores foi um dos efeitos da revolução cultural de 1968 sobre a historiografia ocidental. Uma das características dessa revolução, que marcaria profundamente o modo de se conceber e escrever a história nas décadas seguintes, é o que alguns autores chamaram de "irrupção do presente na história". Ou seja, o presente imediato vai se manifestar com muito mais força na historiografia, rompendo com a rígida divisão até então vigente entre presente e passado, e instalando a atualidade, a contemporaneidade, nos objetos da pesquisa histórica. Sobre a emergência desse "presentismo", basta lembrar o historiador François Hartog e a legião de adeptos que ele tem no Brasil!Mas o fato, estudado por teóricos como Carlos Aguirre Rojas e Georg Iggers, é que, na esteira de Foucault, o ano de 1968 simbolizaria a queda da "episteme" vigente desde o final do século XIX[12].

Do ponto de vista da institucionalização da produção do conhecimento, a tal nova episteme se caracterizava pela compartimentalização dos saberes disciplinares, saberes parcelados, atomizados e baseados na radical especialização, renegando-se relevância a estruturas sociais ou qualquer corte abordável teoricamente como uma totalidade de sentido[13]. Esse movimento, claramente visível no cenário historiográfico europeu e norte-americano, implicou na multiplicação da variedade de histórias (da *história em migalhas,* como chamou François Dosse)[14], a ponto de muitos reclamarem a impossibilidade e mesmo se declarar uma interdição velada à escrita de qualquer empreendimento de caráter sintético, como as histórias nacionais.

E, não sem alguma ironia, a perspectiva nacional ditou o ritmo do turbilhão de histórias a que os historiadores e historiadoras produziram a partir dos anos 1970: histórias de trabalhadores, seja na fábrica, nas comunidades ou no ambiente privado;

---

11. Tratei do assunto em Malerba, 2006, pp. 63-90.
12. Cf. Aguirre Rojas, 1998, pp. 13-28; Iggers e Wangs, 2008, cap. 6, "New Challenges in the Postwar Period: From Social History to Postmodernism and Postcolonialism". Para uma abordagem crítica ao presentismo de Hartog, cf. Lorenz, 2019, pp. 23-42; também Bouton, 2019, pp. 1-22. (DOI: 10.1111/1468-229x.12734); Simon, 2016.
13. Tratei do assunto em Malerba, 2008.
14. Cf. Dosse, 1994. Também Meguill, 1991, pp. 693-698.

histórias das mulheres, na vida privada ou no espaço público, assim como das relações de gênero; histórias de afrodescendentes (seja na escravidão ou no pós-abolição); histórias dos "deslocados" da história, de judeus, japoneses, chineses, árabes, e outras minorias étnicas migradas; sujeitos "nas fímbrias" ou às margens da sociedade letrada e industrial (prostitutas, loucos, bruxas) e assim sucessivamente[15].

Esse movimento foi tão forte a ponto de não poucos especialistas considerarem que as histórias nacionais tinham desparecido por volta do final dos anos 1980 (principalmente no cenário estadunidense), no vácuo dos estudos monográficos, altamente especializados, sobre aqueles grupos sociais! Assim também no Brasil, onde esse movimento de especialização coincide com a expansão do campo por meio da oferta crescente de programas de pós-graduação[16] e a consequente expansão sem precedentes do número de profissionais de história, a ponto de alguns mais céticos, decretarem o fim da era das sínteses históricas, como visto.

A vertiginosa especialização derivou, em parte, do impacto de uma história social que fundia esse foco baseado em grupos específicos com compromissos e pautas político-ideológicas de movimentos sociais de classe e identitários, não exclusivamente acadêmicos. Nessa abordagem e nos padrões de escrita a ela afeitos, a integração de tantas histórias particulares em algum tipo de síntese se tornou, mais que complexa, quase indesejável. Ironicamente, os historiadores sociais levantaram as primeiras críticas a essa nova história social crivada de novos sujeitos e demandas, e começaram já nos anos 1980 a reclamar propostas capazes de integrar, numa mesma abordagem, marcadores de classe, étnicos, raciais e de gênero. Nos Estados Unidos, há exatos quarenta anos, em 1981, em um artigo chamado "The Missing Synthesis: Whatever Happened to History", publicado na revista *The Nation,* o historiador social do trabalho e da escravidão Herbert Gutman questionava a esconjuração das grandes sínteses e clamava em favor de uma história social inclusiva – hoje talvez se diria "interseccional" –, capaz de pensar a história como uma totalidade e ao mesmo tempo reconhecer os cortes de classe, étnico, racial e de gênero[17].

---

15. Bender, 2002, pp. 129-153, especialmente p. 130.
16. Cf. C. Fico; C. Wasserman; Magalhães M. de S., 2018.
17. Gutman, 1981, pp. 552-554. O ex-presidente da American Historical Association Bernard Bailyn, muito distante da agenda política e historiográfica de Gutman, não obstante compartilhava com ele preocupações similares no que respeita à síntese histórica, como expressou em seu discurso presidencial da AHA. Cf. Bailyn, 1982, pp. 1-24 (Disponível em: https://www.historians.org/about-aha-and-membership/aha-history-and-archives/presidential-addresses/bernard-bailyn. Acesso em 13 jun. 2021); também Foner, 1981, pp. 723-26.

O debate entre aqueles como Gutman e Thomas Bender, para quem não se deveria abrir mão de sínteses históricas, e seus opositores, para quem as sínteses não apenas não seriam possíveis, como até mesmo deletérias, girou em torno da suposta falta de rigor inerente à síntese, que teria sido historicamente praticada, ao fim e ao cabo, por historiadores amadores com o intuito de alcançar grandes audiências, em prejuízo da qualidade e da exatidão. O temor residiria, por suposto, na alegação de que, por definição, qualquer síntese acabaria novamente excluindo grupos e temas que, recentemente e a muito custo, tinham conquistado lugar na história social. E esses grupos seriam novamente excluídos porque a síntese, *per se,* inevitavelmente iria restituir um tipo de *master narrative,* produzida por homens velhos brancos de elite[18].

Um segundo fenômeno explicativo do declínio da síntese, complementar à expansão institucional da História acadêmica sob a égide da história social, com sua abertura a novos sujeitos e temas e a ampliação dos estudos de recorte monográfico, foi a crítica demolidora desferida amplamente nos anos 1990 às denominadas *master narratives* pelo movimento intelectual então batizado de pós-modernismo[19]. Como eu venho argumentando há mais de 20 anos, o impacto do pós-modernismo na historiografia foi grande, principalmente no longo prazo.

Nas premissas sintetizadas no livro canônico de Jean-François Lyotard publicado originalmente em 1979, *A Condição Pós-Moderna,* o pós-modernismo basicamente sustenta a proposição de que a partir da Segunda Guerra Mundial, a sociedade Ocidental saiu de uma era moderna (analógica, industrial, nacional) para uma "pós-moderna" (pós-industrial e global – a que, se escrito hoje, o autor agregaria certamente o adjetivo "digital"). Essa condição pós-moderna se caracterizaria, filosoficamente, pelo repúdio à herança da Ilustração, particularmente da crença na Razão e no Progresso, e por uma insuperável incredulidade nas grandes narrativas, por que essas imporiam uma direção e um sentido à História, em particular a noção de que a história humana é um processo de emancipação universal[20]. Não vou retomar aqui críticas que elaborei há duas déca-

---

18. Thomas Bender articulou com muita propriedade esses argumentos em diferentes artigos, gerando fértil debate. Cf. Bender, 1985, pp. 42-43; Bender, 1986, pp. 120-136. Este ultimo artigo de Bender suscitou uma interessantíssima mesa-redonda, promovida pelo *Journal of the History of Ideas* e publicada no n. 74, de 1987. As contribuições a ela são as que seguem: Painter, pp. 109-12; Fox, pp. 113-116; Rosenzweig, pp. 117-22; e a replica de Bender, 1987, pp. 123-30.
19. Cf. Megill, 1991. Um exame mais amplo e cuidadoso em Ross, 1995, pp. 651-77.
20. Os axiomas das impugnações pós-modernas foram lançados, primeiramente, em Lyotard, 2011; e sistematizadas para o campo da história em Ankersmit e Kellneri 1995. Discuti essas questões em Malerba, 2011, pp. 115-148.

das. O que importa é o tipo de ataque que essa literatura dirigiu à síntese histórica. Por suposto ela não é unívoca, varia imenso.

Um caso ideal-típico de ataque às sínteses foi formulada pelo historiador Robert Berkhofer Jr. Em seu alardeado livro de 1995, *Beyond the Great Story: History as Text and Discourse*, o autor lida com essas questões, instando os historiadores a reconhecerem a linguagem como único e último elemento criador da narrativa histórica[21]. Em outro livro intitulado *Fashioning History: Current Practices and Principles* (2008), Berkhofer Jr. tem um capítulo específico sobre/contra a síntese, em que ele reitera sua crença nos fundamentos epistemológicos pós-modernos. Para ele, a síntese, como constructo linguístico, ou artefato literário, é um modo de organização da linguagem que, como tal, não guardaria qualquer conexão referencial com uma realidade ou substrato externos a ela mesma. Sobre a síntese, em particular, argumenta que:

> Histórias narrativas e não narrativas adotam explicitamente ou, mais frequentemente, implicitamente uma ou mais histórias maiores como uma forma de contextualizar seus dados, oferecendo uma interpretação e fornecendo perspectiva e significado. [Elas são denominadas] Diversamente dentro da profissão de narrativa grande (*grand*), mestra (*master*), dominante ou governante, se são explícitas; e metanarrativas e metaestórias, se mais implícitas. Todas oferecem um "contexto", necessário para organizar o assunto e a forma das sínteses históricas individuais. O avanço da liberdade e da democracia [ocidentais], a luta das massas contra as elites [a luta de classes] e a iminência do apocalipse ecológico são apenas algumas entre muitas narrativas mestras enquadrantes [*contextualizing master narratives*]. Sua verdade mais ampla não depende tanto de evidências [empíricas] quanto da perspectiva e dos valores compartilhados pelos historiadores com seu público[22].

Expõe-se acima um esboço muito simples e impressionista de como e porque as sínteses históricas caíram em descrédito mundo afora nas últimas décadas: por causa da emergência de novos sujeitos e temáticas, nos campos político e acadêmico, que, se de uma parte lograram ampliar as próprias fronteiras da história social, de outra prescindiram da síntese em função da alegada impossibilidade de nela se poder contemplar tantos sujeitos e demandas. Isso por um lado. Por outro, a emergência do pós-modernismo nos anos 1980/1990, sustentando que qualquer "narrativa mestra" é condenável,

---

21. Berkhofer Jr., 1995. As premissas haviam sido lançadas já por Hans Kellner, hipostasiando as teses de Hayden White. Cf. Kellner, 1989.
22. Berkhofer Jr., 2008, cap. 2, "Historical Synthesis: From Statements to Histories", pp. 49-92, citação à p. 53.

posto que será sempre uma imposição de um grupo de poder; de que ela será sempre, enfim, ilusória e falaciosa, quando não perniciosa[23].

Não será o caso de aqui contestar teoricamente essas postulações com maior aprofundamento. A quem se disponha, um argumento difícil de contestar é o de que a síntese é um procedimento cognitivo[24], por meio da narrativa, que não apenas está sempre presente em qualquer assertiva ou formato histórico, mas que é mesmo uma ferramenta imprescindível e que a praticamos o tempo todo – mesmo aqueles que a renegam. Ou, posto de outro modo: qual o papel que as operações sintéticas desempenham dentro do conhecimento histórico?[25] Com que estratégias de síntese narrativa contam os historiadores? O ponto é que sem o recurso da síntese não se escreve história – qualquer história.

Enunciei acima que a síntese histórica atende a alguns postulados da "história pública". Não será igualmente o caso de verticalizar nesse conceito, em si tão amplo, mas apenas lembrar que, entre outras coisas, ele propõe uma chamada aos profissionais de história a transpassar nossos lugares institucionais de ação, a escola e a academia, o ensino e a pesquisa, para intervir no debate público por todos os meios, sejam eles museus, arquivos, arte pop, produção audiovisual, produção de conteúdo na internet, divulgação histórica, intervenção no tecido urbano, no posicionamento nos debates da esfera pública a partir de nossa expertise, e por aí afora[26]. Entre esses meios, ainda, dou destaque para a escrita de história para grandes audiências, que é a mais antiga e ainda central prática da História Pública.

Não preciso também me aprofundar na questão de como temos patinhado nesses debates públicos em torno de negacionismos, distorções, manipulações do passado para fins políticos por grupos ideológicos cada vez mais profissionalizados – e a dificuldade que nós temos enfrentado para contrapor as narrativas negacionistas, ou que distorcem e manipulam o passado, narrativas ao mesmo tempo sustentadas, fundamentadas e de fácil circulação e assimilação.

---

23. Tratei desses postulados da epistemologia pós-moderna em Malerba, 2006.
24. Quem primeiro e melhor trabalhou essa ideia foi Louis Mink (1970), reproduzido em Mink, 1987.
25. Lembremos que a produção de uma síntese narrativa por meio do grupamento de fatos é uma das duas operações fundamentais da produção do conhecimento histórico, as analíticas (críticas) e as sintéticas, desde pelo menos o clássico manual de Langlois e Seignobos. Cf. Langlois e Seignobos, 1946.
26. Um conjunto expressivo de modos bem-sucedidos de intervenção prática de história pública estão compilados e relatados em Schmidt e Malerba, 2021.

Como forma de apresentação[27], como um subgênero da historiografia, a síntese apresenta elementos de atração de público que o estudo acadêmico, monográfico, nunca vai alcançar – nem pretende, posto serem outros seus fins. O texto acadêmico opera dentro da racionalidade científica, formulando hipóteses, levantando problemas, perspectivando-os teoricamente, propondo meios/métodos para sua solução[28]. Podemos dizer que a nós, historiadores acadêmicos, interessam mais os problemas bem formulados, do que as respostas a eles, sempre provisórias e lacunares. Questões bem formuladas são as que demoram a ser respondidas e que geram muitas respostas – geram debate, fazem avançar o conhecimento. Por um fundamento próprio do conhecimento histórico, as respostas são sempre parciais e transitórias.

O leitor comum, por sua vez, não está interessado em boas questões ou debates. Ele busca ao mesmo tempo um texto ágil, bem escrito, que gere fruição, prazer, que seja agradável, envolvente e que, basicamente, apresente respostas prontas, soluções facilmente acessíveis para os problemas que o levaram àquela leitura[29]. Ou que levante boas questões e apresente melhores soluções a elas. E isso é justamente o que a síntese histórica pode oferecer. Quando bem realizada, ela tende a deixar o menor número de pontas soltas, de problemas sem explicação.

Sustento que a síntese ainda possa desempenhar um papel fundamental dentro da academia, como já o fez, para a formação, a *buildung* humboldtiana, de profissionais de história, como os da minha geração. Mas, para além da *Education*, o ponto central aqui é que obras de sínteses históricas, como subgênero historiográfico, muitas vezes

---

27. Guia-me a "matriz disciplinar" de Rüsen, definida como "conjunto sistemático dos fatores ou princípios do pensamento histórico determinantes da ciência da história como disciplina especializada", dentro do qual as formas de apresentação, a história escrita, não se resume a "um mero resultado dos fatores anteriores, embora a obtenção do conhecimento histórico empírico a partir das fontes, pela regulação de métodos, tenda, por princípio, a tornar-se historiografia. Ela mesma é um produto da pesquisa histórica. Deve-se atribuir às formas de apresentação uma função tão fundamental quanto a que se atribui aos interesses, às ideias e aos métodos" (cf. Rüsen, 2001, pp. 33-34).
28. Sobre os esteios da racionalidade científica, tão necessário nesses tempos de devaneios culturalistas (cf. Alston, 1989; Audi, 1989; Feldman, 2003; Neta, 2014).
29. Aquilo a que Rüsen definiu como o primeiro fator de sua matriz disciplinar: "Trata-se do interesse que os homens têm – de modo a poder viver – de orientar-se no fluxo do tempo, de assenhorar-se do passado, pelo conhecimento, no presente. [...] A teoria da história abrange, com esses interesses, os pressupostos da vida cotidiana e os fundamentos da ciência da história justamente no ponto em que o pensamento histórico é fundamental para os homens se haverem com suas próprias vidas, na medida em que a compreensão do presente e a projeção do futuro somente seriam possíveis com a recuperação do passado. O primeiro fator da matriz disciplinar da ciência da história é formado, por conseguinte, pelas carências fundamentais de orientação da prática humana da vida no tempo, que reclamam o pensamento histórico; carências de orientação que se articulam na forma de interesse cognitivo pelo passado (Rüsen, 2011, pp. 30).

teoricamente pueris e ideologicamente perversas, continuam sendo feitas e fartamente consumidas, à revelia dos historiadores de ofício. Feitas por não especialistas, para fins econômicos – para ganhar dinheiro – ou político-ideológicos; e, não obstante, essas obras de síntese vêm constituindo uma cultura histórica questionável[30], mal elaborada, cheia de vícios de produção, de interpretação e mesmo de erros factuais. Não obstante, largamente consumidas pelo grande público.

Enfim, não se trata mais de se discutir a factibilidade ou não da escrita de sínteses históricas. Bastará argumentar que nós precisamos da síntese (não apenas como operação cognitiva, presente em qualquer operação historiográfica, mas enquanto forma de apresentação!) apenas porque elas sempre foram e continuam sendo escritas, independentemente do *background* de seus autores.

Fiz um ligeiro levantamento de obras de síntese da história do Brasil, umas 20 produzidas nos últimos vinte anos. Não seria o caso de propor aqui alguma análise teoricamente balizada da escrita de obras desse tipo. Vou apenas enumerar algumas, para realçar que elas existem e estão circulando. Às vésperas do 5º centenário, *A Folha de S.Paulo* encomendou uma *História do Brasil: Os 500 Anos do País em uma Obra Completa* a Rafael Gallina, cujo Linkedin esclarece tratar-se de especialista em Gestão de projetos (engenharia industrial / indústria 4.0 / digitalization) etc. O gestor, por sua vez, delegou a escrita do texto desse livro ao autodenominado "historiador pop" Eduardo Bueno, o Peninha, que já havia escrito uma história do Brasil para a Editora Ática no final dos anos 1990. *Brasil: Uma História* foi relançada pela Leya em 2010[31]. O *business* aqui é que tanto a *História do Brasil* da *Folha*, como as autorais de Peninha tiveram várias reedições, venderam milhares de cópias.

Na seção "perspectivas alternativas" encontramos a *História do Brasil para Quem Tem Pressa* (2017), de Marcos Costa, autor com formação acadêmica, ou *A Outra História do Brasil*, de Jovane Nunes (2009), que, segundo a Wikipedia, é formado em artes cênicas pela UnB, ator, escritor e humorista que trabalhou no programa Zorra Total como ator e roteirista. Na sinopse consta que "o livro de estreia de Jovane Nunes narra, através de uma perspectiva diferente da que aprendemos nos livros escolares, a trajetória do Brasil desde os primórdios até os dias de hoje, passando por personagens célebres e situações intrigantes". Autores populares costumam usar como estratégia de marketing dizer que seus livros contam a "verdadeira história", "a história secreta", a

---

30. Rüsen, 2010, pp. 53-82.
31. Cf. Bueno, 2003; 2013.

história que você nunca leu nos livros, a história que teu professor não te contou, enfim, que por isso suas histórias são diferentes – e superiores às escritas por historiadores acadêmicos ou ensinadas pelos livros escolares[32].

Por suposto que esse elenco beira o caricatural. Meu propósito é sublinhar que as sínteses estão aí, têm público leitor interessado e a historiografia profissional tem relegado o gênero a segundo plano, com raras exceções, como o *Livro de Ouro da História do Brasil*, de Mary del Priore e Renato Venancio, de 2001, recentemente reeditado com outro título; o *Brasil: Uma Interpretação*, de Carlos Guilherme Mota e Adriana Lopez (já na 5ª edição) ou mesmo o *Brasil: Uma Biografia*, de Lilia Schwarcz e Heloisa Starling – que também já teve várias reedições e reimpressões. Enfim, a demanda existe e é grande[33].

Seria lógico um capítulo de livro dedicado à história e memória da Independência do Brasil contemplar uma seção sobre sínteses de história da Independência. Ela seria naturalmente inserida, não fosse pelo fato surpreendente de que, curiosamente, há pouquíssimas obras que se pode com rigor inserir sob essa rubrica. Desconsideremos os estudos verticalizados, como teses, tratados (como a monumental obra de José Honório Rodrigues[34]), livros escolares e antologias (posto que não configuram conceitualmente "sínteses"), sobrarão muito poucas referências a contar. Curiosamente, todas produzidas no ciclo das comemorações do 1º centenário. Pronta desde 1877, a *História da Independência* de Varnhagen, se a considerarmos mesmo uma síntese, foi publicada postumamente apenas em 1916, por iniciativa do IHGB, já no marco das efemérides. No exato ano de 1922, Manuel de Oliveira Lima, que já tinha feito nomeada com seu *D. João VI no Brasil* em 1908 (centenário da chegada da corte), lançava seu célebre *O Movimento da Independência 1821-1822*. Em 1927, era a vez de Tobias Monteiro publicar o primeiro dos sete volumes planejados de sua História do Império, justamente *A Elaboração da Independência*. Infelizmente, faltou-lhe saúde para ir além dos dois tomos do Primeiro Reinado[35]. E deu! Corroborando a hipótese lançada acima, a proliferação dos estudos monográficos tenha talvez tolhido a produção de sínteses da história da Independência. E este é o gancho para a segunda parte deste capítulo.

---

32. Costa, 2016; Nunes, 2009. Sobre essa historiografia, queira ver Bonaldo, 2010; Rodrigues, 2016; Paiani, 2017.
33. Cf. Del Priori e Vênancio, 2001; 2010; Mota e Lopez, 2016; Schwarcz e Starling, 2015.
34. Cf. Rodrigues, 1975, vol. 5.
35. Cf. Varnhagen, s/d_b.; Lima, 1997 [1922]; Monteiro, 1927. Sobre Tobias Monteiro, ver a bela "Introdução" de José Murilo de Carvalho ao *Inventário Analítico do seu Arquivo na Biblioteca Nacional*, 2007, pp. 9-16.

Há tempos eu me cobrava entrar nesse campo de batalha mais ativamente do que apenas fazendo crítica historiográfica. Pois foi um golpe de sorte para mim quando, no final de 2016, Professora Marieta Ferreira, coordenadora da Editora FGV, fez-me um convite-desafio, de escrever um volume para uma nova coleção de história projetada pela Editora, cujo eixo são os projetos de/para o Brasil nos cinco séculos de sua história.

O livro *Brasil em Projetos: História do Sucessos Políticos e Planos de Melhoramento do Reino* foi lançado em dezembro de 2020[36]. Antes de apresentar as estratégias que usei para escrita dessa obra, cabe uma breve apresentação dela. O desafio que me foi lançado foi de contar, mais uma vez, uma história já muitas vezes tão bem contada: a história de Portugal e Brasil desde as reformas pombalinas até a emancipação política brasileira. Coloquei-me como objetivo latente iluminar os projetos que os homens da administração portuguesa, súditos leais da coroa, formularam no período para a verdadeira cornucópia, a "vaca de divinas tetas" que o território brasileiro significava para os colonizadores lusos, num primeiro momento como domínio colonial, depois como potencial país independente.

Minhas fontes básicas foram os escritos de alguns dos maiores expoentes do "reformismo ilustrado" português, herdeiros intelectuais de Sebastião José de Carvalho e Melo, Marquês de Pombal, o poderoso primeiro ministro de D. José I que, a partir de 1750, iniciou o contundente programa de ampla reestruturação do Estado e reformas no sistema de ensino, com o objetivo de alavancar Portugal ao nível competitivo de outras grandes potências imperiais concorrentes.

O recuo até meados do século XVIII não foi aleatório: a ideia de regeneração do reino, por meio da reformação como política de Estado, remonta a Pombal. Suas ações no sentido de prover o reino de núcleos de formação de quadros capacitados marcam todo o período. A visão de mundo de seus herdeiros intelectuais, como D. Rodrigo de Sousa Coutinho, o bispo Azeredo Coutinho, José da Silva Lisboa ou José Bonifácio de Andrada e Silva foi forjada em instituições como a Universidade reformada de Coimbra, o Colégio dos Nobres ou a Academia das Ciências de Lisboa. Por isso seus horizontes culturais, formas de sociabilidade e embates políticos foram a matéria da primeira parte do livro. Todos aqueles homens, que compuseram o núcleo duro do que Kenneth Maxwell batizou de "geração de 1790", formaram-se nesse tempo e ambiente mental da singular "ilustração portuguesa", da qual Pombal foi o grande indutor.

---

36. Malerba, 2020, (*Uma Nova História do Brasil*, 1).

O livro divide-se em três partes: na primeira, que chamei de "O Brasil no Império Português", depois de uma rápida perspectiva do contexto das reformas pombalinas, com atenção à da universidade de Coimbra, reestruturada à luz da ciência experimental e utilitária emergente, o foco se direciona para o "caráter" da ilustração ibérica; as implicações da condição colonial do Brasil, o alinhamento ideológico desse estrato de letrados condutores da máquina de Estado do Império português, treinados na universidade em leis ou filosofia natural, a maior parte deles conhecedora das novas ciências baseadas no método experimental, hipotético e dedutivo e também da nascente Economia Política, ciência que procurava explicar a riqueza das nações. Essa primeira parte se encerra com a análise de dois dos mais importantes e debatidos reformadores do final do século XVIII e inícios do seguinte: D. Rodrigo de Sousa Coutinho, situado no alto escalão da administração imperial, braço forte do Estado; e o bispo Azeredo Coutinho, representante da classe dos grandes plantadores coloniais mais que pastor de almas.

Se os planos e sistemas desses dois agentes conduzem a narrativa, eles são colocados em diálogo com os de outros ilustrados contemporâneos, como Luís dos Santos Vilhena, João Rodrigues de Brito e Francisco Soares Franco, para quem cumpria zelar pelo Brasil, entendido por todos como a grande joia da Coroa, fonte de riqueza e majestade.

Na segunda parte, "O Império Português no Brasil", o enredo segue com a transferência da Corte portuguesa para o Brasil em 1807-1808, desdobramento da guerra continental decorrente da expansão napoleônica pela Europa. Esse acontecimento singular na história das monarquias europeias foi decisivo para os sucessos que desaguariam treze anos mais tarde na separação de Brasil e Portugal, ao promover a aproximação do príncipe regente, aclamado rei no Rio de Janeiro em 1818, com os altos estratos da sociedade local, ricos plantadores e comerciantes de escravos africanos – aproximação regulada pela lógica e a sintaxe de uma Corte europeia de Antigo Regime. Depois de assinalar o protagonismo de D. João nos caminhos do Império nesse quadrante, não poderia ser outro o "reformador" escolhido para a composição senão o próprio Silva Lisboa, Visconde de Cairu.

A última parte, "De Colônia Portuguesa a Império do Brasil", oferece perspectivas do processo de independência brasileira: primeiramente, um panorama das questões e dos personagens implicados, seguido por uma análise do assentamento das cortes gerais e extraordinárias da nação portuguesa, os embates calorosos que aconteceram nas cortes e suas repercussões no Brasil – elementos centrais da ruptura política. A seção se conclui com tratos a um dos mais polêmicos personagens da história da independência, José Bonifácio, sua trajetória e seus planos ousados para o país que rebentava sob suas mãos.

Mais que apresentar um resumo da obra, interessa-me agora destacar cinco estratégias teóricas que usei para compor essa síntese.

1. Em primeiro lugar, procurei definir um claro eixo narrativo, e esse eixo é o do fazer-se de uma classe social: a classe senhorial, saída da costela dos colonizadores portugueses. Uma classe de súditos portugueses da coroa envolvidos na administração colonial, que foi ao longo dos três primeiros séculos se percebendo como um segmento social distinto no território, a partir de afinidades de interesses entre seus membros, particularmente a da extração vegetal, a exploração colonial agricultura tropical, a mineração de ouro e pedras preciosas e o comércio colonial, com destaque para o tráfico de escravos africanos); e a partir também do conflito de interesses em relação à maioria da população de escravizados africanos e indígenas, piratas, contrabandistas e, a datar da segunda metade do século XVIII, conflito com a própria coroa portuguesa, em função do aperto na fiscalidade. Essa classe senhorial "in the making" foi a fiadora do processo de independência.

2. Para desenvolver esse enredo, construí uma *estrutura* do livro, que foi dividida em *partes*, acima descritas, onde se alocam dezessete capítulos. Os capítulos são curtos, com quinze páginas em média. Há umas poucas notas reflexivas ou explicativas, a maioria delas se constituindo de referências bibliográficas ou de fontes, para servirem de guia a um eventualmente aprofundamento que possa interessar ao leitor ou a leitora. Adotei o uso de "notas de fim", ou seja, todas as notas estão alocadas após o fim do texto. Depois delas se apensa um índice onomástico.

3. A terceira estratégia narrativa adotada diz respeito ao que Hayden White chama de *emplotment,* o enredo em si, construído em torno do eixo da constituição da classe senhorial, ora *alternando síntese e análise*, a partir de um fio cronológico. O leitor comum aprecia estórias com começo, meio e fim. No caso da história, isso funciona melhor quando respeita uma cronologia.
    a. *Síntese*: remeto ao subtítulo: "*História dos Sucessos Políticos e Planos de Melhoramento do Reino*". Pois a síntese se apresenta na narrativa dos "sucessos políticos". É preciso salientar que a tarefa de narrar a complexa história dos projetos de Brasil até o rompimento entre colônia e metrópole

obrigou-me a passar ao largo de embates teóricos e querelas historiográficas. Se o fizesse, o resultado não seria mais uma síntese, quiçá um tratado. Se algumas menções a historiadoras e historiadores remanesceram no corpo da narrativa, é porque algumas vezes os temas tratados são introduzidos a partir das perspectivas diversas, dos embates de interpretação, entendidos como um princípio mesmo do fazer histórico. Do mesmo modo, o tratamento dado às fontes. Principalmente durante a análise dos diversos projetos de Brasil examinados ao longo do livro, eu quis "deixar as fontes falarem", para que o leitor (potencialmente o leitor leigo) pudesse ter contato direto com esses vestígios, com esses testemunhos do passado. Mas por suposto que as fontes nunca "falam por si"; são sempre cercadas de análises que procuram contextualizar e fazer sentido de seus conteúdos.

b. No desenvolvimento da narrativa intercalam-se as sínteses com *análises históricas*, que são de dois tipos. Um recai nos "*planos de melhoramento do reino*" do subtítulo: os planos, ideias, projetos e sistemas formulados pelos administrados portugueses. Essas análises estão concentradas precipuamente no último capítulo de cada parte. No sétimo capítulo, as obras de D. Rodrigo de Sousa Coutinho e do bispo plantador D. Azeredo Coutinho são esmiuçadas – sempre dialogando com as ideias de outros ilustrados contemporâneos, como Luís dos Santos Vilhena, João Rodrigues Brito ou José Elói Ottoni. No décimo terceiro capítulo, esquadrinham-se os planos de José da Silva Lisboa, visconde de Cairu, expoente do período joanino; e no último capítulo da terceira parte e da obra, a análise recai sobre o maior projetista dos tempos da independência, José Bonifácio, num diálogo mais próximo com as ideias de Francisco Soares Franco. Mas vale realçar que, em todas as análises, as referências das ideias de todos eles entrecruzam-se.

c. O segundo nível analítico é de caráter conceitual e está diluído ao longo de toda a obra. Em vez de assumir esse ou aquele conjunto de conceitos estruturantes, optei por abordar os conceitos do mesmo modo como feito com a historiografia: foram sendo inseridos um a um na medida da demanda da narrativa, imediatamente fazendo-se a crítica deles. Conceitos que, de tão assentados, acabaram quase "naturalizados, mas que é necessário sempre problematizar: "sistema colonial", "pacto colonial", "bem comum", Iluminismo, "ilustração portuguesa", "comunidade cultural" e "geração de

1790", "vocação agrária", "pragmatismo", "liberalismo", reforma/revolução, constitucionalismo ou "império luso-brasileiro".

4. A quarta estratégia narrativa para composição de uma síntese desta sorte, voltada ao grande público, foi a adequação da *linguagem*. Esse talvez tenha sido o maior desafio: combinar a expertise de pesquisador acadêmico com a função de escritor. Escrever um texto ao mesmo tempo rigoroso e inteligível para o leitor não especializado, e que fosse capaz de produzir alguma fruição. Fazer isso sem recursos apelativos, como inserir componentes factuais exóticos, bizarros ou anacronias. Minha intenção foi a de produzir um texto prazeroso e inteligível, sem nunca menosprezar o leitor. Ao contrário, sempre exigindo algum esforço do leitor, de modo a que a leitura lhe proporcionasse algum crescimento intelectual.

5. Por fim, ressalto o cuidado editorial que tivemos com os "paratextos": capa, ilustrações (inúmeras em PB ao longo texto, somadas a um caderno de imagens coloridas), prefácio (da lavra do escritor Lira Neto, propositalmente um historiador de grandes públicos de nomeada), *blurbs* da 4ª capa (escritos por prestigiosos colegas: os professores Paulo Sérgio Pinheiro, Heloísa Starling e Leandro Karnal) e a divulgação (feita a partir de inúmeras *lives* e resenhas).

Considerações Finais

Enfim, se fosse para concluir alguma coisa, eu diria que sínteses constituem um gênero historiográfico válido, legítimo e factível. E que, dadas as circunstâncias contemporâneas de disputas narrativas da história, por todas as razões que procurei argumentar, creio que os historiadores profissionais, sobretudo os de maior quilometragem, devem explorar esse formato.

Por outro lado, no caso particular apresentado, o livro *Brasil em Projetos*, essa síntese não poderia ser mais oportuna. As sínteses têm essa faculdade: de fazer sentido do passado em diálogo direto com a história do tempo presente. Estudos monográficos construídos com base em prospecções documentais mais profundas nos permitem conhecer com maior precisão de detalhes determinados objetos. As sínteses, por sua vez, como operação intelectual e modo de compreensão, facultam, na concatenação dos dados escavados pela comunidade de historiadores, uma atribuição de sentido ao passado mais racional e fundamentada, de modo a escrever esse passado como história. O presente do autor ou autora dá a perspectiva e estabelece a conexão das temporalidades.

O tempo da escrita de *Brasil em Projetos* foi o do golpismo, da destruição. Enquanto pesquisava e escrevia esse livro, pude revisitar inúmeros projetos formulados sobre diversas questões que reclamavam diagnósticos e soluções. Não raro, embora formados na mesma ambiência intelectual, seus autores conflitavam na abordagem a muitas questões: por exemplo, sobre se fomentar ou não a indústria das minas, se liberar ou não a instalação de fábricas, interromper-se ou não o tráfico de escravos, incorporarem-se ou não os índios na civilização, manter-se receitas superavitárias ou deficitárias entre metrópole e colônia, fundarem-se escolas e universidades, permitir-se a circulação de livros, e assim sucessivamente.

Estudando esses projetos, aprendi que aqueles sujeitos – portugueses d'além-mar, no trato dos interesses do Estado – foram percebendo seus interesses de classe social, e identificando-se assim como proprietários rurais que eram, exportadores de comodities, traficantes de escravos. No longo período tratado nessa síntese podemos contemplar, no sentido thompsoniano da expressão, ao fazer-se de uma classe social, nascida crioula, mas que foi paulatinamente se identificando a partir de interesses econômicos de classe proprietária de terras, de escravos e beneficiária maior da condição colonial.

Essa classe foi a fiadora da emancipação política do Brasil frente a Portugal. Uma classe composta de portugueses mandatários da colônia, uma aristocracia rural forjada no tráfico humano e na escravidão e no domínio da propriedade da terra, sobre o que assentavam as bases de seu poder e fausto. O preço para o Brasil deixar de ser colônia foi seu povo ter que submeter-se a essa classe latifundiária e escravista, que, ao longo do século XIX, assumiu a construção de um Estado monárquico à sua imagem e semelhança: autoritário e elitista.

Com o fim da escravidão legal em 1888, os herdeiros dessa classe, depois do golpe de Estado batizado de "Proclamação da República", deixaram de ser barões para tornarem-se coronéis. Mas a república do Brasil continuou elitista; o Estado, posto a serviço de seus interesses: a concentração da terra, da renda e do poder nas mãos e em benefício dos mesmos estratos superiores, com a interdição da população de acesso à cidadania. No começo do século XXI as classes subalternas conseguiram por meio do voto assumir o controle de Estado e instituir um governo de feitio popular. Mas as elites que realmente mandam no país, ciosas de suas prerrogativas ancestrais de classe senhorial, aceitaram interromper o ciclo democrático fundado com a Constituição Cidadã de 1988 com outro golpe contra o ordenamento jurídico.

Na escrita da síntese, passei em revista inúmeros projetos da elite forjada na "ilustração portuguesa", elaborados com vistas a resolver os grandes problemas do reino como a abolição do tráfico (só efetivada em 1850) e da escravidão (1888) ou a "civilização" dos povos originários (por meio da evangelização). Outros problemas nacionais, reais ou imaginários, foram se sucedendo ao longo do século xx, como o "branqueamento" da população (como medida civilizatória!); a pobreza tratada como problema de polícia ou o alegado "perigo vermelho" de uma revolução comunista.

A síntese confronta presente e passado. Chega a ser bizarra a atualidade dessas questões nos dias correntes, quando assistimos à execução de um projeto de Brasil que se fundamenta na evangelização dos índios, militarização das escolas, em armar a população, na exploração predatória dos recursos naturais, na busca de controle inquisitorial dos corpos e da sexualidade das pessoas ou no ataque quixotesco a um mítico "marxismo cultural". Essa síntese, *Brasil em projetos,* mostra de maneira dolorosa que fazer um diagnóstico de nossas mazelas e pensar soluções nunca foi tão urgente.

Referências Bibliográficas

AGUIRRE ROJAS, Carlos António. "Los Efectos de 1968 Sobre la Historiografia Occidental". *La Vasija*, México, DF, n. 2, pp. 13-28, ago.-nov. 1998.

_____. *Micro-história Italiana. Modos de Uso.* Londrina, Eduel, 2011.

ALSTON, William. *Epistemic Justification: Essays in the Theory of Knowledge*. Ithaca, NY, Cornell University Press, 1989.

ANDERSON, Perry. *Linhagens do Estado Absolutista*. Porto, Afrontamento, 1976.

ANKERSMIT, F. & KELLNER, H. (eds.). *A New Philosophy of History*. London, Reaktion Books, 1995.

AUDI, Robert. *Epistemology: A Contemporary Introduction to the Theory of Knowledge.* New York, Routledge, 1989.

AZEVEDO, Fernando de. *A Cultura Brasileira. Introdução ao Estudo da Cultura no Brasil*. 3. ed. São Paulo, Melhoramentos, 1958. 3 tomos.

BAILYN, "The Challenge of Modern Historiography". AHR 87, pp. 1-24, fev. 1982. Disponível em: https://www.historians.org/about-aha-and-membership/aha-history-and-archives/presidential-addresses/bernard-bailyn. Acesso em 13 jun. 2021.

BARMAN, Roderick J. *Brazil: The Forging of a Nation, 1798-1852*. Stanford University Press, 1989.

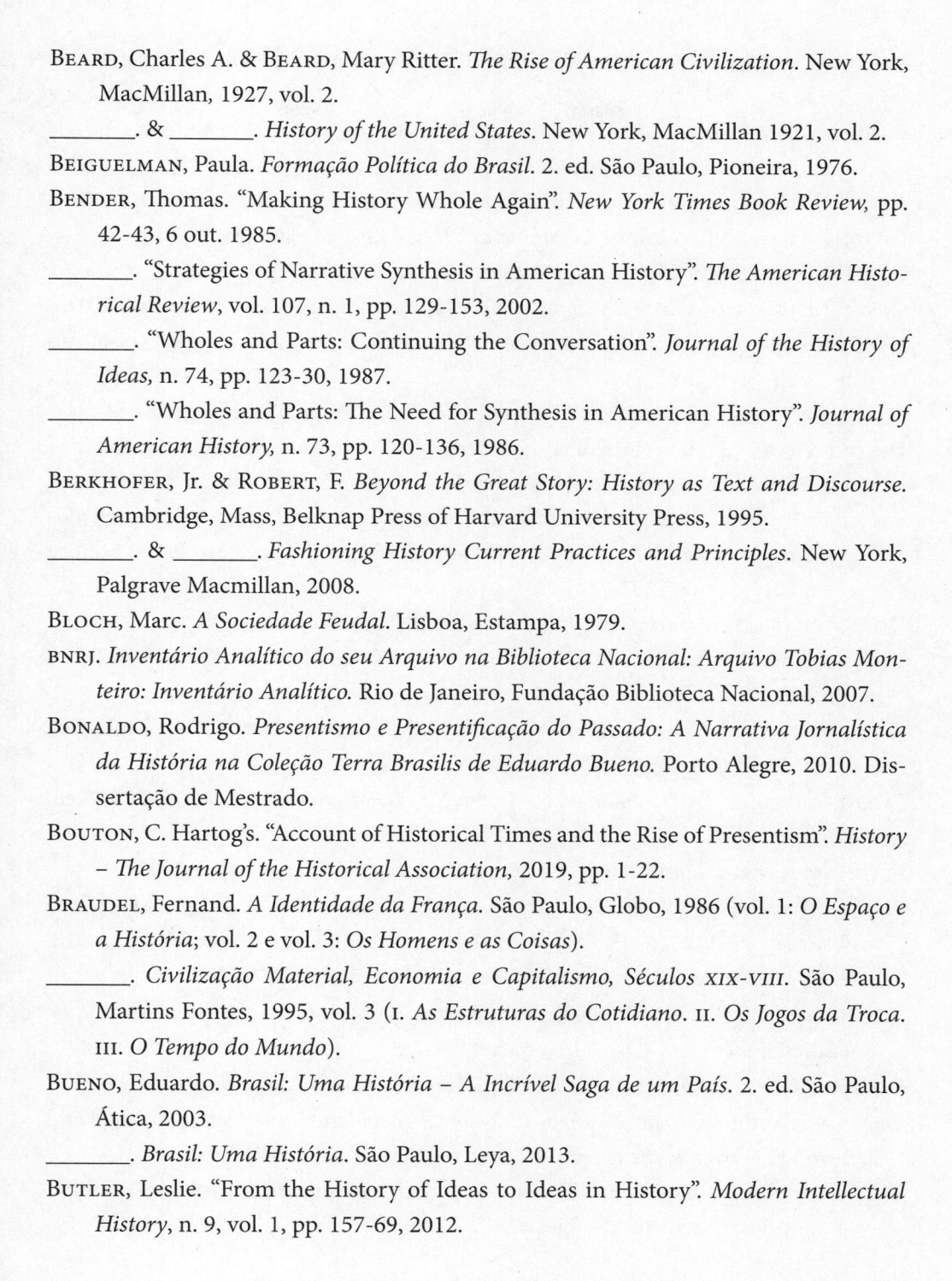

BEARD, Charles A. & BEARD, Mary Ritter. *The Rise of American Civilization*. New York, MacMillan, 1927, vol. 2.

_____. & _____. *History of the United States*. New York, MacMillan 1921, vol. 2.

BEIGUELMAN, Paula. *Formação Política do Brasil*. 2. ed. São Paulo, Pioneira, 1976.

BENDER, Thomas. "Making History Whole Again". *New York Times Book Review*, pp. 42-43, 6 out. 1985.

_____. "Strategies of Narrative Synthesis in American History". *The American Historical Review*, vol. 107, n. 1, pp. 129-153, 2002.

_____. "Wholes and Parts: Continuing the Conversation". *Journal of the History of Ideas*, n. 74, pp. 123-30, 1987.

_____. "Wholes and Parts: The Need for Synthesis in American History". *Journal of American History*, n. 73, pp. 120-136, 1986.

BERKHOFER, Jr. & ROBERT, F. *Beyond the Great Story: History as Text and Discourse*. Cambridge, Mass, Belknap Press of Harvard University Press, 1995.

_____. & _____. *Fashioning History Current Practices and Principles*. New York, Palgrave Macmillan, 2008.

BLOCH, Marc. *A Sociedade Feudal*. Lisboa, Estampa, 1979.

BNRJ. *Inventário Analítico do seu Arquivo na Biblioteca Nacional: Arquivo Tobias Monteiro: Inventário Analítico*. Rio de Janeiro, Fundação Biblioteca Nacional, 2007.

BONALDO, Rodrigo. *Presentismo e Presentificação do Passado: A Narrativa Jornalística da História na Coleção Terra Brasilis de Eduardo Bueno*. Porto Alegre, 2010. Dissertação de Mestrado.

BOUTON, C. Hartog's. "Account of Historical Times and the Rise of Presentism". *History – The Journal of the Historical Association*, 2019, pp. 1-22.

BRAUDEL, Fernand. *A Identidade da França*. São Paulo, Globo, 1986 (vol. 1: *O Espaço e a História*; vol. 2 e vol. 3: *Os Homens e as Coisas*).

_____. *Civilização Material, Economia e Capitalismo, Séculos XIX-VIII*. São Paulo, Martins Fontes, 1995, vol. 3 (I. *As Estruturas do Cotidiano*. II. *Os Jogos da Troca*. III. *O Tempo do Mundo*).

BUENO, Eduardo. *Brasil: Uma História – A Incrível Saga de um País*. 2. ed. São Paulo, Ática, 2003.

_____. *Brasil: Uma História*. São Paulo, Leya, 2013.

BUTLER, Leslie. "From the History of Ideas to Ideas in History". *Modern Intellectual History*, n. 9, vol. 1, pp. 157-69, 2012.

CALLINICOS, Alex. *Theories and Narratives: Reflections on the Philosophy of History.* Cambridge, Polity Press, 1995.

CARDOSO, Ciro Flamarion S. & BRIGNOLI, Héctor Pérez. *História Econômica da América Latina.* Rio de Janeiro, Graal, 1983.

CEZAR, Temístocles. *Ser Historiador no Século XIX.* Belo Horizonte, Autêntica, 2018.

CHAUNU, Pierre. *A Civilização da Europa das Luzes.* Lisboa, Estampa, 1985.

COLLEY, Linda. *Britons: Forging the Nation, 1707-1837.* New Haven, Yale U.P. 1992.

COSTA, Marcos. *História do Brasil para Quem Tem Pressa.* São Paulo, Valentina, 2016.

DEL PRIORI, Mary & VENÂNCIO, Renato P. *O Livro de Ouro da História do Brasil.* Rio de Janeiro, Ediouro, 2001.

_____. & _____. *Uma Breve História do Brasil.* São Paulo, Planeta, 2010.

DETONI, Piero. "Clio nos Horizontes da Síntese: Os Modernos e os Velhos Historiadores de Oliveira Vianna. Questões Sobre Epistemologia do Conhecimento Histórico na Primeira República". In: MOLLO, Helena Miranda. *Abordagens e Representações Narrativas: Problemas para a História da Historiografia.* Ouro Preto, Editora UFOP, 2015, pp. 185-207.

DOBB, Maurice. *A Evolução do Capitalismo.* Rio de Janeiro, Zahar, 1976.

DONINI, Ambrogio. *História do Cristianismo: Das Origens a Justiniano.* Lisboa, Edições 70, 1980.

DOSSE, François. *A História em Migalhas. Dos Annales à Nova História.* São Paulo, Ensaio/Editora Unicamp, 1994.

FAORO, Raimundo. *Os Donos do Poder. Formação do Patronato Político Brasileiro.* 7. ed. Rio de Janeiro, Editora Globo, 1987, vol. 2.

FELDMAN, Richard. *Epistemology,* Upper Saddle River, NJ, Prentice Hall, 2003.

FICO, C.; WASSERMAN, C. & MAGALHÃES, M. de S. "Expansão e Avaliação da Área de História – 2010/2016". *História da Historiografia,* vol. 11, n. 28, pp. 267-302, 2018.

FONER, Eric. "History in Crisis". *Commonweal,* 18 dez. 1981, pp. 723-26.

FOX, Richard Wightman. "Public Culture and the Problem of Synthesis". *Journal of the History of Ideas,* n. 74, pp. 113-116, 1987.

FURTADO, Celso. *Formação Econômica do Brasil.* 21. ed. São Paulo, Nacional, 1986.

GRAFTON, Anthony. "The History of Ideas: Precept and Practice, 1950-2000 and Beyond". *Journal of the History of Ideas,* vol. 67, pp. 1-32, 2006.

GRUMLEY, John E. *History and Totality: Radical Historicism from Hegel to Foucault.* London/New York, Routeledge, 2016.

Gutman, Herbert. "The Missing Synthesis. Whatever Happend to History?" *The Nation*, pp. 552-554, 21 nov. 1981.

Halperin-Donghi, Tulio. *Historia Contemporánea de América Latina*. 13. ed. Madrid, Allianza Editorial, 2008.

_____. *História da América Latina*. Rio de Janeiro, Paz e Terra, 2008b.

Hartog, Lorenz Chris. "Out of Time? Some Critical Reflections on François Hartog's Presentism". In: Marek, Tamm & Olivier, Laurent. *Rethinking Historical Time. New Approaches to Presentism*. London, Bloomsbury, 2019.

Hobsbawm. Eric. *A Era das Revoluções. Europa 1789-1848*. 25 ed. São Paulo, Paz e Terra, 2010.

_____. *A Era do Capital 1848-1875*. 15. ed. São Paulo, Paz e Terra, 2011.

_____. *A Era dos Impérios 1875-1914*. 13. ed. São Paulo, Paz e Terra, 2011.

_____. *Era dos Extremos: O Breve Século xx: 1914-1991*. 2. ed. São Paulo, Companhia das Letras, 2014.

Holanda, Sérgio Buarque de. *Do Império à República*. 4. ed. São Paulo, Difel, 1985. (*História Geral da Civilização Brasileira*, t. ii, vol. 2)

Iggers, Georg G. "The Image of Ranke in American and German Historical Thought". *History and Theory*, vol. 2, n. 1, pp. 17-40, 1962.

_____; Wang, Q. Edward & Mukhererjee, Supriya. *A Global History of Modern Historiography*. London, Pearson-Longman, 2008.

Kaye, Harvey J. "Totality: Its Application to Historical and Social Analysis by Wallerstein and Genovese." *Historical Reflections / Réflexions Historiques*, vol. 6, n. 2, pp. 405-419, 1979.

Kellner, H. *Language and Historical Representation: Getting the Story Crooked*. Madison, University of Wisconsin Press, 1989.

Langlois, C. V. & Seignobos, Ch. *Introdução aos Estudos Históricos*. São Paulo, Renascença, 1946.

Lima, Manuel de Oliveira. *O Movimento da Independência 1821-1822*. 6. ed. Rio de Janeiro, Topbooks, 1997 [1922].

Lyotard, J. F. *A Condição Pós-Moderna*. Rio de Janeiro, José Olympio, 2011.

Macksey, Richard. "The History of Ideas at 80". mln, vol. 117, n. 5, 2002, pp. 1083-1097.

Malerba, Jurandir. "A História e os Discursos: Uma Contribuição ao Debate Sobre o Realismo Histórico". *Locus: Revista de História*, vol. 12, n. 1, pp. 41-78, 2006. Disponível em: https://periodicos.ufjf.br/index.php/locus/article/view/20628. Acesso em: 14 jun. 2021.

_____. *Brasil em Projetos: História do Sucessos Políticos e Planos de Melhoramento do Reino.* Rio de Janeiro, Editora FGV, 2020 (*Uma Nova História do Brasil*, I).

_____. "Nuevas Perspectivas y Problemas". In: MARTINS, E. de R. & PEREZ BRIGNOLI, H. (org.). *Teoría y Metodología en la Historia de América Latina*. Madrid, Trotta, 2006, pp. 63-90 (Colección Unesco de Historia General de América Latina, vol. 9).

_____. "Estrutura, Estruturalismo e História Estrutural". *Diálogos*, DHI/PPH/UEM, vol. 12, n. 1, pp. 19-55, 2008.

_____. "Narrativa: História e Discurso". *Ensaios. Teoria, História e Ciências Sociais.* Londrina, Eduel, 2011, pp. 115-148.

McCULLAGH, C. Behan. "The Truth of Historical Narratives". *History and Theory*, vol. 26, n. 4, pp. 30-46, 1987;

MEGILL, Alan. "Coherence and Incoherence in Historical Studies: From the Annales School to the New Cultural History". *Historical Knowledge, Historical Error: A Contemporary Guide to Practice.* Chicago, University of Chicago Press, 2007.

_____. "Fragmentation and the Future of Historiography". *The American Historical Review*, vol. 96, n. 3, pp. 693-698, 1991.

MINK, Louis O. *Historical Understanding*. Ithaca, NY, Cornell University Press, 1987.

_____. "History and Fiction as Modes of Comprehension". *New Literary History*, vol. 1, n. 3, pp. 541-558, 1970.

MONKKONEN, Eric H. "The Dangers of Synthesis". *The American Historical Review*, vol. 91, n. 5, pp. 1146-1157, 1986;

MONTEIRO, Tobias. *História do Império. A Elaboração da Independência*. Rio de Janeiro, F. Briguiet & Cia., Editores, 1927.

MOTA, Carlos Guilherme & LOPEZ, Adriana. *História do Brasil: Uma Interpretação*. 5 ed. São Paulo, 34, 2016.

NETA, Ram. *Current Controversies in Epistemology*, New York Routledge, 2014.

NICOLAZZI, Fernando. "Raízes do Brasil e o Ensaio Histórico Brasileiro: Da História Filosófica à Síntese Sociológica 1836-1936". *Revista Brasileira de História*, vol. 36, n. 73, 2016, São Paulo.

NUNES, Jovane. *A Outra História do Brasil*. São Paulo, Planeta, 2009.

PAIANI, Flávia R. M. *A História como Best-seller: Aspectos Narrativos dos Livros de Divulgação Histórica no Brasil*. Porto Alegre, 2017. Tese de Doutorado.

PAINTER, Nell Irvin. "Bias and Synthesis in History". *Journal of the History of Ideas*, n. 74, pp. 109-12, 1987.

Pereira, Mateus H. P. "Fim do Tempo das Sínteses? Questões a Partir da Perspectiva de Mircea Eliade em História das Crenças e das Idéias Religiosas (1976-1983): Um 'Estudo de Caso' como Motivo à Reflexão Teórica e Metodológica". *Fênix*, vol. 8, n. 2, 2011.

Pierson, Ruth Roach. "Experience, Difference, Dominance and Voice in the Writing of Canadian Women's History". In: Offen, Karen; Pierson, Ruth Roach & Rendal, Jane (eds.). *Writing Women's History: International Perspectives*. Bloomington, Indiana University Press, 1991

Prado Júnior, Caio. *Formação do Brasil Contemporâneo*. 18. ed. São Paulo, Brasiliense, 1983.

Randall, John Herman. "Arthur O. Lovejoy and the History of Ideas". *Philosophy and Phenomenological Research*, vol. 23, n. 4, pp. 475–479, 1963.

Reill, Peter Hanns. "Science and the Construction of the Cultural Sciences in Late Enlightenment Germany: The Case of Wilhelm Von Humboldt". *History and Theory*, vol. 33, n. 3, pp. 345–366, 1994.

Ribeiro, Darcy. *O Povo Brasileiro. A Formação e o Sentido do Brasil*. 2. ed. São Paulo, Companhia das Letras, 1995.

Rodrigues, José Honório. *Independência: Revolução e Contra-revolução*. Rio de Janeiro, Francisco Alves, 1975, 5 vols.

Rodrigues, Leonardo de Paiva. *A Divulgação da História nos Livros de Eduardo Bueno e Laurentino Gomes*. São Paulo, 2016. Dissertação de Mestrado.

Rosenzweig, Roy. "What Is the Matter with History?" *Journal of the History of Ideas*, n. 74, pp. 117-22, 1987.

Ross, Dorothy. "Grand Narrative in American Historical Writing". *The American Historical Review*, vol. 100, n. 3, pp. 651-677, 1995.

_____. "Grand Narrative in American Historical Writing: From Romance to Uncertainty". *American Historical Review*, vol. 100, n. 3, pp. 651-77, 1995.

Rüsen, Jörn. "O que é a cultura histórica? Reflexões Sobre uma Nova Maneira de Abordar a História". In: Schmidt, Maria Auxiliadora; Barca, Isabel & Martins, Estevão de Rezende (orgs.). *Jörn Rüsen e o Ensino de História*. Curitiba, Editora ufpr, 2010.

_____. *Razão Histórica. Teoria da História: Os Fundamentos da Ciência Histórica*. Brasília, unb, 2001.

Sachsenmaier, Dominic. "World History as Ecumenical History?". *Journal of World History*, vol. 18, n. 4, pp. 465-489, 2007.

SCHMIDT, Benito & MALERBA, Jurandir. *Fazendo História Pública*. Vitória, Milfontes, 2021.

SCHWARCZ, L. M. & STARLING, Heloisa G. *Brasil: Uma Biografia*. São Paulo, Companhia das Letras, 2015.

SIMON, Zoltán Boldizsár. "We Have Never Been Presentist: On Regimes of Historicity". *Journal of the History of Ideas Blog*, 2016. Disponível em: https://jhiblog.org/2016/05/02/we-have-never-been-presentist-on-regimes-of-historicity/. Acesso em 13 jun. 2021.

VARNHAGEN, Francisco Adolfo de. *História da Independência do Brasil*. 4. ed. São Paulo, Melhoramentos, s.d.b.

_____. *História Geral do Brasil: Antes de Sua Separação e Independência de Portugal*. 3. ed. São Paulo, Melhoramentos, s.d.

CAPÍTULO VI

A Independência Negociada com os Artistas

Afonso Taunay, o Museu Paulista e a Fabricação das Imagens para 1922[1]

CARLOS LIMA JUNIOR

Em fins de fevereiro de 1917, o historiador Afonso d'Escragnolle Taunay (1876-1958) assumiu o posto de diretor do Museu Paulista. Aprontar o interior do edifício para os festejos do Centenário da Independência, que ocorreria em setembro de 1922, era o que almejava Taunay, junto aos altos membros da política do Estado de São Paulo. Para tal intento, artistas brasileiros residentes em São Paulo, ou ligados à Escola Nacional de Belas Artes do Rio de Janeiro, mas também muitos estrangeiros, sobretudo de origem italiana, foram recrutados pelo diretor, a partir de 1919, com o objetivo de (re)criar em pinturas as cenas históricas selecionadas, a serem expostas nos espaços vazios do "edifício-monumento", erguido entre 1885 e 1890, no alto da colina do Ipiranga. Rascunhado ainda em 1919, e endereçado ao Governo do Estado no mesmo ano, o Projeto submetido por Taunay propunha, de maneira detalhada, uma narrativa para a história da independência política, que diferia, substancialmente, daquela apresentada, ainda que parcialmente completa, em 7 de setembro de 1922, quando o Museu reabriu suas portas ao público.

Como veremos, nesse texto de 1919, a tomada de partido por certos nomes e assuntos históricos – em detrimento de tantos outros –, a serem rememorados em pinturas dentro do Museu, orientaria a narrativa histórica, e a visualidade, sobre a emancipação política do Brasil. As ideias contidas em tal Projeto foram, no entanto, modificadas com o "decorrer do tempo", nas palavras do próprio Taunay. Dito isto, centraremos nossas análises no Salão de Honra do Museu Paulista.

1. Este texto resulta de uma versão com acréscimos e modificações a partir dos desdobramentos em comunicações e publicações, do capítulo 3 de minha Dissertação de Mestrado *Um Artista às Margens do Ipiranga: Oscar Pereira da Silva, o Museu Paulista e a Reelaboração do Passado Nacional*, São Paulo, IEB-USP, Orientação Professora Dra. Ana Paula Cavalcanti Simioni. Bolsa CAPES.

À luz dos documentos preservados no Arquivo do Museu Paulista, pudemos acompanhar os bastidores da vagarosa elaboração desse projeto decorativo, que não se limitou a uma decisão isolada de Taunay, dentro de seu gabinete, mas envolveu uma larga negociação entre diversos agentes, como intelectuais, artistas e políticos da época. O confronto de fontes, tais como cartas, ofícios, relatórios e pinturas, produzidas sob encomenda pela diretoria do Museu, permitem compreender dilemas ainda um tanto obscurecidos sobre os primeiros momentos da escrita desse Projeto decorativo, cuja ênfase recaiu, sobremaneira, na importância de São Paulo – compreendida como o *locus* da Independência – e na atuação dos homens paulistas na condução e nos destinos da história pátria. De um modo geral, podemos indicar uma relação entre a produção pictórica mencionada e a construção de um imaginário sobre a "paulistanidade" que emerge em finais do século XIX e inícios do século XX, para o qual as imagens de Oscar Pereira da Silva, encomendadas por Taunay, contribuíram decisivamente. Pode-se compreender que a construção desse imaginário estava atrelada ao contexto histórico vivenciado por São Paulo naquele momento, já que "fortalecido pelo café, pela imigração, pela industrialização incipiente e se tornando uma metrópole local, tem projeto político hegemônico na República Velha, que precisa ser legitimado e simbolicamente compartilhado"[2].

O edifício que viria a abrigar o Museu Paulista a partir de 1893 começou a ser erigido na década de 1880, quando São Paulo iniciava sua tomada do poder político e econômico, em um período político marcado pelo fim do Império e começo da República. A construção do edifício pode ser entendida como um símbolo material do "nativismo paulista", já que a ideia de erguer um monumento que marcasse o estado como berço da Independência teve a sua concretização justamente quando os paulistas iniciaram esse processo[3] definindo as personagens protagonistas para a versão sobre os feitos. De acordo com Paulo César Garcez Marins[4], essa visão heroicizante e triunfalista atribuída aos bandeirantes e à própria história paulista, estava relacionada ao círculo dos historiadores paulistas ligado ao Instituto Histórico e Geográfico de São Paulo (IHGSP), fundado em 1894, o qual Afonso Taunay integrava como membro, e onde muitos

---

2. Ana Cristina Guilhotti, Solange Ferraz de Lima e Ulpiano Bezerra de Meneses, "Às Margens do Ipiranga: Um Monumento-Museu", *Às Margens do Ipiranga: 1890-1990*, (Catálogo de exposição), São Paulo, Museu Paulista da USP, 1990, p. 11.
3. Tadeu Chiarelli, "Anotações sobre a Arte e História no Museu Paulista", em Annateresa Fabris, *Arte e Política: Algumas Possibilidades de Leitura*, Belo Horizonte, Editora C/Arte, 1998, p. 27.
4. Paulo César Garcez Marins, "Nas Matas com Pose de Reis: A Representação de Bandeirantes e a Tradição da Retratística Monárquica Europeia", *Revista do IEB*, vol. 14, p. 96, 2007.

trabalhos eram publicados a fim de constituir um eixo de interpretação da história do Brasil subordinada à história de São Paulo[5].

Diferentemente do Instituto Histórico e Geográfico Brasileiro (IHGB), criado em 1838, o instituto paulista não seria perpassado pelo senso de defesa de um Estado centralizador e monárquico. Antes, o IHGSP procuraria legitimar um governo de orientação republicana, tendo como objetivo primordial consolidar um discurso identitário regional. Com esse intuito, os membros do IHGSP buscaram fatos e vultos da história de São Paulo que fossem representativos para constituir uma "historiografia paulista", capaz de legitimar a importância do estado para história do país como um todo[6].

Através do investimento direcionado às imagens criadas para o Museu, Afonso Taunay foi responsável pela difusão e fixação da ideia de um "nacionalismo paulista", já esboçado pela historiografia produzida pelo IHGSP, que via o habitante de São Paulo, em suas várias gerações – bandeirante, tropeiro e cafeicultor –, como o responsável pelo progresso não só do estado de São Paulo, mas de todo o país[7]. Os temas históricos (re)criados nas telas encomendadas pelo diretor a Pereira da Silva, como o bandeirantismo, as monções e as imagens sobre São Paulo antigo[8], ressaltavam a importância dos paulistas na construção do país. Nesse sentido, pode-se considerar o próprio Taunay como um dos maiores promotores dessa interpretação histórica sobre o passado, cuja visualidade se materializou nas telas por ele encomendadas e destinadas ao Museu[9].

Ainda que o esforço fosse mesmo em aprontá-lo a tempo hábil para os festejos do Centenário, sabe-se que o Museu foi apresentado às festas do dia "Sete de Setembro",

---

5. Cf. Karina Anhezini, "O Museu Paulista e Trocas Intelectuais na Escrita da História de Afonso de Taunay", *Anais do Museu Paulista*, n. Série/vol. 10/11, pp. 37-60, 2002-2003, São Paulo; *Um Metódico à Brasileira*: A História da Historiografia de Afonso de Taunay (1911-1939), São Paulo, Ed. Unesp, 2012.
6. Lilia M. Schwarcz, "Os Institutos Históricos e Geográficos", *O Espetáculo das Raças*: Cientistas, Instituições e Questão Racial no Brasil, São Paulo, Companhia das Letras, 1993, p. 127; Danilo José Zioni Ferretti, *A Construção da Paulistanidade*: Identidade, Historiografia e Política em São Paulo (1856-1930), (Tese de Doutorado em História), FFLCH-USP, 2004, pp. 216-217.
7. Ana Cláudia Fonseca Brefe, *O Museu Paulista*: Affonso d'Escragnolle Taunay e a Memória Nacional, São Paulo, Unesp/Museu Paulista, 2005, p. 110.
8. Em 2007, a exposição de longa duração, *Imagens Recriam a História*, sob curadoria de Paulo César Garcez Marins e Solange Ferraz de Lima, foi aberta ao público no Museu Paulista. Através da mostra, se explorou a historicidade das representações artísticas presentes em pinturas e esculturas, de temática histórica (tais como o Descobrimento, fundação de vilas, a imagem dos bandeirantes), pertencentes ao acervo do Museu e que ajudaram a recriar grande parte do imaginário nacional (cf. Museu Paulista da USP, *Imagens Recriam a História* (Curadoria de Paulo César Garcez Marins), São Paulo, 2007, p. 2).
9. Sobre essa questão ver também: Airton José Cavenaghi, "A Construção da Memória Historiográfica Paulista: Dom Luiz de Céspedes Xeria e o Mapa de sua Expedição de 1628", *Anais do Museu Paulista*, vol. 19, jan.-jun. 2011.

a contragosto do diretor, incompleto[10]. Se a estátua de D. Pedro I, confiada a Rodolpho Bernardelli, assim como as pinturas encomendadas aos artistas do círculo da Escola Nacional de Belas Artes, que decorariam a escadaria, chegaram posteriormente a 1922[11], o Salão de Honra, no segundo andar do edifício, seria um dos únicos espaços do Museu a estar, de fato, preenchido com todas as pinturas e retratos pensados para ali figurarem, complementando o suntuoso espaço em que a monumental tela *Independência ou Morte!,* de Pedro Américo, encontrava-se desde a abertura do Museu em 1895[12]. Foram alocados, portanto, à frente deste, os quadros históricos *O Príncipe D. Pedro e Jorge de Avilez a bordo da Fragata União* e *Sessão das Cortes de Lisboa*. Já no nicho de cada parede lateral, instalou-se a tela D. *Leopoldina e Seus Filhos*, à esquerda, e aquela que homenagearia *Maria Quitéria de Jesus*, à direita. Por fim, encimando a pintura de Américo estão 5 retratos: D. *Pedro* I, *José Bonifácio, Joaquim Gonçalves Ledo, José Clemente Pereira* e *Diogo Antônio Feijó*[13].

Oscar Pereira da Silva (1865-1939), um artista quase sexagenário, fluminense, mas por muitos anos radicado em São Paulo[14], foi quem recebeu a incumbência da produção dos dois quadros históricos, bem como dos 5 retratos, entre fins do ano de 1919 e 1922. Sua experiência nas lides da pintura de história, já demonstrada em trabalhos

---

10. Quando publicou o seu *Guia de Secção Histórica do Museu Paulista*, em 1937, Taunay dava por concluída a decoração. Duas pinturas chegaram ao Museu em 1962 e 1963, alocadas próximas às paredes do Salão de Honra e assinadas por Joaquim da Rocha Ferreira.
11. Sobre as encomendas confiadas aos artistas do Rio cf. Maraliz de Castro Vieira Christo, *Bandeirantes na Contramão da História: Um Estudo Iconográfico*, Projeto História: *Artes da História e outras Linguagens*, São Paulo, PUC-SP, 2005, n. 24; Paulo César Garcez Marins, "Nas Matas com Pose de Reis: a Representação de Bandeirantes e a Tradição da Retratística Monárquica Europeia", *Revista do IEB*, vol. 14, 2007. A respeito da estátua de D. Pedro I, vide Carlos Lima Junior, "A Festa de Pedro I Sem Pedro I: Os Bastidores do Centenário da Independência em São Paulo", em Iara Lis Franco Schiavinatto (org.), *Independência, Memória e Fabricação de Imagens* [no prelo].
12. Claudia Valladão de Mattos, "Da Palavra à Imagem: Sobre o Programa Decorativo de Affonso Taunay para o Museu Paulista", *Anais do Museu Paulista*, ano 6, vol. 7, n. 7, pp. 123-148, 2003, vol. 14, 2007. A respeito da feitura do quadro de Américo, cf. Cecília Helena de Salles Oliveira e Cláudia Valladão de Mattos, *O Brado do Ipiranga*, São Paulo, Imprensa Oficial/Museu Paulista da USP, 1999. Vide também Carlos Lima Junior; Lilia Moritz Schwarcz & Lúcia Klück Stumpf, *O Sequestro da Independência: A Construção do Mito do Sete de Setembro*, São Paulo, Companhia das Letras, 2022.
13. Sobre a encomenda desses retratos, vide Carlos Lima Junior, Salão de Honra do Museu Paulista; Valéria Piccoli; Fernanda Pitta, *Coleções em Diálogo: Museu Paulista e Pinacoteca do Estado,* (Catálogo de Exposição), São Paulo, Pinacoteca do Estado de São Paulo, 2016; Cecília Helena de Salles Oliveira (org.), "Retrato Ficcional e Implicações Historiográficas: a Figura de Gonçalves Ledo na Decoração Interna do Museu Paulista", *O Museu Paulista e a gestão de Afonso Taunay: Escrita da História e Historiografia, Séculos XIX e XX*, São Paulo, Museu Paulista da Universidade de São Paulo, 2017.
14. Ruth S. Tarasantchi, *Oscar Pereira da Silva*, São Paulo, Mercado das Artes, 2006.

anteriores, como *Proclamação da República* (1889), *O Primeiro Desembarque de Pedro Álvares Cabral* (1900) e *Fundação de São Paulo* (1907), e também, sua inserção social no meio paulistano[15], pode ter facilitado a cogitação de seu nome para a realização de tais pinturas, e de tantas outras sob encomenda da diretoria do Museu[16].

Ao italiano Domenico Failutti (1873-1923) por sua vez, foi confiado a execução das obras dedicadas à imagem da Imperatriz Leopoldina e a de Maria Quitéria, entre 1920 e 1921. Tratava-se de um artista de passagem por São Paulo, especialista no gênero do retrato, apresentado a Taunay pelo próprio Washington Luís, e incorporado rapidamente aos trabalhos da decoração, realizando essas duas obras pensadas, anteriormente, para serem realizadas por Rodolpho Amoedo, cujas negociações não foram levadas a cabo. Como bem observou Claudia Valladão de Mattos, entregar as encomendas da decoração do edifício aos artistas dessa renomada instituição de ensino artístico, tais como Henrique Bernardelli, Rodolfo Amoedo e Joaquim Fernandes Machado, era uma maneira de projetar São Paulo no seio da vida cultural do país, ao dotar o Museu de obras de alta qualidade, fabricadas por pintores e escultores de prestígio[17]. Além desses, a demanda por artistas poderia ser encontrada na própria capital paulista, cujo mercado de arte despontava significativamente[18].

Os artistas que trabalharam no Museu Paulista não foram selecionados por algum tipo de concurso, como ocorreu com o *Monumento da Independência*, que teve por projeto escolhido o de autoria do italiano Ettore Ximenes[19]. A iniciativa da contratação da maioria dos pintores e escultores para a decoração do eixo central, parece mesmo ter vindo do próprio Taunay que sondou, ainda em 1919, junto de pessoas próximas, a possibilidade de alguns artistas residentes no Rio de Janeiro realizarem trabalhos para

---

15. Para essa questão, cf. Michelli C. Monteiro, *Fundação de São Paulo, de Oscar Pereira da Silva: Trajetórias de uma Imagem Urbana*, Dissertação de Mestrado em História e Fundamentos da Arquitetura e do Urbanismo, FAU-USP, 2012.
16. Além dessas, Pereira da Silva recebeu ainda uma série de encomendas de pinturas versadas sobre "Antiga Iconografia Paulista", e os retratos dos *Homens da Independência* para o alto da escadaria. Sobre a realização de tais obras e os trâmites das encomendas, cf. Carlos Lima Junior, 2015.
17. Claudia Valladão de Mattos, "Da Palavra à Imagem: Sobre o Programa Decorativo de Affonso Taunay para o Museu Paulista", *Anais do Museu Paulista*, ano 6, vol. 7, n. 00, pp. 123-148, 2003. p. 137.
18. Ana Paula Nascimento, *Espaços e a Representação de uma Nova Cidade: São Paulo (1895-1929)*, Tese de Doutorado em Arquitetura e Urbanismo, FAU-USP, 2009.
19. O que será diferente com o que irá ocorrer com o Monumento do Ipiranga, quando um concurso será aberto em 1919, tendo como vencedor o italiano Ettore Ximenes. Taunay, será um dos membros da Comissão. cf. Michelli Cristine Scapol Monteiro, *São Paulo na Disputa pelo Passado: O Monumento à Independência, de Ettore Ximenes*, São Paulo, Publicações BBM [no prelo].

o Edifício[20]. Outros, ao longo dos anos, foram incorporados ao Projeto, sendo alguns deles apresentados diretamente do Gabinete do Presidente do Estado a Taunay, tais como os italianos Domenico Failutti (1872-1923) e Niccolo Petrilli[21], além daqueles que tiveram a iniciativa de oferecer os seus serviços de escultura diretamente ao diretor, como foi o caso de Henri Van Emelen[22].

Compreendidas como verdadeiros documentos, já que baseados em elementos históricos tidos por autênticos, a produção das pinturas do Museu foi realizada sob a atenta supervisão de Taunay, que não hesitava em pedir alterações sempre que achasse necessário[23], o que resultou em muitas desavenças com os artistas, sobretudo os do Rio. Deste modo, obras contemporâneas ao assunto que seria retratado eram tomadas como matrizes para a confecção das pinturas, ainda que quando do preparo das composições, certos elementos fossem "acrescidos, enfatizados ou subtraídos"; discretas alterações, somente perceptíveis quando comparadas as pinturas aos modelos que lhe deram origem[24].

O Salão de Honra:
Teatro da Memória para o Sete de Setembro de 1822[25]

O andar superior do Museu Paulista constitui o ponto culminante de uma visualidade edificante sobre a pungência paulista. Finaliza o "caminho, demarcado por

---

20. A respeito da contratação vide Carlos Lima Junior, *A Difícil Arte de Negociar*; Jorge P. Cintra, Alberto Schneider e Rogério Beier, *Taunay e o Museu Paulista: Um Projeto Memória (1917-1945)*, São Paulo, Imprensa Oficial, 2021.
21. O Setor de Documentação Textual e Iconografia do Museu Paulista preserva as cartas de desavenças trocadas entre Taunay e Petrilli após a realização de um retrato para a Instituição que teria desagradado o Diretor. Sobre o assunto, vide Carlos Lima Junior, "Para Além do 7 de Setembro", em Paulo César Garcez Marins; Vânia Carneiro de Carvalho & Maria Aparecida Borrego, *Memórias da Independência. Catálogo do Museu Paulista da USP*, 2022.
22. Van Emelen enviou o seu currículo diretamente a Taunay, cf. Carta de Van Emelen a Afonso Taunay. 16 mar. 1921, APMP/FMP, Série Correspondências, Pasta 113, Serviço de Documentação Textual e Iconografia do Museu Paulista da USP (SVDHICO| MP-USP), cf. Marc Storms, *Ad. H. Van Emelen: A Trajetória de um Artista Belga em São Paulo*, São Paulo, 2018.
23. Ana Cláudia Fonseca Brefe, *O Museu Paulista: Affonso d'Escragnolle Taunay e a Memória Nacional*, São Paulo, Unesp/ Museu Paulista, 2005.
24. Solange Ferraz de Melo e Vânia Carneiro de Carvalho, "São Paulo Antigo, uma Encomenda da Modernidade: As Fotografias de Militão nas Pinturas do Museu Paulista", *Anais do Museu Paulista*, São Paulo, Universidade de São Paulo, nova série, n. 1, 1993. p. 147.
25. O título é claramente inspirado no já clássico Ulpiano Toledo Bezerra de Meneses, "Do Teatro da Memória ao Laboratório da História: A Exposição Museológica e o Conhecimento Histórico", *Anais Do Museu Paulista: História E Cultura Material*, vol. 1, n. 2, pp. 9-42.

'etapas', supostamente percorridas pela história de São Paulo e do Brasil", que se iniciava no Saguão de entrada, na "fase colonial", e encontra seu desfecho na emergência da 'nação'[26]. É ainda neste ponto da decoração, empreendida por Taunay, que se encontra, como demonstrou Ulpiano Meneses, a "reencenação figurada de um gesto gerador de nacionalidade e que, pela evocação, permite a celebração, com seus efeitos pedagógicos"[27].

O próprio projeto arquitetônico de Tommaso Gaudenzio Bezzi previa para o Salão de Honra, como para as demais dependências do edifício, vazios emoldurados, que foram aproveitados por Taunay para alocar as pinturas quando da implementação da decoração interna, a partir de 1920[28]. E coube, mais uma vez, aos artistas, a incumbência de dar "materialidade" aos fatos que se desejava apresentar. Pereira da Silva recebe, assim, a encomenda de duas pinturas históricas: *O Príncipe D. Pedro e Jorge de Avilez a bordo da Fragata União – 8 de fevereiro de 1822"* [Figura 1] e *Sessão das Cortes de Lisboa – 9 de maio de 1822* [Figura 2], destinadas, justamente, a serem dispostas diante da tela *Independência ou Morte!,* de Pedro Américo, peça central do acervo, e que por lá figurava desde a abertura do Museu, em 1895 [Figura 3].

---

26. Cecília Helena de Salles Oliveira (org.), "O Museu Paulista e o Imaginário da Independência", *Museu Paulista: Novas Leituras*, São Paulo, Museu Paulista da USP/ Imprensa Oficial, 1999, p. 8.
27. Ulpiano Beserra Toledo de Meneses, "Como Estudar um Museu Histórico?", *O Salão Nobre do Museu Paulista e o Teatro da História*, São Paulo, Museu Paulista da USP, 1992. p. 29. Cf. também Carlos Lima Junior e Pedro Nery, "'Do Campônio Paulista' aos 'Homens da Independência': Interpretações em Disputa pelo Passado Nacional no Salão de Honra do Museu Paulista", *Anais do Museu Paulista: História e Cultura Material*, vol. 27, pp. 1-47, 2019.
28. Vale notar que o espaço do Salão de Honra, no período de Ihering, serviu para funções variadas: No "Relatório Apresentado ao Digno Secretário do Interior Dr. Cesario Motta Junior pelo Director do Museu Dr. H. Von Ihering. 20 de dezembro de 1894", a grande sala de honra era reservada para "occasiões solemnes", já no Relatório do ano seguinte, e endereçado a Alfredo Pujol, Ihering afirmaria nas páginas 4 e 5, que "Foi assentada na sala de honra a galleria de bellas artes, pertencente em parte ao Governo do Estado, em parte ao Monumento. Esta ultima observação refere-se ao quadro *Brado do Ypiranga*, [...]. Consiste mais esta galeria artistica agora de tres quadros que o Governo comprou neste anno, sendo as duas telas de caipira de Almeida Junior adquiridas por cinco contos de reis cada uma e a de natureza morta de Pedro Alexandrino comprada por dois contos de réis. Alem d'isto temos uma paysagem de Antonio Parreiras <manhã de inverno>, offerecida ao Governo, e <a leitura> de Almeida Junior, munida da seguinte dedicação: < Em homenagem ao iniciador do Museu de pintura do E. de São Paulo Exmo Dr. Cesario Motta, Almeida Junior offerece este quadro para a galeria do Ypiranga>" (grifos meus). Sobre o período de Ihering, cf. Pedro Nery, *Arte, Pátria e Civilização: A Formação dos Acervos Artísticos do Museu Paulista e da Pinacoteca do Estado de São Paulo (1893-1912)*, Dissertação de Mestrado em Museologia, MAE-USP, 2015.

Figura 1. Oscar Pereira da Silva. *O Príncipe D. Pedro e Jorge de Avilez a bordo da Fragata União*, 1922. Óleo sobre tela. 310 x 250. Museu Paulista da USP.

Figura 2. Oscar Pereira da Silva, *Sessão das Cortes de Lisboa*, 1922. Óleo sobre tela. 310 x 250. Museu Paulista da USP.

Figura 3. *Pedro Américo. Independência ou Morte!*, 1888, Óleo sobre tela, 415 x 760 cm. Museu Paulista da USP.

A decoração foi ainda complementada, como já comentado, pelos retratos de *Maria Quitéria de Jesus* e *Imperatriz Leopoldina e Seus Filhos*, datados de 1920 e 1921, respectivamente, de autoria do pintor italiano Domenico Failutti. As demais obras, alocadas acima da tela de Pedro Américo, também foram feitas por Pereira da Silva: os retratos[29] de D. *Pedro I*, *José Bonifácio de Andrada e Silva*, *Padre Diogo Feijó* e *Gonçalves Ledo*[30].

Outras pinturas também já foram dispostas neste espaço do edifício, possivelmente anos antes da realização das obras entregues em 1922. No *Inventário da Secção de His-*

---

29. Em 1922, ano das celebrações do Centenário da Independência, Taunay publicou uma obra intitulada *Grandes Vultos da Independência Brasileira*, no qual eram biografados os 31 "personagens da Independência" (sendo apenas 29 ilustradas) que foram retratados para o Museu Paulista por Oscar Pereira da Silva e Domenico Failutti. Cada biografia tem aproximadamente 3 páginas, com exceção de D. Pedro I, José Bonifácio, Maria Quitéria e Visconde de Pirajá (cf. Tatiana Vasconcelos, *Dos Próceres da Independência a los Heroes Porteños: Museu Paulista e Museo Historico Nacional de Buenos Aires, Estudo Comparativo*, Dissertação de Mestrado, Programa de Museologia da USP, 2022).
30. Além das telas, Taunay reuniu uma série de documentos e objetos pessoais de D. Pedro I e de sua família, como também relacionados a eventos da Independência. Sobre a organização do Salão e o seu caráter celebrativo em relação ao Sete de Setembro de 1822 (cf. Ulpiano Bezerra de Meneses, "O Salão Nobre do Museu Paulista e o Teatro da Memória", *Como Explorar um Museu Histórico*, São Paulo, Museu Paulista da USP, 1992).

tória de 1925, elaborado por Afonso Taunay, consta que os retratos de *José Bonifácio de Andrada e Silva* e D. *Pedro I*, realizados por Benedito Calixto, e entregues pelo pintor ao Museu em 1902[31] foram "transferidos do Salão de Honra" para figurarem na "Sala A-10 de Cartographia Antiga, Retratos e Documentos". Do mesmo modo, os retratos de *Antônio Feijó*, de autoria anônima, e de D. *Pedro II*, "velho, fardado de almirante", do pintor Mallio, presentes, respectivamente, na "Sala A 16 Mobiliário do Regente Feijó, Arte Religiosa Antiga" e na "Sala A 14 Mobiliário Antigos, Retratos Antigos", também estavam expostos anteriormente no Salão de Honra[32].

Os dois quadros históricos (*Sessão das Cortes de Lisboa* e *O Príncipe D. Pedro e Jorge de Avilez a Bordo da Fragata União*) confeccionados por Pereira da Silva e destinados ao Salão, diferentemente daqueles realizados para a Sala B-12, da "Antiga Iconografia Paulista", não se constituíam enquanto ampliações de gravuras ou desenhos cuja autoria se devia a outros artistas (como Florence, Debret ou Kidder). Muito pelo contrário, a composição das presentes telas, envolveu todo um exercício compositivo, no qual Taunay e Pereira da Silva tiveram que acomodar e ajustar uma série de elementos iconográficos angariados, os quais permitiam "reconstituir" as cenas com "probidade", segundo os ditames da "ciência do belo". Naquele momento, já nas primeiras décadas do século XX, esse caso aponta aquilo que Ana Paula Simioni descreve como um *revival* tardio da pintura de história no Brasil[33].

Se Taunay informava (e supervisionava) com os dados históricos aquilo que deveria ser narrado em tintas, era Pereira da Silva, por sua vez, que sintetizava, plasticamente, o evento a ser representado, ensejando visualidade ao que o diretor desejava retratar.

31. *Inventário da Secção de História – Salas de Exposição, 1925*. Original escrito pelo Dr. Affonso Taunay. Pasta 215, APMP/FMP. Organização e descrição do acervo. *Observação*: As Salas de letra "A" estavam localizadas no pavimento térreo do Edifício.
32. Esses retratos foram talvez alocados pelo próprio Taunay antes da confecção das telas e retratos encomendados somente em 1922. Vale destacar que de acordo com as fotografias das salas feitas ainda durante a gestão de Ihering preservados no Setor de Documentação Textual e Iconográfica do Museu Paulista, os retratos de Pedro I e José Bonifácio aparecem na Sala B8 – Objetos históricos (andar superior). Um retrato disposto abaixo ao do primeiro imperador do Brasil, se assemelha a feição de Antonio Feijó, possivelmente aquele citado por Taunay em seu inventário de 1925. Vale lembrar de que as duas telas de Almeida Junior, *Caipira Picando Fumo* e *Amolação Interrompida* já constavam quando da abertura do Museu em 1895. Sobre a questão ver Pedro Nery, *Arte, Pátria e Civilização: A Formação dos Acervos Artísticos do Museu Paulista e da Pinacoteca do Estado de São Paulo (1893-1912)*, Dissertação de Mestrado em Museologia, MAE-USP, 2015.
33. Ana Paula Cavalcanti Simioni, "Les portraits de l'Imperatrice, Genre et Politique Dans la Peinture d'Histoire du Brésil, Les Femmes Dans les Amériques: Féminismes, Études de Genre et Identités de Genre dans les Amériques, XIX et XX e Siècles", *Actes du Colloque International à Aix-en-Provence*, Décembre, 2013, Disponível em: http://nuevomundo.revues.org.

Na mobilização de seu repertório visual, próprio de seu *metier* de artista, que gestualidades, posições de corpos, movimentos, tomados de empréstimo de outras obras, eram (re)significadas, para a "(re)construção" das cenas do passado. Aquilo que o artista entrega, como resultado final é a somatória de uma negociação intensa, marcada, por um lado, pela presença do comitente, atento à verossimilhança do que se é narrado, à harmonia da representação ao seu programa iconográfico, mas por outro, às mediações proporcionadas pelo próprio artista, que para a elaboração do *constructo* visual voltava-se à tradição da história da arte, em que obras do passado e do presente, eram acionadas para solucionar às demandas que impunham aquelas duas encomendas[34].

Como bem observou Ulpiano Meneses, no Salão de Honra, "a arquitetura e a pintura se integram"[35]. Os quadros foram pensados para um lugar específico, destinados a produzir "um espaço qualificado", onde a supremacia "cabia ao pictórico", dentro daquele conjunto visual. As telas remetiam ao passado, mas com questões impostas pelo momento em que foram produzidas, e por sua vez, ao próprio futuro, na medida em que visavam às próximas gerações. Não se tratava de pinturas "efêmeras", que logo depois seriam deslocadas quando se finalizassem as celebrações do Centenário em 1922; a lógica de produção era, justamente, a de sua permanência naquele espaço para a qual foram pensadas, junto ao quadro de Américo[36].

Aos moldes de outros museus históricos, sobretudo os franceses, Taunay fará largamente uso das imagens, com fins político-didáticos, visando, assim, legitimar o discurso que se pretendia tornar visível com aquela exposição dentro do Museu[37]. Cecília Helena de Salles Oliveira, aproxima, por exemplo, a iniciativa de Taunay, no Museu Paulista, com o *Musée Carnavalet*, o museu da cidade de Paris, criado em 1866. Tal relação possível está, documentada, inclusive, em carta de Lidia Souza Queirós ao Di-

---

34. A respeito das negociações entre artista e comitente na produção de determinada obra, cf. Carlo Ginzburg, *Investigando Piero*, São Paulo, Cosac Naify, 2010.
35. Ulpiano Bezerra de Meneses, 1992, p. 27. As Serpes Ladeadas do "PI" (Pedro I), aparecem no alto das molduras, remetendo à Casa de Bragança da qual D. Pedro era descendente direto. O mesmo emblema foi distribuído no alto das janelas, e na base de cada retrato dispostos acima da tela de Pedro Américo.
36. Diferentemente do que aconteceu com as outras pinturas realizadas por Pereira da Silva para a Sala B-12, sobretudo às relacionadas ao tema das Monções, que transitaram pelo Museu, conforme novas exposições foram sendo criadas durante os anos.
37. É preciso lembrar que anos antes de ocupar o cargo de Diretor do Museu, Taunay realizou uma viagem à Europa, cuja experiência ficou registrado em um diário no qual consta registrado as visitas ao Museu Carnavalet, ao Palácio de Versalhes, ao Museu do Louvre e etc. (cf. Wilma Peres Costa e Carlos Lima Junior (orgs.), *A Viagem como Missão: Afonso Taunay na Europa (1909)*, Editora da Unicamp [no prelo]. Vide, sobretudo, o capítulo de Wilma Peres Costa, "Uma Viagem de Formação: Afonso Taunay e a Paris da Belle Époque", cap. 1).

retor, localizada pela autora, afirmando que: "[...] O Primo foi bem inspirado e louvo a sua ideia de fazer a semelhança do Museu Carnavalet a exposição de documentos da história da Independência e o Museu do Ypiranga está talhado para isso [...]"[38] Como afirma a autora, os retratos arredondados, amplamente utilizados no *Musée Carnavalet*, podem ter servido de inspiração a Taunay, quando ocupou os "óculos" – aqueles vazios circulares, dentro do Salão de Honra, previstos por Bezzi quando da construção do Palácio-Monumento, – com os retratos dos "vultos da Independência"[39].

Cláudia Valladão de Mattos[40] e Ana Cláudia Fonseca Brefe[41] já assinalaram, em seus trabalhos, a importância da *Galerie Historique de Versailles* como um ciclo decorativo, a partir de imagens, que pudesse aliar a estética à fins pedagógicos. Para Laurent-Pierre Jussieu, quem pensou o projeto do *Musée Historique*, ainda em 1816, a fidelidade histórica era uma condição indispensável para que um quadro de história fosse de serventia para informar[42]; entendia que era menos a estilização ou a idealização heroica, presente naqueles quadros produzidos durante a época napoleônica, que deveriam provocar a mensagem ali inscrita – sendo preciso que as obras falassem ao espírito, mas também, ao coração.

Taunay foi, como podemos demonstrar, atento à fidelidade histórica das telas do Museu, mas não deixava de lado, aquilo que Thomas Gaehtgens chamou de "idealização heroica". Tanto para a representação dos bandeirantes – desejo expresso nas próprias cartas enviadas aos artistas – como no salão de honra, o que se desejava era uma composição correta quanto aos dados históricos, mas igualmente uma "atitude heroica"

---

38. Carta de Lídia de Souza Rezende a Afonso Taunay, 05.05.1918, APMP/FMP, Série Correspondências, *apud* Cecília Helena de Salles Oliveira, 1999, Tese de Livre Docência, pp. 83-85.
39. As relações, como demonstrou a autora, vão além das similaridades entre os retratos acoplados nos "óculos" da arquitetura. A missão deste museu francês era o de preservar os vestígios de uma Paris que não existia mais, a partir da coleta de pinturas, desenhos e impressos, mas também documentar os eventos memoráveis, e a vida do dia a dia da capital francesa. Jean-Marie Bruson, Danielle Chadych, Anne Foray Carlier, Jean Marc Leri e Florian Meunier, *Musée Carnavalet: History of Paris*, English Edition, Paris, Roger-Villet, 2007 p. 4.
40. Claudia Valladão de Mattos, "Da Palavra à Imagem: Sobre o Programa Decorativo de Affonso Taunay para o Museu Paulista", *Anais do Museu Paulista*, ano 6, vol. 7, n. 7. pp. 123-148, 2003, vol. 14, 2007.
41. Ana Cláudia Fonseca Brefe, *O Museu Paulista...*, p. 235.
42. Como bem sintetizou Coli sobre essa questão: "Na verdade, todas as telas da Galeria das Batalhas, mesmo Taillebourg, querem-se como ilustrações, dentro das quais um temperamento individual pode mais ou menos eclodir. Horace Vernet exprime a quintessência dessa arte, que tende para a crônica, que esvazia as emoções, na qual o soldado é menos o herói que o militar e na qual o Exército vira tropa." [...] e mais "O que o público e o mecenas queriam era uma crônica contando os acontecimentos". Jorge Coli, "Introdução à Pintura de História", em: Maraliz de Castro Vieira Christo (org.), *Dossiê Pintura de História. Anais do Museu Histórico Nacional*, vol. 39, 2007, p. 55.

aos episódios representados[43]. De acordo com Chantal Georgel, a imagem, como um suporte pedagógico eficaz, adotado no Museu Histórico de Versailles, poderia não apenas ensinar, mas também tinha o suposto poder de "reviver", "ressuscitar o passado". Tais preceitos encontram paralelo nas intenções de Taunay com as pinturas confeccionadas para o Museu, que poderiam apresentar aos olhos do espectador, o passado redivivo no presente.

No documento enviado à Secretaria do Interior em que continha "um projecto de alargamento do Museu, attendendo-se ás próximas commemorações centenárias", Taunay esboçaria sua ideia para as dependências do edifício, para o Salão de Honra, ele dizia que:

> Por sobre o belissimo quadro de Pedro Americo, ha cinco medalhões deixados pelo architecto para a collocação dos retratos dos grandes vultos da Independencia. Para elles proponho: Pedro I, Jose Bonifacio, Feijó, Ledo (symbolisando a acção da imprensa, em que incomparavel foi seu papel) e José Clemente Pereira, leader do *fico*. Em frente ao quadro de Pedro Américo ha espaço para quatro paineis. Acho que estes paineis devem ser occupados por composições historicas relativas ás acções de guerra para a conquista da Independencia, os episodios tão patrioticos decorridos sobretudo na Bahia, na lucta com Madeira, a capitulação de Avilez no Rio de Janeiro, enfim scennas, a meu ver indispensaveis para que os menos sabedores da historia patria fiquem sabendo tendo conhecimento de que a nossa libertação não se fez por meio de conchavos e foi adquirida graças a effusão de sangue brasileiro[44].

A escolha por *scennas bellicas*, pensadas para o Salão de Honra, em 1919, parece remeter, novamente, ao exemplo francês da "Galeria de Batalhas", construída no Palácio de Versalhes, durante o reinado de Louis-Philippe, e aberta ao público, em 1838. O monarca, cercado de profissionais com o fim de colocar o seu projeto em prática, entre eles, Nepveu, o arquiteto, possibilitou reestruturar a asa sul do palácio, e alocar as 33 pinturas de batalhas (de Tolbiac, do tempo dos gauleses à Wagran, embate do período napoleônico, contra os alemães), que de acordo com Thomas Gaehtgens, "illustrent des

---

43. Chantal Georgel, "L'Histoire au Musée", em Christian Amalvi (org.), *Les Lieux de l'Histoire*, Paris, Armand Colin, 2005, p. 120.
44. Afonso d'Escragnolle Taunay, "Resposta a consulta do Governo do Estado sobre um projecto de alargamento do Museu, attendendo-se ás próximas commemorações centenárias, Relatório referente ao anno de 1919, apresentado, a 28 de fevereiro de 1920, ao Excellentíssimo Senhor Secretário do Interior, Doutor Oscar Rodrigues Alves, pelo Director, em Commissão, do Museu Paulista, Affonso d'Escragnolle Taunay", *Revista do Museu Paulista*, tomo XII, Typ. do Diario Official, p. 488, 1920, São Paulo.

batailles ou des événements qui on immediatement précéde ou souvi des hostilités"[45]. Nesses 33 quadros, o rei, a nobreza, a igreja, mas também a burguesia e o povo, e também os generais, não são "diferenciados"; pois todos aqueles que se colocaram a serviço da pátria tinham o seu lugar assegurado no 'tempo da glória"[46]. A Galeria buscava, assim, reconciliar, a partir das imagens, toda a nação francesa[47].

As propostas de Taunay, de 1919, parecem ir de encontro com os objetivos da Galeria de Batalha, na medida em que apresentava, a partir dessas "scennas bellicas", os brasileiros na luta a favor da nação, e de sua liberdade. As propostas pensadas para aquele espaço, como para os demais do Museu, podem ser acompanhadas nas diversas consultas feitas pelo Diretor a pessoas de sua rede de sociabilidade[48], durante o ano de 1919. Escrevendo a Basílio de Magalhães, por exemplo, ele nomearia os episódios a serem retratados dentro do Salão de Honra: "Lembrei-me dos seguintes: a) combate de Pirajá[49]; b) o episódio do assassinato da abadessa da Lapa (pela soldadesca de Madeira?)[50]; c) a retirada de Jorge de Avilez com sua tropa; d) os cachoeiranos atacando a [espaço em branco] portuguesa"[51].

Apesar do interesse do diretor em conseguir maiores informações sobre as lutas que se travaram na Bahia, em 1823, contra as tropas portuguesas, chefiadas pelo General Luis Ignácio Madeira de Mello, chegando, inclusive, para isso, a escrever para Teodoro Sampaio[52], em 15 de setembro de 1919, apenas uma, das quatro *scenas bellicas*

---

45. Thomas W. Gaehtgens, *Versailles: De la Résidence Royale au Musée Historique, La Galerie des Batailles dans le Musée Historique de Louis-Philippe*, Paris, Albin Michel, p. 115.
46. *Idem*, pp. 251-252.
47. Marie-Claude Chaudonneret, *L'État & les Artistes: De la Restauration à la Monarchie de Juillet (1815-1833)*, Paris, Flammarion, 1999, p. 193.
48. Sobre a questão, cf. Karina Anhezini, "Correspondência e escrita da história na trajetória intelectual de Afonso Taunay", *Estudos Históricos*, Rio de Janeiro, n. 32, 2003, pp. 51-70.
49. Esse episódio está representado no *Monumento do Ipiranga*, construído para 1922, por Ettore Ximenes.
50. Podemos arriscar se a ideia de se representar o martírio da Abadessa da Lapa pelos portugueses, não pode ter vindo de inspiração das cenas da vida de Saint Geneviève e Joana D'Arc, sobretudo aquelas dedicadas às ações dessas mulheres em pról da França e do povo, retratadas por Puvis de Chavannes, Alexandre Cabanel, e entre outros, dentro do *Panthéon*, em Paris, no último quartel do século XIX. A respeito dessas pinturas, cf. François Macé de Lepinay, *Peintures et Sculptures du Panthéon*, Paris, Éditions du Patrimoine, 1997.
51. Carta de Afonso d'Escragnolle Taunay a Basílio de Magalhães, 30 de julho de 1919, APMP/FMP, Série Correspondências, Pasta 109. Consta no topo da carta a seguinte inscrição "Primeiras ideas sobre a decoração da escadaria; inteiramente modificadas com o correr do tempo".
52. Carta de Teodoro Sampaio a Afonso d'Escragnolle Taunay, 30 de setembro de 1919, APMP/FMP, Série Correspondências, Pasta 110. Sampaio, nesta carta, apresenta ainda mais dados sobre a "representação bahiana" na coleção de vultos que seriam retratados na Sanca do Museu, como também, a respeito dos episódios relativos aos "ataques na vila de Cachoeira pelos portugueses", "o combate de Pirajá", a "morte da abadessa Soror Joana Angélica" "que se

aventadas, saiu do papel, e foi, de fato, passada para a tela: "a retirada de Jorge de Avilez com sua tropa", realizada, como já mencionado, por Pereira da Silva. Não se sabe ao certo o motivo que levou Taunay a desistir dos outros episódios, preferindo aqueles que enfatizavam os "grandes vultos", em detrimento da participação do "povo" na luta pela Independência, como as ideias de 1919 possibilitariam.

É verdade que a guerra de Independência na Bahia, dentro do Salão de Honra, não deixou de ser lembrada[53], mas a partir do *Retrato de Maria Quitéria de Jesus*, realizado por Domenico Failutti, a partir daquele elaborado por Augustus Earle e que consta no *Diário de Viagem* publicado por Mary Graham, publicado em 1824, em que a "heroína da Independência", aparece vestida com seus trajes militares, com destaque para o saiote que foi adicionada ao uniforme[54]. Ainda assim, ela não está em ação, em meio às batalhas. A subtração dos homens em combate que aparecem ao fundo no momento da passagem da gravura para a tela, parece ser uma escolha deliberada[55]. No quadro, Quitéria posa solitária, diante da natureza exuberante do recôncavo baiano, ausente de qualquer indício humano[56].

As outras *scennas bellicas*, deram lugar ao retrato da Imperatriz Leopoldina cercada de suas filhas, com o futuro D. Pedro II, ao colo, igualmente da autoria de Failutti, cuja

sacrifica corajosamente, vedando com o seu corpo, braços abertos, a entrada da soldadesca lusitana desenfreada naquelle estabelecimento religioso", e por fim, indicava um momento a ser recordado em pintura: "A entrada do exercito libertador na cidade no acto de ser coroada a bandeira nacional vencedora, na Soledade, pelo capelão do convento á frente das religiosas é tambem episodio digno de tela. As tropas brasileiras na sua variedade de typos, de raças e maneira de vestir são para um estudo muito conscioncioso do artista, pintor de história. Levas de sertanejos encoirados davam-lhes um aspecto deveras interessante. [...] O assumpto offerece ao pintor de história os mais variados aspectos como referencia a população nacional". Sobre esses episódios cf. Luís Henrique Dias Tavares, *História da Bahia*, 11ª ed., São Paulo, Editora da Unesp/ Salvador: Edufba, 2008.

53. A Bahia seria relembrada em uma das placas dispostas nas laterais da escadaria e no retrato da "martyr" Joana Angélica, figura lembrada a Taunay por Teodoro Sampaio, ladeadas pelos dois generais envolvidos na peleja: Lima e Silva e Labatut.
54. Sobre o tema, vide Nathan Yuri Gomes *Teatro da Memória, Teatro da Guerra: Maria de Quitéria de Jesus na Formação do Imaginário Nacional (1823-1979)*, Dissertação de mestrado, Instituto de Estudos Brasileiros da Universidade de São Paulo, 2022; Marianna Farias *De Soldado Medeiros à Maria Quitéria: A Construção de uma Memória Histórica, Século XIX, XX, XXI*, Dissertação de mestrado em andamento junto ao Programa de Pós-Graduação em História, Faculdade de Filosofia e Ciências Humanas da Universidade Federal da Bahia.
55. Sobre essa ausência de violência, vide Paulo César Garcez Marins, "O Museu da Paz: Sobre a Pintura Histórica no Museu Paulista Durante a Gestão Taunay", Cecília Helena de Salles Oliveira (org.), *O Museu Paulista e a Gestão de Afonso Taunay: Escrita da História e Historiografia, Séculos XIX e XX*, 1ª ed, São Paulo, Museu Paulista da USP, 2017.
56. Ana Paula Cavalcanti Simioni e Carlos Lima Junior, "Heroínas em Batalha: Figurações Femininas em Museus em Tempos de Centenário: Museu Paulista e Museu Histórico Nacional", 1922, *Museologia & Interdisciplinaridade*, ano 13, vol. 7, pp. 31-54, 2018.

figura a ser rememorada dentro do Salão de Honra, dividiu as opiniões – já que Basílio de Magalhães, referiu-se a ela como agente pouco notável, enquanto Oliveira Lima apoiava a decisão de Taunay[57] – por fim, tínhamos a cena da deputação brasileira nas Cortes de Lisboa, em maio de 1822, na qual Antonio Carlos de Andrade, irmão de José Bonifácio, é o grande destaque, devida aos pinceis de Oscar Pereira da Silva.

Neste sentido, o conjunto figurativo, apresentado em 1922, difere daquele esboçado em 1919, em que "as lutas, por vezes sangrenta, marcariam a recuperação da Independência como conquista, cuja gênese deveria ser buscada em vários movimentos de resistência ao domínio português no período colonial"[58]. Preservou-se ali, com as duas pinturas de Pereira da Silva, o esforço de se representar a "colônia em luta contra a metrópole", seja pela expulsão das tropas portuguesas, seja pelos embates travados entre "brasileiros" e "portugueses" contra a "recolonização" do Brasil[59].

O modo que Pereira da Silva conquistou a encomenda desses dois "quadros históricos"[60], não ficou registrado na documentação preservada no Museu, ainda que os bastidores, no tocante às buscas por materiais que pudessem conferir veracidade às cenas retratadas – uma preocupação constante na confecção das pinturas do Museu – são passíveis de serem acompanhados, e permitem, assim, elucidar os percursos de elaboração de cada pintura, dispostas, lado a lado, dentro do Salão de Honra.

Do "Brado" do Tribuno Paulista ao "Grito do Ipiranga"

As ideias de 1919 seriam, entretanto, relativamente abandonadas, fixando o "Sete de setembro", a partir da tela de Pedro Américo, o fim da narrativa. Taunay irá escolher

---

57. Carta de Oliveira Lima a Afonso Taunay, 21 de setembro [?] 1919, "a Imperatriz parece me merecer muito essa homenagem", APMP/FMP, Pasta A-137. A respeito das relações de Taunay com Oliveira Lima, cf. Cecília Helena de Salles Oliveira, *Oliveira Lima e o Debate Sobre a Construção da Nacionalidade*; André Heráclito do Rêgo; Lucia Bastos P. Neves e Lucia Maria Paschoal Guimarães (orgs.), *Oliveira Lima e a Longa História da Independência*, São Paulo, Alameda, 2021.
58. Cecília Helena de Salles Oliveira, *O "Espetáculo do Ypiranga": Mediações Entre História e Memória*. Tese de Livre--Docência, Museu Paulista da USP, 1999, p. 89.
59. São vários os estudos que apresentam leituras renovadas, ampliando as discussões, fugindo da reduzida discussão polarizada entre "colônia versus metrópole", quando se discute a Independência. Para um balanço, vide Wilma Peres Costa, "A Independência na Historiografia Brasileira", em István Jancsó (org.), *Independência: História e Historiografia*, São Paulo, Fapesp/Hucitec, 2005.
60. Termo utilizado pelo próprio Taunay, "Relatório Referente ao Anno de 1922, Apresentado a 23 de Janeiro de 1923, ao Excelentíssimo Senhor Secretário do Interior, Doutor Alarico Silveira, pelo Director, em Commisão, do Museu Paulista, Affonso d'Escragnolle Taunay", *Revista do Museu Paulista*, tomo XIV, 1926, p. 733.

para integrá-la episódios antecedentes ao "grito": *Sessão das Cortes de Lisboa – 9 de Maio de 1822* [Figura 2] quadro dedicado a uma das sessões das Cortes, convocadas entre os anos 1821 e 1822, em que deputados portugueses, mas também do "ultramar", como o do Brasil, foram convocados para participar dos debates que visavam as bases da Constituição portuguesa, cujo desafio era o de "construir a unidade de um vasto Império"[61]. As reuniões das Cortes, como afirma Márcia Berbel, podem ser entendidas como tentativas de manutenção da unidade das diversas partes do Império com a adoção de novos princípios legitimadores, sendo que, uma vez estes "baseados na defesa de uma nação soberana representada por deputados eleitos, destruíam a relação metrópole-colônia e inviabilizavam qualquer projeto para uma possível 'recolonização' durante os anos de 1821 e 1822"[62]. Na interpretação historiográfica seguida por Taunay, a qual a pintura de Pereira da Silva fazia relação imediata, enfatizava justamente a ideia de desejo de "recolonização" do Brasil perante os deputados portugueses que estiveram nas bancadas das Cortes.

Já o quadro *O Príncipe Regente D. Pedro e Jorge de Avilez a Bordo da Fragata União – 8 de Fevereiro de 1822* [Figura 1] refere-se à contenda entre Jorge de Avilez e o Príncipe Regente iniciada em janeiro de 1822, com a decisão de D. Pedro de permanecer no Brasil, contrariando as decisões das Cortes de Lisboa, desejosas de seu retorno. A preferência do Príncipe em ficar, ao invés de partir para a Europa, teria atemorizado o lado português e desencadeado uma série de conturbações na cidade do Rio de Janeiro, entre elas, o pedido de demissão do General Jorge de Avilez do posto do comando maior das tropas portuguesas, como uma oposição declarada à permanência do Príncipe no Brasil.

O episódio culminou na concentração de tropas aquarteladas no campo de Santana, em situação de um eminente confronto em que estiveram, em cada lado do *front*, as tropas da Divisão Auxiliadora portuguesas de um lado, e do outro, as milícias e tropas brasileiras do Rio de Janeiro, regimentos de Henriques e Pardos, além de uma população civil que incluía gente da elite, assim como negros, ou como resumiu Mello Moraes, "em sem-numero de cidadãos de todas as classes, cada qual armado como pôde, entrando neste número muitos eclesiásticos e até frades"[63]. De acordo com Iara Lis Schiavinatto, em contraponto a esta violência, D. Pedro com sua presença e apoiado pelas tropas, milí-

---

61. Márcia Regina Berbel, "Os Apelos Nacionais nas Cortes Constituintes de Lisboa (1821-1822)", em Jurandir Malerba (org.), *A Independência Brasileira: Novas Dimensões*, Rio de Janeiro, FGV, 2006. p. 182.
62. *Idem*, p. 183.
63. Discussão desenvolvida com vagar em Iara Lis Carvalho Souza, *Pátria Coroada: O Brasil como Corpo Político Autônomo 1780-1831*, São Paulo, Editora da Unesp, 1999.

cias e a população civil brasileiras, conseguiu a saída da Divisão Auxiliadora para a Praia Grande (atual Niterói, RJ) até a sua partida em definitivo para Portugal, quando seu deu a sua expulsão pelo Príncipe em 8 de fevereiro, episódio este, justamente, representado em tela por Oscar. O conhecido dia do "Fico", de 9 de janeiro de 1822, liga-se, portanto, diretamente aos desentendimentos do dia 8 de fevereiro, episódio narrado na pintura de Pereira da Silva, em que celebra a opção de D. Pedro pela "causa" brasileira[64].

Cercado do alto oficialato da Marinha e das tropas rebeldes portuguesas chefiadas pelo comandante português Jorge de Avilez, o Príncipe D. Pedro situa-se ao centro da composição, com uma das mãos próxima a um canhão e o braço direito em riste. O regente está trajado com o uniforme azul, diversas condecorações presas ao peito, espada embainhada e botas de cano alto nos pés. A cena se desenrola no interior de uma embarcação, como podem insinuar o leme, as cordas ao alto, mas também o mastro. O marujo em primeiro plano que sai da abertura e atinge o convés, com as cordas sobre os ombros, é a figura responsável para conduzir o nosso olhar para a cena principal. O recurso de eleição de uma personagem que introduz a cena no primeiro plano já havia sido utilizado por Pereira da Silva em outras de suas obras, como *Fundação de São Paulo*, e mesmo em uma posterior, *Amador Bueno* (1930), solução esta que também pode ser encontrada na tela *A Batalha do Avaí* (1877), de Pedro Américo[65].

À direita do Príncipe encontra-se José Bonifácio, vestido como um civil, distinguindo-se dos oficiais ali presentes com sua roupa preta, meias brancas, condecoração dourada no lado direito do peito, e a cartola envolta pelo braço esquerdo. A presença dessa figura no episódio histórico era motivo de debate. Autores como Oliveira Lima[66] a questionavam, colocando em xeque o suposto protagonismo, "mérito dos atos acertados e da orientação atilada do governo da regência [de D. Pedro] cabe todo e exclusivamente ao ministro paulista"[67]. Entretanto, é possível dizer que o artista escolhe inseri-la, possivelmente por sugestão do próprio Taunay, por aderir, com sua tela, à interpretação que dava destaque à presença dos irmãos Andradas nos momentos decisivos que antecederam o Sete de Setembro, reforçando a tese da importância desses

---

64. *Idem*, p. 138.
65. Cf. Lilia Moritz Schwarcz, Lucia Klück Stumpf e Carlos Lima Junior, *A Batalha do Avaí – A Beleza da Barbárie: A Guerra do Paraguai Pintada por Pedro Américo*, Rio de Janeiro, Sextante, 2013.
66. Oliveira Lima, *O Movimento da Independência, 1821-1822*, 6. ed. [1922], Rio de Janeiro, Topbooks, 1997, p. 217. Grifos meus.
67. *Idem*, p. 217.

personagens no movimento[68]. Antônio Carlos, no quadro *Sessão das Cortes de Lisboa*, também de Pereira da Silva, é destacado como personagem principal, como veremos à frente. Vale notar que os irmãos Andradas ganham destaque não só nesta tela, mas também em toda a decoração do Museu encomendada por Taunay, como é o caso de Martim Francisco e Antônio Carlos, que aparecem em retratos na escadaria.

A respeito do quadro de Oscar Pereira da Silva, explicaria o diretor sobre a importância dessa pintura no seu Relatório acerca do funcionamento do Museu do ano de 1922:

[...] [tratava-se da] conhecida scena da fragata União: a 8 de fevereiro de 1822. Recebe o Príncipe D. Pedro a bordo Jorge de Avilez e seu estado maior e intima ao General portuguez que siga immediatamente para a Europa com toda a tropa lusitana. Apontando para um canhão brada-lhe: Se não partirem logo faço-lhes fogo, e o primeiro tiro quem o dispara sou eu!

Nesta tela vêm-se numerosos Retratos. Ao principe cercam José Bonifácio, os marechaes Curado e Oliveira Alvares, ministro da guerra, os futuros marquezes de Queluz e da Praia Grande, o almirante De Lamare, diversos generaes conhecidos de terra e mar da época"[69].

Oscar Pereira da Silva parece ter solucionado o tema central de sua encomenda, a expulsão das tropas portuguesas por D. Pedro, posicionando a mão do príncipe sob a base do canhão, mas, sobretudo, pelo braço estendido como que a apontar firmemente para um ponto no horizonte. A posição do braço estendido, possivelmente, seja "o grande responsável pela capacidade afetiva da composição", o "código"[70] pelo qual o artista encontrou para que se pudesse acessar a mensagem principal transmitida pela sua pintura: a expulsão. Esse gesto ficou fixado nas pinturas de batalhas francesas do século XIX, sobretudo, nas muitas representações de Napoleão Bonaparte, seja naquelas em que o General está inserido em meio aos combatentes, montado a cavalo, ou mesmo, quando se estava apartado da peleja, em que sugere um pedido de ordem, de comando, transplantado por Pereira da Silva para a atitude análoga

---

68. Como ressalta Tatiana Vasconcelos, no livro, *Grandes Vultos da Independência*, publicado por Taunay em 1922: "No caso de José Bonifácio, podemos observar o deslocamento de sua posição na publicação se compararmos à sua posição no Salão de Honra, onde se encontra ao lado de D. Pedro I, junto (e em paralelo) a Ledo, Clemente Pereira e Diogo Feijó. A biografia de José Bonifácio é apresentada em 14 páginas, algumas páginas a mais que D. Pedro I (personagem principal). A forma como apresenta os personagens no texto, também é algo a se observar, pois enquanto no parágrafo final D. Pedro I é apresentado como um "homem absolutamente fora do comum", "mau grado os sérios defeitos do fundador do império brasileiro". Bonifácio é nomeado como "cidadão do mundo", (cf. Tatiana Vasconcelos).
69. Afonso Taunay, "Relatório Referente ao Anno de 1921", *Revista do Museu Paulista*, tomo XIII, 1922, p. 733.
70. Andre Chastel, *Le Geste dans l'Art*, Paris, Editions Liana Levi, 2001. p. 12.

do Príncipe D. Pedro, conferindo-lhe altivez[71]. Em outras representações de "cenas bélicas" podemos encontrar o mesmo recurso para sinalizar um pedido de ordem, como na tela *Le Siège de Yorktown* (1781), de Auguste Couder, pertencente à Galeria de Batalhas do Palácio de Versalhes. O mesmo ainda aparece em outra tela de autoria do próprio Pereira da Silva intitulada *Cena de Batalha do Sul do Brasil*, cuja datação é desconhecida.

Sejam aquelas remetidas por Pereira da Silva a Taunay ou vice-versa, as poucas cartas preservadas deixam transparecer a espera do artista pelas recomendações do Diretor antes de prosseguir com seus pincéis. Em carta datada de janeiro de 1920, Pereira da Silva pedia a Taunay que "enviasse pelo corrêo os costumes de vestimentas sobre à época de 1820 dos officiais e marinheiros, para que pudesse corrigir os croquis referentes a Pedro 1º sendo apenas isto, um trabalho de minha propriedade"[72]. Para sanar tais dúvidas, o Diretor, por sua vez, recorreu a Henrique Boiteux, Almirante da Marinha, residente no Rio de Janeiro, com o objetivo de se informar sobre os retratos dos indivíduos que estiveram naquela ocasião com o Príncipe, mas também, sobre o tipo de vestimentas, o nome e modelo da Fragata que abrigou o episódio histórico; dados certamente remetidos por Taunay a Oscar quando da confecção do quadro[73]. Pode-se, assim, especular se as feições dos almirantes foram realizadas a partir das estampas contidas nos livros de autoria do próprio Boiteux, intitulados *Os Nossos Almirantes* remetidos a Taunay em 1920, e ainda hoje preservados na Biblioteca do Museu Paulista, com anotações do próprio Diretor – bem como alguns dos primeiros números da *Revista da Liga Marítima*, pertencentes à Biblioteca da Marinha, no Rio de Janeiro.

Para representar o interior da *Fragata União*, Oscar Pereira da Silva pôde ter se inspirado em uma ilustração assinada pelo artista português Alfredo Roque Gameiro,

---

71. Levachez Charles François Gabriel (actif de 1789 à 1830), Vernet Antoine Charles Horace (1758-1836) (d'après), *Napoléon, Empereur des Français, roi d'Italie et Protecteur de la Confédération du Rhin*, Óleo sobre tela. 8 x 6,4 m, Musée de l'Armée, Paris; Robert Lefevre (1755-1830), Carle Vernet (1758-1836), Joseph Boze (1745-1825); *Le General Bonaparte et Son Chef d' État Major le General Berthier à la Bataille de Marengo*, 14 jun. 1800-1801, Óleo sobre tela, 2,89 x 2, 32 m, Musée de l' Armée, Paris.
72. Carta de Oscar Pereira da Silva a Afonso Taunay, 4 de janeiro de 1920, APMP/FMP, Série Correspondências, Pasta 110, SVDHICO-MP-USP.
73. Realizo uma análise com vagar deste quadro de Pereira da Silva em Carlos Lima Junior, "O Príncipe D. Pedro e Jorge de Avilez a Bordo da Fragata União, de Oscar Pereira da Silva: A Independência em Tons Belicosos", *Navigator*, Dossiê Interfaces da Arte no Universo da História Marítima e Militar: Estética, Linguagens e Representações, em Maraliz de Castro Vieira Christo (org.), vol. 15, n. 29, 2019, Rio de Janeiro.

cujo conteúdo retoma a passagem de "D. Miguel na presença de seu pae a bordo do Windsor Castle", incluído no livro *História de Portugal*, escrito por Manuel Pinheiro Chagas, e publicado em 1900[74]. A presença do bote ao fundo, em suspense, pendurado por dois acessórios, encontra alguma ressonância naquele localizado ao fundo da tela de Oscar, do qual se vê apenas a metade. Além do chão, formado por um tablado disposto em paralelo com as sombras das figuras espalhadas, as cordas que se estendem ao alto e os panos brancos torcidos dispostos na beira da embarcação são outros pontos de contato entre as representações de embarcação dos dois artistas. A insinuação de um mastro no canto extremo direito da ilustração de Roque Gameiro, um pouco reclinado para a direita, estabelece algum diálogo com aquele de tamanho superior, de posição análoga, que se impõe na tela do pintor brasileiro.

A escolha de Taunay resultou em celebrar a atitude "heroica" de D. Pedro, à sua escolha pela "causa do Brasil", revestindo o episódio com roupagens grandiloquentes – uma cena que permitiria remeter, dentro do enredo evolutivo proposto para o Salão de Honra, à imagem do príncipe D. Pedro, montado a cavalo, bradando "Independência ou Morte!" na tela de Pedro Américo situada à frente.

Entregue por Pereira da Silva em agosto de 1922[75], este quadro chegava ao Museu junto de outra pintura também de sua autoria, a respeito da atuação dos deputados brasileiros nas Sessões das Cortes de Lisboa [Figura 3], meses antes da Proclamação da Independência. Se no quadro sobre a expulsão das tropas portuguesas do Rio de Janeiro, o momento tenso dá-se pela contenção dos movimentos, com figuras um tanto estáticas, e apenas o braço do Príncipe que se impõe na horizontal, nessa tela, os braços ao alto buscam traduzir uma "agitadíssima sessão", em que o irmão de José Bonifácio, o paulista Antonio Carlos de Andrada e Silva, discute com o português Manuel Borges Carneiro, ambos situados em primeiro plano. Os demais deputados retratados, também eles com os braços elevados – gesto este cheio de arroubo que nos remete a uma aproximação possível com o *Le Serment du Jeu de Paume* (1791), de Jacques Louis-David[76] – acompanham aquele duelo de palavras que se desenrola

---

74. Esse livro é indicado na carta, citada mais a frente, em que Taunay explicita a Fiuza Guimarães as fontes para a confecção da tela Sessão das Cortes de Lisboa.
75. Carta de Afonso Taunay a Secretaria do interior informando a entrega da tela pelo artista, 22 de agosto de 1922, APMP/FMP, Série Correspondências, Pasta 117, SVDHICO-MP-USP.
76. Jacques-Louis David, *Le Serment du Jeu de Paume à Versailles le 20 juin 1789*, Châteaux de Versailles et de Trianon, Imagem disponível em: https://www.photo.rmn.fr/archive/01-004606-2C6NU0GRDZF2.html (Agence photographiques de la Réunion des Musées Nationaux – RMN – Grand Palais). Acesso em 17 out. 2022.

dentro daquele recinto, no qual avistamos o trono real posto em elevação, cujo acortinado oculta um possível retrato ali presente, como demonstraremos adiante. Nela ainda se vê, entre a bancada, Vergueiro, Feijó e Cipriano Barata, que de fato foram às Cortes, mas estavam ausentes naquela Sessão de 9 de maio, conforme consta no documento em que ficou registrado as discussões travadas no interior das Cortes daquele ano de 1822[77].

Sobre a tela, Afonso Taunay referiu-se apenas em seu Relatório à Secretaria do Interior do ano de 1922:

[...] representou o artista uma sessão agitada das Cortes. A de 9 de maio de 1822, em que o Antonio Carlos e os Deputados brasileiros fazem frente ao partido recolonizador que quer votar medidas oppressivas ao Brasil. Mais de oitenta figuras povoam o ambiente que reproduz a sala das sessões das Cortes segundo estampas do tempo.

No primeiro plano discutem [ilegível] o tribuno santista e Borges Carneiro. Simula o quadro o momento em que Antonio Carlos brada: Silêncio! aqui desta tribuna, até os reis tem que me ouvir![78]

Taunay, no pequeno excerto de seu Relatório citado acima, enfatizou a data da Sessão que a pintura de Pereira da Silva rememorava: 9 de maio de 1822. Foi nesta data que se deu a leitura, diante do plenário das Cortes, das importantes cartas redigidas pelo Príncipe D. Pedro ao seu pai, o rei D. João VI, relatando o "Fico", e inclusive pedindo ao Rei que "faça constar ás Cortes este mao modo de proceder" referindo-se à divisão auxiliadora chefiada por Avilez[79]. A pintura, neste sentido, faz referência imediata à tela alocada ao lado, dedicada aos desentendimentos com Jorge de Avilez, o "desobediente" comandante das tropas portuguesas, expulsas do Rio de Janeiro por ordens do Príncipe.

---

77. Refiro-me a obra: *Diário das Cortes, Geraes, Extraordinarias, e Constituintes da Nação Portugueza*. Segundo Anno da Legislatura, tomo sexto, Lisboa, Imprensa Nacional, 1822, exemplar consultado na Biblioteca Nacional de Lisboa (Portugal), Fg 4852-4862.
78. Afonso Taunay, "Relatório Referente ao Anno de 1922, Apresentado a 23 de Janeiro de 1923, ao Excelentíssimo Senhor Secretário do Interior, Doutor Alarico Silveira, pelo Director, em Commisão, do Museu Paulista, Affonso d'Escragnolle Taunay", *Revista do Museu Paulista*, tomo XIV, 1926, p. 735.
79. *Diario das Cortes Geraes, Extraordinarias, e Constituintes da Nação Portugueza*, Segundo Anno da Legislatura, Tomo VI, Lisboa, Na Imprensa Nacional, 1822, Biblioteca Nacional de Lisboa, Localização: Fg. 4852-4862. Para uma análise sobre o tema, cf. Márcia Regina Berbel, *A Nação como Artefato: Deputados do Brasil nas Cortes Portuguesas (1821-1822)*, São Paulo, Hucitec, 2010.

As discussões travadas entre Antonio Carlos e os deputados portugueses, na verdade, se deram em 22 de maio, quando ocorreu a votação de decretos referentes às relações comerciais e à interpretação de notícias que chegavam nas províncias do Brasil dando conta da separação. A pintura, neste sentido, como bem destacou Cecília Helena de Salles Oliveira, tinha por foco a (re)criação de episódios que materializassem um dos eixos interpretativos do processo de separação: o confronto entre colônia e metrópole[80].

Na carta remetida a Taunay por José Fiuza Guimarães, datada de 1925, que as matrizes visuais da pintura de Pereira da Silva foram todas explicitadas pelo Diretor[81]. Segundo Taunay "A documentação para o ambiente da sala da sessão das cortes obtive de uma estampa de Roque Gamei[r]o que se encontra num grande album publicado a pouco tempo de historia de Portugal"[82].

Taunay refere-se à estampa *As Cortes Constituintes de 1820*[83] [Figura 4], do artista português Alfredo Roque Gameiro[84], publicado em *Quadros da História de Portugal*, de 1917, pertencente à Biblioteca do Museu Paulista, com anotações do próprio diretor. Não sabemos ao certo se foi Oscar Pereira da Silva que comentou sobre a existência desta gravura a Taunay, ou se o contrário. De todo modo, é fato que Oscar se inspirou na obra de Gameiro para ambientar a Sala onde teria ocorrida a "agitadíssima sessão". Aproveitou, inclusive, a distribuição dos personagens sentados formando um círculo de frente à tribuna, mas também fez algumas alterações significativas, reelaborando e ressignificando a ilustração do artista português de acordo com as demandas de sua encomenda. Em Alfredo Roque Gameiro, a figura central que está em pé, que se sobressai no lado esquerdo da composição, aparece em Pereira da Silva do lado direito, invertida,

---

80. Devo a professora Dra. Cecília Helena Salles de Oliveira por ter me atentado a esses importantes dados sobre o "9 de maio de 1822" registrado no *Diário das Cortes de 1822*.
81. Fiuza fará uma pintura intitulada *O Primeiro Capítulo de Nossa História Parlamentar* para o Palácio Tiradentes, no Rio de Janeiro, claramente inspirado nessa pintura de Oscar Pereira da Silva (cf. Arthur Valle *Pintura Decorativa na 1ª República: Formas e Funções, 1920*, vol. 2, n. 4, out. 2007, Rio de Janeiro). Afonso Taunay foi consultado pela Câmara dos Deputados para o Projeto Iconográfico do Palácio Tiradentes, cf. Carta de Taunay a Arnolpho Azevedo, 21 de março de 1924, APMP|FMP, Série Correspondências, Pasta 121, SVDHICO-MP-USP.
82. Carta de José Fiuza Guimarães a Afonso Taunay. 16 de março de 1925, APMP|FMP, Série Correspondências, SVDHICO-MP-USP.
83. Alfredo Roque Gameiro, "As Côrtes Constituintes de 1820", em Chagas Franco e João Soares (coord.), *Prosa Original de Chagas Franco. Ilustrações de Roque Gameiro e Alberto de Sousa. Quadros da História de Portugal*, Lisboa, Edição da Papelaria Guedes, 1917, p. 124. No canto direito da página consta a seguinte informação "Ilustração de Roque Gameiro".
84. Cf. Carlos Lima Junior; Alfredo Roque Gameiro e Oscar Pereira da Silva: um possível diálogo entre artistas do velho e novo mundo, Arthur Valle (*et al.*). *Oitocentos: Intercâmbios Culturais entre Brasil e Portugal*, Rio de Janeiro, Seropédica, Editora da UFRJ, 2013, tomo III.

Figura 4. Alfredo Roque Gameiro, *As Côrtes Constituintes de 1820*, em Chagas Franco e João Soares (coord.), *Prosa Original de Chagas Franco. Ilustrações de Roque Gameiro e Alberto de Sousa. Quadros da História de Portugal*, Lisboa, Edição da Papelaria Guedes, 1917, p. 124.

ainda mais na vertical, inclinando-se para a frente, o que acentua a movimentação da personagem, transfigurada em Antônio Carlos de Andrada.

Sabe-se que era parte integrante da Sala onde ocorreram as Cortes, no Palácio das Necessidades, em Lisboa[85], um retrato de D. João VI, disposto acima do trono, de autoria de Domingos António Sequeira[86], apenas esboçado na gravura de Gameiro datada de 1917. Deste espaço, fechado ainda no século XIX, restou-nos um desenho, atribuído a Sequeira[87], dificilmente visto por Pereira da Silva, mas uma referência possível para

---

85. Manuel Côrte-Real, *O Palácio das Necessidades*, Lisboa, Ministério dos Negócios Estrangeiros, 1983.
86. *Retrato de D. João VI Apontando o Livro das Cortes com a Constituição de 1821*, 1821, Óleo sobre tela, 2, 27 x 1, 54. Depósito no Palácio da República, Lisboa, Portugal. (Simonetta Luz Afonso e Cátia Mourão, "Em Busca de uma Casa para as Cortes – Do Paço das Necessidades à Instalação no Mosteiro de São Bento da Saúde (1820-1828)", *Os Espaços do Parlamento: Da Livraria das Necessidades ao Andar Nobre do Palácio das Cortes (1821-1903)*, Lisboa, Assembleia da República, 2003. p. 24).
87. Vista do interior da Livraria do Convento das Necessidades, adaptada a Sala das Cortes Constituintes de 1821, N. Ass. [Domingos António de Sequeira], N. Dat. (c. 1821). Desenho a pena com tinta bistre e lápis de carvão sobre papel, 665 x 9, 52 mm, Gabinete de Desenhos – Museu Nacional de Arte Antiga.

Roque Gameiro. Curioso notar que se Roque Gameiro desvela o retrato de D. João VI, ainda que realizado um ano depois da reunião das Cortes de 1820, Pereira da Silva o oculta. Uma explicação possível estaria na especificidade, no sentido político-visual de cada obra. Na ilustração de Gameiro, as Cortes estão reunidas em 1820 contestando o poder absoluto do soberano. No caso de Pereira da Silva, os deputados brasileiros (paulistas em particular) se colocam contra as Cortes de 1822, são essas que "querem colocar medidas oppressivas ao Brasil". A ameaça, portanto, não era mais o rei.

Os limites do formato do quadro, de mesma dimensão daquele que com o qual faria o *pendant*, sobre a expulsão das tropas portuguesas do Rio de Janeiro, impunham a Oscar o desafio de se compor a cena histórica dentro de um espaço na vertical, ao contrário de Gameiro em sua ilustração, que resolveu o assunto na horizontalidade. Tal escolha possui algum ponto de contato com a tela *Compromisso Constitucional*, de Aurélio de Figueiredo, datada de 1896. O irmão de Pedro Américo organiza a cena histórica em um quadro também na vertical, em que apenas um canto de um espaço suntuoso da arquitetura interna é apresentado. Outra aproximação possível seria ainda com *Séance d'ouverture des États-Généraux, 5 mai 1789* (1839), de Louis Charles Auguste Couder[88], pintura pensada especificamente para a *Salle des États-Généraux*, do Palácio de Versalhes. Podemos supor que a ideia da tela de Pereira da Silva para o Salão de Honra do Museu tenha sido inspirada nessa pintura, já que nela se representa um dos episódios dos Estados Gerais durante a Revolução Francesa de 1789, uma reunião de deputados tida por determinante nos destinos da nação francesa.

Ainda que ausente dos Planos do Diretor, a pintura de Pereira da Silva foi entregue e corroborava, visualmente, o discurso presente na historiografia do século XIX e inícios do XX, em que um suposto desejo de "recolonização" do Brasil pelas Cortes de Lisboa encontrava abrigo. Tal noção explicava a Independência do Brasil como reação dos brasileiros a um inimigo comum externo – Portugal[89]. Assim, é significativa a escolha do episódio da Sessão das Cortes para ser representado em tela, tendo em vista o Projeto de Taunay como um todo para o Museu apresentado em 1922. Do *hall* de entrada ao Salão de Honra, o que se pôs em evidência foi a atuação e protagonismo dos

---

88. Louis Charles Auguste Couder, *Séance d'Ouverture de l'Assemblée des États Généraux, 5 mai 1789*, Óleo sobre tela, 4m x 7, 15 m. Châteaux de Versailles et de Trianon, Imagem disponível em: https://www.photo.rmn.fr/archive/89-000715-02-2C6NU0NZ6J06.html (Agence photographiques de la Réunion des Musées Nationaux – RMN – Grand Palais). Acesso em 17 out. 2022.
89. Antonio Penalves Rocha, *A Recolonização do Brasil pelas Cortes: Uma Invenção Historiográfica*, São Paulo, Editora da Unesp, 2008. pp. 9-12.

paulistas ao longo da história do país. Dentro dessa chave interpretativa, se nos tempos da Colônia os bandeirantes desbravaram os sertões e foram os responsáveis pela expansão e povoamento do território, no processo de Independência novamente os "bravos paulistas" teriam papel decisivo, pois seriam aqueles que diante dos deputados portugueses lutaram pela não "recolonização" do Brasil.

As telas *Sessão das Cortes de Lisboa* e *O Príncipe D. Pedro e Jorge de Avilez a Bordo da Fragata União*, quando situadas no âmbito da pintura histórica, parecem reafirmar aqueles pressupostos tidos por constitutivos da composição de quadros históricos dentro da tradição acadêmica, a saber: o caráter narrativo, o tom edificante e celebrativo, os personagens em diferentes posições, os gestos cheios de arroubos, além de se precisar o tempo, o espaço e a ação a qual as cenas retratadas se remetem diretamente[90]. A presença do "herói" concentra a força da narrativa em ambas as telas. Nas duas, as personagens heroicas estão ao centro, de onde emana todo o discurso visual. Quando da produção das telas, Pereira da Silva parece estar atento às imposições que *Independência ou Morte!*, de Pedro Américo, realizada 64 anos antes, demandavam em termos compositivos, àquelas, de dimensões bem menores, que deveria produzir para o mesmo espaço do Museu.

Além da consciência da importância dos dados históricos na construção das cenas estava também atento aos pressupostos próprios da pintura de história, e sua tradição. Em ambos os quadros, as figuras convergem para a ação do personagem principal, referendada no tempo e no espaço, onde as pequenas partes se conjugam ao todo, criando, em cada uma delas, uma só visualidade de fácil identificação. Os episódios históricos são retratados de "modo edificante, de cunho moralizante, atentos à dimensão de instrução para aquele que o[s] observaria"[91]. Se em Sessão das Cortes, Pereira da Silva confere agitação a cena, ele o faz de modo que se permite realçar o personagem principal, já na tela da Expulsão das tropas de Avilez, o príncipe preserva a centralidade do herói, como na tela de Américo à frente. Nessas telas, Taunay objetivava ilustrar os eventos do passado, mas também, engrandecê-los.

A tela *Independência ou Morte!* (1888), de Pedro Américo, seria então tomada como o ponto culminante da emergência da nação e da narrativa da Independência ali propostas. Destacar os feitos da Bahia na Guerra, e sua vitória no 2 de julho de 1823, como proposto em 1919, poderia eclipsar o "Sete de Setembro de 1822", e todo o discurso sim-

---

90. Jorge Coli, "Introdução à Pintura de História", em Maraliz de Castro Vieira Christo (org.), *Dossiê Pintura de História*, Anais do Museu Histórico Nacional, vol. 39, 2007, p. 51.
91. Pierre Sérié, "Qu'est-ce Que la Peinture d'Histoire?", *La Peinture d'Histoire en France: 1860-1900*, Paris, Arthena, 2014, p. 22.

bólico que atrelava essa data ao lugar do "grito", ocorrido nas imediações das margens do riacho do Ipiranga, portanto, em terras paulistas – local em que o Museu estava situado. Elas integravam, dentro do Salão, uma narrativa linear, evolutiva, que desembocaria no "Sete de Setembro de 1822", representado ali pela tela de Pedro Américo que se impunha pelo assunto, mas também, pelas significativas dimensões. Na configuração do memorial apresentado (parcialmente completo) em 1922, a Independência teria, portanto, São Paulo como cenário, e os paulistas como seus protagonistas, imortalizados nas pinturas que celebrariam seus atos tidos por heroicos na conquista pela separação de Portugal.

CAPÍTULO VII

Do Reino Unido ao Império
Memórias, Narrativas e Prismas[1]

WILMA PERES COSTA

EM DEZEMBRO DE 1909, o cronista João do Rio comentava, na Gazeta de Notícias, que a visita à Igreja e Convento de São Vicente de Fora, em Lisboa, havia se tornado um programa mandatório para os brasileiros que faziam o circuito turístico da Europa. O programa tornava-se *"mais obrigatório que os museus e tão importante como ir à Batalha e passear no claustro dos Jerônimos"*, pois os viajantes desejavam visitar o Mausoléu onde D. Pedro II dormia o sono eterno, além de estarem atraídos por uma tragédia recente: o atentado que custara a vida do ocupante do trono português e de seu herdeiro, em 01 de fevereiro de 1908. "S. Vicente, meu caro está agora na moda, está de novo em moda, o que não lhe acontecia desde D. Luiz e a sua morte. Não há quem não queira ver os corpos de D. Carlos e do pobre príncipe herdeiro, tão estupidamente assassinados..."[2]

O engenheiro Afonso d'Escragnolle Taunay e sua esposa Sara Souza Queiroz cumpriram esse ritual no início de uma longa estadia na Europa, entre 1909 e 1910. Dessa estadia ele nos deixou um detalhado relato, que traz indícios do contexto em que foi engendrado o seu célebre trabalho *A Missão Artística de 1816*[3], marco de sua formação como historiador. Sobre sua passagem por S. Vicente de Fora, Afonso registrou os

---

1. Esse artigo é parte de pesquisa em andamento, financiada com Auxílio Fapesp (Processo 2019/02230-0) e Bolsa de Produtividade do CNPq.
2. Paulo Barreto (João do Rio) fez a viagem a Europa no final de 1908. A referida crônica está na edição de 22 de dezembro de 1909. D. Luiz I reinou de 1861 a 1889 e foi o antecessor de D. Carlos, morto no atentado.
3. O relato de viagem de Afonso Taunay à Europa integra os documentos reunidos na Coleção Taunay do Museu Paulista. Um trabalho com a transcrição do relato de viagem, notas explicativas e ensaios de interpretação foi preparado sob a organização de Carlos Lima Junior e Wilma Peres Costa e está presentemente no prelo. O ensaio referido é Afonso d'Escragnolle Taunay, "A Missão Artística de 1816", RIHGB LXXIV, 1911-1. Todas as citações desse texto referem-se à essa edição. Há outra edição, de 1956, aumentada e modificada.

diferentes modos de exposição dos esquifes dos soberanos. O do Imperador D. Pedro I pareceu-lhe bem localizado, com seu cetro e coroa, e *"numa posição com destaque, entre os seus"*, D. João VI e de D. Carlota Joaquina, *"de memória pouco augusta"*. Já a impressão causada pelo esquife de D. Pedro II, falecido em 1891, e colocado próximo a D. Luiz (falecido em 1889) foi de vivo desagrado.

> O primeiro (D. Luiz) está horrível com a cara cheia de cogumelos brancos, um rito hediondo; verdadeiramente repugnante o pobre soberano. Vi depois o pobre D. Pedro II, sumido, encolhido, com a barba verde, tão desagradável de se ver que não me quis demorar na contemplação de seus restos. Pobrezinho! Vê-se distintamente o saco de terra brasileira que lhe puseram sob a cabeça.

O viajante pondera que seria melhor proibirem as visitas ao lugar, já que a atmosfera de violência política que avassalava Portugal poderia expor o jazigo bragantino a atos de vandalismo, lembrando ainda o ocorrido com os despojos reais da Abadia de Saint Denis, durante a Revolução Francesa. Antes de deixar o local, Afonso nota, nas paredes do claustro de S. Vicente, registros da passagem de vários nomes de brasileiros seus conhecidos (como Batista Pereira e Adelmar) e pondera que o "governo brasileiro bem devia transportar para o Brasil o resto do grande imperador"[4].

A referência a esse lugar de memória significativo da tradição monárquica e (agora) da violência republicana foi seguida de breve visita feita à família de Carlos Eugênio Correia da Silva, Conde de Paço d'Arcos, então já falecido. O Conde fora o primeiro representante diplomático português no Brasil, no período republicano, permanecendo no cargo entre 1891 e 1893, no período mais agitado do Governo Floriano Peixoto, quando, em meio aos conflitos da Revolta da Armada e da Revolução Federalista, haviam sido rompidas as relações entre o Brasil e Portugal[5]. Poucos anos depois, em 1897, um atentado à vida do Presidente da República Prudente de Morais, atribuído a florianistas fanáticos, acabaria por atingir mortalmente o ministro da Guerra, Marechal Bittencourt, no trapiche do Arsenal da Marinha[6].

---

4. Registro realizado no dia 09 de junho de 1909, *Caderno de Viagem à Europa*, Coleção Taunay do Museu Paulista. Em 1921, o Estado Brasileiro repatriou os restos mortais de D. Pedro II e da Imperatriz D. Thereza Christina, no contexto das comemorações do primeiro centenário da Independência.
5. Ver Henrique Correia da Silva, *Missão Diplomática do Conde de Paço d'Arcos no Brasil, 1891 a 1893: Notas e Relatórios – Interesses Portugueses*, Lisboa, s. ed., 1974.
6. Sobre o período, ver Suely Robles R. Queiroz, *Os Radicais da República*, Rio de Janeiro, Letra Viva, 1986.

Para tentar compreender o significado dos gestos do jovem Afonso em sua rápida peregrinação por Lisboa, vale lembrar que se completava, em 1909, uma década da morte de Alfredo Taunay (Visconde de Taunay), pai de Afonso e ardente monarquista. O jovem Afonso, quando estudante da Escola Politécnica no Rio de Janeiro, participara com seus colegas de manifestações de simpatia ao Marechal Floriano Peixoto, por ocasião de seu funeral (1895), atitude que havia sido objeto de severa e sentida admoestação do pai, conforme atesta o diário do Visconde e carta enviada ao filho[7]. Após a morte do pai, em 1899, Afonso havia vindo para São Paulo, apoiado nos tios da linhagem materna e integrara-se à emergente Escola Politécnica, fundada em 1893, rede de sociabilidade que certamente favoreceu seu casamento no interior de uma das mais tradicionais famílias paulistas, os Souza Queiroz, egressa da riqueza cafeeira e profundamente envolvida na política republicana.

Tornado arrimo de família ainda muito jovem, Afonso Taunay teria os escritos do pai, muitos dos quais inéditos, como o seu único legado, pois a tormenta republicana levara a fortuna familiar. Sobre essa mina generosa ele iria operar ingente trabalho de escavação, burilando e publicando esses escritos, em profícuo trabalho de editor. Parte dessa tarefa começara já em 1908, precisamente no plano da edição das escritas memorialísticas permitidas[8], já que os cadernos de memórias do pai haviam sido confiados à Arca do Sigilo do IHGB para serem abertos apenas após 50 anos após sua morte.

Um caudal de memórias pessoais e coletivas escorre desse breve relato, assinalando o distanciamento de Afonso, agora com 32 anos e casado no interior de uma próspera família paulista, daqueles arroubos juvenis. Talentoso e bem formado, embora sem fortuna de raiz, Afonso Taunay expiava talvez o desgosto então causado ao pai ao mesmo tempo em que embutia, na viagem que se iniciava, os degraus de um novo caminho. A viagem que se iniciava guardava também um sentido de missão, seguindo, ainda nesse particular, os passos paternos: o projeto acalentado pelo Visconde de Taunay de escrever um texto resgatando a memória do avô, o pintor Nicolau Antoine Taunay (1755-1830), que viera da França para o Brasil em 1816, com a esposa, um irmão e cinco filhos, enraizando no país uma linhagem de letrados e artistas. Alguns traços iniciais desse projeto estão indicados nos últimos textos publicados pelo Visconde na revista do IHGB, em 1891, dedicado ao Imperador D. Pedro II e designado por ele como um

---

7. Myriam Ellis e Rosemarie E. Horch, *Affonso d'Escragnolle Taunay no Centenário de Seu Nascimento*, São Paulo, Conselho Estadual de Cultura, 1977, p. 13 e seguintes.
8. Ver, por exemplo, Visconde Taunay, *Reminiscências*, Rio de Janeiro, Ed. Francisco Alves, 1908.

"estudo histórico", onde afirma o propósito de elaborar uma pesquisa sobre o avô Nicolau Antoine Taunay, para o qual existiriam já anotações[9]. O referido estudo histórico se desenvolve através de uma polifonia de temas, dos quais o principal é a busca pelo lugar condigno para o descanso eterno de um ente querido: seu tio Adrien Taunay (1803-1828) filho mais jovem de Nicolau Antoine, morto afogado no Rio Guaporé quando participava da Expedição Langsdorff[10].

A referência ao estudo se faz necessária aqui, não apenas pela presença também de um morto ilustre e "insepulto", mas também por que Afonso Taunay o apresentará como fonte importante no referido artigo sobre a missão artística francesa que publicará em 1911, franqueando a ele as portas do IHGB. Entre o texto do pai e do filho há, porém, uma distinção notória. O "estudo histórico" do Visconde (último texto dele publicado na Revista do IHGB) gira em torno da tragédia ocorrida com o jovem Adriano na distante fronteira do Mato Grosso, tendo algumas observações laterais sobre a vinda da família para o Brasil, enquanto que, no estudo de Afonso Taunay, o eixo central é a figura do patriarca Nicolau Antoine Taunay, que ele chama sistematicamente de avô. Vale notar que a sobreposição do avô e do bisavô talvez não seja aí mero acaso, ou cacoete da linguagem familiar, pois o verdadeiro avô de Afonso era Félix Émile Taunay, também pintor e diretor da Real Academia de Belas Artes durante o segundo Reinado, tendo sido também professor, preceptor e amigo dileto de D. Pedro II. Desenha-se aí uma linhagem de artistas, cujo enraizamento se confunde com a própria história da formação da nacionalidade brasileira.

Na viagem, Afonso iria se reconectar ao ramo francês da parentela Taunay, renovando visita realizada pelo Visconde de Taunay e a esposa Christina Teixeira Leite em 1878, além de desenvolver pesquisas sistemáticas nas bibliotecas e museus franceses. O primo Victor Taunay (1852-1926), que o ajudou nessa tarefa, lembrava-se com carinho

---

9. Visconde Taunay, "A Cidade do Matto Grosso..., Villa Bella, o Rio Guaporé e a Sua Mais Ilustre Vítima (Estudo Histórico)", *Revista do IHGB*, tomo LIV, pp. 1-105. Sobre esse estudo histórico ver W. P. Costa, "Escavando Ruínas: Memória, Fronteira e Escrita da História na Narrativa de Alfredo Taunay", *História da Historiografia: International Journal of Theory and History of Historiography*, Ouro Preto, vol. 9, n. 22, pp. 14-41, 2017.
10. A expedição chefiada pelo Barão Georg Heinrich von Langsdorff percorreu vasta porção do território brasileiro entre 1825 e 1829, sob os auspícios do Czar da Rússia. Dela participaram eminentes cientistas como o alemão Luiz Riedel (1790-1861) e desenhistas, como o francês Hercule Florence (1804-1879) e o próprio Adrien Taunay. Ver D. G.B. Silva e B.N. Komissarov *et al.*, (eds.), *Os Diários de Langsdorff* [online], Campinas, Associação Internacional de Estudos Langsdorff, RJ, Fiocruz, 1997. Sobre Adrien Taunay, ver Maria de Fátima Costa, "Aimé-Adrien Taunay: um Artista Romântico no Interior de uma Expedição Científica", *Fênix, Revista de História e Estudos Culturais*, ano IV, n. 4, vol. 4, out./nov./dez. 2007.

da visita dos tios e facultou a Afonso a consulta aos papéis familiares, além de alimentar afetuosas conversas com um repertório de lembranças. Victor era filho do segundo dos irmãos Taunay que haviam ido ao Brasil em 1816 – Hippolyte Taunay (1793-1864) – que retornara à França antes do patriarca, possivelmente em 1818. Hippolyte havia se aproximado, no Brasil, do viajante e estudioso Ferdinand Denis (1787-1890), que esteve no país entre 1816 e 1821, e veio a se tornar um importante pesquisador e prolífico divulgador dos assuntos brasileiros na França. Hippolyte e Ferdinand Denis, associando texto e imagem, produziram nesse livro uma das primeiras visualizações do Brasil no momento da proclamação da Independência, bem antes que o Império fosse reconhecido pelas nações europeias[11].

Uma Sólida e Duradoura Ancoragem Historiográfica

Os fios que recompõem essa remota teia familiar servem assim para pontuar a marca confessional e afetiva que impregnou a escrita da história na transição entre a monarquia e a República, que teve eminentes cultores entre os letrados do período, como o célebre um *Estadista do Império*, de Joaquim Nabuco, matriz de tantas imitações[12]. Esse estilo de escrita pautava-se pela ideia do *dever da memória*, seja como registro, que preserva do esquecimento, seja como forma de fazer justiça a vultos ou personagens do passado, no qual está frequentemente imbricada também uma marca projetiva.

Essa marca reponta também na historiografia profissional, que se inaugura com o potente estudo de Manoel de Oliveira Lima, D. *João VI no Brasil*, publicado em 1908. O historiador brasileiro de formação universitária europeia, exercita seu ofício de modo metódico e disciplinado, mas tem sido muito bem observado que Oliveira Lima, apelidado "D. Quixote Gordo", tinha mais do que a corpulência em comum com o monarca biografado, que vinha sendo tratado na historiografia portuguesa, de cariz republicano, como um rei glutão e acovardado, em fuga dos exércitos napole-

---

11. Hippolyte Taunay, *Le Brésil, ou Histoire, Moeurs, Usages et Coutumes des Habitants de ce Royaume*, Paris, Nepveu, Passage dos Panoramas, 1822, (6 vols.).
12. Ver sobre o tema A. Alonso, "Arrivistas e Decadentes. O Debate Político-intelectual Brasileiro na Primeira Década Republicana", *Novos Estudos Cebrap*, vol. 85, pp. 131-148, 2009 e Ângela de C. Gomes, *Rascunhos de História Imediata: De Monarquias e Republicanos em um Triângulo de Cartas. Remate de Males*, Campinas, São Paulo, vol. 24, n. 2, pp. 9-31, 2012.

ônicos[13]. Ele havia feito sua formação universitária como historiador nas academias portuguesas e passado também essa experiência do *depaysement* na travessia entre dois mundos, tirando dela partido ao apurar, na difração desses prismas, a sagacidade política. Através dela, o monarca tentara salvar um império nos dois continentes, sendo também retratado em sua capacidade como administrador e na sua proteção às ciências e às artes, consolidando uma capitalidade no Rio de Janeiro, centro político que viabilizaria a unidade do futuro império. Renovando a visão estabelecida por Varnhagen com novos prismas, Oliveira Lima viu na migração da corte a cristalização de uma ideia de nação que se prefigurava no processo civilizatório da colonização, viabilizando uma ruptura sem traumas, o "desquite amigável" que ele soube reconstruir na ação concertada de seus grandes personagens. Procurando dar nova roupagem à personagem do monarca, tratado de forma deformada e caricatural na historiografia portuguesa da época, Oliveira Lima opera, assim, uma *reparação*, ao fazer para com ele, obra de justiça[14].

O lastro oferecido pela obra de Oliveira Lima ao trabalho de Afonso Taunay[15] aparece já nos primeiros parágrafos do estudo sobre a Missão Artística de 1816, trazendo junto referência à ideia de *justiça* e *reparação*.

> [...] Sr. Oliveira Lima, que com tanta superioridade de vistas, retidão de juízo e abundância de documentação, estudou o período a que nos referimos; eminente obra de justiça levou a cabo o ilustre escritor sem contar a grande e preciosíssima contribuição que o seu livro veio trazer à nossa literatura histórica[16].

A proximidade entre os dois historiadores foi longa e frutífera, materializando-se de modo eloquente na narrativa visual que veio a ser elaborada para o Museu do Ipi-

---

13. Tereza Malatian, "A Consagração de Uma Realidade: a Mudança da Corte de D. João Para o Brasil e a Fundação de Um Império no Novo Mundo", em André Heráclio Rego *et al.*; Lucia Bastos P. Neves e Lucia M. P. Guimarães, *Oliveira Lima e a Longa História da Independência*, São Paulo, Alameda Editorial, 2021, pp. 59-81.

14. Lucia Maria P. Guimarães, "A Transferência da Corte Portuguesa para o Brasil: Interpretações e Linhagens Historiográficas", RIHGB, v. 436, pp. 15-28, maio/jun. 2007, Rio de Janeiro; Ismênia Martins e Márcia Motta, *1808, A Corte no Brasil*, RJ-EDUFF, 2010; e T. Malatian, "A Consagração de Uma Realidade: a mudança da Corte de D. João Para o Brasil e a Fundação de Um Império no Novo Mundo", em André Heráclio Rego *et al.*

15. Karina Anhezini, "Museu Paulista e Trocas Intelectuais na Escrita da História de Afonso de Taunay", *Anais do Museu Paulista: História e Cultura Material*, São Paulo, Museu Paulista da USP, Nova série, vol. 10, n. 1, pp. 37-60, 2003; Ângela de Castro Gomes, "Sobre a Interpretação Conciliadora que Sustenta a Decoração Interna do Museu Paulista", em: Cecília Helena de Salles Oliveira, *O Espetáculo do Ypiranga: Mediações Entre História e Memória*, Tese de Livre-Docência, São Paulo, Museu Paulista, 2000.

16. Afonso Taunay, *A Missão Artística...*, p. 5.

ranga por ocasião do primeiro centenário da independência do Brasil, e que permitiu também ao diretor Afonso Taunay inserir sua própria linhagem na cenografia que lá instituiu sobre o nascimento da nação[17].

Na polifonia dos temas coevos à revisão historiográfica que então se fazia do período joanino, é possível perceber as variações em torno daquele que veio a ser muito enfatizado nas críticas que tem sido feitas à narrativa de Afonso Taunay sobre a Missão Francesa: teria sido a vinda dos artistas resultado de um convite, feito por D. João, através do Conde da Barca, ou se trataria de uma fuga dos artistas que haviam servido à Napoleão, e estavam sendo perseguidos na França pelas forças reacionárias da Restauração?[18]

Vale pontuar que essa dubiedade (fuga ou convite?) encontra alguma correspondência com aquela que cercava o movimento de D. João – fuga ou estratégia? No outro extremo do período, o rei D. João, que retornava em 1821, deixava preparado o caminho da Independência, como o velho pintor que, ao retornar à França, no mesmo ano, deixava no Brasil quatro dos seus filhos, na força da sua juventude, para inserir-se no projeto de construção de um Império nos trópicos[19].

O texto sobre a Missão Artística de 1816, com que Afonso Taunay inaugura sua obra como historiador, é filho das inquietações de seu tempo e lugar. Ao relê-lo a partir dos bastidores de sua escrita, parece-nos claro que a ideia de *missão* que o impregna está menos ligada à acepção religiosa do termo, ou mesmo do conteúdo hagiográfico que ele contém, do que ao sentido de reparação e de dever moral. Se o objeto remoto dessa reparação é o pintor Nicolau, a referência mais próxima é a do pai e a cerimônia deverá ocorrer nesse lugar de consagração dos historiadores, o Instituto Histórico e Geográfico Brasileiro, no

---

17. Cecilia Helena de Salles Oliveira, "Oliveira Lima e o Debate Sobre a Construção da Nacionalidade", em Heráclio Rego *et al.*, pp. 235-267.
18. Ver Lilia Moritz Schwarcz, *O Sol do Brasil – Nicolas-Antoine Taunay e as Desventuras dos Artistas Franceses na Corte de D. João*, São Paulo, Companhia das Letras, 2008; Elaine Dias, "Correspondências entre Joachim Le Breton e a Corte Portuguesa na Europa. O Nascimento da Missão Artística de 1816", *Anais do Museu Paulista*. São Paulo, vol. 14, n. 2, pp. 301-313, jul.-dez. 2006. Para um panorama recente da discussão ver o dossiê do n. 10 da *Revista Eletrônica Brésil(s)*, "Les Artistes de D. João: Des Français à Rio de Janeiro en 1816", sob a direção de Lilia Moritz Schwarcz e Ana Paula Simioni, 2016.
19. No caso de D. João a ambiguidade estava inscrita no modo como foram registrados os acontecimentos logo após a instalação da corte no Rio de Janeiro. Os primeiros Almanaques publicados no Rio de Janeiro, apontavam já os indícios de uma versão sendo instituída. No exemplar de 1816 nota-se a inversão da cronologia, colocando-se a "restauração de Portugal, vencido o Exército Francês", antes da vinda da corte portuguesa para a América, Almanaque do Rio de Janeiro para o ano de 1816, Rio de Janeiro, Impressão Régia, 1816. Ver João Paulo Pimenta e Wilma Peres Costa. "As Revoluções de Independência Como Revoluções do Tempo", *Almanaques, Calendários e Cronologias no Brasil do Século XIX*, vol. 27, n. 1, pp. 51-70, jan.-abr., 2021, Niterói.

qual Afonso ingressaria, em 1912, ao mesmo tempo em que, por seu intermédio, o pai a ele voltava a se integrar, em efígie, por sua inconformidade com a adesão do Instituto à República[20]. Mais uma reparação. Nesse aspecto, a missão foi real, e foi plenamente cumprida.

Um Palimpsesto e Suas Camadas

Relendo hoje a historiografia das primeiras décadas do século XX, quando se elaborou a comemoração do primeiro centenário da independência do Brasil, podemos percebê-la como expressão de um tempo de rupturas, tempo que deixou feridas abertas, ruínas visíveis, cadáveres insepultos e entrever nos pequenos gestos, como o de inscrever o nome no mausoléu dos Bragança, os complexos esforços daqueles filhos das elites em vilegiatura europeia, para elaborar a identidade de sua própria geração. Travessias entre margens, tempos propícios à história, como dissera Chateaubriand, sobre seu próprio tempo, aqui foram mais amenos para as elites, que nada cederam, mas que precisavam justificar seu lugar de poder e cicatrizar feridas.

Ao revisitar essa temática às vésperas do bicentenário da independência do Brasil, provoca-nos a tratar esses textos como palimpsestos, de cuja raspagem emergem outras escritas e algumas coisas não ditas. Desse exercício, talvez possamos experimentar a distância que temos daquelas pautas e, ao mesmo tempo a permanência que continua a nos interrogar sobre os caminhos imbricados da história e da memória, embora sejam outros os personagens em busca de visibilidade e de reparação.

Mas fiquemos, no momento, nas escritas que espiam pelas frestas do célebre artigo sobre a Missão Artística Francesa, sendo a mais evidente, como dissemos "estudo histórico" de 1891, na Revista do Instituto Histórico e Geográfico do Rio de Janeiro, pelo Visconde de Taunay. Esse estudo exercitava também a ideia de mesclar a saga familiar com a construção da nacionalidade, mas fazia-o em modulação de réquiem, pois tratava de uma tragédia – a morte do jovem pintor Adrien Taunay, que se afogara no Rio Guaporé, com a idade de 28 anos, que é tratada como uma metáfora da própria nacionalidade, que perece sem conhecer a maturidade, em uma cidade do Mato Grosso, em ruínas. A estratégia narrativa possibilitava ao Visconde de Taunay inserir a linhagem familiar no repertório temático do Instituto – unindo a tragédia

---

20. Karina Anhenzini, "Comemoração, Memória e Escrita da História: o Ingresso de Afonso de Taunay no IHGB e a Reintegração do Pai", *Anais do XXVI Simpósio Nacional de História* – ANPUH, São Paulo, jul. 2011.

do jovem Adrien, no Mato Grosso, à sua própria, Visconde de Taunay, na Guerra do Paraguai, nessa inóspita fronteira oeste, lugar de esperança e ruína da nacionalidade. Aqui a morada da família, a casa no sítio da Cascatinha da Tijuca, é descrita de forma nostálgica, "envolta em brumas", onde o jovem é chorado, em versos, pelos irmãos inconsoláveis.

Segundo o Visconde de Taunay, a vinda do patriarca e da família para a América devia-se aos desgostos vividos pelo pintor que não via futuro para os seus, pelo risco do "desmembramento da França"[21], emprestando ao ato um claro sentido de exílio, pela percepção da iminência de uma tragédia nacional, tópica muito mais próxima do discurso monárquico frente ao regime republicano, no Brasil, do que da França da Restauração.

Como é comum nas memórias familiares, as gerações sucessivas reelaboram de forma diferente as narrativas compartilhadas, dentre elas o tema das razões da vinda da família Taunay para o Brasil e a instalação na propriedade rural da Tijuca. Na narrativa de Afonso, as explicações da vinda de Nicolau para a América, em 1816, indicam que o pintor teria tido uma vida abastada e confortável graças à fortuna da esposa, pudera desenvolver um cuidado com a educação aprimorada dos filhos, sendo surpreendido pelo desastre econômico e a perda da fortuna nos "descalabros financeiros" da revolução francesa, traços muito próximos daqueles vividos pelo Visconde de Taunay, na passagem da monarquia para a República: "Mal inspirado, colocara grande parte dos haveres em títulos, liquidara estes papéis ao vê-los muito desvalorizados, receando um *crack* igual ao da Revolução, e com esta medida precipitada, tivera não pequenos prejuízos..."[22].

Ambos os textos sublinham, na diacronia, a ideia de uma *linhagem de artistas*. No Visconde Taunay, ela permite reverenciar o malogrado pintor Adrien Aimé Taunay como metáfora da nacionalidade, entretecendo com essa história a sua própria biografia e a memória da Guerra do Paraguai. Em Afonso Taunay, a saga familiar construída em torno do pintor Nicolau e no legado deixado ao filho Félix, a linhagem construída através das artes permite favorecer o protagonismo do avô como Diretor da Academia Imperial de Belas Artes e, finalmente, o seu próprio papel no campo da curadoria artística, papel que ele já possivelmente ambicionava e que vai se realizar em 1917, no Museu Paulista.

---

21. Alfredo Taunay, "A Cidade do Matto Grosso, Villa Bella, o Rio Guaporé e Sua Mais Ilustre Vítima", RIHGB LIV, 1891.
22. Alfredo Taunay (Visconde de Taunay), "A Cidade de Matto Grosso...", p. 97.

Para ultrapassar o reconhecimento das semelhanças e diferenças entre pais e filhos nos velhos álbuns de família, os historiadores da arte têm se dedicado com brilho à crítica sistemática da narrativa de Afonso, com o objetivo de compreender o complexo processo de institucionalização da arte acadêmica no Brasil do século XIX. No interior dos novos olhares produzidos pela pesquisa e refinada argumentação menciono aqui dois pontos, ressaltados pelo historiador Luciano Migliaccio, porque eles nos oferecem alguns fios que podem nos guiar no labirinto das memórias familiares e das ilusões biográficas, abrindo caminhos para compreender as escolhas que se colocaram para os integrantes da colônia francesa na conjuntura da independência do Brasil e nos complexos acontecimentos que se seguiram. O primeiro incide na necessidade de buscar ultrapassar a ideia *linhagem* subjacente ao texto de Afonso Taunay e que se expressava na propalada continuidade entre a Academia Real de Belas Artes, instituída por D. Pedro I em 1826, que veio a ter em Félix Taunay um dos seus principais realizadores e a (malograda) academia projetada na "missão francesa", de 1816, versão que se baseava, também, na narrativa do próprio J. B. Debret. Como afirma Migliaccio, a fundação da academia de Belas Artes, em 1826, deve buscar suas raízes em seu próprio tempo como "fruto de um processo complexo de negociação entre certos artistas franceses e o meio local". O segundo ponto relevante trazido à luz pelas pesquisas recentes foi o de enfatizar a divergência que se desenvolveu no interior do grupo de artistas franceses e, sobretudo, entre os dois pintores, Jean-Baptiste Debret e Nicolau Taunay, com a evidente preeminência do primeiro no interior da Corte e das altas esferas políticas do Rio de Janeiro e o relativo ostracismo do segundo e sua decepção com o projeto inicialmente acalentado. Ainda, segundo Migliaccio, diferentes em sua relação com a arte e o poder, ambos tiveram que lidar com uma sociedade marcada pelo escravismo, atravessada pelo conflito político e avessa às mudanças radicais. Desse modo, segundo Migliaccio, o êxito dos artistas franceses iria resultar menos do valor intrínseco de seu projeto do que " [...] de seu poder de sedução junto aos soberanos e políticos influentes, de sua aptidão, em suma, em adaptar sua atividade às necessidades da propaganda e da imagem da corte"[23].

Gostaria de estender esse argumento um pouco mais além, pois a ele se liga uma decisão importante na divergência das trajetórias dos dois principais pintores da colônia de artistas franceses, Nicolau Taunay e Jean-Baptiste Debret, na voragem que caracterizava a vida do Rio de Janeiro no período de intensos conflitos que cercaram o processo de Independência do Brasil. Refiro-me à instalação da grande família de Nicolau Taunay

---

23. Luciano Migliaccio, "Les Muses de Tijuca: Portugais et Français à Rio de Janeiro", *Brésil(s)*, n. 10, 2016.

(pai, mãe, irmão, cinco filhos e uma criada) na Tijuca, onde compraram uma pequena propriedade rural, enquanto Debret conseguiu manter-se ativo e proeminente como pintor da corte Joanina (e depois na corte de D. Pedro I), buscando desenvolver uma relativa autonomia em seu ateliê no Catumbi, onde se cercou de um grupo promissor de alunos[24].

Retornemos por um momento ao nosso palimpsesto, o texto de Afonso Taunay, onde a organização da comitiva de artistas que se dirigia ao Rio de Janeiro ia sendo descrita em tom menor. Aí encontramos Lebreton, buscando "escapar à aterradora miséria que o ameaçava", Nicolau Antoine Taunay, "[...] desgostoso por mil motivos e infeliz, devido a desastradas operações financeiras [...]; Debret, desesperado com a perda do único filho e desejoso de empreender longa excursão..."

Quando em 1º de outubro de 1814, na primeira sessão solene ocorrida no *Institut de France* após a Primeira Restauração, emerge na cena a figura açodada do filho mais velho do pintor Nicolau, Charles Auguste Taunay, oficial do exército napoleônico. O secretário Lebreton, que se aproximara dos Bourbon, acabara de lançar fortíssimas críticas a David, o grande pintor da era napoleônica, quando "[...] um oficial do exército, saindo dentre a assistência, precipitou-se sobre o Duque de Angoulême; julgaram todos que se tratava de um atentado bonapartista e houve verdadeiro pânico na assembleia. O príncipe quase desmaiou de terror"[25].

O oficial, esclarece-se depois, desejava apenas chamar a atenção do Duque sobre as injustiças que tinham sobrevindo ao seu pai, mas pode-se aquilatar a gravidade desse episódio à luz dos acontecimentos subsequentes, quando o jovem oficial voltou a engajar-se e, em 1815, deu-se a definitiva derrota de Napoleão. Ainda segundo essa narrativa ele só conseguiu escapar de uma punição maior à custa de sua expulsão dos quadros do exército.

O jovem açodado, que causou dissabores ao pai mas que, no fundo, queria apenas reparar uma injustiça (outra projeção de Afonso?) perde logo o protagonismo na narrativa de Afonso Taunay, dedicada sobretudo a reconstituir a trajetória dos membros artistas da missão. Na narrativa do Visconde de Taunay que lhe serve de fonte, entretanto, Charles

---

24. Os próprios pintores retrataram essa divergência. Debret, no seu quadro *Meu ateliê no Catumbi*, onde se vê, entre trabalhos acabados e em processo, um manequim, instrumento de trabalho fundamental daquele que retratava os poderosos, que não poderiam estar à disposição de suas tintas e Nicolau ao se retratar em ação, ao ar livre, nos arredores de sua morada da Cascata da Tijuca, em quadro que foi considerado como um verdadeiro manifesto em favor da pintura de paisagem. Sobre os conflitos, ver Elaine Dias, "D'abord peindre le Prince: Les Conflits de Jean-Baptiste Debret et Nicolas-Antoine Taunay à la Cour de Rio Janeiro", *Brésil(s)*, vol. 10, 2016.
25. Afonso Taunay, *A Missão Artística...*, pp. 20, 99-100

Auguste é dado como sendo o responsável pela compra da propriedade da Tijuca, mesmo à revelia do pai. Mas, também no texto do Visconde, ele logo desaparece da narrativa, dado como tendo retornado a Paris juntamente com o pai, em 1821, ficando no Brasil apenas os três filhos mais jovens. Nas Memórias do Visconde de Taunay publicadas mais tarde, corrigidas e anotadas pelo filho Afonso, há, entretanto, longas e carinhosas menções a esse tio, a quem é atribuída a iniciativa de comprar uma pequena propriedade na Tijuca, ao pé de uma cascata, com cerca de 10 alqueires, onde a família teria iniciado uma pequena produção de café. Ele é descrito como tendo levado uma boa e próspera vida entre a Europa e o Brasil, divertindo familiares e amigos com suas histriônicas histórias da vida militar como integrante do exército napoleônico, e depois como combatente pela Independência do Brasil. Embora contrastante, como gênio, do seu outro irmão *não artista* Theodore Marie, que viria a ser cônsul da França, ambos são retratados pelo Visconde de Taunay como *abolicionistas*, "talvez dos primeiros que tenha tido o Brasil", destacando-se a sua militância na Sociedade Auxiliadora da Indústria Nacional em favor da colonização e das melhorias na agricultura, naquela entidade[26].

Os rastros fragmentários do Major Charles Auguste e de seu irmão Theodore Marie, funcionário do consulado francês e, posteriormente, cônsul da França no Rio de Janeiro, colocados em segundo plano nas recordações que o Visconde de Taunay e seu filho cristalizaram sobre a família nas primeiras décadas republicanas, nos oferecem interessantes indícios para lidar com esses ardis da memória que também, é como sabemos, a *arte de esquecer*[27].

Circulações e Convergências Entre a França e a Monarquia Americana

Nicolau Taunay retornou a Paris em 1821. Quaisquer que fossem as suas motivações íntimas em relação ao Brasil, naquele ano expirava a licença que ele pedira ao *Institut de France*, e ele tinha poderosas razões para retornar a uma situação mais segura, de onde poderia continuar apoiando a carreira dos filhos. O segundo filho de Nicolau, Hippolyte Taunay, havia já retornado, entre 1818 e 1819. Entre ele e o viajante e erudito Ferdinand Denis, que vivera no Brasil entre 1816 e 1821, iniciara-se uma fecunda

---

26. *Visconde de Taunay*, edição preparada por Sérgio Medeiros, São Paulo, Iluminuras, 2004, p. 391.
27. Paolo Rossi, *O Passado, a Memória, o Esquecimento: Seis Ensaios da História das Ideias*, São Paulo, Editora da Unesp, 2010.

parceria que se materializava na publicação, em seis volumes, da obra, *Le Brésil, ou Histoire, Moeurs, Usages et Coutumes des Habitans de ce Royaume,* publicada na França em 1822. Os livros tinham cuidadosa apresentação de texto (dos dois autores) e imagem (todas da lavra de Hippolyte), com a qual promoviam uma "visão" do conjunto das províncias americanas, quando se agudizavam os conflitos entre as cortes constitucionais de Lisboa e o Príncipe Regente, vale dizer, momento em que a Independência não estava reconhecida pelas potências europeias, muito menos se completara a adesão do conjunto das capitanias/províncias ao Rio de Janeiro. Em sua introdução, os autores afirmavam seu intento em atualizar *História do Brasil* de Southey, e a de Beauchamp. Com a ajuda de informações recentes obtidas pelos viajantes que haviam visitado o país recentemente, com destaque para Auguste Saint Hilaire e o Príncipe Newied. Mencionam também que o texto se nutria das informações sobre o Brasil que vinham sendo publicadas (sob os auspícios do próprio Ferdinand Denis) na revista do geógrafo Malte Brum, incluindo-se aí os excertos da viagem do francês Auguste de Saint-Hilaire (1816-1821), do viajante alemão Wilhelm Ludwig von Eschwege (1810-1821) e trechos traduzidos da *Coreografia Brasílica* de Aires do Casal. Trata-se aqui dos *Nouvelles Annales des Voyages,* revista publicada em Paris, que tinha raízes nos meios do pensamento geográfico de inclinação napoleônica e era um emergente fórum de análise sobre os acontecimentos em curso nas Américas e sua repercussão na Europa. Tratando, a partir de 1822, do futuro dos projetos de colonização francesa, a revista buscava revisar as teses anticolonialistas do Abade Raynal e também as do Abade De Pradt[28].

A publicação do livro ocorria em um momento em que se abriam inéditas possibilidades de aproximação política entre os movimentos do Príncipe Regente, em oposição às políticas das Cortes Portuguesas e a França da restauração, particularmente depois da ascensão do Ministério Villèle, quando o escritor e político René de Chateaubriand foi Ministro Plenipotenciário no Congresso de Verona (1822) e Ministro dos Negócios Estrangeiros (1823). Entre as dificuldades dessa conjuntura política, em que se agudizava a crise entre a Espanha e as colônias Americanas e cresciam as demandas das cortes de

---

28. A revista *Nouvelles Annales des Voyages* foi editada, a partir de 1818 pelo geógrafo dinamarquês, radicado na França, Conrad Malte Brun (1775-1826). Partidário da Revolução Francesa, ele foi um dos eminentes representantes do pensamento geográfico e geopolítico francês, animador da Sociedade de Geografia que seria fundada em 1823. A publicação pretendia ser um lugar de circulação dos relatos de viajantes franceses, bem como de traduções de outros viajantes europeus. A centralidade da questão americana durante a década de 1820 e 1830 faz dela uma fonte importante para compreender a reflexão sobre o passado e o futuro da colonização europeia e francesa em particular. Alexander von Humboldt foi editor da publicação em parceria com Auguste de Saint Hilaire entre 1836 e 1839.

Cádis e os Bourbons da Espanha, avolumava-se também sobre o gabinete a pressão das reparações da nobreza que perdera títulos e propriedades durante a revolução, bem como dos colonos franceses, derrotados e expulsos pela Revolução de São Domingos. Joseph de Villèle (1773-1854) conhecia o problema dos emigrados de São Domingos de perto, pois havia servido na ilha no início dos movimentos revolucionários e teve, durante toda a sua carreira, forte posicionamento anti-abolicionista e favorável às reparações pecuniárias tanto da nobreza continental quanto dos colonos franceses.

Na condição de Ministro Plenipotenciário nomeado por Villèle no Congresso de Verona em 1822, Chateaubriand foi o responsável direto pela implementação das decisões que levaram a intervenção militar da França na crise espanhola, em favor da restauração dos plenos poderes de Fernando VII. Em relação à América Portuguesa, entretanto, as posições de Chateaubriand eram bastante mais matizadas, pois, embora a posição oficial da Santa Aliança fosse de apoio inequívoco aos direitos legítimos de D. João VI frente às Cortes Portuguesas, eles tendiam a ver com simpatia os movimentos de D. Pedro em favor da monarquia constitucional. A estratégia de Chateaubriand procurava desenvolver-se em vários planos, fortalecendo os direitos da dinastia dos Bourbon na França e na Espanha, opondo-se às pretensões inglesas sobre o mundo americano e tentando responder às demandas dos colonos franceses por reparações e por uma política que viabilizasse a continuidade da colonização francesa. Parte dessa estratégia envolvia a defesa da monarquia constitucional como forma política possível e desejável tanto no Velho como no Novo Mundo. Assim, a monarquia não devia ser apenas restaurada, no sentido da elevação ao poder dos reis legítimos, mas reinventada sob uma forma de constitucionalismo mitigado, que mantivesse a câmara dupla e uma grande parcela de poder real[29]. Nesse particular, os movimentos do Príncipe D. Pedro em relação à autonomia frente a Portugal podiam ser estimulados, desde que este se mantivesse dentro desses limites, pois ele pensava que "[...] era necessário favorecer tanto quanto possível o estabelecimento de monarquias constitucionais na América e sustentar claramente aquelas que existiam na Europa. Devemos demonstrar por um grande exemplo, a fraqueza da monarquia absoluta e a força da monarquia constitucional"[30].

---

29. Ver François-René de Chateaubriand, *Le Congrès de Vérone; Guerre d'Espagne,* Fac-sim. de l'éd. de Paris, Garnier, [s.d.], (prob. 1861), vol. 12 de Chateaubriand, *Oeuvres Complètes.* Ver também Jean Paul Clément, *Chateaubriand Politique – François-René de Chateaubriand De l'Ancien Régime au Nouveau Monde- Ecrits Politiques*, Paris, Hachette, 1997.

30. *Polémique (fin) Opinions et Discours Politiques; Fragments Divers, Oeuvres Complètes de Chateaubriand*, Paris, Garnier, [s.d.], vol. 8, p. 130.

A estratégia envolvia uma terceira e importante faceta: o enfrentamento das pressões inglesas em relação ao tráfico negreiro, moeda de troca essencial com as colônias ibéricas e com poderosos interesses econômicos na própria França, que mantinha a escravidão e o tráfico de africanos em suas colônias, apesar do desastre de São Domingos. Nesse sentido, a ação de René de Chateaubriand no Congresso de Verona, em 1822, foi um êxito, pois impediu o desígnio da Inglaterra de equalizar o crime de tráfico de escravizados africanos ao de pirataria, bem como reduziu em muito o poder britânico na pretensão de policiar os mares em perseguição aos traficantes. A defesa do tráfico se manteria firme na política francesa por toda a década de 1820 e fazia convergir, inclusive, posições dos restauradores com veteranos napoleônicos. Segundo Chateaubriand a tríplice estratégia desenvolvida em Verona possibilitaria retomar, ligando passado, presente e futuro, os três pontos nodais da política externa francesa: a oposição à Inglaterra, o enraizamento da monarquia na América e a defesa dos interesses franceses no Caribe e na costa africana.

A convergência dessa política com os interesses escravistas da América Portuguesa era evidente. O próprio D. João o reconheceu, concedendo a Chateaubriand, ainda em 1823, a Grã-cruz da Ordem de Cristo, a mais importante comenda da monarquia portuguesa. O posicionamento francês, contrário à política anti-tráfico da Inglaterra seria também, como é evidente, favorável para a política de D. Pedro, servindo como relevante contrapeso às pressões inglesas, já que possibilitavam o esvaziamento da eficiência dos tratados assinados por D. João, e mais tarde, pelo próprio D. Pedro I[31].

Essa política iria reverberar sobre a colônia francesa que crescia no Rio de Janeiro e nos seus arredores, favorecendo uma decidida inclinação pela política do Príncipe Regente, e fazendo convergir para ele representantes de interesses políticos que seriam distantes na Europa, como os proprietários emigrados de São Domingos, a nobreza tradicional e os emigrados napoleônicos, produzindo refrações próprias, como procuraremos indicar a seguir.

---

31. Ver Wilma Peres Costa, "Entre Tempos e Mundos, Chateaubriand e a Outra América", *Almanack Braziliense*, n. 11, pp. 5-25, maio 2010, São Paulo. Ver também a parte referente à França em João Alfredo dos Anjos, *José Bonifácio, Primeiro Chanceler do Brasil*, tese apresentada no LII CAE (Curso de Altos Estudos) como requisito para progressão funcional a Ministro de Segunda Classe, Brasília, Fundação Alexandre de Gusmão, 2007, uma excelente reconstituição da questão luso-brasileira na Era dos Congressos – 1815-1822). Ver também Guilherme de Paula Costa Santos, *No Calidoscópio da Diplomacia: Formação da Monarquia Constitucional e Reconhecimento da Independência e do Império do Brasil, 1822-1827*, São Paulo, Publicações BBM, 2022.

Enraizando a Monarquia Constitucional. Pode o Haiti Ser Aqui?

Com o retorno de Nicolau Taunay, em 1821, ficaram no Brasil Charles Auguste, com 30 anos, Félix Émile, com 26, Theodore Marie, com 24 e Adrien Aimé, com 21. Eram tempos de rápida mudança tanto na Europa quanto na América e um fluxo multifacetado de compatriotas em movimento entre os dois mundos, era tangido para a América pelas sucessivas vagas das marés revolucionárias[32]. O mais velho, Charles Auguste, assim como o segundo filho, Hippolyte, tinha tido uma educação formal diferenciada dos irmãos mais jovens, fruto da ajuda que o Institut de France propiciava aos seus integrantes com grandes famílias, com formação em ciências e matemáticas. Os três mais jovens tiveram uma supervisão mais direta do pai, mesclando a educação artística com a cultura clássica. Diferentemente de Félix Émile e do caçula Adrien Aimée, Charles Auguste e Theodore Marie estiveram distantes das tintas e pincéis. Porém, com maior ou menor talento, todos cultivavam a poesia, como um verdadeiro jogo familiar.

Os anos iniciais foram difíceis para toda a família Taunay, egressos da diáspora napoleônica, pois, além das expectativas frustradas frente às possibilidades da criação da Academia, o que possibilitaria uma estabilidade para Félix Émile e (quiçá) para Adrien Aimé, eles sofriam com a forte desconfiança do Cônsul francês Maler, ferrenho realista e desconfiado dos recém-chegados, situação que pesou também sobre Debret[33]. Nesse aspecto, o ambiente da comunidade francesa da Tijuca era possivelmente bem menos pautado pelas divergências políticas, pois os interesses ligados à próspera atividade agrícola ali se expandiam entre imigrantes franceses de todas as vertentes. Na descrição da localização da propriedade familiar, o Visconde de Taunay descreve a inserção dos Taunay em uma colônia francesa de origem nobre.

[...] ali (na Tijuca) se formara uma colônia francesa da mais alta hierarquia – acima da queda do Maracanã, a Baronesa Rouen; logo em baixo, a gente Taunay, pai, mãe e cinco filhos; adiante, à saída da garganta, o Príncipe de Montbéliard e Conde de Scey, o Conde de Gestas, Mme. De Roquefeuil e outros

---

32. Sobre as visões refratadas por esse movimento, Daniel Dutra Coelho Braga, *Colonialidade nos Trópicos. A América Meridional e as Viagens de Volta ao Mundo da Marinha Francesa*, Tese de Doutorado UFRJ, 2019 e Daniel Dutra Coelho Braga, *Entre Tópicas e Trópicos: a Província do Rio de Janeiro e a Expedição Científica de Louis de Freycinet, 1817-1854*, Mestrado UFRJ, 2014.
33. Ver João Fernando de Almeida Prado, *Jean-Baptiste Debret, com Reprodução de Quarenta Paisagens do Artista do Rio de Janeiro*, São Paulo e Santa Catarina, São Paulo, Companhia Editora Nacional, 1973, pp. 34-35.

que começaram com algum êxito a plantar café, a colhê-lo, e a mandá-lo ao mercado, muito embora as contínuas chuvas que a todos os emigrados como que propositalmente, amofinavam[34].

Já Afonso Taunay acrescenta a figura peculiar de outro vizinho, o General Hogendorf, antigo oficial de ordens de Napoleão, produtor de café e laranjas, com seus pretos forros, ocupado em escrever memórias cheias de amargura sobre as glórias passadas. Conta também que, em 1822 o velho general morreu sem ter conseguido publicar suas memórias, que teriam ficado sob os cuidados de Theodore, enfatizando que os irmãos o tinham em grande estima[35].

A obsessão do General Hogendorf por suas memórias foi relatada também pelo viajante Jacques Arago (1790-1855). O escritor e desenhista conhecia os Taunay desde a sua primeira passagem no Rio de Janeiro, em 1818, quando fez parte da viagem de volta ao mundo comandada por Louis Freycinet e a expedição engajou o caçula deles, Adrien Aimé, e o levou na viagem como desenhista. Ao se despedir do Brasil, em 1821, Jacques Arago encontrou os irmãos desanimados com o projeto da academia e deixou deles a carinhosa referência citada por Afonso. "[...] eu me despedi também dos Taunay, essa família de artistas cheios de talento, não se pode ver sem amar e que a gente ama cada vez mais depois de conhecer"[36].

Nem o Visconde, nem seu filho, porém, mencionam os ácidos comentários deixados por Arago sobre o Brasil, sobretudo em razão da escravidão. O Brasil, país onde "[...] se conta apenas duas classes de homens. Os que espancam e os que são espancados [...] é refém da escravidão, que peja o seu futuro, pois [...] existe escravidão demais na terra descoberta por Cabral para que possa facilmente se expandir aí um perfume de liberdade, de glória e de independência"[37].

Sua despedida do General Hogendorf vem narrada com amargura e dramaticidade. Mais uma vez ele ouvira as recordações do general e o pedido para que ele publicasse seus registros, onde havia graves acusações e profundas mágoas das guerras napoleônicas. Comovido, ele perguntou ao general por que ele não tentava retornar à pátria, e defender-se dos seus detratores, ao que ele teria respondido: "Cale-se, respondeu, apertando minha mão essa nobre sucata de um dos mais valentes exércitos do mundo;

---

34. *A Cidade de Matto Grosso...*, p. 120.
35. Ver Alfredo Carvalho, "O Solitário da Tijuca", *Revista Americana*, maio 1911.
36. Jacques Arago, *Voyage Autour du Monde: Souvenirs d'un Aveugle*, vol. 4, Paris, Gayet et Lebrun, 1839-1840, p. 376.
37. Jacques Arago, *Voyage Autour du Monde...*, p. 142.

cale-se, não há pátria para mim, ou melhor, minha pátria é esta cabana de madeira, onde estamos sem conforto, esses poucos cafeeiros, essas laranjeiras e esse negro"[38].

O general, cuja propriedade é também descrita por Maria Graham, cultivava suas terras com o trabalho de uma família de pretos forros. Esse não era o caso, porém, da maioria dos proprietários. A produção do café em escala surgia como um nicho de oportunidade depois da saída da produção de São Domingos, em consequência da revolução, e seu sucesso dependia, para a maioria deles, da escravidão e de seu manejo. A oportunidade oferecia-se, em particular, para os plantadores que vinham de São Domingos, experientes na produção em larga escala com mão de obra escrava, muitos dos quais vieram a se tornar proprietários na Tijuca. O próprio Duque de Luxemburgo, emissário diplomático francês que viera em missão especial em 1816, para tratar da questão da fronteira com a Guiana, trazendo consigo o botânico e viajante Saint Hilaire, logo se interessou pela atividade cafeeira, associando-se para isso a um parceiro de grande experiência e emigrado de São Domingos, onde perdera grandes propriedades: o francês Louis François. Lecesne passara pela Jamaica, Cuba e Estados Unidos, sendo uma espécie de enciclopédia viva de conhecimentos sobre o plantio de café em grande escala e na gestão da mão de obra escrava[39].

Outro representante diplomático no Reino Unido, o Barão de Langsdorff, embora alemão de nascimento atuava como cônsul da Rússia. Ele estava estabelecido em sua fazenda Mandioca, onde desenvolvia entusiasmados experimentos agrícolas, inclusive com a importação de colonos livres. É de 1820 sua Memória sobre esse tema, onde ele faz uma propaganda entusiástica das possibilidades de exploração agrícola no Brasil, inclusive para aqueles que haviam estado na Jamaica, Cuba e São Domingos[40]. Seu entusiasmo pela fazenda de Lecesne é muito grande, descrevendo-a como uma verdadeira escola para os proprietários que queriam expandir a agricultura nos trópicos. As restrições impostas pela Santa Aliança tolheram por longo tempo os seus passos, sobretudo depois do retorno de D. João, pois suas projetadas viagens dependiam de licenças que teriam que ser obtidas junto ao Príncipe Regente, quando a Rússia favo-

---

38. Jacques Arago, *Voyage Autour du Monde...*, p. 342.
39. Sobre os plantadores de café na Tijuca e arredores do Rio de Janeiro, nesse período, ver, Gilberto Ferrez, *Pioneiros da Cultura do Café na Era da Independência. Louis François Lecesne e Seus Vizinhos*, Rio de Janeiro, Conselho Federal de Cultura, 1978. Informações importantes encontram-se também em C. O. de Castro Maia, *A Floresta da Tijuca*, Rio de Janeiro, Ed. Bloch, 1967 e Ernst Ebel, *O Rio de Janeiro e seus Arredores, em 1824*, São Paulo, Companhia Editora Nacional, 1922.
40. Barão de Langsdorff, *Mémoires sur le Brésil pour Servir de Guide à Ceux qui Désirent s'y Établir*, Paris, Imprimerie de Denugon, 1820, trad. portuguesa, 1822.

recia oficialmente, os interesses de Portugal e os direitos dinásticos de D. João VI. Isso não impedia, entretanto, que ele se associasse também aos franceses, fazendo parte da viagem a Minas na companhia de Saint Hilaire quando granjeou grande admiração do botânico francês. Dessa proximidade também já compartilhava, provavelmente, outro botânico alemão, Luís Riedel, (que também estava a serviço da Rússia) e que posteriormente acompanharia Langsdorff na sua célebre expedição, iniciada em 1825.

Os viajantes que passaram pela Tijuca ajudaram a construir a tópica desse recanto, com a vida algo retirada dos jovens irmãos, retratando também a presença frequente dos escravizados à porta, em posição de trabalho ou sereno descanso na propriedade modesta (cerca de dez alqueires) onde se plantava café. Muitos ajudaram a construir a tópica da *brandura* da escravidão que se desenvolvia nos arredores, insistentemente repetida como a esconjurar o temor de São Domingos e a reafirmar a possibilidade de evitar desastre similar.

O vale pitoresco encantou Maria Graham, que fez belos desenhos das fazendas da Tijuca e se enterneceu com a união perceptível entre os irmãos, a quem descreveu também como negociantes.

> Perto da mais baixa cachoeira da Tijuca, num vale dos mais pitorescos, fica a casa de campo pertencente aos Senhores Taunay, filhos de um artista francês [...] e igualmente respeitáveis como poetas, pintores e negociantes. É um prazer ver a forte afeição de uns pelos outros, compensando a falta de mais parentes e da pátria, no meio da selvageria[41].

A propriedade, por sua pequena escala, não era importante como empreendimento econômico nem se tem notícia de que os irmãos dominassem técnicas de cultivo agrícola ou mesmo da gestão da escravidão, mas ela possuía uma localização privilegiada, entre as várias Franças que se sobrepunham e amalgamavam na Tijuca, em torno dos interesses do café. Isso possibilitava a eles aprender sobre a agricultura escravista, mas sobretudo, servir ao debate que se estabelecia ali em torno da escravidão, de seu manejo, de seu futuro, do qual dependia o negócio que a todos interessava[42].

---

41. Maria Graham, "Escorço Biográfico de D. Pedro I, Com Uma Notícia do Brasil e do Rio de Janeiro em seu Tempo", em R. Garcia (ed.), A. J. Lacombe (trad.), *Anais da Biblioteca Nacional do Rio de Janeiro*, n. 60, pp. 157-158.
42. Rafael B. Marquese (org.), *Manual do Agricultor Brasileiro: Carlos Augusto Taunay*, São Paulo, Companhia das Letras, 2001; R. B. Marquese, "A Ilustração Luso-brasileira e a Circulação dos Saberes Escravistas Caribenhos: A Montagem da Cafeicultura Brasileira em Perspectiva Comparada", *Hist. Ciênc. Saúde-Manguinhos*, vol. 4, n. 16, dez. 2009.

Os escritos que deixaram Theodore Marie e Charles Auguste atestam esse desejo de se inserir, com os instrumentos que possuíam – a cultura letrada – naquele meio do qual estavam distantes por posição social e por fortuna, na volátil política brasileira daquele período. Com exceção de Félix Émile, que permaneceu concentrado em seu projeto artístico, os demais irmãos desenvolveram várias estratégias, inclusive o jovem Adrien Taunay, a quem encontramos na região de Cantagalo, visitando terras e avaliando terrenos propícios para o cultivo, provavelmente a serviço do Conde de Gestas, mais próximo da vida de *negociante*, do que da de *artista*[43].

O sítio possuía também uma oportuna localização política: era uma passagem obrigatória para os viajantes de alta categoria social atingirem o alvo principal da visita: a fazenda da Boa Vista, no alto da Cachoeira, a residência de Aymar de Gestas de Lespéroux (1786-1835), o Conde de Gestas e de sua tia, a duquesa de Roquefeuil, ponto de sociabilidade onde eram recebidas as pessoas de importância, e onde com frequência se encontrava a própria princesa Leopoldina e o príncipe Regente D. Pedro. Na fazenda o conde plantava café e desenvolvia um bem-sucedido esforço de aclimatação de frutas europeias; podia-se comer morangos excelentes com creme produzido lá mesmo, o que deliciava os convidados. O Conde de Gestas, cuja família havia perdido tudo durante a Revolução, lutava à distância para reaver títulos e privilégios perdidos na França e viera juntar-se à tia que perdera também propriedades na colônia de São Domingos.

A partir do retorno de D. João, o conde de Gestas passou a ganhar forte protagonismo político junto ao Príncipe Regente, o que se faria de forma firme e decisiva depois da ascensão do Ministério Villèle na França e, com ele, a de René de Chateaubriand como Ministro Plenipotenciário da França, no Congresso de Verona (1822), momento chave da decisão da intervenção da França na questão espanhola e também de sua aproximação com os encaminhamentos que se faziam no Brasil. Passo decisivo, nesse sentido, foi o envio, pelo Príncipe Regente D. Pedro, de Aymar de Gestas como emissário à França, após a decisão do Fico (janeiro de 1822), levando uma carta pessoal a Luís XVIII, no qual pedia a proteção do rei. Essa proteção foi concedida e, por intermédio de Chateaubriand, Gestas retornou nomeado cônsul geral e *chargé d'affaire* para os assuntos brasileiros, além de ter sido beneficiado com uma generosa dotação em dinheiro. Chateaubriand promoveu o casamento de Gestas com sua sobrinha (e afilhada), retornando o casal para o Rio de Janeiro e para a propriedade da Tijuca. O primeiro filho de-

---

43. Ver transcrição e estudos sobre suas anotações nesse sentido, em http://www.adrientaunay.org.br/portugues/.

les se chamou Pedro e teve D. Pedro e a Imperatriz Leopoldina como seus padrinhos. A partir daí a sua missão passou a ser a de aplainar as dificuldades para o reconhecimento do Império por parte da França e, mais tarde, obter um tratado de comércio que equiparasse a França às vantagens que estavam sendo obtidas pela Inglaterra. A aclamação popular de D. Pedro causava, na França, alguma desconfiança, que só se dissolveu com a outorga da constituição pelo monarca, conjurando a ideia de um constitucionalismo de origem popular. Em março de 1824 o representante brasileiro Borges de Barros diz ter ouvido do próprio Chateaubriand, durante um jantar, as felicitações pela outorga da Constituição por D. Pedro I[44].

A adesão da colônia francesa estabelecida no Brasil, particularmente os proprietários da Tijuca e seus arredores, a D. Pedro e, posteriormente, à dissolução da constituinte foi inequívoca e entusiástica, manifestada pelos jornais e pasquins ligados à colônia, em português ou em francês, como a *Estrella Brazileira*, o *Echo d'Amérique du Sud*, entre outros.

De Charles Auguste, nesse período conturbado da Independência, sabemos que produziu um poema áulico intitulado "Os Dois Pedros", em que compara o Príncipe Regente ao Czar da Rússia, na grandeza imperial de seus destinos, e que se engajou no exército novamente, a serviço do príncipe, tendo participado das lutas contra os portugueses na Bahia. Seu gênio permanecia rebelde, pois escapou por pouco de ser fuzilado pelo seu comandante e compatriota, o General Labatut, sob suspeita de conspiração. Nessa ocasião teria sido salvo por outro militar francês de cepa realista e com raízes no Antigo Regime, que ficara no Brasil e dava suporte a D. Pedro, o Conde de Beaurepaire. Talvez as relações da Tijuca já operassem aí de alguma forma, pois a irmã do Conde de Beaurepaire possuía a propriedade vizinha do sítio da Cascatinha. Trata-se da Condessa d'Escragnolle, (nascida Beaurepaire), mãe da jovem Gabriela que viria se casar com Félix Émile, anos depois.

Theodore Marie, o outro filho "não artista" sempre foi figura bastante discreta, mas logo encontrou um posto estratégico para estabelecer, na colônia, e entre seus integrantes e o mundo político, relevantes relações: fez carreira no serviço consular,

---

44. Sobre Aymar de Gestas e seu papel na mediação do projeto de D. Pedro, ver André Gain, *De la Lorraine au Brésil*, Nancy, Société d'Impressions Typographiques, 1930. Sobre as convergências diplomáticas da França com a política de D. Pedro, ver João Alfredo dos Anjos, *José Bonifácio, Primeiro Chanceler do Brasil*, tese apresentada no LII CAE (Curso de Altos Estudos) como requisito para progressão funcional a Ministro de Segunda Classe, Brasília, Fundação Alexandre de Gusmão, 2007, uma excelente reconstituição da questão luso-brasileira na Era dos Congressos – 1815-1822).

como secretário, e como cônsul (1830) depois da aposentadoria do Conde de Gestas. O consulado era um lugar de circulação de informações e de aglutinação de interesses, muitos desses relacionados com a posse e fuga de escravos, bem como com legados e heranças, nos quais os conflitos em torno de posses e alforrias eram constantes. Ativo e discreto, o vice-cônsul Theodore tornou-se conhecido pela sua atividade na Sociedade Auxiliadora da Indústria Nacional, junto ao Conde de Gestas, e também por seus serviços prestados aos franceses, viajantes ou negociantes, no Rio de Janeiro.

É importante sublinhar, porém, sua atividade poética expressa principalmente em seus *Idylles Brésilienes*, versos latinos traduzidos para o francês por seu irmão Félix Émile, publicados em 1825, depois 'traduzidos' e explicados em prosa brasileira por Charles Auguste no jornal *O Beija Flor*, em 1830, indicando a estreita colaboração entre os irmãos[45]. Dos nove "idílios", pelo menos sete referem-se diretamente à situação política e o posicionamento do poeta frente a ela. Chama a atenção, nesse sentido, o segundo idílio, saudando a aclamação do Imperador, apresentando-o como um ato consagrado em espírito, pela Rainha D. Maria I, que pela primeira vez o chama de Imperador e indica o seu destino; assim como o terceiro, em honra à José Bonifácio e à constituinte de 1824, em que o próprio Napoleão, na solidão de seu sepulcro na ilha de Elba, inveja o destino de D. Pedro como imperador constitucional. Digna de nota é também a curiosa elegia em que um estancieiro dos pampas se lamenta pela violência cotidiana vivida pelas repúblicas espanholas, mergulhadas em perene guerra civil e inveja a nação que pode viver sob a sabedoria de um rei justo. Mas não podem passar desapercebidos dois idílios que se referem aos produtores agrícolas no Rio de Janeiro e seus arredores. O quarto idílio descreve o diálogo entre dois amigos (irmãos?) em Andaraí, perto da quinta imperial de S. Cristóvão. Eles observam, à distância, a caravana que se dirige ao palácio para o beija-mão do rei, enquanto comentam como é superior a vida daqueles que, vivendo da sua agricultura, não precisam sujeitar-se a esse servilismo, muito embora queiram estar a serviço do imperador, com seu braço, sempre que este estiver em perigo. O sétimo idílio, entretanto, é o que parece mais revelador das ideias e sentimentos que transitavam na rede de sociabilidade dos irmãos Taunay, que buscavam nela encontrar um lugar. A tradução/síntese em português, abaixo, vem do irmão Charles Auguste, que a publi-

---

45. Theodore Taunay, *Idylles Brésilienes. Écrites en Vers Latins par Théodore Taunay et Traduites em Vers Français par Félix Émile Taunay*, Rio de Janeiro, Imprimerie de Gueffier et C. 1830.

cou em seu jornal *O Beija Flor*, em 1830. O idílio narra um diálogo entre um francês (vindo da campanha da Rússia) e um brasileiro.

> [...] nele o autor apura todos os recursos do mais poético dos idiomas para pôr em contraste os ardores dos trópicos e os rigores do frio dos polos. Um francês e um brasileiro estão visitando os aquedutos da Carioca. O francês conta ao amigo os desastres da campanha de Moscou. O Brasileiro enternecido oferece ao amigo a escolha de um sítio nas suas vastas sesmarias. "Eu, e meus pretos, disse ele, te coadjuvaremos a formar teu estabelecimento!" Esta alusão à antiga hospitalidade brasileira termina de um modo bem tocante, um pedaço cintilante, com pinturas poéticas, onde a harmonia imitativa, e colorido local imprimem a cada verso um indizível encanto[46].

A partir de 1824 a colônia francesa do Rio de Janeiro passaria a contar com um novo integrante: o tipógrafo, editor e jornalista Pierre Plancher (1779-1844), que fugia das perseguições que estavam sendo feitas aos simpatizantes de Napoleão e que iria se tornar um mediador cultural de transcendental importância no espaço público da Corte[47]. É interessante observar como o Diário do Governo saudou a sua chegada no mesmo dia em que noticiava a Aclamação de D. Pedro I, como um bastião da moderação política e do anti-republicanismo.

> Mr. Plancher, livreiro, Impressor bem conhecido na Europa, abriu sua casa de livros na rua dos Ourives, n. 60. A rica coleção das obras que trouxe, oferecerá aos Brasileiros conhecimentos mui vantajosos pela perfeita ideia do verdadeiro Sistema Monárquico Constitucional. Distinguem-se na sua coleção muitas Memórias importantíssimas [...] onde se podem ver os horrores produzidos pelas revoluções políticas. Igualmente se fazem recomendáveis as Instituições de Direito por Mr. Massabiau, o escritor, que com mais erudição, com uma lógica indestrutível, mostra a impossibilidade dos estabelecimentos republicanos, atendida a civilização dos povos[48].

---

46. *O Beija Flor*, n. 7, 1830.
47. Entre os títulos que Plancher assumiu diretamente contam-se *Spectador Brasileiro* (1824-1827), *L'Indépendant* (em francês, no Rio de Janeiro), *Espelho Diamantino*, mas é possível perceber sua presença também em *O Beija Flor* (em provável sociedade com Charles Auguste Taunay), além do *Jornal do Commercio*, do qual foi um dos fundadores (1827). Ver M. Morel, *As Transformações dos Espaços Públicos: Imprensa, Atores Políticos e Sociabilidades na Cidade Imperial (1820-1840)*, São Paulo, Hucitec, 2005. Ver uma síntese em M. Morel, "Revoluciones y Libros: el Comercio Político de la Cultura en el Imperio de Brasil", *Revista de Historia Internacional*, Cidade do México, vol. 9, pp. 8-29, 2002.
48. *Diário do Governo*, 27 mar. 1824.

Em um de seus primeiros números, reverberando a rede formada entre Paris e o Rio de Janeiro, o primeiro jornal de Plancher, o *Spectador Brasileiro*, noticiava com ênfase a exposição do Panorama que se fazia em Paris, sob os auspícios do Pintor Nicolau Antoine, a partir de pinturas realizadas por seu filho Félix Émile[49]. Referindo-se à circulação de pessoas e imagens entre o velho e o novo mundo, a notícia refere-se explicitamente aqueles que, tendo vivido no Rio, podem agora recordar os lugares conhecidos sendo "transportadas ao cume do Monte do Castelo, onde a Corte Imperial se ofereceu aos olhos e ao grande pincel do autor, e onde ele copiou as diversas paisagens desta cidade". Comparado favoravelmente aos panoramas anteriormente expostos na capital da França, incluindo-se a espetacular baía de Nápoles, o panorama do Rio de Janeiro teria despertado o interesse da própria família real francesa que foi admirá-lo. A notícia menciona a relação entre o jovem pintor e seu *famoso* pai, o pintor Nicolau, chamando a atenção para os merecimentos do jovem, que com sua família, passava dificuldades no Rio de Janeiro.

M. Taunay continua a viver filosoficamente na sua bela, ainda que pequena casa de campo na Tijuca, entregue ali à cultura das letras e das belas artes. Nos esperamos que em tempos mais favoráveis este insigne gênio será empregado pelo Governo, que infalivelmente não deixará em esquecimento a cultura desta Arte, que sendo um dos grandes ornamentos dos Impérios, entra na primeira linha dos artigos de sua civilização[50].

O apoio dessa propaganda foi, sem dúvida, valioso para que o irmão Félix Émile, pintor de paisagem como o pai, conseguisse obter o posto de professor dessa matéria na Academia de Belas Artes que estava, de forma ainda incipiente, sendo refundada. O fato de que o salário a ele atribuído fosse o mesmo que antes era atribuído ao pai permitia pelo menos a garantia de parte da renda familiar[51]. No mesmo ano, Ferdinand Denis e Hippolyte Taunay, associando-se à iniciativa do Panorama, reaparecem com um livreto, escrito para acompanhar os visitantes ao Panorama do Rio de Janeiro, em que explicam cada um dos pontos e atrações e seu contexto político[52]. A forma não acadêmica do Panorama, quase um entretenimento, facultava uma misto de pintura de paisagem

---

49. Elaine Dias, "Paisagem e Academia", *Félix Taunay e o Brasil (1824-1851)*, Campinas, Ed. Unicamp, 2009.
50. *O Spectador Brasileiro*, 23 ago. 1824.
51. "Imperio do Brasil", *Diario do Governo*, 18 nov. 1824.
52. Ferdinand Denis (1798-1890) e Hippolyte Taunay (1793-1864), *Notice Historique et Explicative du Panorama de Rio Janeiro*, Paris, Nepveu, 1824.

e de pintura histórica, muito apreciada pelos visitantes, que podiam cenograficamente descortinar as belezas do Rio de Janeiro e da baía da Guanabara e de seus principais edifícios, ao mesmo tempo em que as personagens centrais da Independência, D. Pedro I, a Imperatriz Leopoldina, José Bonifácio, eram representados em destaque, cristalizando uma imagem da nação emergente e sua natureza exuberante.

Embora somente se afastasse da carreira militar, pela reforma, em 1839 o major Charles Auguste desenvolveu uma miríade de diferentes atividades, como fértil polígrafo e empresário (foi dele a iniciativa de criar a primeira companhia de transporte urbano no Rio de Janeiro). Suas incursões literárias apoiavam os irmãos, como se viu na "tradução" dos "idílios" de Theodore e no impulsionamento da carreira de Félix pela imprensa e até mesmo em incursões autônomas, como na tradução das comédias de Terêncio e a escrita do primeiro folhetim brasileiro, *Olaya e Julio*, publicado também n'*O Beija-Flor*, jornal em que provavelmente estava em associação com Plancher[53]. Nenhuma de suas iniciativas, porém, foi mais expressiva do que o seu Manual do Agricultor Brasileiro, publicado em parceria com o botânico Louis Riedel, em 1839[54]. Trechos do livro vinham sendo publicados desde 1830, n'*O Beija-Flor*, onde sobressai precisamente o capítulo onze, onde ele trata da escravidão. O posicionamento do autor não pode ser mais explícito na defesa da instituição escravista, apesar de iniciar com uma retórica condenação moral.

[...] A Escravidão, contrato entre a violência e a não – resistência, que tira ao trabalho sua recompensa, e as ações o arbítrio moral, ataca igualmente as leis da humanidade e as da religião, e os povos que o tem admitido na sua organização, têm pago bem caro esta violação do direito natural.

Porém a geração que acha o mal estabelecido não fica solidária da culpabilidade daquilo que [...] possui uma força muitas vezes irresistível e certos abusos radicais têm uma conexão tão estreita com o princípio vital de uma nação que seria mais fácil acabar com a existência nacional do que com estes mesmos abusos, v.g. em São Domingos, a libertação simultânea dos escravos deu cabo do sistema político que coordenava aquela ilha com a metrópole. A França perdeu um apêndice interessante do seu corpo social,

---

53. Charles Auguste Taunay (Autoria atribuída), "*Olaya e Júlio* ou *A Periquita* – Novela Nacional", *Beija-flor Annaes Brasileiros de Sciencia, Politica, Literatura, etc.*, n. 04, 05 e 06, Tipografia Gueffier E. C. 1830/1831. Ver Marlyse Meyer, "Uma Novela Brasileira de 1830", *Revista do Instituto de Estudos Brasileiros*, n. 2, Universidade de São Paulo, 1967, pp. 125-30.
54. Ver da edição do *Manual*, comentada por Rafael Marquese: C. A. Taunay, *Manual do Agricultor Brasileiro*, São Paulo, Companhia das Letras, 2001. Ver também Rafael Marquese, "A Administração do Trabalho Escravo nos Manuais de Fazendeiro do Brasil Império, 1830-1847", *Revista de História*, vol. 137, n. 2, pp. 95-111, 1997.

e um povo preto se improvisou inesperadamente em um lugar que jamais a ordem natural das coisas destinaria para sede de uma potência africana.

Segundo o autor, a violência envolvida no apresamento e no tráfico dos africanos deve ser relativizada pois resgate deles de seus antigos algozes e primitivos donos e a inferioridade da sua raça são "circunstâncias atenuantes que devem tirar qualquer escrúpulo de consciência ao senhor humano" sendo que "geralmente falando, a sorte dos negros melhora quando escapam ao cruel choque do transporte". A sorte dos escravizados, mesmo no tráfico, não deve, em sua opinião, ser considerada pior do que a dos colonos e dos soldados, pois seus proprietários, que neles investiram dinheiro, têm interesse em seu bem-estar e conforto.

Consideradas como eternas crianças/adolescentes, naturalmente avessos à disciplina e ao trabalho, as pessoas da raça negra só podem ser controladas pelo medo. Toda uma parte do manual será dedicada a esse tópico, onde as técnicas racionais do exército napoleônico são oferecidas aos senhores como apropriadas ao controle e disciplinamento dos escravizados. É importante sublinhar, sobretudo para um livro que teve seus primeiros capítulos veiculados em 1830-1831, quando, por força do tratado com a Inglaterra, deveria cessar o tráfico africano, a defesa da continuidade do tráfico, posição mantida quando da publicação integral em 1839.

O sítio da Cascatinha era uma propriedade pequena e os irmãos não tinham experiência anterior como proprietários rurais. É possível que o Manual fosse menos importante pelos conselhos e sugestões que continha, do que como um passaporte para conquistar a confiança dos setores mais conservadores da colônia francesa e os produtores brasileiros em geral. O café era um projeto de futuro e a escravidão era parte dele.

Concluindo essas reflexões, vale pontuar que as estratégias de *visualidade* desenvolvida pela família Taunay, na conjuntura da Independência e nos anos subsequentes, não se limitaram à arte acadêmica, espraiando-se através de vários prismas: livros, poemas, pinturas, gravuras, almanaques e artigos de jornais. Vistas e filtradas por seus descendentes, algumas dessas imagens e dos personagens que as produziram, deveriam ser exaltadas, outras deveriam ser matizadas ou mesmo silenciadas, como os irmãos Charles Auguste e Theodore Marie, nas estratégias de memória produzidas pelo Visconde de Taunay, que os retratou como abolicionistas, e de seu filho que os deixou apenas entrevistos nas frestas da narrativa, em que a propriedade da Cascatinha foi também, na superposição de relatos familiares, um lugar de memória, uma espécie de palimpsesto escrito, raspado e reescrito ao longo das gerações.

Quando o interrogamos hoje, ele deixa entrever essa conturbada era das revoluções em que colônias se extinguiam e colonizações se reinventavam, para alguns (necessariamente) sem escravidão, para outros (necessariamente) com ela, para outros tantos, como aqueles imigrantes (um pouco convidados, um pouco exilados) europeus da Tijuca, procurando fazê-la operar com os métodos da contemporaneidade integrando o projeto da nação que surgia. Os saudosos do Antigo Regime poderiam restaurar a ilusão de uma vida senhorial perdida, os nostálgicos de Napoleão poderiam vingar uma de suas mais fragorosas derrotas – a revolução dos escravizados de São Domingos – e construir uma pátria entre negros, cafeeiros e laranjais.

CAPÍTULO VIII

Ideias Republicanas na Era da Independência

HELOISA MURGEL STARLING

*Ideias em Circulação: A Formação de uma
Linguagem Republicana no Brasil ao Final do Século XVII*

RIO DE JANEIRO, JUNHO DE 1788. Não sabemos o dia exato em que os dois exemplares da *Coletânea das Leis Constitucionais dos Estados Unidos da América* desembarcaram clandestinos no porto da cidade. O livro, de tamanho pequeno, tinha formato um pouco maior do que uma caderneta de capa dura – fácil de fazer sumir nas barbas de uma autoridade xereta. Os volumes vinham embrulhados nas peças de roupa da bagagem de uma dupla de estudantes, José Álvares Maciel e José Pereira Ribeiro, recém formados em Coimbra, de retorno ao Brasil, cheios de disposição política rebelde. Publicado em francês, a língua internacional da época, a edição contou com o discretíssimo apoio do governo da França interessado em enfraquecer a Grã-Bretanha com uma derrota na guerra de independência da América inglesa, e se intitulava *Recueil de Loix Constitutives des Colonies Anglaises Confédérées sous la Dénomination d'États-Unis de l'Amérique-Septentrionale*[1].

O *Recueil*, como a publicação ficou conhecida desde então, tinha o propósito de promover a Revolução Americana para além de suas fronteiras. E seu conteúdo era letal para as monarquias europeias já que continha os documentos constitucionais funda-

---

1. Para o *Recueil*, ver Kenneth Maxwell (org.), *O Livro de Tiradentes: Transmissão Atlântica de Ideias Políticas no Século XVIII*, São Paulo, Companhia das Letras, 2013; *Autos da Devassa da Inconfidência Mineira*, Brasília, Câmara dos Deputados/Belo Horizonte, Imprensa Oficial de Minas Gerais, 1982, vol. 3. Para trajetória dos dois exemplares no Brasil, ver Heloisa Murgel Starling, *Ser Republicano no Brasil Colônia: A História de uma Tradição Esquecida*. São Paulo, Companhia das Letras, 2018.

dores da República nos Estados Unidos da América: A Declaração de Independência, os Artigos da Confederação, as Constituições de seis dos treze Estados que formavam a República – Pensilvânia, Nova Jersey, Delaware, Maryland, Virgínia e Carolina do Sul –, além de alguns documentos avulsos, como o juramento da Baía de Massachusets, a instrução ditada pela cidade de Boston ao Congresso Geral, o Ato de Navegação das Colônias Unidas o Censo de 1775 das colônias inglesas. O livro lançava luz sobre uma visão de futuro: o que é uma República, o que ela deve ser, e o que é possível realizar. Além disso, trazia as ferramentas adequadas para quem pretendia implantar a República em um território potencialmente continental e com uma população numerosa[2]. A proposta era grande demais para a imaginação política da época, que até então só considerava a viabilidade do experimento republicano em pequenos territórios.

Ainda no Rio de Janeiro, Álvares Maciel encontrou o alferes Joaquim José da Silva Xavier, o Tiradentes. Eles já se conheciam; Maciel tinha por cunhado o comandante de Tiradentes no Regimento Regular dos Dragões de Minas, coronel Francisco de Paula Freire de Andrade. A afinidade entre os dois era grande, havia interesses demais em comum, e Álvares Maciel não teve dúvida: emprestou seu exemplar para o amigo. Tiradentes tinha lábia, bons argumentos e uma causa republicana; regressou a Minas com o livro na algibeira e não o largou mais. Quase um ano depois, de volta ao Rio de Janeiro, em maio de 1789, dois dias antes de ser preso e certo de que estava sendo seguido a mando do vice-rei do Brasil, Luís de Vasconcelos e Souza, ele entregou o *Recueil* a um seu subordinado, Francisco Xavier Machado, com a recomendação que o levasse aos conjurados, provavelmente Cláudio Manuel da Costa ou Tomás Antônio Gonzaga, em Vila Rica.

O exemplar nunca chegou ao destino. Acabou nas mãos do visconde de Barbacena, governador da capitania de Minas Gerais. Alarmado, Barbacena mandou abrir uma investigação urgente, sigilosa e separada da devassa principal contra os conjurados mineiros. Havia ali um bocado de documentos revolucionários. O *Recueil* reunia tanto os escritos constitucionais sobre a maneira de se criar uma estrutura de governo para a República, quanto o catálogo de direitos estabelecidos no preâmbulo da "Declaração de Independência". O maior perigo estava nisso: como se não bastasse trazer para as Minas a nova linguagem do republicanismo que brotou no território da antiga América inglesa, o livro juntava essas idéias com a afirmativa de que os homens possuem

---

2. Para a implantação da República em pequenos territórios, ver Baron de Montesquieu, *Do Espírito das Leis*, São Paulo, Abril Cultural, 1979. Para o projeto da República em território continental, ver Bernard Bailyn, *As Origens Ideológicas da Revolução Americana*, Bauru, EDUSC, 2003; Gordon S. Wood, *The Creation of the American Republic (1776-1787)*, New York, Norton & Company, 1993.

direitos inatos e que esses direitos não são uma evidência natural nem dependem de um absoluto transcendental; ao contrário, constituem uma condição de proteção do indivíduo, representam uma conquista histórica e política[3]. Como é que uma publicação ilegal e potencialmente incendiária tinha conseguido abrir brechas em sua administração e estava circulando clandestina entre o Rio de Janeiro e as Minas? Barbacena deve ter esbravejado pelos salões do palácio dos Governadores, em Congonhas do Campo, com o livro nas mãos.

Mas o que aconteceu com o segundo exemplar? Conhecemos quase nada sobre ele: o *Recueil* chegou intacto à Vila Rica e José Pereira Ribeiro o entregou a um dos conjurados. Bacharel em Leis e proprietário de uma livraria invejável, não é difícil imaginar que Ribeiro o levou de presente ao amigo Cláudio Manuel da Costa, com quem habitualmente trocava livros; e que Cláudio Manuel depois emprestou o exemplar ao Cônego Luís Vieira, ou a Tomás Antonio Gonzaga. Os três liam francês, alinhavavam, em suas conversas, a criação de uma nova forma política para o governo das Minas, e eles conferiam especial atenção às duas opções disponíveis que faziam parte dos referenciais mobilizados pela Revolução Americana: República ou Monarquia constitucional eletiva. As pistas terminam aí, e é possível que o destino do livro seja idêntico ao dos demais papeis destruídos após circular em Vila Rica e na comarca do Rio das Mortes, o aviso de que a Conjuração havia sido descoberta.

Ou não. Quem sabe a história não tenha se passado exatamente assim, outras providências para evitar acusações e suspeitas acabaram sendo tomadas e o segundo exemplar do *Recueil* foi entregue para pessoas íntimas, sem visibilidade na conspiração. Não sabemos. Mas alguma coisa diferente do que já conhecemos pode ter acontecido ao livro. Afinal, quase trinta anos após o fracasso da Conjuração Mineira, um volume do *Recueil*, escrito em francês, com referências de publicação idênticas às da obra que José Pereira Ribeiro levou para Minas apareceu no Recife, e andou virando a cabeça dos membros do governo revolucionário provisório, no auge da Revolução de 1817.

Poderia ter saído do bolso de qualquer um, é fato. O êxito da experiência republicana nas antigas Treze Colônias inglesas oferecia sentido e forma política ao nativismo

---

[3]. Para a trajetória desse exemplar do *Recueil*, ver Kenneth Maxwell (org.), *O Livro de Tiradentes: Transmissão Atlântica de Idéias Políticas no Século XVIII*. Para direitos e linguagem republicana, ver Pauline Maier, *American Scripture: Making the Declaration of Independence,* New York, Alfred A. Knopf, 1998; Michael Zuckert, *Natural Rights and the New Republicanism*, New Jersey, Princeton University Press, 1998. Para a nova matriz do republicanismo, ver Heloisa M. Murgel Starling, "A Matriz Norte-americana", em Newton Bignotto (org.), *Matrizes do Republicanismo*, Belo Horizonte, Editora UFMG, 2013.

pernambucano e sua longa história de soberania e autogoverno. O *Recueil* detalhava aos revolucionários de 1817 o projeto constitucional e a estrutura de governo de uma República Confederada – isso explica o interesse dos pernambucanos no livro, embora ninguém soubesse dizer exatamente como foi que ele apareceu por lá. A história não termina por aqui, contudo. Circulando, no Recife, na mesma época, estava um sujeito vindo das Minas. Luiz Fortes de Bustamante tinha então cerca de 60 anos de idade, era natural de Vila Rica e, no disse-me-disse dos círculos revolucionários corria a informação de ele ter andado pela franja da Conjuração Mineira.

É bem possível. Bustamante foi contemporâneo de Álvares Maciel e de José Pereira Ribeiro, em Coimbra. E abandonou de supetão as Minas logo depois de iniciadas as prisões em Vila Rica e nas comarcas do Rio das Mortes e do Serro Frio. Estabeleceu-se por pouco tempo no Rio de Janeiro, subiu para o Norte, instalou-se em Pernambuco e arrumou uma maneira de submergir. Até que reapareceu, em 1817, animadíssimo e de bacamarte na mão: participou dos combates que levaram a conquista do forte do Brum, no Recife, onde se refugiava o governador Caetano Pinto de Miranda Montenegro, foi um dos oito signatários de sua rendição, participou do Conselho da República recém criada e figurou com destaque entre os ativistas da Revolução de 1817. Quando sobreveio a derrota dos revolucionários seguida pelo acerto de contas da Coroa, Bustamante sabia que não iria escapar; seu nome figurava no rol dos proscritos e a prisão não tardaria. Antes que os soldados chegassem nele, porém, deu um jeito de escapulir, de novo, de uma região conflagrada pela sedição e não olhar para trás – dessa vez o risco era grande demais e embarcou direto com os filhos para os Estados Unidos[4].

Tudo isso pode até ter sido coincidência, mas o duplo reaparecimento, do *Recueil* e de Bustamante, no Recife em 1817, revela que as idéias de República se espalhavam internamente na colônia e cresciam à medida que se espalhavam, formando novas e inesperadas teias de conexões. Minas e Pernambuco foram abastecidas de informações sobre as inovações constitucionais produzidas pelo republicanismo emerso da Revolução Americana durante o período da Confederação graças a um sistema

---

4. Devo à generosidade de Evaldo Cabral de Mello a hipótese e as informações sobre o possível reaparecimento do exemplar do *Recueil*, de José Pereira Ribeiro, no Recife. Para o *Recueil* na Revolução de 1817, ver Evaldo Cabral de Mello, *A Outra Independência: O Federalismo Pernambucano de 1817 a 1824*, São Paulo, Editora 34, 2004, p. 47. Para Luís Bustamante, ver Joaquim Dias Martins, *Os Mártires Pernambucanos, Vítimas da Liberdade nas Duas Revoluções Ensaiadas em 1710 e 1817*, pp. 405-406; para estudantes em Coimbra, ver Virgínia Trindade Valadares, *Elites Mineiras Setecentistas: Conjugação de Dois Mundos*, Lisboa, Edições Colibri/Instituto de Cultura Ibero--Atlântica, 2004, pp. 342 e 501. Para José Pereira Ribeiro, ver Álvaro de Araújo Antunes, *Espelho de Cem Faces: O Universo Relacional de Um Advogado Setecentista*, São Paulo, Annablume, 2004.

semelhante, mas de interação atlântica: envolvia o Brasil, a América do Norte e a Europa, entre os anos de 1776 e 1824 – e o *Recueil* foi um dos seus mais importantes suportes de divulgação.

O livro endossava as pretensões revolucionárias das Minas, talvez menos por conta de uma discussão doutrinária do que por fornecer um composto inédito de formas de pensar e de procedimentos políticos que naturalmente foi submetido a considerações de ordem prática e pôde ser reinterpretado e transformado em uma linguagem política adequada à conjuntura de uma capitania meio falida e escorchada pelos tributos impostos por Lisboa. Sua contribuição mais notável aos olhos dos mineiros – a inovação constitucional de uma República Confederada – tinha especial interesse para os integrantes de uma conspiração com vocação autonomista que pretendia declarar sua separação de Portugal, convidar à adesão as capitanias do Rio de Janeiro e de São Paulo e evoluir para a condição de uma comunidade política autogovernada e consciente de si mesma.

Quase trinta anos depois, em Recife, a leitura atenta do "Recueil" pelos pernambucanos vai se revelar na própria concepção do projeto federalista de 1817. Era federalista no nome, mas, na prática, o projeto de emancipação capitaneado por Pernambuco propunha uma Confederação. Os revolucionários de 1817 não alimentaram nenhuma afinidade com o novo modelo de governo central dos Estados Unidos, aprovado pela Constituição escrita na Filadélfia, entre os meses de maio e setembro de 1787, e preparado para submeter o poder dos Estados em uma República federativa de dimensões continentais.

No final do século XVIII, o termo "federal" significava liga ou aliança de Estados em oposição à forma centralizadora e unitária do Estado Nação – e, no argumento de Montesquieu, o termo "República federativa" servia para designar as comunidades políticas em expansão. Ao se auto-declararem "federalistas", durante os debates da Convenção Constituinte, em 1787, e em artigos publicados nas páginas do *Independent Journal*, em Nova York, entre outubro de 1787 e agosto de 1788, três protagonistas da Revolução Americana – Alexander Hamilton, James Madison e John Jay –, estavam apresentando e defendendo vigorosamente um projeto de República inédito. A federalização norte-americana vinha embutida na invenção do "esquema da representação", o eixo pelo qual toda a nova estrutura da República se deveria movimentar. Proposto por Madison, o sistema funcionaria como uma dobradiça bem azeitada que articulava as duas pontas de sustentação da estrutura federal da República. Em uma delas estava instalado o mecanismo de preservação de parte da autonomia dos Estados; na outra ponta, as condições de sua fusão em uma comunidade muito maior[5]. O termo "federal" entrava em cena para qualificar a nova República: diferente da forma confederada, na qual a coesão de pequenas Repúblicas dotadas de soberania provém geralmente de um tratado, o federalismo norte-americano indicava um sistema novo, de proporções continentais, constituído por um governo central com capacidade de regulação nacional, exército permanente, controle de arrecadação de receita e manejo das relações internacionais.

Os revolucionários de 1817 não tinham como ignorar as novidades constitucionais do federalismo criado pela Revolução Americana; mas nenhum deles jamais tirou da cabeça a convicção de que a adoção de um governo central com amplos poderes punha em perigo os particularismos regionais. A inovação constitucional de uma República Confederada era mais do que suficiente: trazia a chave para frear o poder deslocando-o do centro para a periferia – e essa chave estava detalhada nas páginas do *Recueil*. A tese de que a soberania era principalmente legislativa, residia nas províncias e não podia ser compartilhada foi atraente demais para os pernambucanos, como fora, em 1789, também para os mineiros.

Entre o final do século XVIII e as primeiras décadas do século XIX, "República" havia se tornado uma palavra importante e significativa para muita gente, capaz de revelar o que aquelas pessoas pensavam a respeito do que estavam fazendo e sobre os valores e expectativas que compartilhavam em seu comportamento público. Era uma palavra que suscitava grandes esperanças e seu enraizamento no território do que um dia seria o Brasil constitui uma narrativa rica, agitada e repleta de peripécias que culmina em quatro momentos fortes da nossa história política – as Conjurações ocorridas nas Minas, no Rio de Janeiro e em Salvador durante as últimas décadas do século XVIII e a Revolução de 1817, em Pernambuco[6].

A Coroa tinha ficado surda e ineficiente e as razões dos colonos nas Minas, em 1789, no Rio de Janeiro, em 1794, ou na Bahia, em 1798, foram muito práticas. Eles estavam à procura de um vocabulário que os ajudasse a compreender a própria insatisfação com

---

5. Baron de Montesquieu, *Do Espírito das Leis*. Para o argumento federalista norte-americano, ver James Madison, Alexander Hamilton e John Jay, *Os Artigos Federalistas 1787-1788*, Rio de Janeiro, Nova Fronteira, 1993. Para o "esquema da representação", ver James Madison, "O Federalista nº. 10", *Os Artigos Federalistas 1787-1788*; Renato Lessa, "Política: Anamnese, Amnésia, Transfigurações", em Adauto Novaes (org.), *O Esquecimento da Política*, Rio de Janeiro, Agir, 2007.
6. As ideias desse texto referentes a formação e consolidação de uma linguagem republicana no Brasil entre as três últimas décadas do século XVIII e as primeiras décadas do século XIX, estão desenvolvidas em Heloisa Murgel Starling, *Ser Republicano no Brasil Colônia: A História de uma Tradição Esquecida*, São Paulo, Companhia das Letras, 2018.

uma administração metropolitana que parecia indiferente e, pior ainda, parecia insensível à situação de insuficiência em que se encontravam. E, é claro, também precisavam de um repertório ágil que pudesse materializar-se em ação – especialmente para enfrentar uma conjuntura de crise. Mais reivindicativos e menos cautelosos a cada dia, em face da autoridade régia, esses colonos passaram a reconhecer no repertório fornecido pela tradição republicana um conjunto de ferramentas intelectuais e políticas que podiam ser mobilizadas, selecionadas, reelaboradas e aplicadas, conforme suas possibilidades, para dar sentido, explicar e intervir na conjuntura em que estavam vivendo[7].

Eles estavam cheios de idéias. Os moradores da América portuguesa se apropriaram de um vocabulário que fazia parte de uma longa tradição republicana e preparou terreno às Conjurações não só no plano dos conceitos e soluções políticas, mas também no dos símbolos e da imaginação. Nas três Conjurações não é difícil reconhecer o uso desse vocabulário: "bom governo"; "soberania", "justiça"; "bem comum"; "direitos"; "felicidade pública"; "autogoverno"; "América"; "liberdade". Também está presente no repertório das Conjurações certa coloração normativa própria a um combinado de valores usados para regular os modos de convivência entre pessoas com diferenças consideráveis umas com as outras, mas que têm igual direito de fazer parte da mesma comunidade política: o valor da *vita activa*; o afeto da amizade e da compaixão; o amor à pátria.

E existe consistência de uso em relação aos princípios da República comuns a algumas de suas principais matrizes, a começar pela italiana, do Humanismo Cívico – a experiência política das cidades-repúblicas da Itália, ao tempo do Renascimento. Da mesma forma, as matrizes do republicanismo originárias da Revolução Americana e da França mantiveram uma relação intensa e dinâmica com a imaginação política da América portuguesa. A primeira matriz se formou durante o processo revolucionário que começou com a luta entre os colonos da América inglesa e a Grã-Bretanha e se encerrou na ratificação e na emenda da Constituição nacional. A matriz francesa, por sua vez, teve início nas primeiras décadas do século XVIII, alcançou os olhos do mundo durante a Revolução de 1789, e se estendeu até a implantação da Terceira República, na década de 1870, do

---

7. Para a formulação de que ideias e conceitos são o concentrado de inúmeros significados e experiências historicamente determinadas, ver Reinhart Koselleck, *Futuro Passado: Contribuição à Semântica dos Tempos Históricos*, Rio de Janeiro, Contraponto/Ed. PUC-Rio, 2006. Para a natureza dos processos de absorção de idéias em realidades históricas periféricas e em conjunturas específicas, ver John Pocock, *The Machiavellian Moment: Florentine Political Thought and the Atlantic Republican Tradition*, Princeton, Princeton University Press, 1975; Bernard Bailyn, *As Origens Ideológicas da Revolução Americana*; Angela Alonso, *Idéias em Movimento, A Geração de 1870 na Crise do Brasil-Império*, São Paulo, Paz e Terra, 2002.

século XIX. O repertório da Revolução Americana reluziu nos serões de Vila Rica e nas comarcas do Rio das Mortes e do Serro Frio. A matriz francesa expandiu o debate sobre a necessidade de leis capazes de conjugarem os ideais de igualdade democrática com a liberdade republicana, e marcou presença tanto nas reuniões da Sociedade Literária e nas boticas do Rio de Janeiro, quanto através dos panfletos manuscritos que anunciaram a "República Bahiense" nas ruas de Salvador, em 1798[8].

Em Minas, no Rio de Janeiro e na Bahia, os conjurados entendiam que "República" alude a uma comunidade política soberana e autogovernada por seus cidadãos, cujos modos de convivência são regulados por um conjunto de valores; mas nomeia, igualmente, um tipo de governo que conta com uma administração zelosa do bem público. Esse duplo entendimento para o significado de "República" tanto tende a enfatizar o compromisso com a idéia de liberdade em oposição aos regimes de tirania onde um – ou alguns – governam em vista de si mesmo e segundo sua própria vontade, quanto resgata a disposição de reconhecer a qualidade da gestão daquilo que é de interesse coletivo ou comum – e que era próprio da maneira como os colonos qualificavam as atividades das Câmaras Municipais, com todos os seus vícios e virtudes.

A linguagem republicana forneceu aos colonos um jeito de se falar, combinar soluções e alternativas políticas opinar e colocar bem a vista de todos, os próprios pensamentos a respeito do ideal de liberdade. Não era um ideal unívoco. O primeiro atributo da liberdade que eles desdobraram de uma nova e alargada compreensão de República veio da noção de soberania, e isso significava a disposição de se darem leis e decidirem sobre o próprio destino. O entendimento do atributo da soberania foi o fermento da Conjuração Mineira, o mais importante movimento anticolonial da América portuguesa no campo das idéias e o primeiro a adaptar um projeto claramente republicano para a Colônia[9]. Essa Conjuração – disso às vezes nos esquecemos – antecedeu a Revolução Francesa; os conjurados tinham os acontecimentos revolucionários nas antigas Treze Colônias Inglesas no primeiro plano de seu raciocínio.

8. Para as principais matrizes formadoras da tradição republicana, ver Newton Bignotto (org.), *Matrizes do Republicanismo*. Para as apropriações dessas matrizes nas Conjurações, ver Heloisa Murgel Starling, *Ser Republicano no Brasil Colônia...*, São Paulo, Companhia das Letras, 2018.

9. Para o mundo atlântico revolucionário, ver Lester Langley, *The Americas in the Age of Revolution (1750-1850)*, New Haven, Yale University Press, 1996. Para as conexões da Conjuração Mineira no plano das ideias, ver Kenneth Maxwell, "Uma História Atlântica", *O Livro de Tiradentes; Transmissão Atlântica de Ideias Políticas no Século XVIII*; Heloisa Murgel Starling, *Ser Republicano no Brasil Colônia...*, São Paulo, Companhia das Letras, 2018.

Ao final do século XVIII, esse vocabulário adquiriu potência e foi em torno das noções de "República" e "Democracia" que o ideal de liberdade se expandiu na América portuguesa. "República" e "Democracia" eram ambas palavras arregimentadoras, consideradas, por isso mesmo, suspeitas e perniciosas pelas autoridades portuguesas; também favoreciam o tema da insurreição, encarnavam o combate ao tirano e a uma velha ordem monárquica mais ou menos absolutista, repleta de instituições corrompidas. No limite, eram duas palavras capazes de desencadear as energias cívicas de uma população ávida e impaciente por participação na condução dos negócios públicos. A repercussão da Revolução Francesa no território da colônia, a partir de 1789, se encarregou de tornar as coisas piores, ao menos do ponto de vista das autoridades: a vinculação entre "República" e "Democracia", além de suspeita, desembocava no perigo de concretização da ameaça democrática, sempre referenciada a excessos e carregada de características negativas.

A idéia de Democracia era ameaçadora por aquilo que evocava: a igualdade entre diferentes. Por essa razão, Democracia estava associada à anarquia, desordem, tumulto social, governo de vadios e tirania de muitos. Mas as duas Conjurações ocorridas no Brasil durante a década de 1790 – no Rio de Janeiro, em 1794, e em Salvador, em 1798 – viraram essa associação ao avesso e garantiram que o uso da palavra "República", entre nós, incluísse o aprendizado da Democracia. Os conjurados cariocas utilizavam "Democracia" de olho na reconstrução que Rousseau fez do conceito: o exercício do poder não poderia ser privilégio de um só[10]. A tonalidade forte dessa concepção de Democracia vinha de seu apelo igualitário. Um dos líderes da Conjuração do Rio de Janeiro, o poeta Luís Inácio da Silva Alvarenga, acentuou esse apelo durante os interrogatórios da Devassa e defendeu o argumento de que o exercício da Democracia exige estabelecer qual é a dimensão da igualdade pertinente em um contexto de convenção legítima, isto é, comum a todos: "[...] não havendo entre os sócios uma pessoa superior às outras, ou por nascimento, ou por empregos, que pudesse conter os sócios nos seus decentes deveres, por serem todos iguais, não havia melhor modo [o modo democrático] para seu regime que o por ele lembrado no seu segundo apontamento"[11].

---

10. Conforme previsto pelo artigo 2 do Estatuto de 1794 da Sociedade Literária do Rio de Janeiro. Auto de continuação e ratificação de perguntas feitas a Manuel Inácio da Silva Alvarenga, *Autos da Devassa: Prisão dos Letrados do Rio de Janeiro, 1794*, Rio de Janeiro, Eduerj, 2002, p. 208. Para o argumento de Rousseau, ver Jean-Jacques Rousseau, *Discurso Sobre a Origem e os Fundamentos da Desigualdade entre os Homens*, São Paulo, Abril Cultural, 1978.
11. Auto de continuação e ratificação de perguntas feitas a Manuel Inácio da Silva Alvarenga, *Autos da Devassa: Prisão dos Letrados do Rio de Janeiro, 1794*, p. 205.

A pergunta "quem são os iguais?", está embutida no argumento que Silva Alvarenga defendeu desabrido diante da Devassa e é decisiva para que República e Democracia consigam se combinar numa mesma linguagem política, por conta da dúvida que levanta e da pergunta que traz. A pergunta indaga sobre se é justificável a desigualdade real, se não é injusto imputar tratamento desigual a indivíduos que, como sublinhou o próprio Silva Alvarenga, possuem idêntico valor. A dúvida, por sua vez, indica que o mundo mudara e também indaga se não é moralmente necessário corrigir tal desigualdade. Ainda mais notável, porém, é o alcance e a radicalidade dessa combinação entre República e Democracia quando ela se encontra com o modelo revolucionário francês: não há como conceber a liberdade sem a igualdade. Melhor dizendo: não podem existir leis para a defesa da liberdade que permitam o desenvolvimento de desigualdades extremas[12].

O momento mais espetacular desse aprendizado democrático aconteceu em Salvador, quando os conjurados de 1798 defenderam um igualitarismo radical onde ecoavam os traços do jacobinismo francês. Eles encarnaram no povo o poder de legislar e transformaram em participantes ativos dos assuntos públicos os homens livres pobres, na sua maioria, crioulos e mulatos, negros livres e escravos, organizados nas ruas e com liderança política própria. Era uma novidade e tanto. Em 1789, nas Minas, quando se procurou pela primeira vez integrar igualdade e República, os conjurados conseguiram garantir a extensão da igualdade legal a uma faixa intermediária bastante heterogênea da população, embora isso não se tenha traduzido automaticamente na extensão do reconhecimento da igualdade de poder. Já no Rio de Janeiro, em 1794, onde se tentou avançar concretamente na expansão da natureza inclusiva do republicanismo, o princípio da igualdade passou de fato a contemplar indivíduos egressos de estratos sociais muito diversos, mas desde que a extensão do laço igualitário ainda fosse estabelecida a partir de um ponto bem determinado: o lugar do semelhante, daqueles indivíduos capazes de compartilhar um campo de identificações e interesses comuns.

Na Bahia a conversa foi outra. Os rebeldes pretendiam incorporar à cidadania pessoas desiguais econômica e socialmente, com interesses opostos e, eventualmente, muito distintos uns dos outros. Lucas Dantas e João de Deus, duas lideranças decisivas na

---

12. Para a associação liberdade e igualdade na matriz francesa da tradição republicana, ver Jean-Jacques Rosseau, *Discurso Sobre a Origem e os Fundamentos da Desigualdade entre os Homens*. Ver, também, Jean-Jacques Rosseau, *Do Contrato Social*, São Paulo, Abril Cultural, 1978, especialmente, Livro II, cap. XI; Hannah Arendt, *Da Revolução*, São Paulo, Companhia das Letras, 2011. Para a importância de Rousseau na formação da matriz francesa da tradição republicana, ver Newton Bignotto, *As Aventuras da Virtude: As Ideias Republicanas na França do Século XVIII*, especialmente, cap. 2 e 3.

trajetória da Conjuração, em um de seus últimos encontros discutiram calorosamente sobre a melhor maneira de aliciar novos adeptos para um movimento político cuja eclosão militar lhes parecia ser iminente. E Lucas Dantas insistiu no argumento de que a felicidade era fácil de entender; bastava construir uma República disposta a viabilizar o espaço de passagem para a igualdade:

> Quando lhes falar [aos novos adeptos], diga-lhes assim: o Povo tem intentado uma revolução, a fim de tornar essa Capitania em Governo Democrático, nele seremos felizes; porque só governarão as pessoas que tiverem capacidade para isso, ou seja, brancos ou pardos ou pretos, sem distinção de cor, e sim de juízo, e é melhor do que ser governado por tolos, e logo os convencerá[13].

República e Independência

No dia 3 de março de 1817, a República foi proclamada no Brasil – em Recife. A Revolução de 1817 impôs uma conjuntura política completamente nova nas possessões americanas do Império português. Pela primeira vez, parte do território do Brasil materializou uma experiência de autonomia provincial, rompeu com o centralismo da Corte instalada no Rio de Janeiro, propôs um projeto constitucional e vocalizou um programa político de governo na forma de uma República de vocação federalista.

Era só o começo. Em 3 de maio a República do Crato foi instalada no Ceará. E nos anos que se seguiram, os pernambucanos continuaram em pé de guerra. A província contestou o projeto de Império brasileiro encabeçado pela Corte instalada no Rio de Janeiro, com uma longa seqüência de eventos políticos de natureza mais ou menos local: o movimento de Goiana, em 1821; a junta de Gervásio Pires Ferreira, entre 1821 e 1822; a junta dos Matutos, entre 1822 e 1823[14]. O ciclo revolucionário iniciado com a Revolução de 1817 se estendeu até 1824 quando Pernambuco hasteou sua própria bandeira cravejada com representações da República e do federalismo e conjurou nova revolução: a Confederação do Equador afirmou a autonomia de Pernambuco, reim-

---

13. "Perguntas a Joaquim José de Santa Anna. A Inconfidência da Bahia em 1798: Devassas e Sequestros", *Anais da Biblioteca Nacional,* Rio de Janeiro, Biblioteca Nacional, 1920-1921, vol. 45, p. 119. Ver, também, Luís Henrique Dias Tavares, *História da Sedição Intentada na Bahia em 1798 ("A Conspiração dos Alfaiates")*, São Paulo, Pioneira, Brasília, INL, 1975, p. 100.
14. Para esses eventos, ver Evaldo Cabral de Mello, *A Outra Independência; O Federalismo Pernambucano de 1817 a 1824*, São Paulo, Editora 34, 2004.

plantou a República, e convidou os vizinhos do Norte a aderirem – Piauí, Ceará, Rio Grande do Norte, Alagoas, Sergipe, Paraíba. Em 2004, o historiador Evaldo Cabral de Mello deu um nome definitivo a esse ciclo: *A Outra Independência*[15].

É bem verdade que, em Pernambuco, o sentimento autonomista tinha história. Os pernambucanos se enxergaram na guerra holandesa, ocorrida na segunda metade do século XVII, de uma maneira cuidadosamente idealizada. Graças a essa idealização, contudo, eles foram capazes de fabricar um imaginário político característico do nativismo pernambucano com potencial simbólico e força retórica suficientes para abrigar reivindicações de soberania e autonomismo político ao longo de dois séculos. Esse imaginário conseguiu transitar ativamente por dentro da estrutura social, capturar seus extratos intermediários e se repartir entre as camadas populares. Emerso dele, o nativismo pernambucano e sua comprida história de soberania e autogoverno serviu para mobilizar o apoio de diferentes setores da sociedade a partir de 1817 – deu forma e acabamento ao projeto alternativo da Independência e acendeu o pavio da Confederação do Equador, em 1824 e da Revolução Praieira, entre 1848 e 1849[16].

Às vésperas da Confederação do Equador, Frei Caneca, talvez nosso primeiro pensador republicano, se encarregou de alinhavar o formato final do argumento emancipacionista que Pernambuco vinha elaborando, de diferentes maneiras, desde a Restauração. "Nós estamos, sim, independentes, mas não constituídos", sustentou categórico, em 1824, repisando o discurso em que a autonomia provincial tinha prioridade sobre a forma de governo:

> O Brasil, só pelo fato de sua separação de Portugal e proclamação da sua independência, ficou de fato *independente*, não só no todo como em cada uma de suas partes ou províncias; e estas independentes umas das outras. Ficou o Brasil *soberano*, não só no todo, como em cada uma de suas partes ou províncias. Uma província não tinha direito de obrigar outra província a coisa alguma, por menor que fosse; nem província alguma, por menor e mais fraca, carregava com o dever de obedecer a outra qualquer, por maior e mais potentada. Portanto, podia cada uma seguir a estrada que bem lhe parecesse, escolher a forma de governo que julgasse mais apropriada às suas circunstâncias, e constituir-se da maneira mais conducente à sua felicidade. Quando aqueles sujeitos do *sítio do Ipiranga*, no seu exaltado entusiasmo, aclamaram a s. m. i., e foram imitados pelos aferventados fluminenses, Bahia podia constituir-se *república*; Alagoas, Pernam-

---

15. Evaldo Cabral de Mello, *A Outra Independência: O Federalismo Pernambucano de 1817 a 1824*.
16. Evaldo Cabral de Mello, *Rubro Veio. O Imaginário da Restauração Pernambucana*, São Paulo, Penguin & Companhia das Letras, 2021.

buco, Paraíba, Rio Grande, Ceará e Piauí, *federação*; Sergipe d'El Rei, *reino*; Maranhão e Pará, *monarquia constitucional*; Rio Grande do Sul, *estado despótico*[17].

Optar pela República em 1917 incluía, é claro, a necessidade de reler o repertório legado pelo próprio passado colonial. Mas exigia principalmente criatividade e esforço de seus partidários; afinal, eles precisaram lidar da melhor maneira possível com a circunstância de desenvolver a arquitetura de uma nova forma de governo. Confrontados com a questão da forma – o que é; o que deve ser; o que é possível fazer, em uma determinada conjuntura, para resolver o problema da composição de uma República –, os revolucionários de 1817 conceberam uma solução engenhosa que combinava o sistema confederado com um até então inédito projeto de ordenação constitucional.

Elaborar uma Constituição capaz de resolver o problema da soberania das províncias e, ao mesmo tempo encontrar uma forma estável de governo, era uma novidade e tanto – e entender o processo de criação constitucional como fundamento da prática legislativa definiu o momento em que a Revolução de 1817 se encontrou mais fortemente ligada às idéias próprias a uma linguagem republicana. Entretanto, o trabalho ficou incompleto e o projeto constitucional da República não se institucionalizou.

Havia, decerto, entre os membros do governo revolucionário, a proposta de convocar imediatamente um corpo constituinte dedicado a estabelecer uma forma constitucional inédita como solução para o exercício do governo. Contudo, eles estavam, ao mesmo tempo, dominados pela urgência de dar sentido, explicar e intervir na conjuntura em que estavam vivendo. Afinal, era preciso assumir a liderança, tornar operacional uma entidade confederada com as demais províncias, preparar-se para enfrentar as tropas imperiais – os revolucionários, ao que parece, decidiram confiar na prudência. Uma Constituinte deveria ser convocada no prazo de até um ano; do contrário, a junta governativa do Recife seria extinta e o processo de criação constitucional ocorreria fundamentado pela representação[18], um momento particular em que a sociedade suspende seu funcionamento cotidiano para afirmação da soberania popular.

Naturalmente, não deu tempo – a República caiu em maio de 1817. Mas, talvez, os revolucionários tenham postergado a Constituinte porque estavam divididos quanto

---

17. *Typhis Pernambucano*, n. XXI, 10 jun. 1824, Evaldo Cabral de Mello (org.), *Frei Joaquim do Amor Divino Caneca*, São Paulo, Editora 34, 2001, pp. 463-64 (grifos no original). Ver também Frei Joaquim Caneca, *Obras Política e Litteraria*, Recife, Universidade Federal de Pernambuco, 1972, 2 vol.
18. Projeto de Lei Orgânica, *Documentos Históricos da Biblioteca Nacional do Rio de Janeiro*, vol. CIV, pp. 16-23; Francisco Muniz Tavares, *História da Revolução de Pernambuco em 1817*, Recife, Imprensa Oficial, 1917, cap. V.

a uma questão ainda mais explosiva: a extensão dos direitos de igualdade. Era de se esperar que a República de 1817 concebesse a reorganização da sociedade em torno da idéia de cidadania e, de alguma maneira, isso aconteceu: a Revolução animou um tipo de sociabilidade pública que se desenvolveu forjada por relações horizontais de reciprocidade e ancorada no patriotismo. No Recife, porém, o patriotismo tornou-se uma palavra espinhosa – ao menos para as autoridades do Rio de Janeiro. Ser patriota era ser cidadão; combinava uma paixão política com um dever moral e articulava tudo isso à reivindicação de autogoverno. A palavra ganhou força, entrou para o repertório republicano do século XIX brasileiro e se espalhou. "Patriota" significava desfrutar de certo igualitarismo militante entre pessoas que pensavam da mesma forma, bravejar contra o governo imperial num clima de confiança mútua, não passar despercebido ou permanecer anônimo na cena pública[19].

Em 1817, a dificuldade dos revolucionários não estava em o sujeito ser patriota, isto é, expressar uma identidade republicana e convidar os demais a aderirem a ela. O problema era outro: aceitar – ou não – estender às camadas mais pobres da população o princípio do patriotismo e confirmar o pressuposto de que homens pobres livres negros e mulatos poderiam interagir com os demais extratos da sociedade pernambucana como iguais. O problema era ainda mais espinhoso: a igualdade parecia estar ao alcance de todos, inclusive durante as manifestações cívicas que ocorriam num clima de festa e congraçamento político no Campo do Erário, hoje Praça da República, no extremo norte da ilha de Santo Antonio, no Recife. "Vossa Mercê não suportava chegasse a Vossa Mercê um cabra com o chapéu na cabeça e bater-lhe no ombro e dizer-lhe: adeus, Patriota, como estais, dá cá tabaco, ora toma do meu"[20], indignou-se o físico-mor João Lopes Cardoso Machado, a quem cabia a fiscalização da produção e circulação de medicamentos nas boticas, em carta a um compadre.

Uma vez feita, a promessa de igualdade pode não ser cumprida, mas não morre mais. A situação ia piorar e João Machado ainda teria muito assunto para horrorizar

---

19. Para "patriota", no Recife, ver Denis Antonio de Mendonça Bernardes, *O Patriotismo Constitucional: Pernambuco, 1820-1822*, São Paulo/Recife, Hucitec/Fapesp, UFPE, 2006; Frei Joaquim Caneca, "Dissertação Sobre o que Deve se Entender por Pátria do Cidadão e Deveres Deste para com a Mesma Pátria", em Evaldo Cabral de Mello (org.), *Frei Joaquim do Amor Divino Caneca*, pp. 53-100; Márcia Berbel, "Pátria e Patriotas em Pernambuco (1817-1822): Nação, Identidade e Vocabulário Político", em István Jancsó (org.), *Brasil: Formação do Estado e da Nação*, São Paulo, Hucitec/Fapesp, 2003.
20. Correspondência de João Lopes Cardoso Machado, 15 de junho de 1817, *Documentos Históricos da Biblioteca Nacional do Rio de Janeiro*, vol. CII, p. 12. Para as manifestações cívicas no campo do Erário, ver Denis Antonio de Mendonça Bernardes, *O Patriotismo Constitucional: Pernambuco, 1820-1822*, p. 209.

seu compadre: "Os cabras, mulatos e criolos andavam tão atrevidos que diziam éramos todos iguais, e não haviam de casar senão [com] brancas, das melhores", escreveu, na mesma carta[21]. A mensagem era clara: a Revolução de 1817 virou Recife de cabeça para baixo, mas a escravidão e tudo o que dela decorria política e socialmente permanecia do lado de fora da República. Aliás, no mesmo lugar onde a deixaram os conjurados mineiros, cariocas e baianos.

Mais cedo ou mais tarde, a tensão iria explodir. Em fevereiro de 1823 batalhões de pretos e pardos tomaram Recife e Olinda de surpresa por oito dias, escorraçaram a Junta dos Matutos – o governo provincial – que fugiu para o interior da província e aclamaram o governador de armas, antigo capitão do Regimento de Artilharia, Pedro da Silva Pedroso, negro, jacobino, e revolucionário de primeira hora, em 1817. A agitação cresceu depressa demais, escapou do controle das autoridades e assumiu o feitio de insurreição com forte componente racial. "Se Pedroso puder criar um governo não veremos pessoas brancas participarem dele"[22], anotou meio apavorado em sua correspondência com Paris, o cônsul francês em Recife que enxergava no levante de 1823, os ecos da Revolução do Haiti.

O cônsul não exagerou. O compromisso de Pedroso sempre foi público. "É a minha gente", explicou aos membros do governo que o criticaram depois de uma festa num subúrbio onde foi visto rodeado pela população negra. Era mesmo. No dia 8 de janeiro de 1823, Pedroso chamou o povo à rebelião e fez questão de sublinhar seu componente racial: "Morram os caiados!" ordenou, atordoando até aqueles que o conheciam. E completou: "Para que não aparecem eles agora, que os havíamos de fazer em postas"[23]. "Caiado", é bom dizer, servia para nomear pejorativamente a elite de Pernambuco que se embranquecia – isto é, se caiava de branco – à medida que enriquecia.

A situação ia piorar. Quem se insurgiu em 1823 no Recife tinha, de fato, em mente a Revolução do Haiti. A associação era tão manifesta, declarou um depoente à Devassa aberta logo após a derrota do levante, ao ponto de se ouvir pela cidade e em Olinda "os mais ridículos moleques falar na ilha de São Domingos, e que toda essa terra pertencia

---

21. Correspondência de João Lopes Cardoso Machado, 15 de junho de 1817, *Documentos Históricos da Biblioteca Nacional do Rio de Janeiro*, vol. CII, p. 12.
22. Citado em Evaldo Cabral de Mello, *A Outra Independência: O Federalismo Pernambuco de 1817 a 1824*, pp. 124-125.
23. Frei Joaquim Caneca, "O *Caçador* Atirando à *Arara Pernambucana* em que se Transformou o Rei dos Ratos José Fernandes Gama", em Evaldo Cabral de Mello (org.), *Frei Joaquim do Amor Divino Caneca*, p. 143.

mais a eles pretos e pardos do que aos brancos"[24]. A multidão associava Pedroso à figura de Cristovam – um ex-escravizado que comandou tropas revolucionárias, tornou-se general e chegou ao poder, em 1811, num Haiti destroçado pela guerra civil – e tratou de ir para as ruas do Recife rimar Abolição, Revolução e Convulsão Social: "Qual eu imito a Cristovam / Esse imortal haitiano / Eia! Imitai a seu povo / Oh meu povo soberano"[25].

Ao figurar o Haiti como referência política, a "Pedrosada", nome pelo qual o levante ficou conhecido depois, difundiu um imaginário de medo na população branca do Recife, fez do liberto um rebelde disposto a verter sangue e deu forma a uma nova sensibilidade republicana. Pela primeira vez, a linguagem do republicanismo no Brasil se encontrou com a revolução que aboliu a escravidão dos negros, depois de liquidar com três exércitos imperiais. Diante de uma linguagem já plenamente republicana, mas onde até então a ninguém ocorria que se acabasse a escravidão, a "Pedrosada" levantou espontaneamente a única matriz do republicanismo que integrou os africanos fora do seu continente à idéia de República e provou para o mundo que o sistema escravista era uma perversa circunstância histórica – e por isso mesmo mutável[26]. Daí por diante, a linguagem do republicanismo no campo dos direitos, da participação pública e da cidadania ingressaria, pouco a pouco, mas de forma sistemática, na formulação de discursos, tomada de decisões e rumos para enfrentar o que faltava: o pensamento abolicionista. E avançar na participação da construção do ativismo político de uma parcela da população negra – libertos e "homens de cor" como muitos brasileiros se auto-identificavam ao final do século XIX.

Essa linguagem conta a história de uma idéia de país buscando tornar-se realidade, no longínquo século XIX. Quem apostava nela, contudo, teria de se apressar. O futuro das idéias republicanas que se formaram, no Brasil, entre o final do século XVIII e as primeiras décadas do século XIX era incerto. E curto.

24. Motins de fevereiro de 1823 (traslados da Devassa), Projeto Pernambuco, Manuscritos, Biblioteca Nacional, Pasta 14, Documento 11, Arquivo 0353, p. 64.
25. Citado em Marcus Carvalho, "Rumores e Rebeliões: Estratégias de Resistência Escrava no Recife, 1817-1848", *Tempo*, vol. 3, n. 6, p.7, dez. de 1998. Para a "Pedrosada", ver também Evaldo Cabral de Mello, *A Outra Independência: O Federalismo Pernambuco de 1817 a 1824*; Luiz Geraldo Silva. "Igualdade, Liberdade e Modernidade Política; Escravos, Afrodescendentes Livres e Libertos e a Revolução de 1817", em Antônio Jorge Siqueira *et al.*, *1817 e Outros Ensaios*, Recife, Cepe, 2017; Wanderson Édipo França, "Gente do Povo em Pernambuco: Da Revolução de 1817 à Confederação de 1844", CLIO, vol. 1, n. 33.
26. Para a matriz haitiana, ver Lilia Moritz Schwarcz, "Matriz Haitiana", Lilia M Schwarcz e Heloisa M. Starling (org.), *Dicionário da República: 51 Textos Críticos*, São Paulo, Companhia das Letras, 2019.

CAPÍTULO IX

Memórias da Independência
Um Projeto Expositivo para Discutir o Bicentenário

PAULO CÉSAR GARCEZ MARINS

LUGAR DE MEMÓRIA POR EXCELÊNCIA da construção da identidade nacional brasileira, na acepção já clássica de Pierre Nora[1], o Museu do Ipiranga, uma das duas unidades do Museu Paulista da Universidade de São Paulo, consolidou-se nas últimas décadas como um espaço expositivo de revisão de postulados historiográficos, estimulado tanto por referenciais advindos dos estudos de cultura material quanto da história social. Praticado ao longo da maior parte do século XX como um local de consagração da história política de cunho positivista ou de monumentalização da memória das elites paulistas ligadas ao sertanismo, ao tropeirismo e à cafeicultura, o Museu abrigou, desde a gestão de Ulpiano Toledo Bezerra de Menezes (1989-1994), novas exposições que discutiam suas funções celebrativas e memoriais, tornando-se um espaço relevante para a atualização dos partidos expositivos e curatoriais até então vigentes em museus brasileiros.

Desde 2018, o Museu do Ipiranga vem passando por um amplo processo de restauro e ampliação de suas instalações. Tal intervenção busca adequar seus espaços a demandas atuais de acessibilidade e sustentabilidade ambiental, bem como dotá-lo de funcionalidades diversas, até então não disponíveis na edificação dada por terminada em 1890 e que sequer fora concebida para ser um museu. E paralelo à renovação de tais questões espaciais, o Museu também passará a acolher, a partir de sua reinauguração em setembro de 2022, um conjunto de onze exposições de longa-duração que serão voltadas à discussão tanto da sociedade brasileira e paulista, quanto do fazer museológico que o caracteriza. Além disso, na nova área de exposições de curta-duração no

---

1. Pierre Nora, "Mémoire et Histoire. La Problématique des Lieux", *Les Lieux de Mémoire – La République*, t. I, Paris, Gallimard, 1984, pp. XV-XLII.

novo piso em subsolo, erguido sob a esplanada fronteira à fachada principal do Museu, será inaugurada a exposição que constitui o objeto deste texto, denominada *Memórias da Independência*, sob curadoria de Maria Aparecida Menezes Borrego, Jorge Pimentel Cintra e Paulo César Garcez Marins[2].

Busca-se aqui explicitar os contornos conceituais e historiográficos dessa exposição inaugural da nova ala do Museu do Ipiranga, de modo a evidenciá-la como parte de um continuado esforço de revisão curatorial que move nos últimos 30 anos tanto o Museu Paulista da USP, quanto seus espaços expositivos no Ipiranga e em Itu[3], e que, neste caso, procura tomar as práticas memoriais do processo de Independência brasileiro – e de outros que lhes foram concorrentes – como tema e desafio curatorial para ampliar os debates em torno do Bicentenário da Independência e do próprio papel do Museu como lugar para desestabilização e revisão do imaginário nacional.

Revendo um Papel Memorial

A gestão de Ulpiano Bezerra de Meneses teve um papel reorientador decisivo para o Museu Paulista da USP e também para sua unidade em São Paulo, o Museu do Ipiranga. Foi a partir de então que, pela primeira vez de sua fundação, o Museu Paulista passou a ser uma unidade museal voltada exclusivamente à temática histórica. Já tendo deixado de possuir as sessões de artes, zoologia e botânica ao longo do século XX, foi na reforma implementada entre 1989 e 1990 que o Museu teve suas coleções e corpos profissionais ligados à Etnologia e Arqueologia pré-histórica transferidos para o novo Museu de Arqueologia e Etnologia da USP. Além dessa especialização, que punha fim ao que restava da antiga ambição de que fosse um museu enciclopédico, a instituição passava a ser conceituada a partir do Plano Diretor formulado por Bezerra de Meneses, que instituíra o conceito de curadoria solidária entre os diferentes segmentos do ciclo curatorial e o primado da cultura material como eixo de compreensão da socie-

---

2. A equipe conta ainda com a participação dos curadores-adjuntos Marcia Eckert Miranda (Unifesp), Carlos Lima Junior (PUC-SP) e Michelli Cristine Scapol Monteiro (MP/USP, Fapesp), sendo pesquisador assistente Eduardo Polidori Vila Nova de Oliveira. Projeto expográfico desenvolvido pelo Escritório Metrópole, sob liderança de Ana Paula Pontes e Anna Helena Villela, e supervisão de recursos educativos e de acessibilidade por Isabela Ribeiro de Arruda e Denise Carminatti Peixoto (MP/USP). Multimídias produzidos e dirigidos pelo Estúdio Preto e Branco.
3. Trata-se do Museu Republicano de Itu, inaugurado em 1923 no sobrado em que se realizou a sessão fundadora do Partido Republicano, em 1873.

dade. Esse Plano também instituiu as três linhas de pesquisa ainda em vigor no Museu Paulista: Cotidiano e sociedade, Universo do trabalho e História do imaginário. Esta última linha era aquela que se voltava a reflexão do próprio papel do Museu Paulista na construção memorial da nação, especialmente a partir da coleção de pinturas de história e de esculturas monumentais que foram apropriadas infinitamente pelos meios de reprodução visual que se difundiram ao longo do século XX.

Em texto angular publicado em 1994, denominado "Do Teatro da Memória ao Laboratório de História: A Exposição Museológica e o Conhecimento Histórico", Bezerra de Meneses fixara as bases epistemológicas de sua compreensão renovadora que cabia aos museus de história na contemporaneidade, por poderem assumir um papel crítico em relação à objetivação de memórias institucionalizadas, postura que colocava em cheque o próprio caráter excessivamente estético, sensório a que os museus de história tinham se dedicado desde o século XIX[4]. Concebidos como lugares de reflexão, de crítica e de difusão dos mecanismos de produção da consciência histórica sobre o passado e sobre as práticas de memória, a partir do esforço de tornar documentos, eivados de subjetividade, aquilo que se antes se veiculava e se compreendia absoluto, os museus históricos podiam enfrentar os desafios que já se renovavam naquela década finissecular, como o uso de recursos tecnológicos que atualizavam e potencializavam a tradição contemplativa dos museus de história. As reflexões de Bezerra de Meneses coincidiram temporalmente com a própria hipertrofia memorial apontada por Huysen, que tendia mais uma vez a afastar o passado de uma reflexão a ele crítica, em prol de um consumo apaziguador e mais uma vez alienante[5].

Essa postura desafiadora de Bezerra de Meneses encontrava no âmbito da linha de pesquisa História do imaginário um dos maiores vetores de seu exercício conceitual e de sua capacidade de renovar curatorialmente o Museu Paulista – e o Museu do Ipiranga – como um *locus* de reflexão sobre o papel das imagens nas configurações memoriais da sociedade brasileira do século XX. O acervo disponível para tanto era imenso e já encontrava sua pedra angular no mais conhecido item do acervo institucional – a pintura *Independência ou Morte!*, de Pedro Américo de Figueiredo e Mello. Presidindo o Salão Nobre (ou de Honra) do edifício desde 1895, espaço para o qual fora concebida e vice-versa, a pintura tornara-se, pela força de suas reproduções e desse próprio lugar pri-

---

4. Ulpiano T. Bezerra de Meneses, "Do Teatro da Memória ao Laboratório da História: A Exposição Museológica e o Conhecimento Histórico", *Anais do Museu Paulista: História e Cultura Material*, n. 2, pp. 9-42 e 75-84, 1994, São Paulo.
5. Andreas Huysen, *Seduzidos pela Memória*, Rio de Janeiro, Aeroplano, 2004.

vilegiado de legitimação, a própria imagem da Independência brasileira. Tal potência, aliás, sobrepunha-se a quase todo o restante da coleção, que jamais alcançou a mesma notoriedade ou difusão do que a pintura de Pedro Américo. Local, Monumento arquitetônico (depois Museu) e quadro, todos relacionados à Independência, cimentaram a equação material de celebração do Ipiranga como um privilegiado lugar de memória da nação, que seria renovado com as intervenções do Centenário (como na construção do *Monumento à Independência*, de Ettore Ximenes) ou do Sesquicentenário, ocasião em que os restos mortais de Pedro I foram inumados no Ipiranga. Livros didáticos, cédulas, selos, filmes, novelas e minisséries que citavam as convenções visuais do quadro do Ipiranga completaram as cadeias de difusão da pintura, cristalizando-a e a tornando imagem absoluta da Independência.

A exposição *Às Margens do Ipiranga*, realizada em 1990[6], lançara o edifício, a tela de Pedro Américo e os espaços decorados por Afonso Taunay para o Centenário da Independência de 1922 como tema e documento para a compreensão do papel que desempenharam na construção do imaginário nacional e do próprio processo de Independência[7]. As pinturas de história tornavam-se, assim, documentos, que permitiam reconstruir intensões narrativas e discursivas de artistas, intelectuais e membros das elites políticas durante a Primeira República. Essa exposição inaugural lançara as bases de uma possibilidade de finalmente começar-se a desnaturalizar as pinturas de história do Museu, que até ali cumpriam seu papel de "janela para o passado" e de instrumento para a visão exata do passado, ratificada pelo estado e pelo espaço solene do Museu.

A exposição *São Paulo Antigo: Uma Encomenda da Modernidade*, sob curadoria de Solange Ferraz de Lima e de Vânia Carneiro de Carvalho, assim como trabalhos de Miyoko Makino e especialmente os de Cecília Helena Lorenzini de Salles Oliveira, no que toca ao imaginário da Independência, foram centrais para estimular a compreensão do acervo de pinturas do Museu Paulista e das salas expositivas do Museu do Ipiranga como documentos imprescindíveis para a construção de imaginários relativos ao passado nacional e paulista[8]. Tadeu Chiarelli, Maraliz de Castro Vieira Christo,

---

6. Coordenada por Ulpiano Toledo Bezerra de Meneses, sob curadoria de Heloisa Barbuy.
7. Ver especialmente Ulpiano Toledo Bezerra de Meneses, "O Salão Nobre do Museu Paulista e o Teatro da História", *Às Margens do Ipiranga, 1890-1990* (catálogo de exposição), São Paulo, Museu Paulista/USP, 1990.
8. Solange Ferraz de Lima e Vânia Carneiro de Carvalho, "São Paulo Antigo: Uma Encomenda da Modernidade: As Fotografias de Militão nas Pinturas do Museu Paulista", *Anais do Museu Paulista: História e Cultura Material*, vol. 1, pp. 147-178, 1993, São Paulo; Miyoko Makino, "Ornamentação do Museu Paulista para o Primeiro Centenário: Construção de Identidade Nacional na Década de 1920", *Anais do Museu Paulista: História e Cultura Material*, vol. 10-11, pp. 167-195, 2003, São Paulo; Cecília Helena de Salles Oliveira, "O Espetáculo do Ipiranga: Mediações

Caleb Faria Alves, Ana Claudia Fonseca Brefe e Oseas Singh Junior [9] prosseguiram na tarefa de compreender as dimensões de produção, concepção e veiculação das pinturas de história do Museu, no que Claudia Valladão de Mattos contribuiu decisivamente por deter-se especificamente em *Independência ou morte!*, e em suas características de decoro que a tornavam uma visão assumidamente idealizada do momento do grito no Ipiranga e ainda tributária de modelos visuais consagrados na Europa[10]. Mais recentemente, uma nova geração de pesquisadores e estudos voltaram-se sistematicamente à coleção de pinturas de história[11] – e mais uma vez ao Salão Nobre e aos discursos visuais

---

entre História e Memória", ano de obtenção: 2000; Cecília Helena de Salles Oliveira, "O Museu Paulista da USP e a memória da Independência", *Cadernos do* CEDES, vol. 22, n. 58, pp. 65-80, 2002, Campinas; Cecília Helena de Salles Oliveira, "Retrato Ficcional e Implicações Historiográficas: A Figura de Gonçalves Ledo na Decoração Interna do Museu Paulista", *O Museu Paulista e a Gestão de Afonso Taunay: Escrita da História e Historiografia, Séculos* XIX *e* XX, São Paulo, Museu Paulista da USP, 2017, pp. 115-158.

9. Tadeu Chiarelli, "Anotações Sobre Arte e História no Museu Paulista", em Annateresa Fabris (org.), *Arte & Política: Algumas Possibilidades de Leitura*, Belo Horizonte, C/Arte/São Paulo, Fapesp, 1998, pp. 21-46; Maraliz de Castro Vieira Christo Christo, "Bandeirantes na Contramão da História: Um Estudo Iconográfico", *Projeto História*, vol. 23, pp. 307-335, 2002, São Paulo; Caleb Faria Alves, *Benedito Calixto e a Construção do Imaginário Republicano*, Bauru, Edusc, 2003; Ana Claudia Fonseca Brefe, *O Museu Paulista: Affonso de Taunay e a Memória Nacional, 1917-1945*, São Paulo, Editora Unesp, Museu Paulista, 2005; Oséas Singh Junior, *Partida da Monção: Tema Histórico em Almeida Júnior*, Dissertação de Mestrado, Universidade Estadual de Campinas, 2004. Também venho contribuindo com esse processo por meio de Paulo César Garcez Marins, "Nas Matas com Pose de Reis: A Representação de Bandeirantes e a Tradição da Retratística Monárquica Europeia", *Revista do Instituto de Estudos Brasileiros*, vol. 44, pp. 77-104, 2007, São Paulo; Paulo César Garcez Marins, "O Museu da Paz: Sobre a Pintura Histórica no Museu Paulista Durante a Gestão Taunay", em Cecília Helena de Salles Oliveira (org.), *O Museu Paulista e a Gestão de Afonso Taunay: Escrita da História e Historiografia, Séculos* XIX *e* XX, São Paulo, Museu Paulista da Universidade de São Paulo, 2017, pp. 159-191; Paulo César Garcez Marins, "Uma Personagem por sua Roupa: O Gibão Como Representação do Bandeirante Paulista", *Tempo*, vol. 26, pp. 404-429, 2020, Niterói.

10. Cláudia Valladão de Mattos, "Imagem e Palavra", em Cecília Helena de Salles Oliveira e Cláudia Valladão de Mattos (org.), *O Brado do Ipiranga*, São Paulo, Edusp, Museu Paulista, 1999; Cláudia Valladão de Mattos, "Da Palavra à Imagem: Sobre o Programa Decorativo de Affonso Taunay Para o Museu Paulista", *Anais do Museu Paulista, História e Cultura Material*, n. 6/7, pp. 123-145, 2003, São Paulo.

11. Michelli Cristine Scapol Monteiro, *Fundação de São Paulo, de Oscar Pereira da Silva: Trajetórias de uma Imagem Urbana*, Dissertação de Mestrado em Arquitetura e Urbanismo, Universidade de São Paulo, 2012; Fernanda Mendonça Pitta, *Um Povo Pacato e Bucólico: Costume, História e Imaginário na Pintura de Almeida Júnior*, Tese de Doutorado, Universidade de São Paulo, 2013; Pedro Nery, *Arte, Pátria e Civilização: A Formação dos Acervos Artísticos do Museu Paulista e da Pinacoteca do Estado (1893-1912)*, Dissertação de Mestrado em Museologia, Universidade de São Paulo, 2015; Carlos Lima Junior, *Um Artista às Margens do Ipiranga: Oscar Pereira da Silva, o Museu Paulista e a Reelaboração do Passado Nacional (1902-1922)*, Dissertação de Mestrado, Universidade de São Paulo, 2015; Michelli Cristine Scapol Monteiro, *São Paulo na Disputa Pelo Passado: O Monumento à Independência de Ettore Ximenes Como Lugar de Memória*, São Paulo, Publicações BBM [no prelo]; Eduardo Polidori Villa Nova de Oliveira, *Fundação de São Vicente, de Benedito Calixto: Composição, Musealização e Apropriação (1900-1932)*, Dissertação de Mestrado em Museologia, Universidade de São Paulo, 2018; Ana Paula Cavalcanti Simioni e Carlos

complementares entre os tempos do Império e de Taunay, para que as pinturas ali reunidas alcançassem eficácia narrativa, potencializando e sendo irrigadas pela força da tela de Pedro Américo.

Esse esforço de pesquisadores internos e externos ao Museu Paulista em tomar as pinturas de história como documentos para a compreensão de práticas e configurações sociais consolidaram a linha de pesquisa História do imaginário como um foco de renovação institucional, no âmbito da qual também se gestou a exposição *Memórias da Independência*, a ser inaugurada em 7 de setembro de 2022.

Revendo Memórias da Independência

A inquietação intelectual e curatorial em torno dos artefatos que construíram o imaginário nacional sugeriu como tema da primeira exposição de curta-duração, a partir da reabertura do Museu do Ipiranga em 2022, as diferentes práticas memoriais que se realizaram no país ao longo dos últimos duzentos anos. Optou-se, assim, por relativizar o protagonismo do Museu, do Ipiranga e da própria cidade de São Paulo na sedimentação das memórias sobre a Independência, por meio de uma visada aos outros dois centros urbanos que concorreram nessas narrativas – a cidade do Rio de Janeiro, Corte imperial e local de legitimação do poder do país independente, e Salvador, capital da Bahia e local das mais sangrentas batalhas pela consolidação da ruptura política, ali consumada em 2 de julho de 1823, data da Independência da Bahia e, por extensão, de consumação daquela do próprio Império sul-americano.

A curadoria estabeleceu como grandes marcos para o primeiro eixo da exposição os anos de 1822, 1872, 1922, 1972 e 2022, que não são tomados como períodos absolutos, mas como referenciais para práticas que se realizaram nos anos seguintes, estimuladas por esses cortes temporais.

O primeiro módulo se concentra, por um lado, nos esforços para se construírem imagens capazes de celebrar os momentos fundacionais do novo Império, como pinturas de história e gravuras retratando cerimônias oficiais como a aclamação e coroação de Pedro I, e que tem um ponto culminante no erguimento da primeira estátua equestre carioca, o *Monumento a Pedro* I, inaugurado na Praça da Constituição (atual Praça

---

Lima Junior, "Heroínas em Batalha: Figurações Femininas em Museus em Tempos de Centenário: Museu Paulista e Museu Histórico Nacional, 1922", *Museologia & Interdisciplinaridade*, ano 13, vol. 7, pp. 31-54, 2018, Brasília.

Tiradentes) em 1862, sob projeto de Mafra e execução de Louis Rochet, nos 40 anos da proclamação da Independência. O módulo também aborda as primeiras iniciativas de consagrar o Ipiranga como lugar memorial da Independência, bem como os relatos que procuravam narrar o percurso entre Santos e São Paulo no qual Pedro, ainda príncipe regente, foi surpreendido pela correspondência das Cortes de Lisboa no dia 7 de setembro de 1822.

O segundo módulo volta-se aos diversos esforços memoriais desencadeados pelo cinquentenário da Independência, comemorado em 1872, que levaram a iniciativas em São Paulo, Rio e Salvador. Na capital paulista, iniciaram-se os debates que levariam a construção do Monumento à Independência a partir de 1885, edifício projetado pelo italiano Tommaso Gaudenzio Bezzi, que seria declarado terminado (embora jamais com seu projeto inicial concluído) em 1890, já sob a República, e que abrigaria a tela *Independência ou Morte!*, para ele projetada e concluída em Florença em 1888. No Rio de Janeiro, focaliza especialmente o Monumento a José Bonifácio, inaugurado em 1872 e de autoria do mesmo Louis Rochet que executara a estátua equestre de Pedro I. Já em Salvador, o módulo aborda a trajetória de debates que levaram à inauguração, em 1895, do *Monumento ao 2 de Julho*, situado no Campo Grande e de autoria de Carlo Nicoli i Manfredini, que consolidara uma intenção celebrativa já manifestada na década de 1870. Também neste módulo, abordamos o cortejo realizado anualmente na capital baiana no dia 2 de julho, com a participação dos carros do caboclo e da cabocla, que atravessam o centro histórico a partir de seu lugar de guarda, o *Pavilhão 2 de Julho* situado no Largo da Lapinha.

O terceiro módulo documenta sobretudo a disputa entre as autoridades na capital federal e em São Paulo para dotar as duas cidades de espaços celebrativos e memoriais destinados à Comemoração do Centenário da Independência. No Rio de Janeiro, realizou-se a Exposição Nacional, que foi realizada nos moldes de uma exposição universal, com a presença de pavilhões nacionais e de países estrangeiros como Japão, Dinamarca, Suécia, Noruega, Tchecoslováquia, França, Itália, Reino Unido, Portugal, Bélgica, Estados Unidos, Argentina e México. Em São Paulo, os esforços giraram em torno da ampliação da monumentalização do Ipiranga, tornado ambiente de um sistema urbanístico composto por avenida, praça com o *Monumento à Independência*, jardim "francês" e Museu, conjunto inspirado diretamente no eixo parisiense que conecta a Étoile ao Louvre. Tais esforços foram, entretanto, marcados pela decepção, visto que todas as inaugurações previstas fracassaram, sendo entregues em sua maioria apenas em 1923. Aborda-se também o percurso oficial de Washington Luís entre Santos e São Paulo e o esforço da gestão Taunay em dotar o Museu do Ipiranga de salas e de obras de arte integradas ao edifício que foram uma quase reinauguração do espaço, embora parte dessas encomendas também não estivesse pronta em 1922, a exemplo da grande escultura em bronze de Rodolfo Bernardelli representando Pedro I, ausente da escadaria no dia 7 de setembro.

No módulo 1972, focaliza-se as iniciativas empreendidas pela ditadura militar para comemorar o Sesquicentenário, cujo grande cume foi certamente a cerimônia de inumação dos restos mortais de Pedro I na cripta do Monumento à Independência, de Ettore Ximenes. Um dos grandes temas do módulo é também a produção cinematográfica, que gerou o recordista *Independência ou Morte!*, de Carlos Coimbra, estrelado por Tarcísio Meira, Glória Menezes e Kate Hansen, tributário e gerador de convenções visuais sobre a Independência. A grande produção fonográfica celebrativa da Independência é também abordada, dado o intenso patrocínio oficial a hinos e canções exaltadoras de cunho nacionalista que alcançaram estrelas como Angela Maria. As tensões do período de exceção são também lembradas, por meio do filme *Os Inconfidentes*, de Joaquim Pedro de Andrade, um libelo contra a perseguição política e a tortura, e as caricaturas do *Pasquim*.

O último módulo do eixo principal da exposição é dedicado às obras de preparação do Museu do Ipiranga para sua reabertura em setembro de 2022, ação que é focalizada por meio de depoimentos colhidos entre as diversas equipes e perfis profissionais relacionados ao restauro do edifício-monumento, à construção da ampliação em área subterrânea e semi-enterrada, ao restauro do jardim e à concepção das exposições de longa e curta durações.

Tensionando Memórias de Independências

O segundo eixo da exposição *Memórias da Independência* foi concebido como um contraponto ao primeiro, voltado que foi às "outras" independências, expressão tomada de empréstimo ao historiador pernambucano Evaldo Cabral de Mello. O eixo tem por tema as iniciativas memoriais que procuraram celebrar a Revolução Pernambucana de 1817, a Confederação do Equador de 1824 e a Revolução Farroupilha, iniciada em 1834 e instituidora da República Riograndense ou Piratini. Tal opção procura favorecer a percepção de que o processo de Independência por todos reconhecido, o que se passou entre 1822 e 1823, não foi o único sofrido no atual território brasileiro, o que permite matizar mesmo a excessiva linearidade pela qual é narrada a construção do estado nacional brasileiro.

O módulo destinado às comemorações de 1934 e 1984 dão conta das iniciativas gaúchas de celebração de seu processo de independência, o único longevo entre os três abordados pela exposição, embora não consensual entre toda a população rio-grandense. O destaque do módulo recai sobretudo para a exposição realizada em Porto Alegre, no Parque da Redenção, em 1934, com numerosos pavilhões que procuravam emular o impacto do grande recinto da exposição de 1922 no Rio de Janeiro. O uso da pintura de história nessa exposição é também focalizado, bem como a produção de memorabilia amplamente consumida na capital gaúcha.

O módulo destinado às comemorações ocorridas entre 1917 e 2017 focaliza especialmente a produção de pintura de história realizada nas décadas de 1910 e 1920 para representar os mártires dos movimentos separatistas das capitanias do Norte, em que o Frei Caneca é por certo o herói de maior destaque. Telas de Murillo La Greca e de Antonio Parreiras são referenciadas e expostas no módulo, permitindo inclusive entender o circuito de encomendas de pinturas que dependia de investimentos pesados, que por vezes não permitiam que tais iniciativas memoriais não passassem de estudos preliminares em óleo sobre tela.

A escolha desses movimentos alarga o rol de cidades relacionadas à exposição, com o acréscimo sobretudo do Recife e de Porto Alegre. Almeja-se, assim, dar visibilidade a essa arena de capitais que se tornam locais de disputas simbólicas entre as elites governantes, com apoio de intelectuais, artistas, grupos empresariais, órgãos de imprensa, órgãos públicos e da própria população, que comparece em massa aos eventos patrocinados pelo estado.

Cabe ainda destacar que a exposição jamais pressupõe uma absorção passiva de tais iniciativas memoriais, o que permite mesmo tensionar a eficácia das práticas discursivas governamentais. O cortejo do 2 de julho, a única festa efetivamente popular a comemorar um processo de Independência no Brasil, é disso exemplo cabal, visto que as iniciativas de regramento absoluto do mesmo sempre foram recebidas com parcimônia pelos soteropolitanos.

A exposição dá também grande destaque às caricaturas, especialmente nos módulos dedicados a 1822, 1872, 1922 e 1972, de modo a evidenciar que as memórias propaladas pelas instâncias governamentais eram alvo de críticas, quando não de zombaria. Disso são exemplos não apenas as já mencionadas, e arriscadíssimas, caricaturas do *Pasquim*, mas aquelas que ridicularizavam os monumentos em bronze, os mais custosos e pretensiosos investimentos governamentais para as celebrações da Independência. Desde a estátua equestre de Pedro I até o concurso de maquetes para o Monumento à Independência do Ipiranga, realizado em 1919, foram numerosas as manifestações de desapreço aos monumentos, que em São Paulo ganharam inclusive os jornais da imprensa imigrante, que detratavam os concorrentes em prol de seus candidatos preferidos.

A curadoria da exposição objetiva, portanto, demonstrar os esforços memoriais necessariamente associados a uma dimensão de disputa, e de dissenso. É possível detectar, já desde a década de 1820, a ambição de tornar São Paulo, Rio e Salvador como lugares de comemoração e celebração do Império nascente. E tais intenções não recaem exclusiva e necessariamente em seus protagonistas políticos, mas, como é mais do que evidente no caso de Salvador, também em uma explícita evocação da participação popular alegorizada nas esculturas do caboclo e da cabocla que atravessam a cidade em seus respectivos carros. Nesse sentido, *Memórias da Independência* procura evidenciar não apenas os movimentos e sentidos de coesão que perpassam os processos memoriais oficiais, mas igualmente suas fraturas, suas dissonâncias e mesmo o caráter contestador de uma história unificadora e apaziguadora, que não se prestava às memórias de gaúchos, pernambucanos e seus vizinhos.

Marcado que foi, durante décadas, pela visão "paulistocêntrica" da formação nacional consolidada por Afonso Taunay, o Museu do Ipiranga pode, portanto, contribuir para uma revisão dessa mesma trajetória, contrastando seu próprio papel de altar da pátria. Papel esse que, por certo, jamais foi assumido integralmente como tal pelos muitos brasileiros que entendem ser o processo – ou os processos – de Independência mais plurais e violentos do que o marcado pelo culto à memória do brado proferido às margens plácidas do Ipiranga.

Parte 3
Territórios em Movimento

CAPÍTULO X

Nossas Províncias Africanas
Angola (Benguela) e a Independência do Brasil
(c. 1822-1825)

ROQUINALDO FERREIRA

Introdução

EM FEVEREIRO DE 1823, DOMINGOS Pereira Diniz, um homem negro, natural de Luanda, que servia como comandante militar máximo e presidente da Junta provisória de Benguela, na colônia portuguesa de Angola, convocou uma reunião de emergência para discutir acusações de secessionismo contra o *establishment* político da cidade. Diniz agia com a urgência de um homem sob pressão. Dizia-se que Benguela tinha aderido à causa do Brasil, que havia recentemente se tornado uma nação independente de Portugal. Diniz seria um dos líderes do movimento secessionista. Na tentativa de abafar tais rumores, e escapar de possíveis retaliações, instruiu seus subordinados a jurarem lealdade a Portugal e à sua recém aprovada constituição[1].

Tendo como fio condutor a trajetória de Diniz, esse capítulo discute os impactos da independência do Brasil sobre Angola. Em primeiro lugar, através de uma análise da repercussão dos jornais brasileiros em Luanda e Benguela, busca-se entender a circulação de notícias e ideias políticas no Atlântico sul. Em segundo lugar, o texto situa o movimento secessionista angolano no contexto da revolução liberal do Porto de 1820, que levou a reformas no aparato institucional do império – a mais relevante seria a criação de Juntas Provisórias de Governo na metrópole e suas colônias. Sem tal reforma, que deu voz às elites locais e, em Angola, enfraqueceu o poder metropolitano, Diniz nunca teria sido nomeado para o mais elevado cargo civil em Benguela. Por último, o texto faz

---

1. "Termo Feito pela Corporação Militar de Benguela", Arquivo Histórico Ultramarino (AHU), Angola, cx. 142, 4 jan. 1823.

análise de alegações de racismo feitas pelo próprio Diniz, numa tentativa de entender o contexto racial que cercou sua ascensão social.

As suspeitas contra Diniz tinham origem em ações tomadas enquanto chefe da Junta provisória de Benguela, sobretudo seu apoio a uma petição na qual cinquenta e cinco moradores da cidade apregoavam que Benguela "se faça aderente à obediência do governo e regência de sua alteza real o príncipe regente do Brasil"[2]. O comandante não só endossou a petição como a encaminhou ao Rio de Janeiro, onde a mesma foi publicada na *Gazeta do Rio*, porta voz oficial do governo brasileiro. Na altura, o jogo político da independência brasileira ainda estava em curso, e nem sequer estava claro, por exemplo, se as províncias do nordeste seguiriam a liderança do Rio de Janeiro. Mas a reação carioca foi de um mal disfarçado regozijo. "O que é mui digno de se observar é que os povos da costa d'África, situados em outro continente, aspirem a mesma vantagem de reunião ao centro [Brasil] que lhe fica mais próximo" do que Portugal[3].

De imediato, a petição secessionista transformou Benguela num teatro de operações do processo de independência do Brasil – algo absolutamente singular no contexto mais geral das independências latino-americanas. Mesmo sem emitir uma resposta oficial, o governo do Rio de Janeiro passou a enviar documentos oficiais para Benguela, entre os quais "decretos com o novo padrão do escudo de armas, de 13 de junho sobre o tratamento que se deve usar nos tribunais e mais repartições públicas, e de 10 de dezembro em que se marca a época da independência do brasil e da sua elevação à categoria de império"[4]. De certa forma, era como já se desse como certo que a cidade de fato se tornaria uma província ultramarina do Brasil. Como presidente da Junta Provisória de Benguela, os decretos foram recebidos por Diniz, que depois negaria ter jamais seriamente cogitado adotá-los.

Em larga medida, as aspirações secessionistas da elite de Benguela – composta principalmente por indivíduos que tinham enriquecido no desumano e violento comércio de escravizados – eram uma extensão lógica da relação profundamente simbiótica e multifacetada que a cidade tinha com o Brasil, particularmente com o Rio de Janeiro, que era o destino final da vasta maioria dos escravizados embarcados de lá. Em torno do tráfico transatlântico, emergiam complexas relações de natureza não só

---

2. *Gazeta do Rio*, n. 120, p. 603, 5 out. 1822.
3. *Gazeta do Rio*, n. 120, p. 603, 5 out. 1822. Para o contexto geral, ver Gilberto da Silva Guizelin, "'Província (de) um Grande Partido Brasileiro, e Mui Pequeno o Europeu': A Repercussão da Independência do Brasil em Angola (1822-1825)", *Afro-Ásia*, n. 51, pp. 81-106, 2015.
4. "Ofício de Luiz da Cunha Moreira", AHU, Angola, cx. 142, 2 jan. 1823.

econômicas – casas de comércio brasileiras financiavam o grosso do comércio de almas em Angola – mas também sociais e culturais. Filhos da elite benguelense, por exemplo, eram recorrentemente enviados ao Brasil para serem educados. Outros buscavam no país tratamento para aflições médicas. Do Rio, em momentos de seca ou para o aprovisionamento das forças militares de Benguela, vinham suprimentos alimentícios. Diante desse quadro, é natural que os benguelenses se sentissem mais ligados ao Brasil do que ao poder metropolitano representado por Portugal.

Jornais Brasileiros em Angola

Uma das dimensões mais importantes dos *fluxos e refluxos* entre Benguela e Rio de Janeiro, parafraseando a magistral expressão cunhada por Pierre Verger para se referir às complexas relações entre a Bahia e o Golfo do Benin, foi a circulação de jornais brasileiros em Luanda e Benguela, que permitia que elites locais acompanhassem acontecimentos políticos brasileiros de forma às vezes talvez tão imediata quanto residentes de províncias remotas do império brasileiro[5]. Em 1824, as autoridades de Luanda deram conta da chegada de jornais brasileiros em quatro navios recém-entrados do Brasil[6]. Traziam notícias do sucesso do governo do Rio de Janeiro contra o movimento autonomista pernambucano conhecido como Confederação do Equador[7].

Num certo sentido, os jornais brasileiros compensavam o fluxo descontínuo de notícias que Luanda e Benguela recebiam diretamente de Lisboa, que havia se tornado ainda mais intermitente em virtude das turbulências políticas que a independência do Brasil gerava no Atlântico Sul. Se os contatos diretos com Portugal já eram pequenos antes de tais conflitos, o quadro ficou ainda pior com a animosidade entre Brasil e Portugal. Em Luanda, temia-se até que a correspondência oficial com Portugal fosse violada no Brasil, que era ponto de escala quase obrigatório do "correio oficial" com Lisboa[8].

---

5. Em 1822, por exemplo, levou cerca de um mês – quase o mesmo tempo que a duração da travessia marítima do Rio de Janeiro para Benguela – para a população de Caetité, no sertão da Bahia, saber que o D. Pedro I havia sido proclamado imperador do Brasil. Ver Argemiro Ribeiro de Souza Filho, "As Juntas Governativas e a Independência: Multiplicidade de Poder na Bahia", em Teresa Malatian, Marisa Saenz Leme e Ivan Aparecido Manoel (orgs.), *As Múltiplas Dimensões da Política e da Narrativa*, São Paulo, Olho D'Água, 2004, pp. 51-63 e 57-59.
6. "Ofício do Governador de Angola", AHU, cód. 7183, fls. 24-25v, 1824.
7. "Ofício do Governador de Angola", AHU, Angola, cx. 147, 23 fev. 1825.
8. "Ofício do Governador de Angola", AHU, Angola, cx. 143, 14 out. 1823.

Um dos jornais que circulavam nas cidades era exatamente a *Gazeta do Rio*, que havia sido escolhida pelos benguelenses para publicar a sua petição secessionista. Um dos onze jornais criados no Rio em 1822, circulava amplamente fora do Brasil, chegando à Inglaterra e, principalmente, a Portugal, onde jornais locais costumavam reimprimir artigos anteriormente publicados na Gazeta[9]. Mais importante, embora tenha inicialmente sido uma espécie de porta-voz do *antigo regime* português, tinha se convertido à causa da independência do Brasil na altura em que a petição de Benguela[10]. Não foi por acaso, portanto, que os secessionistas de Benguela a escolheram para expressar suas aspirações de adesão ao Brasil.

A Gazeta do Rio precisa ser entendida no contexto mais geral da imprensa brasileira, após a chegada da família real portuguesa ao Rio de Janeiro em 1808, que levou ao surgimento de vários jornais, periódicos e panfletos. Tais publicações primeiro se voltaram para a divulgação de informações sobre acontecimentos no âmbito nacional e internacional, mas, depois, deram vozes a setores diversos da sociedade, se constituindo em arenas para vibrantes debates políticos[11]. Um exemplo da fase inicial foi o jornal a *Idade d'Ouro*, sediada em Salvador e criado em 1811, que costumava publicar notícias sobre eventos que tinham se passado no continente europeu[12].

---

9. Tereza Fachada Levy Cardozo, "'A Gazeta do Rio de Janeiro': Subsídios para a História da Cidade (1808-1821)". *Revista do Instituto Histórico e Geográfico e Brasileiro*, n. 371, pp. 341-436 e 397, 1991. Ver também Juliana Meirelles, *A Gazeta do Rio de Janeiro e o Impacto na Circulação de Ideias no Império Luso-Brasileiro (1808-1821)*, Tese de Mestrado, Unicamp, 2006, pp. 68-69, n. 93-5, 97. Para maiores informações sobre o lugar da Gazeta na política cultural da corte portuguesa no Rio de Janeiro, ver Juliana Meirelles, *Política e Cultura no Governo de d. João vi (1792-1821)*, Dissertação de Doutorado, Unicamp, 2013, pp. 264-79.
10. Marco Morel, "Da Gazeta Tradicional aos Jornais de Opinião": Metamorfoses da Imprensa Periódica no Brasil", em Lucia Bastos P. Neves, *Livros e Impressos: Retratos do Setecentos e do Oitocentos*, Rio de Janeiro, Eduerj, 2009, pp. 153-184 e 168-170; Marco Morel, "'Independência no Papel': A Imprensa Periódica", em István Jancsó (org.), *Independência: História e Historiografia*, São Paulo, Hucitec, 2005, pp. 617-636 e 630.
11. Marco Morel, *As Transformações dos Espaços Públicos: Imprensa, Atores Políticos e Sociabilidades na Cidade Imperial, 1820-184,* São Paulo, Hucitec, 2005, pp. 200-239. Para Salvador, ver Marcelo Siquara Silva, *A Cultura Letrada na Bahia (1821-1823), A Experiência da Independência Brasileira*, Tese de Doutorado, Universidade Federal da Bahia, 2018, p. 52. Ver também Hendrik Kraay, Celso Thomas Castilho, Teresa Cribelli, "Introdução: From Colonial Gazettes to the Largest Circulation in South America", em Hendrik Kraay, Celso Thomas Castilho e Teresa Cribelli (orgs.), *Press, Power, and Culture in Imperial Brazil*, University of New Mexico Press, 2021, pp. 1-31.
12. Argemiro Ribeiro de Souza Filho e Maria Aparecida Silva de Souza, "A Bahia na Crise do Antigo Regime: Aprendizado Político, Conflitos e Mediações (1808-1823)", em Cecília Helena de Salles Oliveira, Vera Lúcia Nagib Bittencourt e Wilma Peres Costa (orgs.), *Soberania e Conflito: Configurações do Estado Nacional no Brasil no Século XIX*, São Paulo, Hucitec, 2010, pp. 239-86 e 280. Ver Maria Beatriz Nizza da Silva, *A Primeira Gazeta da Bahia: Idade d'Ouro do Brasil,* São Paulo, Editora Cultrix, 1978. Para uma visão geral da imprensa e ideias políticas após a

O caráter político e engajado dos jornais e periódicos ganharia corpo com a revolução do Porto, que liberalizou a imprensa tanto em Portugal quanto no Brasil, abrindo espaço para discussões não só sobre a configuração política e institucional do país como também sobre a relação entre as diferentes províncias da jovem nação e o governo do Rio de Janeiro. Na Bahia, a agitação política através dos jornais se tornou tão intensa que algumas publicações foram banidas em 1821[13]. Em Pernambuco, enquanto jornais como *O Conciliador Nacional de* Pernambuco e *O Maribondo* tomavam partido pela independência do Brasil, outros (como *Segarrega*, por exemplo) desafiavam a liderança do Rio de Janeiro na nova ordem política que emergia[14].

Em Angola, jornais como *A Malagueta*, os mais populares dos jornais cariocas, com uma tiragem de 500 exemplares, tinham influência direta nos debates políticos em Luanda e Benguela[15]. Partidário da independência e veículo para artigos incendiários de autoria de seu editor, Luís May, foi objeto de referência direta na petição secessionista de Benguela. Nesta, os signatários elogiavam a "ardente e erudita Malagueta, primeiro despertador daquele reino [Brasil]". Afirmavam também que o jornal lhes dava inspiração para lutar pelos "sagrados direitos" e "marchar sobre os passos do Brasil", uma velada referência ao processo de independência brasileira, então em curso.

Nesse quadro, entende-se perfeitamente a tentativa – malograda, por sinal – de impedir a circulação de alguns jornais brasileiros em Angola, que atingiu não só a *Malagueta* como também um jornal chamado *Estrela*[16]. No caso deste, pesava contra a "maneira insolente com que fala das mais altas personagens portuguesas e do ministério de sua majestade e mesmo pelos seus princípios demagógicos" assim como a publicação de notícias falsas sobre o falecimento de altos funcionários do estado português – uma espécie de guerra psicológica com o provável intuito de causar incerteza entre as forças pró-Portugal no Brasil[17].

---

chegada da família real portuguesa ao Brasil, ver Andréa Slemian, *Vida Política em Tempo de Crise: Rio de Janeiro (1808-1824)*, São Paulo, Hucitec, 2006, cap. 3.

13. Siquara Silva, *A Cultura Letrada na Bahia (1821-1823)*, p. 53.
14. Mário Fernandes Ramires, *Palavras Impressas em Tempos de Luta: Periódicos Pernambucanos e os Debates Políticos ocorridos entre 1821 e 1824*, Dissertação de Mestrado, Universidade Federal de São Paulo, 2014, pp. 10, 40 e 152.
15. Isabel Lustosa, *Insultos Impressos: A Guerra dos Jornalistas na Independência (1821-1823)*, São Paulo, Companhia das Letras, 2000, pp. 155-161; Matías Molina, *História dos Jornais no Brasil*, São Paulo, Companhia das Letras, 2015, vol. I, pp. 208-215.
16. "Ofício do Governador de Benguela", AHU, cód. 449, fls. 12v.-13, 24 ago. 1824.
17. "Ofício do Governador de Angola", AHU, Angola, cx. 145, 6 ago. 1824.

Efeitos da Revolução do Porto

O secessionismo benguelense só faz sentido se visto à luz das tentativas de "recolonização" surgidas no bojo da revolução do Porto, cujo liberalismo reformista tinha cariz anti-absolutista mas também se caracterizava pela tentativa de desfazer o status quo nascido da invasão de Portugal por forças napoleônicas, em 1808, que tinha levado a família real portuguesa a buscar refúgio no Rio de Janeiro – algo sem precedente na história do colonialismo europeu[18]. O status de sede do império português transformou profundamente as relações de Portugal com o Brasil – algo já esmiuçado em vários estudos[19].

Menos estudados, no entanto, são os impactos nas relações da metrópole com colônias lusitanas na Ásia e na África, tanto em relação às engrenagens da máquina administrativa imperial como no forte simbolismo de uma colônia que ascendia ao status de sede do poder colonial. Ao invés de Lisboa, era no Rio de Janeiro que súditos portugueses em Goa, Moçambique e Angola buscavam soluções para assuntos administrativos e legais. Daí a reação dos benguelenses quando se deram conta que o Rio de Janeiro poderia perder o status de sede do império português. Diziam preferir tratar das suas pendências no Rio de Janeiro, onde "nós é fácil recorrer, e em menos de três meses voltarmos aos nossos lares", do que em Lisboa[20].

É importante ressaltar que a tentativa de reafirmar o lugar de Lisboa na ordem administrativa do império português esteve longe de ser o único impacto da revolução do Porto sobre as colônias lusitanas. Igualmente importantes foram as reformas políticas que desembocaram na criação das chamadas Juntas de Governo Provisórias, que encarnavam a emergência do poder constitucional em contraposição ao poder absoluto. De um lado, as juntas minavam o poder de governadores de capitanias, nomeados por Lisboa e representantes máximos do poder metropolitano nas colônias. De outro, da-

---

18. Lucia Bastos P. Neves, "Contra o Grão: Portugal e Seu Império Diante das Invasões Napoleônicas", em Ute Planert (org.), *Império de Napoleão: European Politics in Global Perspective*, Nova York, Palgrave, 2015, pp. 101-114.
19. Maria Odila Leite da Silva Dias, "A Interiorização da Metrópole", em Maria Odila Leite da Silva Dias (org.), *A Interiorização da Metrópole e Outros Estudos*, São Paulo, Alameda, 2005, pp. 7-39; Kirsten Schultz, *Tropical Versailles: Empire, Monarchy, and the Portuguese Royal Court in Rio de Janeiro, 1808-1821*, Nova York, Routledge, 2001; Maria de Fátima Silva Gouvêa, "As Bases Institucionais da Construção da Unidade dos Poderes do Rio de Janeiro Joanino: Administração e Governabilidade no Império Luso-Brasileiro", em Jancsó, *Independência*, pp. 707-752.
20. *Gazeta do Rio*, n. 120, p. 602, 5 out. 1822. Para o estabelecimento de instituições estatais no Rio de Janeiro após a chegada da família real portuguesa em 1808, ver Maria de Fátima Silva Gouvêa, "As Bases Institucionais da Construção da Unidade dos Poderes do Rio de Janeiro Joanino: Administração e Governabilidade no Império Luso-Brasileiro", em Jancsó, *Independência*, pp. 707-752.

vam voz às elites locais, que participavam não só do processo eleitoral para a escolha de membros das Juntas como também se tornavam elas próprias partes destes órgãos. Em Benguela, por exemplo, o número de eleitores que escolheu Diniz como presidente da Junta Provisória não parece ter passado de duas dezenas.

Até essa eleição, a carreira de Diniz tinha sido de natureza exclusivamente militar. Recrutado na tenra idade de treze anos, participaria de operações contra o comércio estrangeiro no norte de Luanda. Na altura, temia-se que a entrada de produtos ingleses e franceses através dos portos de Ambriz e Mussulo – fora da jurisdição portuguesa – se tornasse uma ameaça ao comércio de Luanda. Na visão do governo, produtos tradicionalmente levados para Luanda, tais como cativos, cera e marfim, seriam desviados para o norte em virtude dos preços altos que os estrangeiros ofereciam aos africanos. A performance de Diniz recebeu elogios de seus superiores, sendo vista como digna de "valor e honra" e caracterizada pela "prudência e acerto" no campo de batalha[21].

A transferência para Benguela veio depois de doze anos de serviço militar em Luanda, em 1800[22]. Faria a maior parte da carreira na cidade, obtendo várias promoções até chegar ao posto máximo da hierarquia militar, Sargento Mor de Benguela. A primeira promoção seria para o posto de tenente, quando foi então descrito como "oficial que serve há 19 anos com serviços atendíveis, [e] seis para sete anos que serve nesta praça em alferes"[23]. Nessa altura, a função mais importante que cumpria era a emissão de *bandos*, licenças para navios escravos que partiam para o Brasil[24]. Possuía vários cativos, alguns dos quais eram empregados como parte de sua milícia pessoal, e se beneficiava do tráfico na medida em que era proprietário de prédios que eram alugados para traficantes de escravizados[25].

É improvável que Diniz tenha alguma vez viajado ao Brasil, ao contrário de alguns dos seus pares nos corpos militares de Luanda e Benguela. Antonio José da Costa, um dos seus predecessores no posto de Sargento Mor, retornou para o Rio de Janeiro em 1796, com a esposa, depois de mais de vinte anos de vida em Benguela[26]. Noutro

---

21. "Carta do Coronel do Regimento de Infantaria de Luanda", AHA, cód. 258, fls. 120v.-121v, 2 jan. 1800.
22. "Ofício do Governador de Angola", BNRJ, doc. 22-2-59, fl. 35, 4 jan. 1800.
23. "Promoção para postos Vagos em Benguela", AHA, cód. 275, fls. 85-85, 25 jun. 1806.
24. "Bando do Bergantim Paquete Infante", AHA, cód. 519, fl. 48, 13 ago. 1810.
25. "Requerimento de Mahori", AHA, cód. 440, fl. 26v., 31 ago. 1812; "Portaria do Governador de Benguela", AHA, cód. 519, fl. 207, 5 set. 1816.
26. "Ofício do Governador de Benguela", AHA, cód. 442, fls. 14v.-15, 23 ago. 1796.

caso, José Severo Gama recebeu uma licença para fazer tratamento médico no Rio, em 1819[27]. No caso de Diniz, embora não pareça ter jamais cruzado o oceano, vivia numa sociedade forjada pelas relações com o Atlântico, o que iria ter peso direto nas decisões políticas que tomaria enquanto presidente da Junta Provisória de Benguela, incluindo o endosso às pretensões secessionistas da elite da cidade.

O ponto de viragem profissional veio em 1811, quando foi nomeado comandante de uma expedição punitiva enviada ao sertão de Benguela[28]. Durante a campanha militar, que durou cerca de um ano e tinha como alvo chefias africanas que tinham se rebelado contra o governo de Benguela, Diniz comandou cerca de 60 soldados profissionais e 55 homens de milícias recrutadas localmente (*guerra preta*)[29]. Numa das batalhas, foram apreendidas 66 cabeças de gado e o número de africanos escravizados (três africanas e seus filhos) ficou em torno de seis – número certamente muito abaixo do número total de escravizados[30].

Enquanto comandante da expedição, Diniz cumpria tarefas não só militares como também de mediação entre o governo de Benguela e chefias africanas. Serviu, por exemplo, de canal de comunicação quando dois africanos tentaram obter apoio do governo de Benguela contra o líder de um *sobado*[31]. Noutro caso, socorreu um soba chamado Mulundo, cujo súdito, Sungo, tinha sido capturado numa batalha entre africanos e levado para Benguela como cativo. Seria embarcado para o Brasil, destino evitado em função da intervenção de Diniz. Em nome de Mulundo, Diniz endereçou uma carta ao governador de Benguela na qual pedia que o embarque fosse adiado, dando, assim, tempo para o chefe africano providenciar o resgate do súdito[32].

Na esteira da expedição, Diniz escreveu um relatório no qual discorreu sobre a correlação de forças nos territórios em torno de Benguela. Demonstrando profundo conhecimento sobre as populações africanas, mostrava ceticismo em relação a planos de submeter sobados do interior ao jugo do governo através da força militar. Dizia que os africanos há muito dominavam o uso de armas de fogo e tinham acesso a uma quantidade significativa de pólvora. Ao contrário das forças militares do governo, que

---

27. "Ofício do Governador de Benguela", AHA, cód. 447, fl. 53, 27 jan. 1819.
28. "Portaria do Governador de Benguela", AHA, cód. 519, fl. 71, 21 mar. 1811; "Ofício de Domingos Pereira Diniz", AHA, cód. 445, fl. 96v, 10 set. 1811; "Ofício do Governador de Angola", AHA, cód. 507, fls. 4v.-5, 20 jun. 1812.
29. "Instrumento em Pública Forma", AHU, Angola, cx. 149, doc. 32, 18 jun. 1825.
30. "Carta do Capitão Domingos Pereira Diniz", AHA, cód. 445, fls. 124-125v., 3 fev. 1812.
31. "Ofício de Domingos Pereira Diniz", AHA, cód. 445, fls. 109 v.-110v, 6 nov. 1811.
32. "Ofício de Domingos Pereira Diniz", AHA, cód. 445, fl. 97, 16 set. 1811; "Ofício de Domingos Pereira Diniz", AHA, cód. 445, fl. 97, 23 set. 1811.

muitas vezes dependiam de recrutas africanos (*guerra preta*) pouco confiáveis e conhecidos pelas frequentes deserções, conseguiam mobilizar guerreiros com larga experiência militar. Para vencê-los, segundo Diniz, seria necessário um exército de pelo menos seiscentos homens armados[33].

O desempenho de Diniz esteve longe de ser objeto somente de elogios. Com efeito, dois anos depois da expedição, comerciantes de Benguela instaram o governo a organizar outra campanha militar contra *sobados* africanos, com o intuito de puni-los por ataques a caravanas que traziam mercadorias e cativos para a cidade. Fizeram então questão de citar a expedição liderada por Diniz como exemplo de uma operação mal administrada. Na opinião deles, a expedição "não foi mais do que um encadeamento de desordens, sem outro resultado mais do que deixar o gentio no conhecimento de que não há forças que o castiguem, e tornar-se por isto mais atrevido e absoluto"[34].

Apesar das críticas, não resta dúvida que a atuação na expedição influenciou positivamente na promoção de Diniz ao posto de Sargento Mor de Benguela, que o alçou ao topo do aparato militar da cidade[35]. Nesta qualidade, tratava de assuntos diversos com governadores de Benguela. Em 1813, por exemplo, foi responsável por deliberações sobre o caso de um desertor que postulava desligamento oficial do exército colonial depois de ter se refugiado no Bié, onde havia casado com a filha de um sertanejo brasileiro, José de Assunção Mello, que já há muito havia se estabelecido para negociar em cativos e marfim[36].

Aparato Militar e Relações Raciais

A dúvida é se Diniz teria sido alçado ao cargo máximo do aparato militar colonial se tivesse feito a carreira em Luanda. Na altura em que se transferiu para Benguela, a promoção de negros para cargos de alto oficialato nas tropas de Linha de Luanda colocava em pólos opostos o governador de Angola, Miguel Antonio de Mello, e membros da cúpula militar da cidade. De um lado, Mello dizia que homens pardos e negros

---

33. "Ofício de Domingos Pereira Diniz", AHA, cód. 445, fls. 135-137, 26 fev. 1812.
34. "Carta do Governador de Angola", AHA, cód. 323, fls. 105v.-106v, 24 maio 1814.
35. "Portaria do Governador de Benguela", AHA, cód. 519, fls. 106-106v., 14 maio 1812; "Portaria do Governador de Benguela", AHA, cód. 519, fl. 109, 9 jul. 1812.
36. "Portaria do Governador de Benguela", AHA cód. 519, fl. 122, 11 jan. 1813.

deveriam ser nomeados para cargos de comando, desde que "hábeis, para cargos da cúpula militar. Segundo ele, que se escorava na própria legislação portuguesa, o contrário seria "uma desigualdade de justiça muito estranha"[37]. No entanto, tal visão não era partilhada por membros do oficialato, os quais insistiam que posições de alto comando deveriam ser reservadas a homens brancos e que pardos e negros não deveriam ter acesso a tais postos[38].

Vale destacar que o próprio Diniz se dizia vítima de preconceito racial por parte do governo de Luanda. Numa petição em que solicitava o retorno a Benguela, depois de exilado em Luanda em função das acusações de secessionismo, acusaria o governador de Angola, Nicolau de Abreu Castelo Branco, de preconceito racial. Segundo ele, "uma das culpas ou defeitos que tenho com ele é sem dúvida ser indígena deste país e não vir de cor branca"[39]. Tal afirmativa seria corroborada por um episódio no qual teve o nome rejeitado para o posto de comandante da infantaria de Luanda. Apesar de possuir os requisitos de senioridade e liderança, seus pares se disseram receosos sobre possíveis reações à sua promoção. Na opinião deles, "sendo um homem negro, sua presença provocaria insatisfação entre outros oficiais do mesmo ramo das forças armadas"[40].

Se a condição de homem negro era um obstáculo em Luanda, provavelmente devido à maior concentração de portugueses brancos no aparato administrativo da cidade, não parecia constituir um grande impedimento em Benguela, onde a máquina administrativa era mais diversa e rarefeita. Em 1796, poucos anos antes da chegada de Diniz na cidade, o número de indivíduos não brancos que serviam no regimento de infantaria da cidade era substancial. De 85 militares, 52 eram negros e oito eram mestiços[41]. Tão ou mais importante era a presença de não brancos em posições de destaque na sociedade como um todo. Em 1798, indivíduos não brancos respondiam por cerca de trinta por cento (13) do número total de quarenta e quatro negociantes da cidade. Entre esses, estava Nazário Marques da Silva, um rico comerciante negro que havia nascido na Bahia[42].

---

37. "Carta do Governador de Angola", AHA, cód. 152, fls. 1v-8, 31 jul. 1800.
38. "Carta do Governador de Angola", AHA, cód. 152, fls. 1v-8, 31 jul. 1800.
39. "Requerimento de Domingos Pereira Diniz", IHGB, Dl. 125, 11. 02, 1 fev. 1827.
40. "Ofício do Governador de Angola", AHU, Angola, cx. 142, 22 jun. 1823.
41. "Mapa da Companhia de Infantaria de Benguela", AHA, cód. 441, fl. 10, 1796.
42. "Testemunho de Nazário Marques da Silva", AHU, Angola, cx. 84, doc. 9, fls. 29-30, 31 maio 1796.

Protagonismo Político

Na condição de Sargento Mor, Diniz se notabilizaria pelos choques com membros do *establishment* político de Benguela, particularmente o governador Manoel de Abreu de Mello e Alvim. Num dos incidentes, se opôs ao emprego da milícia para realizar patrulhamentos noturnos na cidade, sob argumento que essa tarefa deveria ser realizada por soldados sob seu comando[43]. Numa luta velada contra Mello e Alvim, seria acusado de espalhar *pasquins* com críticas contra o governador[44]. Tomaria partido de negociantes benguelenses quando um magistrado tentou controlar a entrada de caravanas do interior na cidade – o que feria os interesses comerciais da elite mercantil da cidade. Para evitar uma crise institucional, o juiz foi transferido para o Rio de Janeiro[45]. Na altura da eleição para a Junta Provisória de Benguela, portanto, Diniz era uma figura de proa cujos instintos políticos estavam plenamente formados.

As circunstâncias que fariam dele o presidente do órgão não são completamente claras. Numa primeira votação, teria sido eleito vice-presidente da Junta e representante dos militares, o que faz sentido dado o cargo de Sargento Mor[46]. A eleição daria margem a uma crise política, no entanto, depois que o governador de Benguela António Guedes Quinhones, que havia sido eleito presidente da Junta, se recusou a jurar as bases da constituição portuguesa. Segundo Diniz, teria havido então uma segunda eleição, da qual ele teria emergido como escolhido para o cargo de presidente da Junta. Quinhones, no entanto, dizia que o resultado refletia a influência que Diniz exercia na tropa de linha de Benguela. A eleição teria sido, portanto, uma espécie de *coup d'etat*[47].

De qualquer forma, o que é claro é que a ascensão política de Diniz não pode ser dissociada do quadro de instabilidade política derivado da revolução do Porto; um fenômeno que não esteve restrito a Benguela e que, na verdade, se manifestou em várias partes do império português. No caso da Bahia, onde as primeiras notícias sobre a revolução provocaram apelos à separação imediata de Portugal, logo se seguiu uma

---

43. "Portaria do Governador de Benguela", AHA, cód. 519, fls. 201v.-202, 5 set. 1816.
44. "Ofício do Governador de Benguela", AHA, cód. 447, fls. 46-53, 7 jan. 1819.
45. "Ofício do Governador de Benguela", cód. 446, fl. 89, 27 set. 1816; "Carta Régia", AHA, cód. 361, fls. 39v.-40, 13 dez. 1816.
46. "Representação de Domingos Pereira Diniz", AHU, Angola, cx. 143, 9 nov. 1822.
47. "Extrato de Ofício do Governador de Benguela", AHU, Angola, cx. 141, doc. 60, 11 jul. 1822; "Ofício do Governo Provisório do Governo de Benguela", AHA, cód. 448, fls. 16v.-17v., 30 mar. 1822; "Ofício do Governo Provisório do Governo de Benguela", AHA, cód. 448, fls. 18v-21, 22 abr. 1822.

declaração de lealdade às Cortes portuguesas.[48] Disputas políticas se traduziriam em confrontos armados entre partidários do constitucionalismo e adeptos do absolutismo em que centenas de pessoas perderiam a vida[49].

Volatilidade e protestos de ruas dariam o tom no Rio de Janeiro também. Segundo Manoel Patrício Corrêa de Castro, um dos deputados angolanos nas cortes de Lisboa, que fez escala no Rio a caminho de Portugal, o cenário político carioca era marcado por conflitos entre partidários da "democracia" e grupos que apoiavam o constitucionalismo português[50]. As disputas acabariam por levar o monarca português a endossar as bases da constituição, ainda em fase de redação em Lisboa[51]. Mas a medida foi um paliativo no quadro geral de instabilidade. Reivindicações pela adoção da constituição de Cádiz, bem como a liberdade de imprensa e liberdade individual, levariam a violenta repressão nas ruas do Rio de Janeiro[52].

A instabilidade política se estendeu a Pernambuco, epicentro de uma revolução anticolonial em 1817, que se tornaria palco de uma sedição militar em favor de um alinhamento imediato com a revolução liberal do Porto[53]. Uma das facetas da tensão política foi a escolha de um oficial que havia presidido a revolução de 1817 para a presidência da primeira Junta Provisória de Pernambuco[54]. Uma característica do processo

---

48. Souza Filho e Silva de Souza, "A Bahia na Crise do Antigo", p. 263.
49. Luís Henrique Dias Tavares, *Independência do Brasil na Bahia*, Salvador, EdUFBA, 2005. Para a participação de escravos e não-elites nos conflitos de Salvador, ver Hendrik Kraay, "Em Outra Coisa Não Falavam os Pardos, Cabras e Crioulos: O 'Recrutamento' de Escravos na Guerra da Independência na Bahia", *Revista Brasileira de História*, vol. 22, n. 43, pp. 109-126, 2022.
50. *Diario das Cortes Geraes e Extraordinarias da Nação Portugueza* (DCGENP), sessão de 21 de setembro de 1822, 43, p. 535. Ver também Lucia Bastos P. Neves, *Corcundas e Constitucionais: A Cultura Política da Independência (1820-1822)*, Rio de Janeiro, Revan, 2003.
51. Márcia Berbel, "Os Apelos Nacionais nas Cortes Constituintes de Lisboa (1821-1822)", em Jurandir Malerba, (org.), *A Independência Brasileira: Novas Dimensões*, Rio de Janeiro, FGV Editora, 2006, pp. 181-208; Alexandre Bellini Tasca, *Enredamentos: O Constituir Nacional entre Portugal e Brasil nas Cortes de Lisboa (1820-1822)*, Dissertação de Mestrado, Universidade Federal de Minais Gerais, 2016, p. 87.
52. Vera Lúcia Nagib Bittencourt, *De Alteza Real a Imperador: O Governo do Príncipe d. Pedro, de Abril de 1821 a Outubro de 1822*, Tese de Doutorado, Universidade de São Paulo, 2006, pp. 104-134.
53. Luiz Carlos Villalta, "Pernambuco, 1817, Encruzilhada de Desencontros do Império Luso-Brasileiro", *Revista USP*, vol. 58, 2003, pp. 58-91; Flavio José Gomes Cabral, "A Linguagem Política Oitocentista: Cartas, Panfletos, Versos e Boatos no Norte da América Portuguesa", *História Unisinos*, vol. 21, n. 2, 2017, pp. 259-69; Flavio José Gomes Cabral, "Os Efeitos da Notícia da Revolução Liberal do Porto na Província de Pernambuco e a Crise do Sistema Colonial no Nordeste do Brasil (1820-1821)", *Fronteras de la Historia*, n. 11, 2006, pp. 389-413.
54. Denis Bernardes, "A Gente Ínfima do Povo e Outras Gentes na Confederação do Equador", em Monica Duarte Dantas (org.), *Revoltas, Motins, Revoluções: Homens Livres Pobres e Libertos no Brasil do Século XIX*, São Paulo, Alameda, 2011, pp. 131-166.

político pernambucano foi o ceticismo e, por vezes, aberta hostilidade ao papel hegemônico que o governo do Rio de Janeiro assumira no movimento independentista. Com a separação de Portugal consumada, a tradição autonomista desembocaria na confederação do Equador, com as forças constitucionais de Pernambuco exigindo um status autônomo para a província nordestina[55].

É nesse contexto que o impacto – profundamente desestabilizador – da revolução do Porto em Angola deve ser entendido. Em Luanda, a reação inicial de protelar a criação de uma Junta Provisória gerou imediatos pedidos de demissão do então governador de Angola Manoel Vieira Tovar de Albuquerque. Numa carta anônima, dizia-se que "após as notícias de Portugal, muitos disseram que [Angola] deveria seguir Portugal e mudar o governo". Fazia-se também alusão a uma possível prisão de Albuquerque, que seria então enviado para o Rio de Janeiro, supostamente seguindo o exemplo do que as forças constitucionalistas de Pernambuco "haviam feito com um general [que era seu governador]"[56]. Além da carta anônima, duas petições escritas em nome do "povo" de Luanda foram enviadas para Lisboa acusando o então governador de Angola Joaquim Inácio de Lima de se recusar a jurar as bases da constituição liberal que estava sendo redigida em Lisboa[57].

Foi nessa altura que as notícias de que Benguela estava em vias de declarar adesão à causa do Brasil chegaram a Luanda. "Sabe-se por papéis públicos e por cartas particulares que há manejo oculto para essa província se unir à causa do Brasil, separando-se inteiramente da obediência às cortes, a el rei, e a esta capital". A resposta foi quase protocolar, num tom legalista, talvez refletindo incerteza sobre os propósitos exatos das elites de Benguela. "O Rio de Janeiro não pode atender ao pedido desta cidade porque ela pertence à África, não ao Brasil, nem esta cidade pode cortar laços [com Portugal] por sua própria vontade e sem ordens das Cortes"[58]. Depois de cogitar o envio de tropas, chegou-se à conclusão que o mais aconselhável seria a ida de dois emissários à Benguela – ambos membros da Junta provisória de Luanda.

---

55. Denis Bernardes, *O Patriotismo Constitucional: Pernambuco, 1820-1822*, Recife, UFPE, 2006. Ver também Andréa Lisly Gonçalves, "As Várias Independências: A Contrarrevolução em Portugal e em Pernambuco e os Conflitos Antilusitanos no Período do Constitucionalismo (1821-1824)", *Clio*, n. 36, 2018, pp. 4-27.
56. "Carta de Anônima", AHU, Angola, cx. 140, doc. 46, 26 mar. 1821.
57. DCGENP, sessão de 22 de julho de 1822, n. 63, p. 911; DCGENP, sessão de 12 de dezembro de 1821, n. 248, p. 1.
58. "Carta da Junta de Governo de Angola", AHA, cód. 156, fls. 62v.-64, 13 dez. 1822; "Ofício da Junta Provisória de Luanda", AHA, cód. 507, fls. 218v.-219v, 13 dez. 1822.

Lá os emissários foram recepcionados por Diniz, que refutou as acusações de secessionismo com o argumento que a petição enviada ao Rio de Janeiro pedia apenas a manutenção das relações privilegiadas entre as duas cidades. Não haveria nenhum intuito separatista. A Junta Provisória de Benguela nem sequer sabia que o Brasil estava em vias de se tornar independente de Portugal. Tratava-se apenas de resguardar os interesses mercantis e administrativos de Benguela. No caso do retorno para Lisboa do aparato judicial e administrativo, as elites da cidade prefeririam tratar das suas demandas no Rio de Janeiro e não em Portugal.

Tal justificativa seria, no entanto, prontamente rechaçado por João António Pussich, um governador de Benguela que tinha recentemente chegado à cidade e que logo se tornaria principal inimigo político de Diniz. Segundo Pussich, não só a Junta Provisória da cidade sabia que a independência brasileira era iminente, mas tal teria sido precisamente a motivação para o envio da petição. Pior: como o governo brasileiro tinha isentado Benguela de um decreto que proibia a navegação entre portos brasileiros e portugueses, o governador tinha se convencido que as autoridades brasileiras já davam como certo que Benguela se tornaria uma província ultramarina do império do Brasil[59].

Na visão de Pussich, Benguela seria um viveiro de secessionistas. Sem o contingente militar que o acompanhava, dizia o governador, não teria sido sequer autorizado a desembarcar na cidade[60]. Na liderança do "partido brasileiro", estaria Diniz "e seus sócios em revoluções contra a causa dos europeus e em favor do Brasil", uma opinião que o governador transmitiria diretamente a Cristóvão Avelino Dias, um recém-nomeado governador de Angola que então passava por Benguela a caminho de Luanda[61]. Na prática, exigia-se que Diniz fosse banido de Benguela. "O governador desta [província] João Antonio Pussich, três ou quatro dias depois de tomar posse, veio a bordo e disse a Cristóvão Avelino Dias que ele não tinha motivo de queixa contra o tenente coronel Diniz, mas que o temia, exigindo de Cristóvão uma ordem para ele se retirar para Luanda"[62].

Como se as muitas dúvidas sobre a lealdade em relação a Portugal já não fossem suficientes, a demanda de Pussich foi decisiva para o envio de Diniz para um exílio de vários anos em Luanda. Sem ele em Benguela, imaginava-se, os secessionistas perderiam não só um líder político mas também alguém que tinha influência direta sobre as tropas da cidade. De Luanda, o então ex-presidente da Junta Provisória de Benguela escreveria várias

59. "Ofício do Governador de Benguela", AHU, Angola, cx. 142, 8 maio 1823.
60. "Ofício do Governador de Benguela", AHU, Angola, cx. 142, 8 maio 1823.
61. "Ofício do Governador de Benguela", AHU, Angola, cx. 142, 13 maio 1823.
62. "Ofício do Governador de Benguela", AHA, cód. 449, fls. 70v.-71, 19 jan. 1826.

petições sobre as acusações que pesavam contra ele. Numa delas, admitia que membros da Junta Provisória de Benguela "há três anos tinham requerido a sua majestade unir-se ao Brasil". No entanto, faria duas importantes qualificações. Primeiro, diria que os secessionistas tinham logo mudado de ideia – em suas palavras, "desmaginado". Segundo, acrescentaria algo que, de certa forma, o redimia das acusações de secessionismo. Como ex-comandante militar máximo de Benguela, dizia que "um país tão pequeno e com tão poucos habitantes nada se podia fazer e tentar sem entrar a tropa"[63].

Conclusão

A trajetória de Domingos Pereira Diniz oferece múltiplos *insights* para entender os impactos da independência do Brasil em Angola. Sua ascensão social já estava em curso antes da eleição como presidente da Junta de Benguela, ilustrando como o exército colonial proporcionava oportunidades para indivíduos oriundos de Angola galgarem degraus na sociedade colonial. Tal ascensão se tornava possível em virtude das características especificas da sociedade litorânea de Benguela, onde homens negros como Diniz eram menos expostos ao preconceito de cor vigente na tropa de linha de Luanda. Enquanto membro da tropa de infantaria de Benguela, Diniz cumpria funções não apenas militares mas também como intermediário entre o governo de Benguela e chefias africanas no entorno da cidade.

Se o exército colonial estava na base da ascensão social, o protagonismo político precisa ser entendido tendo como pano de fundo o reformismo político trazido à tona pela revolução liberal do Porto. Em larga medida, as reformas se ancoravam na criação de juntas governativas que deram voz a elites locais cuja lealdade em relação a Portugal era, na melhor das hipóteses, ambígua. Em Benguela, o quadro se tornaria mais volátil pois o poder político se concentrava sobretudo na figura de governadores nomeados por Lisboa. Ali, as juntas governativas acabariam por servir como uma espécie de contraponto ao poder dos governadores, que eram vistos como representantes de interesses metropolitanos.

Na condição de presidente da Junta Provisória de Benguela, Diniz se tornaria figura de proa na cidade – não só comandante máximo da tropa mas também membro maior da cúpula política. Embora ele próprio não tenha, ao que parece, jamais cruzado o

---

63. "Requerimento de Domingos Pereira Diniz", IHGB, DL. 125, 11. 02, 14 jul. 1825.

Atlântico, tratava-se de uma comunidade eminentemente transatlântica, cujas relações com o Brasil ultrapassavam a dimensão puramente comercial derivada do violento e desumano tráfico transatlântico de escravizados. Assim como Luanda e várias cidades brasileiras (Rio de Janeiro, Salvador e Recife), Benguela era ponto fulcral de um espaço de intensa e constante circulação de notícias e ideias políticas.

É nesse contexto que o separatismo benguelense deve ser entendido. Era mais uma manifestação da simbiose multifacetada que balizava as relações entre Angola e Brasil. Intensas e plurais, tais relações tinham sempre se caracterizado pelas trocas culturais, econômicas e religiosas. A novidade, agora, era o viés político que assumiam, diante da independência do Brasil e em resposta às propostas de transformar Portugal, e não mais o Brasil, em parceiro preferencial (verdadeiro poder colonial) de Angola.

CAPÍTULO XI

Expansionismo e Crise:
A Independência do Brasil e a Província Cisplatina (1808-1828)

FABRÍCIO PRADO

A CENTRALIDADE DOS INTERESSES LUSO-BRASILEIROS no Prata é uma das mais marcantes características na formação do Brasil no contexto regional. Desde a segunda fundação de Buenos Aires, em 1580, passando pelo período de quase um século de domínio Português sobre a Colônia do Sacramento (1680-1777), e culminando com a incorporação da Banda Oriental como uma província do Império Luso-Brasileiro, a região do Prata foi central para os processos comerciais, políticos, econômicos, e sociais da formação do Brasil. A incorporação da Província Cisplatina, alias Estado Oriental (1816-1828), representou o ápice da política expansionista da Corte do Rio de Janeiro, e foi também um palco de conflitos intensos quando da independência do Brasil em 1822. A cisão entre tropas leais a Portugal e a D. Pedro resultou numa guerra civil entre forças luso-brasileiras na Província Cisplatina. O conflito no Estado Oriental fez com que a província tenha sido a última a jurar lealdade ao Império do Brasil, em 1824, e posteriormente, em 1825, tornar-se o único território perdido pelo Império após a independência. Em 1825, o caudilho oriental Juan Antonio Lavalleja iniciou a cruzada libertadora, que culminou na guerra da Cisplatina (1825-1827) e na independência do Uruguai, em 1828. Dessa forma, a independência do Brasil em 1822 foi o momento catalisador de tensões comerciais e políticas que abriram caminho para a independência do Uruguai. O presente capítulo examina a ascenção de uma hegemonia de comerciantes vinculados ao comércio com o Brasil e a predominância de portos brasileiro no movimento naval de Montevidéu entre 1817-1822. Tal processo enfraqueceu as conexões Atlânticas da cidade, que perdeu sua condição de porto de transbordo para Buenos Aires e outras províncias do interior, bem como manteve o *status quo* político e econômico do período colonial, com predomínio das oligarquias comerciais vinculadas ao comércio trans-imperial e ao Brasil.

Para compreendermos melhor a natureza da crise desencadeada pela independência do Brasil na Província Cisplatina, é necessário entender o contexto da independências hispano-americanas, assim como a centralidade do comércio marítimo para as elites de Montevidéu. Frente à crise de legitimidade desencadeada pela invasão napoleônica da Península Ibérica em 1808, diferentes projetos políticos emergiram nas colônias hispano-americanas. Historiadores da América Latina tendem a enfatizar diferentes motivos para a origem dos projetos revolucionários na América hispânica. Insatisfação com as reformas Bourbônicas, diferentes interesses econômicos regionais, faccionalismo entre elites, rivalidade peninsular versus *criollos* e, muitas vezes, a disposição das elites locais para estabelecer livre comércio são fatores frequentemente apontado como razões para o surgimento de projetos autonomistas e independentistas no início do século XIX[1]. O livre comércio normalmente aparece nas histórias das guerras de independência da América hispânica como uma bandeira política revolucionária e republicana. Recentemente, novos estudos sobre as motivações e discursos políticos de grupos monarquistas e leais a Espanha durante o período das revoluções, vêm demonstrando a diversidade de tipos sociais, projetos políticos e diferentes motivações entre indivíduos que resistiram às independências na América Espanhola. A manutenção e estímulo ao comércio internacional foi uma preocupação central das elites comerciais e políticas coloniais no início do período que se caracterizaria como a era das independências (1810-1828). No Rio da Prata, tanto os projetos políticos revolucionários centrados em Buenos Aires quanto o projeto federalista Artiguista combinavam ideais republicanos e de livre comércio. Montevidéu, entretanto, tornou-se o mais importante bastião lealista e monarquista no Atlântico sul espanhol. Para parte das elites de Montevidéu, o projeto monarquista estava intimamente conectado à manutenção e ao controle das redes de comércio trans-Atlântico vinculadas ao Brasil e outros mercados do Atlântico Norte.

Este capítulo apresenta uma análise detalhada da evolução comercial e política de Montevidéu durante o período entre 1810 e 1822 ressaltando a relação entre a manu-

---

1. Leslie Bethel (org.), *The Independence of Latin America*, Cambridge University Press, 1987; John Fisher, "Commerce and Imperial Decline: Spanish Trade with Spanish America 1797-1820", *Journal of Latin American Studies*, vol. 30, pp. 459-479, 1998; John Lynch, *Latin American Revolutions, 1808-1826: Old and New World origins*, Norman, University of Oklahoma Press, 1994; Jay Kinsbruner, *Independence in Spanish America*, Albuquerque, University of New Mexico Press, 2000. Em menor grau: J.H. Elliot, *Empires of the Atlantic World*, New Haven, Yale University Press, 2006.

tenção de redes de comércio trans-imperial controladas pelas elites políticas coloniais e os projetos políticos monárquicos, e especialmente da Província Cisplatina durante a década de 1810.[2] Historiadores do processo de independência política do Uruguai demonstraram a importância dos interesses de setores rurais, da transformação dos ideais políticos de soberania, bem como da ativação dos grupos populares de Montevidéu como fatores definidores para o desenrolar dos movimentos revolucionários na Banda Oriental[3]. Este capítulo demonstra a centralidade da manutenção das redes de comércio trans-imperial para o projeto político do Estado Cisplatino. A partir de 1810, em Montevidéu, os projetos políticos e econômicos monarquistas (primeiramente lealdade a Espanha e Fernando VII (1810-1814), seguido das intervenções Luso-Brasileiras e da Cisplatina (1816-1828) estiveram intrinsecamente ligados à manutenção de redes de comércio trans-imperial estruturadas ainda no período colonial. Neste sentido, a independência do Brasil, em 1822, desencadeou a crise do projeto Cisplatino, com a perda de controle sobre o porto de Montevidéu por dois anos, nos quais a presença brasileira perdeu o apoio de grande parte da sociedade e oligarquia comercial Montevideana. A recusa dos batalhões de Voluntários Reais Portugueses de jurar fidelidade a Dom Pedro, e a subsequente guerra civil entre Luso-Brasileiros levaram ao colapso da administração Cisplatina, a última província do Império a jurar lealdade a D. Pedro, em 1824. Não por acaso, no ano seguinte, em 1825, o caudilho Lavajella deu início a chamada "cruzada libertadora", buscando a independência da Banda Oriental.

Para além da questão política, este capítulo demonstra através da análise das variações dos fluxos do movimento comercial do porto de Montevidéu como o domínio brasileiro restringiu o movimento naval da cidade a intercâmbios com portos do Brasil

---

2. O presente artigo é uma versão abreviada e adaptada de uma pesquisa mais ampla publicada em "Comércio Trans--Imperial e Monarquismo no Rio da Prata", *Almanack*, Guarulhos, n. 24, ed.00819, 2020. Os principais projetos monárquicos emergentes no Rio de Prata foram o projeto Luso-Brasilero e os projetos lealistas e realistas que tentaram a manutenção da monarquia hispânica, e posteriormente, já durante a Cisplatina, que postulavam a retomada espanhola de Montevidéu e da Banda Oriental. Para uma análise detalhada dos projetos monárquico hispânicos ver Pablo Ferreira, "La Guerra de Independencia Española, Los 'Empecinados' y el Montevideo Leal, 1808-1814", *Pasado Abierto Revista del CEHis*, 4, jul.-dez., pp 41-60, 2016; Ana Frega, "Alianzas y Proyectos Independentistas en Los Inicios del Estado Cisplatino", *Historia Regional e Independencia del Uruguay*, Montevidéu, EBO, 2009; Fabrício Prado, *Edge of Empire: Atlantic Networks and Revolution in Bourbon Rio de la Plata*, Oakland, University of California Press, 2015.
3. Pablo Ferreira, "La Guerra de Independencia Española, Los 'Empecinados' y el Montevideo Leal, 1808-1814", *Pasado Abierto Revista del CEHis*, 4, jul.-dez., pp 41-60, 2016; Ana Frega, "Alianzas y Proyectos Independentistas en Los Inicios del Estado Cisplatino", *Historia Regional e Independencia del Uruguay*, Montevidéu, EBO, 2009; Rosa Alonso, Lucia Sala e Nelson de la Torre, *La Oligarquia Oriental en La Cisplatina*, Montevidéu, Pueblos Unidos, 1970.

e a outros pequenos portos regionais, fluviais. Durante a primeira metade da década de 1810, Montevidéu, lealista a Espanha e aliada à Corte Luso-Brasileira, experimentou o crescimento do comércio internacional. Ainda que rompendo politicamente com Buenos Aires, os comerciantes Montevideanos seguiam como o principal porto Atlântico no Rio da Prata. A partir de 1817, paulatinamente houve o incremento e a hegemonia de comerciantes negociando com o Brasil ou via mercadores brasileiros para aceder a produtos do Atlântico Norte. Tal hegemonia mostrou-se frágil e causou a perda de apoio de importantes setores vinculados às oligarquias comerciais de Montevidéu.

Lealdade e Comércio Trans-imperial

Entre 1810 e 1814, Montevidéu tornou-se o principal centro de defesa dos interesses da monarquia espanhola no Atlântico sul. Ainda baixo bandeira espanhola, importantes segmentos das elites comerciais e políticas efetivamente mobilizaram setores populares em defesa dos ideais monárquicos espanhóis[4]. Neste período, a cidade-porto não apenas manteve o controle sobre as redes de comércio trans-imperiais (legais e ilegais) com o Brasil, mas também aumentou seu volume de comércio com estrangeiros, incluindo comerciantes estadunidenses e britânicos[5]. Depois de cair sob o controle de forças revolucionárias – primeiro de Buenos Aires em 1814, e depois de José Artigas em 1815 – tropas portuguesas ocuparam Montevidéu em janeiro de 1817, quando a monarquia portuguesa conquistou a cidade. Consequentemente, de 1817 até 1828, Montevidéu e grande parte da Banda Oriental estiveram sob controle do Império Luso-Brasileiro[6].

Como um bastião monarquista e em oposição a Buenos Aires (1810-1825), Montevidéu experimentou um aumento no número de embarcações portuguesas, britânicas

---

4. Pablo Ferreira, "La Guerra de Independencia Española, Los 'Empecinados' y el Montevideo Leal, 1808-1814". *Pasado Abierto Revista del* CEHis, pp. 41-604, jul.-dez. 2016.
5. Para uma análise mais aprofundada sobre comércio transimperial e poder político no período colonial: Fabrício Prado.
6. Ainda que o domínio brasileiro tenha se extendido formalmente até 1828, a partir de 1822 o sistema cisplatino sofreu repetidas crises, pela resistência dos Voluntários Reais Portugueses fiéis a Portugal frente à independência do Brasil, assim como após 1825, período marcado por modificação do sistema de participação política local. Ver Fabio Ferreira, *O General Lecor, os Voluntarios Reais, e os Conflitos pela Independência do Brasil na Cisplatina: 1822-1824*, Tese de Doutorado, Universidade Federal Fluminense, 2012; Ines Cuadro Cawen, *La Crisis de Los Poderes Locales y La Construcción de Una Nueva Estructura de Poder Institucional en La Provincia Oriental Durante La Guerra de Independencia Contra el Imperio del Brasil (1825-1828)*; Ana Frega, "Alianzas y Proyectos Independentistas en Los Inicios del Estado Cisplatino", *Historia Regional e Independencia del Uruguay*, pp. 65-97.

e americanas entrando em seu porto. Em franca oposição aos movimentos revolucionários na vizinha Buenos Aires, assim como os projetos federalistas de Artigas, as elites mercantis da cidade aprofundaram seu compromisso com a manutenção da ordem e das instituições coloniais. Devido ao fato de que durante este período Montevidéu tenha perdido seu status de porto oficial de Buenos Aires, para as elites comerciais de Montevidéu, a manutenção de rotas comerciais e conexões com comerciantes estrangeiros foi uma preocupação central durante o período revolucionário. Para as elites Montevideanas, a manutenção do regime monárquico e das conexões com o Brasil representavam a manutenção do seu controle sobre as redes de comércio transimperial.

Na primeira metade da década de 1810, a atividade portuária de Montevidéu tornou-se mais dependente do comércio com estrangeiros. Entre 1810 e 1814, houve um aumento no número de navios portugueses, estado-unidenses e ingleses que entraram no porto da cidade. Na segunda metade da década, durante o domínio Luso-Brasileiro entre 1817 e 1822, o movimento naval do porto de Montevidéu apresentou um forte predomínio de intercâmbios com luso-brasileiros, nas trocas Atlânticas de Montevidéu. Ainda que embarcações Inglesas e Americanas entrassem no porto de Montevidéu, a cidade era apenas uma escala no trato com Buenos aires ou em outro giro. A centralidade do comércio e do movimento naval para a Cisplatina era tal que é a perda do porto de Montevidéu que inviabiliza a manutenção do projeto Cisplatino a longo prazo, levando a perda de suporte mesmo ante às suas elites comerciais.

Entre 1808 e 1814, um mínimo de 864 embarcações entrou no porto de Montevidéu (Tabela 1, página seguinte). Desse total, as embarcações espanholas representaram cerca de 53% (461), embarcações portuguesas 20,4% (176), embarcações britânicas totalizaram 14,8% (128), e navios dos Estados Unidos foram responsáveis por 10,7% (96) do movimento naval de Montevidéu. Vale ressaltar, no entanto, que dos 461 navios espanhóis que entraram nesse porto, pelo menos 31 fizeram escala em algum porto no Brasil a caminho para o Rio da Prata. Como resultado, mais da metade de todos os navios que entraram em Montevidéu partiram diretamente de um porto estrangeiro, com a América portuguesa sendo o porto de origem imediato para 24% de todos os navios que entraram no porto da cidade no período.

O volume do intercâmbio comercial entre Montevidéu e comerciantes estrangeiros no período entre 1810 e 1814 atingiu níveis nunca dantes registrados. Embora Montevidéu tenha de forma gradativa concentrado redes de comércio trans-imperial (legal e ilegal) desde a década de 1780, pela primeira vez mais da metade dos navios que entravam na cidade vinham de portos estrangeiros. Rio de Janeiro foi o principal porto estrangeiro de origem para os navios que entravam Montevidéu com um total de pelo menos 98 embarcações[7]. Outros portos de origem luso-brasileiros incluíam a Bahia (20 embarcações), e o termo genérico Costa do Brasil apareceu como a origem de 9 embaracações. Portos localizados geograficamente mais próximos, como Rio Grande (3) e Santa Catarina (1), foram insignificantes para o comércio de Montevidéu no período. Estes dados sugerem que a simples proximidade geográfica não era uma variável determinante para as redes de comércio trans-imperial. O caso de Montevidéu evidencia que antigas rotas e redes comerciais desenvolvidas durante o final do período colonial foram o principal fator que moldou os padrões de comércio com os luso-brasileiros e outros estrangeiros. As antigas redes conectando Sacramento com o Rio de Janeiro e Bahia, que depois passaram a operar desde Montevidéu após 1777, continuavam ativas e foram influências cruciais no processo independentista na região. Além das redes comerciais ligando Montevidéu ao Brasil, depois de 1812, o Rio de Janeiro tornou-se a sede de um ministro espanhol encarregado de representar a Junta Espanhola na Corte Portuguesa. Como resultado, o Rio de Janeiro apareceu não apenas como um *hot-spot* comercial para Rio da Prata, mas também como um centro político monarquista.

Tabela 1 – Entrada de Embarcações no Porto de Montevidéu						
Ano / Bandeira	Espanhol	Português	Inglês	EUA	Outros	Total
1808	58	11	10	4	1	84
1809	83	23	29	5	1	141
1810	118	30	56	24	1	229
1811	91	25	23	50	2	191
1812	60	26	10	9	0	105
1813	37	40	0	0	0	77
1814	14	21	3	0	0	38

AGNU – *Ex-AGA Livro 95* – Aduana, Livro de Entrada de Embarcaciones.

Os portos britânicos serviram como a segunda ligação comercial mais importante para Montevidéu entre 1810 e 1814. Londres foi a origem de 62 navios, enquanto Liverpool e Belfast aparecem como porto de origem de meia dúzia de navios cada um. Navios britânicos, entretanto, muitas vezes vinham de portos como Hamburgo, do Mar do Sul, ou mesmo do Rio de Janeiro. Desde a transferência da corte Portuguesa para o Rio

---

7. Dados sobre porto de origem não disponível para todos os casos.

de Janeiro (1808), a cidade tornou-se residência dos diplomatas britânicos encarregados dos assuntos de Portugal, Espanha e das colônias espanholas. Mais notavelmente, a primeira imprensa de Montevidéu, enviada pela corte portuguesa em 1809, chegou a bordo de uma embarcação britânica no Rio da Prata[8].

Dentre as embarcações dos Estados Unidos que entraram em Montevidéu os principais portos de origem eram Filadélfia, Charleston, Baltimore e Hamburgo. Newport, em Rhode Island e Norfolk, Virginia, aparecem como a origem de uma embarcação cada. Infelizmente, na maioria das chegadas registradas de navios norte-americanos, o porto de origem foi simplesmente registrado como "Estados Unidos" ou "Colônias Estrangeiras", o que dificulta um mapeamento mais detalhado das rotas envolvendo a América do Norte nesse período. O aumento acentuado no número de navios norte-americanos em 1810 e 1811 deve ser entendido dentro do contexto Atlântico. Desde 1797, embarcações norte-americanas desfrutavam de *status* de potência neutra nas águas atlânticas, mas, a partir de 1810, embarcações e mercadores norte-americanos passaram a desfrutar de tratamento privilegiado em portos sob controle da Coroa Espanhola devido ao papel crucial dos estadunidenses para o abastecimento de trigo e suprimentos para as tropas britânicas e espanholas que combatiam Napoleão na Guerra Peninsular[9]. Nos anos subsequentes, o virtual desaparecimento das embarcações dos Estados Unidos coincidiu com a eclosão da guerra de 1812.

Entre 1810 e 1814, fazendo uso de redes de comércio transimperial previamente estabelecidas, a comunidade mercantil de Montevidéu conseguiu manter com sucesso o fluxo mercantil. Além disso, enquanto as elites da cidade intensificaram suas conexões com os comerciantes portugueses e anglos, agentes montevideanos simultaneamente tentaram impedir comércio transatlântico direto de Buenos Aires através da emissão de patentes de corso a navios de Montevidéu contra embarcações *portenhas*[10]. A defesa da monarquia espanhola significou, para as elites de Montevidéu, não só a sanção oficial para o comércio com as potências estrangeiras, mas também uma ruptura política violenta com Buenos Aires.

---

8. *Gazeta de Montevideo*, "Apresentación" [1810], vol. 1, 1954, Montevidéu, Biblioteca de Impresos Raros Americanos.
9. Arthur P. Whitaker, *The United States and The Independence of Latin America, 1800-1830*, Nova York, W.W. Norton, 1964, pp. 1-20, 50-57, 119-120; Edward Pompeian, *Hermanos Americanos y Amigos Republicanos: Redes de Intercambio entre Venezuela y los Estados Unidos, 1797-1815; La Primera República de Venezuela: Reflexiones en su bicentenario, 1811-2011*, Caracas, Fundación Konrad Adenauer y la Universidad Católica Andrés Bello, 2012, pp. 167-179.
10. Archivo General de la Nación – Uruguay (AGNU), EHG, Cx. 107, exp. 73 y 93. 1812. JCB – Buenos Ayres, 1810-1819, B81 A962c, vol. 2, 1-Size. Proclama, Virrey Vigodet, Montevidéu, 1811.

O projeto legalista em Montevidéu recebeu forte apoio dos grupos mercantis da cidade ligados ao comércio trans-imperial. Comerciantes tradicionalmente vinculados ao comércio com estrangeiros e com o Brasil, como Matteo Magariños, Francisco Joanico, Manuel Diago, Carlos Camuso, Manuel Vidal e Juan Duran, emprestaram dinheiro à administração local. Entre 1810 e 1814, a comunidade de comerciantes de Montevidéu envolvidos com o comércio trans-imperial ganhou ainda mais proeminência na cidade-porto não apenas por utilizar seus recursos políticos e econômicos para apoiar o projeto monarquista, mas também para mobilizar apoio às instituições políticas do Antigo Regime (como os cabildos) para a manutenção da ordem vigente. O grupo de comerciantes envolvidos no comércio trans-imperial se tornou a facção comercial mais ativa em operação em Montevidéu. Tal processo é evidente na análise da atividade do porto de Montevidéu (Tabela 1), mas comerciantes estrangeiros que passaram pela cidade também observaram a proeminência e influência dos mercadores vinculados ao comércio trans-imperial na vida social de Montevidéu. A crise de legitimidade na Espanha permitiu às elites mercantis de Montevidéu expandir suas atividades no comércio atlântico e ao mesmo defender as instituições e o *status quo* coloniais.

Após um prolongado cerco militar, em 1814 as tropas de Buenos Aires conseguiram invadir e conquistar Montevidéu pondo fim efetivo ao domínio espanhol no Rio da Prata. O projeto político de Buenos Aires foi concebido em parte para canalizar o comércio marítimo para os portos controlados pelas elites *portenhas*, como Buenos Aires ou Ensenada de Barragán (considerado extensão jurídica de Buenos Aires). Além disso, as antigas rivalidades e o faccionalismo político eram variáveis importantes no novo arranjo do poder em Montevidéu. Após a queda de Montevidéu lealista, mercadores espanhóis, *criollos* e estrangeiros fugiram da cidade em busca de asilo no Rio de Janeiro, cidades europeias e norte-americanas (incluindo Matteo Magariños e Francisco Joanicó). A corte do Rio de Janeiro tornou-se não só um centro para a diplomacia europeia no Atlântico Sul, mas também um *hot spot* de comerciantes e políticos Montevideanos exilados.

O sucesso das forças *portenhas* no controle de Montevidéu foi de curta duração. Nas campanhas da Banda Oriental, o projeto revolucionário de Artigas ganhou tração e impôs uma campanha em oposição a supremacia de Buenos Aires na Banda Oriental[11]. Em 1815, as forças federalistas de Artigas invadiram e ocuparam Montevidéu, estabelecendo

---

11. Ana Frega, "Alianzas y Proyectos Independentistas en Los Inicios del Estado Cisplatino", *Historia Regional e Independencia del Uruguay*; Rosa Alonso, Lucia Sala e Nelson de la Torre, *La Oligarquia Oriental en La Cisplatina*, Montevidéu, Pueblos Unidos, 1970.

controle sobre todo o território da Banda Oriental (incluindo áreas anteriormente disputadas com Buenos Aires como Colonia do Sacramento). Artigas declarou o Estado Oriental soberano autônomo e fez dele um participante da Liga Federal de Pueblos Libres[12]. Controle de Artigas de Montevidéu, no entanto, tampouco durou muito tempo.

A ascensão do projeto Artiguista na Banda Oriental enfrentou forte oposição dos grandes comerciantes e estancieiros da Banda Oriental[13]. Ainda que grupos anti-Artigas e anti-revolucionários tivessem interesses heterogêneos, o apoio aos projetos monárquicos e de manutenção do *status quo* foram capazes de congregar elites com diferentes interesses imediatos. Especificamente comerciantes e terratenentes envolvidos com exportação de couros e produtos pecuários e comércio trans-imperial (com fortes ligações a portos luso-brasileiros) tinham agendas opostas ao artiguismo. O apoio de Artigas à redistribuição de terras causou temores entre as elites latifundiárias que exportavam produtos agrícolas; além disso, as forças artiguistas confiscaram bens de comerciantes em Montevidéu quando da tomada da cidade porto em 1815.

Em 1816, com o apoio das elites de Montevidéu e a aquiescência das autoridades de Buenos Aires, o Império Luso-Brasileiro invadiu e ocupou a Banda Oriental para cessar "os terrores da anarquia"artiguista na campanha e restabelecer a "ordem"[14]. O apoio à intervenção luso-brasileira e, subsequentemente, a um projeto monárquico para a Banda Oriental aproximou diferentes grupos da elite montevideana, como os comerciantes conectados ao Brasil e comércio com estrangeiros, à Espanha e ainda defensores da restauração Espanhola, e estancieiros conectados a exportação de produtos agro-pecuários[15]. Embora considerassem a intervenção luso-brasileira como um antídoto contra o projeto revolucionário de Artigas, monarquistas espanhóis ainda apostavam em uma reconquista espanhola do Rio da Prata até 1821[16]. A manutenção e reestabelecimento de rotas de comércio trans-imperiais e instituições tradicionais e

---

12. A Liga Federal foi um projeto político federativo liderado por José Artigas que incluiu as províncias da Banda Oriental, Corrientes, Cordoba, Santa Fé, e Entre Rios.
13. Para maiores informações sobre o projeto Artiguista: Ana Frega, *Pueblos y Soberania en la Revolucion Artiguista*, Montevidéu, Ediciones de la Banda Oriental, 2007.
14. O Diretório das Províncias Unidas aceitou a intervenção Luso-Brasileira contra Artigas condicionada ao reconhecimento da independencia das Provincias Unidas, Santa Fe, e Paraguay, ver Ana Frega, p. 66.
15. Para uma análise mais ampla do período Cisplatino na campanha Oriental: Rosa Alonso, Lucia Sala e Nelson De La Torre, pp 10-17, 83-93, 212.
16. Para uma análise detalhada dos planos de restauração da monarquia espanhola no Prata: ver, Ana Frega, "Alianzas y Proyectos Independentistas en Los Inicios del 'Estado Cisplatino'", Ana Frega (org.), *Historia Regional e Independencia del Uruguay*, Montevidéu, EBO, 2009, pp. 20-21.

formas de representação política com base em grupos corporativos, como os cabildos, eram aspectos cruciais do projeto monarquista que emanava de Montevidéu.

O reestabelecimento do comércio trans-imperial foi uma preocupação primordial para as elites envolvidas com a ocupação luso-brasileira. Nos anos seguintes a invasão Luso-Brasileira o movimento naval do porto de Montevidéu cresceu substancialmente comparado com o período anterior. A partir de 1817, o porto de Montevidéu recebeu primordialmente navios luso-brasileiros, enquanto embarcações inglesas e estadunidenses também continuaram a aparecer frequentemente. Entretanto, navios ingleses e norte-americanos agora utilizavam Montevidéu como um porto de escala a caminho de, ou retornando de Buenos Aires. O período da ocupação luso-brasileira também marcou o uma mudança no tipo de movimento naval de Montevidéu, com o incremento da atividade de embarcações menores, provienentes de portos regionais, que muitas vezes faziam comércio de suprimentos.

O Porto de Montevidéu Sob Ocupação Luso-Brasileira (1817-1822)

Em janeiro de 1817, o Cabildo de Montevidéu enviou dois representantes para Corte do Rio de Janeiro, à época capital do Império Português, com a missão de propor a anexação da Banda Oriental ao Reino Unido de Portugal, Brasil e Algarves[17]. Os representantes montevideanos levaram instruções detalhadas com as condições para incorporação do território à monarquia luso-brasileira. As instruções abordavam questões de soberania, administração e comércio.

A importância de restabelecer o comércio trans-imperial era uma preocupação primordial para as elites de Montevidéu. Os artigos 6º. e 8º. das instruções do cabildo estabeleciam o livre comércio no porto de Montevidéu, a liberdade de estrangeiros residirem e negociarem na província, e previam investimentos para melhorar os molhes do porto, limpeza da área portuária, e construção de de um farol, entre outras medidas para assegurar a "felicidade, o aumento do comércio marítimo."[18] Muitos destes pedi-

---

17. Para uma excelente análise sobre os ideais monarquistas vinculados a Corte Lusitana no Rio de Janeiro e os projetos politicos no Rio de Prata ver João Paulo Pimenta, "Com Olhos na América Espanhola: a Independência do Brasil (1808-1822)", *Cadernos do CHDD*, Fundação Alexandre de Gusmão, Centro de História e Documentação Diplomática, ano IV, Número Especial, Brasília, DF, FundaçãoAlexandre de Gusmão, pp. 3-23, 2005.
18. Instrucciones... *Apud* Pivel Devoto, *El Congreso Cisplatino*, Montevidéu, 1936, pp. 341-357.

dos eram antigas demandas que os comerciantes de Montevidéu sem sucesso pleiteavam junto ao Consulado de Comércio de Buenos Aires desde a década de 1790[19].

A prioridade das elites de Montevidéu para com o restabelecimento do comércio produziu resultados rápidos. Entre 1818 e 1822, o número de barcos que entraram no porto de Montevidéu cresceu substancialmente. De acordo com os dados da Alfândega, um total de 1185 embarcações entraram no porto durante o período: 109 barcos em 1818; 263 em 1820; 404 no ano de pico de 1821; e, um total de 398 embarcações, em 1822. No entanto, o tipo de embarcações envolvidos neste comércio indicava o crescimento do comércio costeiro e regional. Enquanto bergantins foram as embarcações mais comuns adentrando o porto de Montevidéu durante o período (50,1% de todos os navios), é importante salientar o aumento no número de *sumacas,* pequenos navios amplamente usados para a navegação regional (de 38 sumacas em 1818 para 87 em 1822, correspondendo a de cerca de 25% do movimento do porto). O número de fragatas também aumentou, em parte devido ao aumento das embarcações de guerra. O aumento de embarcações menores, como as *polacras, sumaquinhas, goletas, chalupas, lanchas,* and *iates* também corrobora o aumento da importância da navegação regional no porto de Montevidéu.

Durante o período da ocupação luso-brasileira, houve um aumento do comércio trans-imperial em Montevidéu, mas especialmente do comércio com o Brasil. A Tabela 7.2 mostra a evolução do movimento portuário durante a ocupação luso-brasileira de Montevidéu de acordo com as bandeiras dos navios que entram no porto. Os dados deixam explícitos o crescimento e a prevalência das redes comerciais luso-brasileiras, representando 26,7% do movimento total de navios. Se acrescentarmos os navios sob a bandeira "Nacional" para o ano de 1822, os navios luso-brasileiros foram responsáveis por 45,2% do movimento naval do porto de Montevidéu durante o período. Apesar do predomínio dos navios luso-brasileiros, embarcações britânicas representaram 20,8 % (234) do movimento total durante o período, enquanto embarcações dos Estados Unidos representaram 15,2% do total do movimento portuário. Os barcos que navegavam baixo a bandeira de Buenos Aires representaram 6,8% do total de embarcações, enquanto os navios franceses contribuíram com 6,1% do tráfego do porto. Os navios restantes tinham bandeiras que variavam desde Chile, Sardenha, Suécia, Holanda até Rússia. Apenas três navios com bandeira espanhola foram registrados durante o período.

---

19. Aurora Capilla de Catellanos, *Historia del Consulado de Montevideo,* vol. I, Montevidéu, 1962.

Tabela 2 – Entrada de Embarcações no Porto de Montevidéu						
Bandeira	Ano					
	1818	1819	1820	1821	1822	Total
Portugues	52	4	123	121	0	300
Espanhol	2	0	0	0	1	3
Britânico	17	4	49	90	73	234
U.S.	12	2	32	57	68	171
Danes	0	0	1	3	3	7
Frances	5	0	20	26	18	69
Hamburgo	1	0	0	0	0	1
Buenos Aires	18	0	16	18	25	77
Chile	1	0	0	3	0	4
Sardinia	1	1	10	15	7	34
Russia	0	0	1	1	1	3
Suecia	0	0	3	4	2	9
Holanda	0	0	1	2	1	4
Nacional	0	0	0	22	187	209
Total	109	11	256	362	386	1,125

Fonte: AGN – *Uruguay, Ex-AGA. Libro 99*, Dados para 1819 não disponíveis em sua maioria, ou documentos ilegíveis.

O movimento naval do porto de Montevidéu durante a ocupação luso-brasileira não alterou a os principais portos de interação comercial com Montevidéu, mas alterou o conteúdo e a forma dessa interação. Embarações de bandeira Luso-brasileira e, depois de 1822, navios "nacionais" representaram quase metade da atividade portuária de Montevidéu, enquanto o movimento de navios britânicos e anglo-americanos somados representava 36% (405) dos navios que entravam no porto de Montevidéu.Os dados sugerem que durante a ocupação luso-brasileira ocorreu a consolidação da hegemonia comercial do Rio de Janeiro e a consolidação da participação dos principais parceiros comerciais trans-imperiais tradicionais na região (Grã-Bretanha e Estados Unidos) durante o período tardo-colonial. Concomitantemente, Montevidéu perdeu seu papel de porto de transbordo dentro do estuário platino.

Entre 1818 e 1822, embarcações dos portos luso-brasileiros e de portos regionais do Rio da Prata concentraram a maior parte das operações de comércio marítimo de Montevidéu, enquanto outros portos do Atlântico, que anteriormente desfrutavam de fortes conexões com a cidade, perderam terreno. O progressivo caráter regional do porto de Montevidéu é evidenciado pelos itinerários das embarcações britânicas e anglo-americanas. Ainda que numerosas embarcações de potências do Atlântico Norte agora não tinham em Montevidéu seu destino final ou prioritário no Rio da Prata, a cidade passou a ser um porto de escala no estuário. Os dois principais portos de origem das embarcações que entravam em Montevidéu eram Buenos Aires – origem de 21,4% (208) de todos os navios durante o período – e o Rio de Janeiro, que representava 20,7% (201). Dos 208 navios que chegavam de Buenos Aires, 55 navegavam sob bandeira de Buenos Aires/Províncias Unidas, 46 com bandeira da Grã-Bretanha, 37 de Portugal e 41 hasteavam a bandeira "Nacional". O total de embarcações portuguesas e nacionais totalizou 78 navios que navegavam sob a bandeira luso-brasileira. Havia apenas treze navios anglo-americanos que entraram em Montevidéu vindos de Buenos Aires e apenas quinze navios chegaram de outros portos europeus. O tráfego pesado entre Buenos Aires e Montevidéu mostra que, apesar da desarticulação política do complexo portuário do Rio da Prata, ambas as cidades ainda desempenhavam papéis complementares na logística e na organização do comércio atlântico. No entanto, os comerciantes de Buenos Aires eram muito menos dependentes de seus agentes de Montevidéu e não estavam mais sujeitos às autoridades. Na prática, Montevidéu, durante a ocupação brasileira, deixou de ser o porto Atlântico de Buenos Aires.

As cargas das embarcações que entravam em Montevidéu também revelam o predomínio do comércio regional no movimento portuário. A maioria dos navios de bandeira luso-brasileira, nacional ou de Buenos Aires estava parcialmente carregada de alimentos (farinhas e conservas de origem luso-brasileira, frutas), lenha, além dos tradicionais *frutos del pais* (couros, cera, sebo). Mais revelador ainda, os navios mercantes ingleses e norte-americanos provenientes de Buenos Aires entravam em Montevidéu já carregados com esses produtos. Entre 1818 e 1822, Montevidéu deixou de ser o primeiro porto de escala dos navios transatlânticos do Rio da Prata e a cidade perdeu a antiga função de principal entreposto para o comércio trans-imperial na região.

A transformação na relação política e comercial entre Montevidéu e Buenos Aires nesse período deve ser compreendida no âmbito dos tratados celebrados entre o império luso-brasileiro e o governo do *Directorio* de Buenos Aires por ocasião da ocupação de Montevidéu. Tanto Buenos Aires como o Rio de Janeiro tinham Artigas como um inimigo comum, assim que em 1816, o *Directorio* de Buenos Aires e a a corte do Rio de Janeiro assinaram tratados secretos permitindo a invasão luso-brasileira na Banda Oriental. Buenos Aires aceitava a invasão luso-brasileira de Montevidéu e a Banda Oriental em troca do reconhecimento da independência de Buenos Aires, Santa Fé e Córdoba, e a normalização do comércio no estuário platino[20]. O acordo também estabelecia que o comércio marítimo entre Buenos Aires e os portos luso-brasileiros estariam sujeito apenas a uma "taxa de trânsito", enquanto as mercadorias de qualquer outro porto estavam sujeitas a todas as tarifas[21]. Tal privilégio provocou queixas de mercadores britânicos que viam demasiadas vantagens ao comércio luso-brasileiro. Se por um lado os tratados secretos facilitaram a invasão luso-brasileira de Montevidéu e da Banda Oriental, assim como a manutenção das redes de comércio entre Montevidéu e Buenos Aires, por outro lado, abriu espaço para o comércio Atlântico direto em Buenos Aires. Essa situação marcou uma mudança significativa em relação ao período entre 1810 e 1814, quando forças de Montevidéu bloquearam e tentaram excluir Buenos Aires do comércio Atlântico direto. Entre 1818 e 1822, navios do Brasil, da Inglaterra e dos Estados Unidos frequentemente usavam seu porto como uma escala na desembocadura do Prata, mas muitas vezes acabavam por não utilizar serviços de comerciantes locais ou armazéns na cidade.

Durante o período, o número de embarcações que entraram no porto de Montevidéu a partir de outros portos regionais menores, com cargas de gêneros alimentícios, suprimentos, e outros bens agrícolas também cresceu. Havia um total de 81 embarcações que atracavam em Montevidéu vindas de outros portos da Banda Oriental, como Maldonado (26), Soriano (24), Colônia (8), Daiman, Sauce, Rosário, Rio Negro, Santa Lucia (entre 1 e 3 barcos cada). Montevidéu também recebeu embarcações procedentes da Patagônia (4), Santa Fé (2) e Ensenada (6). As embarcações envolvidas nesse comércio eram normalmente chalupas, sumacas, sumaquinhas e outros barcos não adequados para a navegação transatlântica, e suas cargas eram destinadas principalmente ao abastecimento de Montevidéu. Tal tendência marca um afastamento dos padrões de comércio e movimento naval registrados no período colonial.

Durante o período de 1818 a 1822, houve um crescimento acentuado no número de navios na rota Montevidéu – Rio de Janeiro. Dos 206 navios que atracaram em Montevidéu vindos do Rio, para os quais temos informações, mais da metade navegou sob a bandeira do império luso-brasileiro (75 baixo bandeira portuguesa e 31 sob bandeira nacional). Embarcações britânicas provenientes do Rio totalizaram 41, enquanto as estadunidenses chegavam a 31. Também entraram em Montevidéu desde o Rio quinze naus com bandeiras de outros países europeus (Genova, Prússia), e seis navios

---

20. JCB, *Gazeta de Buenos Aires,* 10 mar. 1820.
21. Samuel Hood, *El Consul en Montevideo,* Montevidéu, Facultad de Humanidades, 1999, p. 76.

com a bandeira de Buenos Aires. Os dados sugerem não apenas o crescimento das ligações comerciais entre o Rio de Janeiro e Montevidéu, mas também mostra que os navios americanos usavam Montevidéu como seu principal porto de escala na região com mais frequência do que os britânicos. Além disso, a grande quantidade de navios britânicos e norte-americanos que chegaram do Rio de Janeiro sugere a existência de uma rota marítima do Atlântico Sul, na qual o litoral do Brasil e o Rio da Prata estavam interconectados[22].

A prevalência luso-brasileira no comércio naval do Rio da Prata não se restringiu às conexões diretas com o Rio de Janeiro. Pelo menos 201 embarcações navegaram de outros portos brasileiros para Montevidéu durante o período. Os outros portos brasileiros ativos no comércio com o Prata eram Rio Grande (80 embarcações), Bahia (37) e Paranaguá (38). A grande maioria dos barcos que navegavam nos portos do sul do Brasil, (Rio Grande e Paranaguá), estavam sob bandeiras luso-brasileiras ou nacionais (96%). Sua carga era composta principalmente de alimentos, madeira e outros produtos agrícolas. A ascenção desses portos regionais corrobora com a percepção uma mudança dramática no papel de Montevidéu como um porto do Atlântico com a crescente dependência da cidade em provisões de outras regiões, em grande parte pelas necessidades impostas pelo contínuo conflito com as tropas artiguistas na campanha. Esses dados não apenas sugerem um enfraquecimento de Montevidéu como um entreposto de comércio atlântico, mas mostra a fragilidade da administração luso-brasileira na área, já que a cidade precisava importar produtos de necessidade básica (farinha, arroz, madeira).

O suprimento de alimentos e outros produtos básicos para o dia-a-dia de Montevidéu envolvia ainda embarcações luso-brasileiras ou nacionais que operavam com outros portos regionais brasileiros. Portos do sul do Brasil como Santa Catarina (31 navios), Santos (15), Jaguari (3) e Porto Alegre (2) surgiram como importantes portos de origem de navios que entraram em Montevidéu após 1810. Esse padrão de comércio refletia o aumento da dependência da administração lusitana em relação ao o Brasil para fornecimento de gêneros alimentícios e outros bens básicos.

A maior relevância e participação do comércio regional e de alimentos no movimento portuário não devem ofuscar, entretanto, o aumento no comércio com dois portos luso-brasileiros tradicionalmente ligados a Montevidéu desde o período colonial: Rio de Janeiro e Bahia. As cargas dos navios que operavam nestas rotas eram diversifi-

---

22. Rhode Island Historical Society – Anonimous, Traders Book, pp. 151-171, Rio de Janeiro, 1810.

cadas e contavam com manufaturas, açúcar, tabaco, entre outros produtos que eram característicos do comércio transatlântico, além de pessoas escravizadas. Mas nem todos os navios que entravam em Montevidéu vindos de portos luso-brasileiros navegavam com a bandeira luso-brasileira. Aproximadamente 30% dos 37 navios provenientes da Bahia navegavam sob bandeira britânica, americana ou de outro país europeu. Dessa forma, pode-se concluir que as conexões com a América portuguesa não eram importantes apenas para o abastecimento de Montevidéu, mas também para a manutenção de redes mais amplas de comércio no Atlântico.

Navios que entravam em Montevidéu navegando diretamente de portos britânicos e norte-americanos transportavam cargas diretamente conectadas aos circuitos comerciais transatlânticos. As cargas transportadas para o Rio da Prata incluíam bens manufaturados e de ferro, trigo e bebidas alcoólicas. Durante o período de controle luso-brasileiro sobre Montevidéu, um total de 77 embarcações que entraram em seu porto declararam como seus locais de origem os Estados Unidos, enquanto 72 naus declararam procedência desde portos britânicos. Nos Estados Unidos, os portos de Nova York (29), Baltimore (16), Boston (14) e Filadélfia (13) dominavam o comércio norte-americano com o Rio da Prata. Entre os portos britânicos, Gibraltar aparece como origem de 58 embarcações, Liverpool de 13 e Londres apenas como porto de origem de uma nau. Ao entrar no porto de Montevidéu, um terço dos navios originários da Inglaterra declararam seu destino final como Buenos Aires, enquanto menos de vinte por cento dos navios dos Estados Unidos declararam o mesmo local como parte de seu itinerário.

Os dados de origem/itinerário e bandeira dos navios que entraram no porto de Montevidéu nos permitem concluir que ainda que tenha havido um claro aumento no número de contatos entre Montevidéu e portos luso-brasileiros, isso não significou necessariamente um aumento no volume de comércio e mercadorias. Apesar do aumento do comércio com os portos luso-brasileiros, os pequenos navios de navegação costeira tornaram-se mais comuns do que os grandes navios capazes de fazer viagens transatlânticas. O aumento no comércio trans-imperial, no entanto, não significou um aumento no volume do comércio de Montevidéu.

Durante esse período, mercadores poderosos envolvidos no comércio trans-imperial, como Matteo Magariños e Francisco Joanicó, continuaram sendo atores-chave no comércio e na política do monarquismo e na manutenção das instituições políticas do Antigo Regime em Montevidéu[23]. Entre 1817 e 1822, a lista de comerciantes envol-

---

23. Ana Frega, *Historia Regional e Independencia del Uruguay*, Montevidéu, EBO, 2009, pp. 19-23.

vidos no comércio com o Brasil incluía vários agentes diretamente envolvidos com a administração luso-brasileira, como os irmãos Rafael e Carlos Camuso, comerciantes e políticos como Juan Durán, José Vidal e Nicolas de Herrera e Lucas Obes[24]. Outros comerciantes fortemente envolvidos no comércio trans-imperial de Montevidéu foram Juan Villegas, Juan Antonio Bellastegui e Francisco Martinez. Além disso, o período foi marcado por um aumento do número de comerciantes luso-brasileiros que operavam em Montevidéu, como João Luis Ribeiro, Jorge Ribeiro e Manoel João Ribeiro, Manoel José da Costa e Antonio Pereira. No auge da província cisplatina, as tradicionais elites comerciais de Montevidéu haviam solidificado sua participação no comércio transimperial com o Brasil, e os comerciantes luso-brasileiros encontraram oportunidades para aumentar sua presença comercial no Rio da Prata. Tal momento refletia a ascenção do Rio de Janeiro como o principal porto atlântico articulado para Montevidéu.

A partir de 1817, Montevidéu perdeu a importância como um centro transatlântico para o comércio trans-imperial e assumiu o caráter de um porto regional, ou um subsidiário de portos brasileiros e de Buenos Aires. Com o fim do sistema de portos espanhol, Montevidéu perdeu seu papel de principal porto de escala, transbordo e autorizações burocráticas para o comércio de Buenos Aires. Durante o período, no entanto, o Rio de Janeiro aumentou seu papel como o principal porto atlântico em contato com Montevidéu. Não apenas aumentou suas trocas comerciais com Montevidéu, mas também se tornou o principal porto de escala para as embarcações norte-americanas e britânicas a caminho da cidade, e listas de "preços correntes" do Rio de Janeiro listavam couros e outros produtos pecuários de Montevidéu.

A incorporação da Província Cisplatina ao Império Luso-Brasileiro, no entanto, enfrentou desafios insuperáveis. Em 1821, o Movimento Constitucionalista do Porto, em Portugal, promulgou uma nova constituição que visava frear o poder do rei português e exigia a sua volta do Rio para Lisboa. Como consequência, o rei D. João VI retornou ao país, mas o príncipe regente Pedro permaneceu no Brasil. As tensões entre facções portuguesas e brasileiras culminaram em 1822, com a recusa do Príncipe Regente de regressar a Portugal e a posterior independência do Brasil. Essa crise provocou uma profunda divisão entre as tropas luso-brasileiras que ocupavam a Banda Oriental. Em 1822, 3.000 soldados fiéis a Portugal rebelaram-se contra o governo de Carlos Frederico Lecor, o Barão de Laguna (1816-1825), invadiram Montevidéu e expulsaram as

---

24. AGNU – Aduana, Libro de Entradas, 99.

autoridades provinciais da capital[25]. A guerra civil luso-brasileira na Banda Oriental entre as tropas leais a Lisboa e as leais ao Rio teve conseqüências calamitosas para o projeto político monarquista.

Devido ao controle do porto de Montevidéu pelos Voluntários Reais contrários a independência do Brasil, o comércio marítimo foi praticamente paralisado. O conflito militar causou uma forte redução no comércio de longa distância, uma situação que levou as autoridades da Cisplatina a abrir os portos de Colonia e Maldonado aos navios transatlânticos, numa tentativa de contornar o porto de Montevidéu. O comércio marítimo em Montevidéu estava restrito ao comércio de curta distância e ao fornecimento de suprimentos. Ao final de 1822, Nicolas de Herrera admitia que a situação apresentava sérios riscos para a manutenção da Banda Oriental como parte do Império brasileiro. Segundo ele, "não há comércio nem estabilidade", e a "receita da alfândega é fraca devido ao baixo volume de comércio que gera incerteza e desconforto entre as pessoas"[26]. Os principais pilares do projeto cisplatina – as interpretações conservadoras da Soberania Particular dos *Pueblos* e do comércio trans-imperial – foram postos em risco.

Nos anos seguintes, a guerra civil luso-brasileira continuou com intensidade. As forças brasileiras só puderam voltar a entrar em Montevidéu em 1824, mas, até então, o projeto da Cisplatina havia perdido o apoio entre os principais comerciantes e líderes políticos da cidade, bem como entre os grupos populares urbanos. Alguns meses depois, em 1825, um grupo de caudilhos invadiu a Banda Oriental com o apoio de Buenos Aires para acabar com o domínio brasileiro. De 1825 a 1828, as Províncias Unidas e o Império Brasileiro lutaram pelo território. O armistício de 1828, mediado pela Grã-Bretanha, estipulou a criação da República Oriental do Uruguai como um país independente. O episódio da Cisplatina representou a última tentativa luso-brasileira de ter uma presença formal no Rio da Prata.

Durante o século XIX, o Uruguai continuaria no centro dos interesses brasileiros, seja nas atividades de comerciantes e capitalistas como o Barão de Mauá, que chegou a oferecer empréstimos que representaram 40% do financiamento do aparato do Estado Oriental, ou de estancieiros sul-riograndenses, que em 1835 rebelaram-se contra o império buscando avançar seus interesses na região. Mas esses são tópicos para outras reflexões.

---

25. Fabio Ferreira, "Commerce and Imperial Decline: Spanish Trade with Spanish America 1797-1820". *Journal of Latin American Studies*, vol. 30, pp. 459-479, 1998.
26. AGNU – Nicolas de Herrera a Lucas Obes, 28 out. 1822; Lucas Obes, Cx. 16, Carpeta 02.

CAPÍTULO XII

1825

Um Ponto de Inflexão no Processo Independentista do Brasil e da América Hispânica[1]

JOÃO PAULO PIMENTA

Constituídos por pluralidades de espaços, dimensões e tempos, os processos históricos ensejam certos pontos de chegada. Não porque devessem obrigatoriamente a eles chegar; tampouco porque neles os movimentos da realidade cessem abruptamente, ou se resolvam todas as tensões e contradições que constituíram os próprios processos. Mas simplesmente porque, nesses pontos de chegada, eles conheceram inflexões: deixaram de ser o que eram para se tornarem outra coisa fundamentalmente diferente, transformando-se de maneira incomum, mas guardando certas continuidades e heranças do que foram antes. Quando aprendem com o passado para projetarem algum futuro, tais processos se convertem em experiências históricas.

A rigor, o processo de independência do Brasil jamais terminou. Após 1822 – seu marco cronológico por excelência, e em relação ao qual sucessivas revisões historiográficas não parecem ter oferecido alternativas sustentáveis – ele continuou a se reproduzir e modificar em meio a um emaranhado de rupturas, continuidades, narrativas, memórias e desdobramentos diretos e indiretos. Sua longevidade temporal e sua abrangência espacial se devem ao fato dele ter sido responsável, senão por uma completa revisão de dimensões das realidades coloniais e imperiais portuguesas nas quais esteve assentado, pelo menos por três resultados inovadores, conjugados e duradouros: a criação de um Estado, de uma nação e de uma identidade nacional brasileiros, anteriormente inexistentes e que existem até hoje. E se tais resultados não foram produzidos abruptamente nem conheceram qualquer encerramento definiti-

---

1. Agradeço a Stephanie Carola Vargas Mansilla, que me permitiu o acesso a importantes materiais aqui utilizados, e a Valentina Ayrolo e Oscar Javier Castro, que fizeram retificações a uma primeira versão do texto.

vo formal, o processo do qual derivaram permite – e recomenda – o diagnóstico de certos pontos de chegada.

O ano de 1825 é, como mostraremos a seguir, um desses pontos. Mais precisamente no que respeita à articulação da independência do Brasil com processos históricos da América espanhola. Como bem afirmou Daniel Rojas:

> L'année 1825 possède une double signification pour l'histoire internationale d'Amérique du sud. Tout d'abord, il s'agit de la période culminante de la lutte indépendantiste. Avec la Victoire d'Ayacucho les forces espagnoles qui restaient dans l'hémisphère occidental perdirent définitivement la possibilite de reprendre le controle politique et militaire dans le sud du continent. Par ailleurs, ce fut pour l'histoire de la formation de l'Etat souverain et indépendant dans la región un période importante puisqu'à ce moment-là apparut un système d'équilibre de pouvoirs qui intégra la totalité de gouvernments de la région. Au cours de cette année, et pendant une brève période, les systèmes d'équilibre régionaux du Pacifique central et de l'Atlantique sud s'unirent au sein d'un même système d'équilibre à l'échelle continentale[2].

No Brasil – que também estava incluído nessa reconfiguração sistêmica – a pluralidade de espaços e tempos se fazia, em 1825, de acordo com os então típicos ritmos de deslocamentos humanos, comunicações políticas, trocas econômicas e relações sociais. Assim, uma viagem entre Portugal e Brasil durava no mínimo dois meses, a confirmação de um evento importante ocorrido em outras partes do mundo poderia levar o dobro ou o triplo disso, e uma decisão da alta esfera política por vezes demandava um ano inteiro para ser tomada. Foi segundo esses ritmos que os movimentos constitutivos da independência do Brasil, pensada como uma experiência histórica[3], tornaram o ano de 1825, de certo modo, um ponto de chegada. Ele se apresenta, assim, e não apenas segundo uma convenção numérica formal, como uma unidade temporal.

Como veremos a seguir, vários dos espaços, dimensões e tempos do processo de independência do Brasil que convergiram em 1825 seguiram configurações anteriormente desenhadas, e que fizeram com que a ruptura política com Portugal ocorresse em conexão com espaços americanos, europeus e africanos, mobilizando diferentes dimensões da realidade social de acordo com circuitos temporais diacrônicos que, juntos, ensejaram novas sincronias. A observação desse ponto de chegada parcial que foi

---

2. Daniel Rojas Castro, *Relations Diplomatiques Colombo-bresiliennes, 1821-1831*, Paris, Université Paris I, 2013, pp. 162.
3. João Paulo Pimenta, *Tempos e Espaços das Independências*, São Paulo, Intermeios, 2017, cap. 1.

1825 poderia ser feita a partir de muitos ângulos diferentes; aqui, ela partirá da interpretação de três eventos[4] profundamente articulados entre si: a invasão da província de Chiquitos por forças militares brasileiras, os reconhecimentos formais da independência do Brasil por Grã-Bretanha e Portugal, e o início da Guerra da Cisplatina[5].

A Questão de Chiquitos

Em 9 de dezembro de 1824, a batalha de Ayacucho, no Peru, selou o triunfo das forças independentistas em toda a América espanhola. O diagnóstico é coevo e verdadeiro: muito rapidamente, generalizou-se a percepção de que o continente tinha se colocado, definitivamente, sob uma nova ordem política. Apenas Cuba e Porto Rico mantinham-se como parte do Império Espanhol, além de alguns poucos, pequenos e isolados rincões. Um deles, a fortaleza peruana de Callao; outro, o arquipélago de Chiloé, na costa chilena; um terceiro localizava-se na cidade altoperuana de Potosí, onde em começos de 1825 cerca de 200 homens comandados por Pedro Antonio de Olañeta ainda se mantinham fiéis à Espanha.

O reduto realista de Potosí duraria pouco, só até os primeiros dias de abril; mas o suficiente para preocupar algumas das maiores autoridades independentistas do continente. Em carta redigida em Lima, em 20 de janeiro de 1825, Simón Bolívar manifestou a seu comandado, o general vitorioso em Ayacucho, Antonio José de Sucre, a suspeita de que a Santa Aliança, atuante na Europa, e o Império do Brasil, na fronteira leste, pudessem de alguma forma favorecer Olañeta; por isso, e obedecendo a uma típica ordem bolivariana, Sucre deveria negociar com os realistas, ao mesmo tempo em que combatê-los. Ainda nesse dia, estando em trânsito a La Paz, portanto sem ainda ter recebido a carta de Bolívar, Sucre a ele se dirigiu suspeitando que Olañeta estivesse planejando uma fuga para Salta ou alguma outra parte, de onde se dirigiria ao Rio de Janeiro. Três dias depois, em 23 de janeiro, Bolívar escreveu a Francisco de Paula San-

---

4. Isto é, acontecimentos capazes de reconfigurar estruturas, de acordo com a definição de William Sewell Jr., "Historical Events as Transformations of Structures", *Theory and Society*, vol. 25, n. 6, pp. 841-881, dez. 1996.
5. A articulação entre tais eventos foi anteriormente notada e desenvolvida, de diferentes modos e com distintas ênfases, por vários dos autores aqui utilizados. Ilmar de Mattos os considera como reveladores da impossibilidade de uma ilimitada "expansão para fora" do Império e, em seguida, da nação brasileira. Ilmar Rohloff de Mattos, "Construtores e herdeiros. A trama dos interesses na construção da unidade política", em I. Jancsó (org.), *Independência: História e Historiografia*, São Paulo, Hucitec, Fapesp, pp. 295-296, 2005.

tander, vice-presidente da República da Colômbia, que "de Olañeta no sé nada todavia, pero temo que trate de engañarnos de acuerdo con el Emperador del Brasil". E em 23 de fevereiro, Sucre escreveu, de Tinta, ao prefeito de Arequipa, afirmando que Olañeta teria mandado comprar 4 mil fuzis do Rio de Janeiro[6].

Em começos de 1825, o reduto realista de Potosí despertava temores e mexia com a imaginação dos comandantes independentistas que faziam a guerra e a política em uma escala continental na qual o Brasil e a América espanhola, independentes, continuavam fortemente articulados.

Potosí era, junto com La Paz, La Plata e Santa Cruz, uma das quatro *intendencias* que compunham a Audiência de Charcas – muitas vezes referida genericamente como "Alto Peru". Além desses quatro governos, Charcas contava com duas províncias missionárias: Moxos e Chiquitos, sendo esta formada por dez missões e sediada administrativamente em San José. Por muito tempo o Alto Peru estivera vinculado ao Vice-Reino do Peru, mas entre 1690 e 1767 suas duas províncias missionárias tinham sido governadas pelos jesuítas; dez anos depois foram criados seus respectivos governos militares, e desde então toda a região passou a pertencer ao Vice-Reino do Rio da Prata. Em 1808 e 1809, autoridades espanholas do Alto Peru tinham reagido muito mal às pretensões de Carlota Joaquina de governar em substituição a Fernando VII, inclusive receando tratar-se de uma artimanha para estender o poder político português sobre a região. A partir de 1810, os conflitos de jurisdição e as guerras de independência que nela se sucederam conheceram diversos episódios de fuga por terra de realistas espanhóis em direção ao Brasil que duraram até finais de 1824. E nos primeiros meses de 1825 a situação do Alto Peru era indefinida, podendo se submeter ao executivo do Peru, que ainda estava se consolidando, ou formar suas próprias instituições soberanas[7]. O Alto Peru, segundo escreveu Bolívar a Santander em 18 de fevereiro, "[...] pertenece de derecho al Río de la Plata, de hecho a España, de voluntad a la independencia de sus hijos que quieren un Estado aparte, y de pretensión pertenece al Perú que lo ha poseído antes y lo quiere ahora"[8].

---

6. Humberto Vázquez-Machicado, "Para una Historia de los Limites entre Bolívia y el Brasil, 1493-1942", em G. Ovando Sanz e A. Vázquez (eds.), *Obras Completas de Humberto Vázquez-Machicado y Jose Vázquez-Machicado*, La Paz, Don Bosco, 1988, vol. 1, p. 74; Jorge Alejandro Ovando Sanz, *La Invasión Brasileña a Bolívia en 1825*, 2. ed, La Paz, Librería Editorial Juventud, pp. 12-14, 17-18, 23, 57.
7. Ovando Sanz, *La Invasión Brasileña a Bolívia en 1825*, pp. 19, 27, 66; Arnaldo Vieira de Mello, *Bolívar, O Brasil e os Nossos Vizinhos do Prata*, Rio de Janeiro, Gráfica Olímpica, 1963, p. 40; Rojas Castro, *Relations Diplomatiques Colombo-bresiliennes*, pp.186-187.
8. Ovando Sanz, *La Invasión Brasileña a Bolívia en 1825*, pp. 19-20.

Bem se vê que o bastião realista de Potosí estava posicionado em uma região com um largo histórico antigo e recente de disputas. Isso explica por que aquilo que hoje pode parecer um pouco expressivo foco militar espanhol, à época representasse uma síntese de experiências e expectativas em torno do futuro político de todo o continente – incluindo o recém-criado Império do Brasil.

Para complicar ainda mais esse cenário, nos primeiros dias de fevereiro de 1825 um exército de aproximadamente 800 homens chefiado pelo governador de Salta, Juan Álvarez Arenales, e seguindo instruções do Congresso Nacional reunido em Buenos Aires, adentrou ao território de Charcas, pelo sul, e ofereceu seus serviços contra o reduto realista de Potosí. O triunfo de Ayacucho foi celebrado ruidosamente em Buenos Aires, cujos representantes procurariam, desde então, se aproximar cada vez mais de Bolívar e de sua área de influência. Inclusive porque a princípios de 1825 já se cogitava um conflito armado entre as "Províncias Unidas do Rio da Prata na América do Sul" (designação criada em 23 de janeiro de 1825) e o Império do Brasil, cujas tensões em torno da antiga Banda Oriental vinham crescendo, e que poderia demandar uma participação também das repúblicas hispano-americanas mais ao norte do continente[9].

Foi nesse contexto que se produziu o episódio de Chiquitos. Em 13 de março, o até então realista governador dessa província, Sebastián Ramos, aderiu às forças independentistas, em comunicação direta a Sucre; mas uma semana depois voltou atrás, tendo sido informado de que o governador de Santa Cruz havia ordenado sua prisão. Ramos, então, se dirigiu – não está claro se pessoalmente ou por meio de um enviado – ao governo brasileiro da província de Mato Grosso, sediado em Vila Bela, propondo a anexação de Chiquitos ao Império do Brasil. Não era a primeira vez que Ramos tentava se entender com o outro lado da fronteira: em fins 1824 ele já havia procurado ajuda militar brasileira contra os avanços independentistas no Alto Peru. Agora, porém, sua solicitação seria ouvida, e em 28 de março foi firmado um tratado, "en este palácio de Gobierno, capital de Matogrosso", cujo artigo primeiro estabelecia:

La província de Chiquitos se entregará bajo la protección de su majestade imperial hasta que evacuada la América española o el reino del Perú del poder revolucionário, comandado por los sediciosos Simón

---

9. Idem, p. 25; Ron Seckinger, *The Brazilian Monarchy and the South American Republics, 1822-1831*, Baton Rouge, London, Louisiana State University Press, 1984, pp. 108-110; Mello, *Bolívar: o Brasil e os Nossos Vizinhos do Prata*, p. 59.

Bolívar y Antonio José de Sucre, sea reconquistada por las armas de su majestade católica y reclamada por dicho soberano, o por algún general a su real nombre[10].

Fica claro que Ramos, em dois momentos subsequentes, procedeu para preservar seu poder provincial: primeiro, ao aderir à independência; depois, ao solicitar uma intervenção brasileira em defesa do realismo espanhol. As autoridades do Mato Grosso a princípio parecem ter relutado, mas acabaram por endossar a proposta de Ramos, e em 13 de abril um destacamento militar de cerca de sessenta soldados foi enviado a Chiquitos. Em 14 de abril, Sebastián Ramos já aparece como governador de Chiquitos nomeado pelas autoridades brasileiras; e entre 13 e 15 de abril, tais autoridades comunicaram todo ocorrido a D. Pedro I, em busca de sua aprovação. No dia 24, Ramos reuniu, em Santa Ana (em Chiquitos), algumas autoridades locais com o intuito de ratificar a incorporação da província ao Brasil por meio de uma ata, assinada por militares, padres e representantes indígenas. Segundo Ovando Sanz, tal reunião seguiu, em escala menor, os mesmos padrões do congresso que em 1821 decidira pela incorporação da Província Cisplatina ao então Reino do Brasil; só que agora era criada a "Província Unida de Chiquitos". Entre 10 e 21 de maio, mas sem que se conheça qualquer reprimenda formal a elas dirigida pelo governo imperial do Rio de Janeiro, as vacilantes autoridades do Mato Grosso reviram sua decisão e ordenaram aos soldados que retornassem à Província. Mas a notícia da anexação já tinha corrido solta, e o comandante das forças brasileiras, Manuel José de Araújo e Silva, já tinha escrito ao governador de Santa Cruz, José Videla, e ao próprio Sucre, em 07 de maio, dando notícia de sua entrada em Chiquitos, e a ambos ameaçando[11].

Assim que ficaram sabendo dessa anexação, Bolívar e Sucre trocaram ideias sobre como deveriam proceder. Sucre imediatamente enviou um reforço militar a Santa Cruz e instruiu Videla sobre a possibilidade de um enfrentamento com o Brasil que se estendesse para além das fronteiras do Império. Dirigindo-se a Bolívar, e também a Juan Gregorio de las Heras, governador da província de Buenos Aires, Sucre abertamente propôs uma guerra contra o Império do Brasil, que segundo ele poderia não apenas

---

10. O tratado completo em Ovando Sanz, *La Invasión Brasileña a Bolívia en 1825*, pp. 44-47; Também: *idem*, p. 41.
11. A ata de retificação em *idem*, pp. 61-63. Também: *Idem*, pp. 48-51; Vázquez-Machicado, "Para una Historia de los Limites entre Bolívia y el Brasil", p. 76; Seckinger, *The Brazilian Monarchy and the South American Republics*, pp. 73-74, 78; Mello, *Bolívar, O Brasil e Os Nossos Vizinhos do Prata*, pp. 46-49; Rojas Castro, *Relations Diplomatiques Colombo-bresiliennes*, p. 187; Luís Cláudio V. G. Santos, *O Império e as Repúblicas do Pacífico*, Curitiba, Ed. da UFPR, 2002, pp. 24-26.

restituir Chiquitos ao Alto Peru, mas também penetrar no território brasileiro até o Rio de Janeiro e forçar a restituição da Banda Oriental às demais províncias platinas. Bolívar foi contra: estava de olho na diplomacia internacional e, desde 1822, interessado também na reunião de um congresso entre os países americanos recém-independentes para a construção de uma aliança continental que, de acordo com seus planos, poderia incluir o Brasil. E embora a escala e a destreza militar das forças sob seu comando fossem respeitadas por toda parte, Bolívar não tinha tanta certeza, como Sucre, de que elas obteriam sucesso em uma guerra contra o Brasil. Com a invasão de Chiquitos, Bolívar tentou por outros modos mobilizar os governos de Colômbia, México, Peru e Chile, em prol de uma unidade continental que, a ele, parecia mais do que nunca necessária[12].

Entre março e dezembro de 1825, o continente americano conheceu uma intensa troca de correspondências, jornais, boatos, notícias, impressões, ideias, negociações e prognósticos envolvendo autoridades políticas e militares de diversos países a respeito da invasão de Chiquitos e outros temas correlatos. Os vetores desse circuito político envolveram também países europeus como Grã-Bretanha, Espanha e Portugal. Singrando caminhos terrestres e marítimos pavimentados em tempos de semanas ou meses, tal circuito aproximou eventos diacrônicos, inserindo-os em uma mesma unidade temporal.

A ocupação de Chiquitos durou dois meses, terminando com a retirada das tropas de Araújo e Silva em 30 de maio. Em 6 de agosto, coincidentemente no mesmo dia em que uma assembleia reunida em Chuquisaca proclamava a criação da República Bolivariana do Alto Peru – logo rebatizada como República da Bolívia – , D. Pedro I fez sua primeira comunicação pública formal sobre Chiquitos, por meio de uma nota formal publicada no *Diário Fluminense*, condenando a ocupação, que teria sido feita à revelia do governo imperial, e afirmando sua boa vontade em estabelecer positivas relações com os vizinhos republicanos do Império do Brasil. Tal nota foi elaborada em um tom condizente com o fato de que, por esses dias, o Império do Brasil finalizava os detalhes para o reconhecimento formal de sua independência por Portugal e Grã-Bretanha. Por exemplo, em seu trecho final:

[...] ainda quando S.M.I. fora consultado previamente como convinha, jamais daria Seu Imperial Acesso a esta medida [a anexação], por ser oposta aos generosos e liberais princípios em que o Mesmo

---

12. Seckinger, *The Brazilian Monarchy and the South American Republics*, pp. 74-76; Thomas Millington, *Colombia's Military and Brazil's Monarchy*, Westport, Greenwood, 1996, pp. 136-140; Ovando Sanz, *La Invasión Brasileña a Bolívia en 1825*, p. 37 e pp. 93-96.

Augusto Senhor firma a política de Seu Gabinete, e a Sua Intenção de não intervir na contenda atual dos habitantes da América Espanhola entre si ou a Metrópole, como aliás é conforme ao Direito Público das Nações Civilizadas.

Mas as tensões com a América hispânica continuariam em alta. A constituição da Bolívia, por exemplo, aprovada em novembro de 1825, a despeito de manter no país o regime de trabalho escravo, limitava-o a indivíduos escravizados antes dela, além de proibir o comércio de novos escravos e de garantir a liberdade àqueles de outros países que cruzassem suas fronteiras. O que impactava em especial o Brasil[13].

As relações formais entre os novos países americanos dependeriam, em larga medida, de seu reconhecimento oficial no sistema internacional a cuja integração aspiravam desde que tinham se declarado desvinculados de suas antigas metrópoles. O episódio de Chiquitos tocou precisamente nessa questão: uma eventual guerra entre repúblicas bolivarianas e o Brasil, ou entre o Brasil e as Províncias Unidas do Rio da Prata, dependeria não somente da força das armas, mas também do respaldo obtido por cada beligerante na arena internacional.

O Reconhecimento
da Independência do Brasil e a Guerra da Cisplatina

Os esforços do governo do Brasil para obter o reconhecimento de sua independência – que à época podia ser entendida como autonomia política para a tomada de decisões, não necessariamente como formação de um Estado próprio – eram anteriores à própria separação em relação a Portugal; de início, era a regência do príncipe D. Pedro que, na arena internacional, buscava reconhecimento. Com a coroação do imperador em 1 de dezembro de 1822, a situação mudara: agora, o reconhecimento almejado seria o do Império do Brasil. E desde então, o novo corpo político procurou valer-se de sua condição monárquica e de argumentos legitimistas dela decorrentes para merecer, junto à Grã-Bretanha e à Santa Aliança, uma primazia de reconheci-

---

13. A citação do *Diário Fluminense*, n. 31, 6 ago. 1825, em Ovando Sanz, *La Invasión Brasileña a Bolívia en 1825*, pp. 122-123. De resto: *Idem*, pp. 122-124, p. 129; e Seckinger, *The Brazilian Monarchy and the South American Republics*, p. 79 e p. 113; Santos, *O Império e as Repúblicas do Pacífico*, pp. 24-26; Newman Caldeira. "À Procura da Liberdade. Fugas Internacionais de Escravos Negros na Fronteira Oeste do Império do Brasil (1822-1867)", *Nuevo Mundo Mundos Nuevos, Debates*, 2009.

mento em relação às repúblicas hispano-americanas. Nesse assunto, porém, algumas delas tinham largado à frente do Brasil[14].

As vitórias militares de Sucre e a derrocada do realismo espanhol no Alto Peru foram tratadas por George Canning logo que este assumiu a posição de secretário do *Foreign Office* britânico. Em correspondência com o Duque de Wellington de 27 de setembro de 1822, Canning entendia serem aquelas vitórias bons motivos para um entendimento diplomático com os novos governos americanos, do qual dependeria a atividade comercial britânica nos mares do sul; mas desde que tais governos abolissem o tráfico negreiro[15]. Esse seria um ponto de desabono ao Brasil, que desde 1808 vinha encontrando meios de protelar a abolição do tráfico, e assim resistir às pressões britânicas contra um lucrativo comércio e um regime de trabalho que estruturaram séculos de história da América portuguesa, e que também estariam no âmago da criação do Império, do Estado e da nação brasileiros. Mesmo assim, a posição diferenciada do Brasil no cenário ibero-americano em termos de seu regime de governo – o México deixara de ser um império monárquico em março de 1823 – chegou a ser elaborada por Canning, em suas instruções ao negociador do tratado de reconhecimento do Brasil, Charles Stuart. Datadas de Londres a 14 de março de 1825, tais instruções afirmavam que o Brasil mereceria um tratamento especial pelo fato de sua independência não ter sido "contra a mãe-pátria", como ocorrera com a América espanhola, mas "a partir" dela. No entanto, a enunciação britânica desse argumento parece ter se dado antes por uma vontade de manter boas relações com Portugal e com a Santa Aliança do que de realmente privilegiar diplomaticamente o Brasil no contexto americano[16].

As negociações do Império do Brasil com a Grã-Bretanha passariam pelo reconhecimento também de Portugal, e seriam demoradas e sinuosas. Com variáveis graus de formalidade, o Império do Brasil seria reconhecido, antes, por Buenos Aires, em 1823; e pelos Estados Unidos e pelo Reino do Benin (na África), em 1824. A independência só seria aceita oficialmente por Portugal em 29 de agosto de 1825, e pela Grã-Bretanha em 18 de outubro (com posteriores ajustes); ou seja, quando a maioria das repúblicas americanas já tinha sido reconhecida pelos Estados Unidos e pela Grã-Bretanha, e em

---

14. D. A. G. Waddell, "A Política Internacional e a Independência da América Latina", em L. Bethell (org.), *História da América Latina: Da Independência a 1870*, vol. 3, São Paulo/Brasília, EDUSP/IMESP/ FUNAG, pp. 231-265.
15. Guilherme de Paula Costa Santos, *No Calidoscópio da Diplomacia: Formação da Monarquia Constitucional e Reconhecimento da Independência e do Império do Brasil, 1822-1827*, São Paulo, Publicações BBM, 2022.
16. *Idem*, p. 328.

um contexto de crescente tensão entre o Império do Brasil e os governos a ele vizinhos. Mas não eram apenas suas fronteiras continentais que importavam nesse jogo de reenquadramento dos processos até então articulados de independência do Brasil e da América espanhola: as fronteiras transatlânticas também desempenhavam um papel relevante. É assim que o artigo III do tratado entre Brasil e Portugal estabelecia o compromisso brasileiro de não anexar quaisquer outros territórios portugueses – o que, em termos práticos, incidia sobre Luanda e Benguela, onde grupos políticos envolvidos no comércio de escravos chegaram a aventar a adesão ao novo Império. E o tratado entre Brasil e Grã-Bretanha foi completado, no ano seguinte, com a Convenção para a Abolição do Tráfico de Escravos, pela qual o governo do Rio de Janeiro se comprometia a abolir o tráfico em até três anos[17].

Em fins de 1825, o Império do Brasil já se encontrava, em vários sentidos, no mesmo patamar que seus vizinhos. Inclusive em termos de legitimidade para fazer-lhes uma guerra, ou deles sofrê-la.

Em 19 de abril de 1825, o início da empreitada dos *Treinta y Tres Orientales*, em um território que o Império do Brasil considerava sua Província Cisplatina, foi apenas mais um dos componentes de elevação das tensões continentais que, como vimos, naquele ano vinham articulando os novos Estados independentes no contexto imediatamente posterior à derrocada espanhola em Ayacucho. É certo que o episódio dos *Treinta y Tres Orientales* foi bastante amplificado por parte da historiografia acerca das independências americanas, sobretudo aquela interessada em promovê-lo à condição de um dos marcos fundacionais de uma suposta nacionalidade uruguaia em gestação[18]. Porém, é fato que Sucre dela tratou com Bolívar, em 25 de junho, cogitando a ocorrência de uma guerra ao sul do continente. E no Rio de Janeiro e em Buenos Aires corriam rumores não só sobre a proximidade da guerra, mas também sobre a possibilidade das forças de Bolívar nela tomarem parte contra o Brasil[19].

Um ofício de Charles Stuart a George Canning, datado do Rio de Janeiro em 16 de agosto de 1825, a poucos dias, portanto, do término das negociações do tratado de reconhecimento da independência do Brasil por Portugal, também aventava a guerra, bem como a possibilidade de que forças militares de Colômbia, Peru e Alto Peru

---

17. Idem, p. 315.
18. Carlos Real de Azúa, *Los Orígenes de la Nacionalidad Uruguaya*, Montevidéu, Arca, 1991, cap. 24.
19. Ovando Sanz, *La Invasión Brasileña a Bolívia en 1825*, p. 102; Vázquez-Machicado, "Para Una Historia de los Limites entre Bolívia y el Brasil", p. 80; João Paulo Pimenta, *Estado e Nação no Fim dos Impérios Ibéricos no Prata (1808-1828)*. São Paulo, Hucitec/Fapesp, p. 205; Rojas Castro, *Relations Diplomatiques Colombo-bresiliennes*, p. 206.

apoiassem as das Províncias Unidas do Rio da Prata, o que poderia levar – como por outros meios quisera Bolívar – à formação de uma grande confederação americana, e provocar – como quisera Sucre – a derrocada do Império. Stuart tecia tais prognósticos relacionando-os ao ainda recente episódio de Chiquitos, e que deixara feridas abertas. Referindo-se a D. Pedro I, Stuart escreveu:

> Os meios à sua disposição não podem, em um tal estado de coisas, proteger Sua Alteza Real contra os perigos morais e físicos que exteriormente pendem sobre ele. As hostilidades praticadas nas fronteiras de Mato Grosso e a retenção do território de Montevidéu, dão à imprensa de Buenos Aires uma desculpa para caracterizarem de abuso, não aquelas medidas, mas o sistema geral do governo adotado no Brasil, e de proclamar abertamente o desígnio de se aproveitar o estado da opinião pública para acabar com tudo o que pareça monarquia na América – tirando vantagem da fraqueza dos brasileiros e dos sucessos de Bolívar no Peru, para levar à execução o projeto de incluir este país no grande sistema federativo e republicano, pelo qual ele deseja unir o povo do sul da América[20].

Poucos dias após desmentir oficialmente o envolvimento do governo imperial no episódio de Chiquitos, e ainda em meio às negociações para o reconhecimento da independência do Brasil, o *Diário Fluminense* manteve o tom de afirmar intenções propositivas nas relações com seus vizinhos:

> O Sistema das invasões, e das conquistas sendo em geral incompatível com o estado de civilização moderna, é inteiramente oposto aos princípios reguladores d'uma Nação, que [acaba de] sair do seu novo berço. O Brasil é por sua imensidade incapaz de agressores, e de hostilizar seus vizinhos: super abundantemente rico, só necessita de aumentar a sua população para ser uma Potência respeitável: um passo só que o Brasil desse fora das suas naturais demarcações lhe seria muito fatal. S.M. o Imperador conhece perfeitamente esta verdade; e o seu primeiro, o seu único objeto é conservar a unidade da Grande Família Brasileira[21].

Entre 25 de setembro e 12 de outubro ocorreram enfrentamentos militares entre forças imperiais e orientais no Rincón de Haedo e em Sarandí. Enquanto isso, em 19 de outubro de 1825 representantes enviados de Buenos Aires pelo Congresso Nacional – Carlos María de Alvear e José Miguel Díaz Vélez – foram recebidos pessoalmente por

---

20. Guilherme de Paula Costa Santos, *No Calidoscópio da Diplomacia: Formação da Monarquia Constitucional e Reconhecimento da Independência e do Império do Brasil, 1822-1827*, São Paulo, Publicações BBM, 2022.
21. *Diário Fluminense*, n. 42, 20 ago. 1825, cit. por: Pimenta, *Estado e Nação no Fim dos Impérios Ibéricos no Prata*, p. 207.

Bolívar naquela mesma Potosí que meses antes formara um bastião realista espanhol. Na agora cidade da República da Bolívia, a delegação solicitou ajuda militar na eminente guerra contra o Império do Brasil, e que poderia levar à formação de uma aliança republicana entre Províncias Unidas do Rio da Prata, Peru, Colômbia e Chile[22]. Alvear, ao se dirigir a Bolívar, associou Chiquitos à Banda Oriental:

> El suelo sagrado de la pátria se halla profanado por las plantas de um império extranjero. El emperador del Brasil, com violación de todos los derechos, se há atrevido a provocar a los libres de Colón, pretendiendo usurpar la provincia de la Banda Oriental a la nación Argentina e insultando a la inmortal Colombia y al Gobierno peruano con su inesperada agresión en las províncias del Alto Perú, que se hallan bajo la protección de estas ilustres repúblicas. Tiempo es ya que el honor americano se conmueva y que el Libertador de Colombia y el Perú sea el brazo fuerte que se encargue de dirigir el espíritu nacional para obligar a la corte vecina a desistir de uma conducta tan poco leal, como contraria a sus propios interesses[23].

Sucre era favorável à solicitação dos representantes rioplatenses, mas Bolívar, pressionado por Santander e temeroso da posição da Grã-Bretanha e da Santa Aliança, não. A guerra se converteria, então, em uma empreitada solitária das Províncias Unidas, mas foi primeiro declarada pelo Império do Brasil, em 10 de dezembro. E então, de repente, o tom do governo brasileiro em relação a seus vizinhos mudou:

> [...] fácil é de se conhecer o extraordinário temor, de que os pequenos Soberanos Argentinos estão possuídos vendo crescer tão desmarcadamente o Império do Equador. [...] Nenhum motivo fará com que Ele [S.M.I.] retire o seu escudo, e deixe nas margens do vulcão Republicano uma Província que a natureza fez parte constituinte do Império do Brasil; que nos tratados e convenções das Potências Europeias foi julgada nossa[24].

---

22. A possibilidade de envolvimento de Bolívar em uma guerra de Buenos Aires contra o Brasil foi tratada, por exemplo, pelo enviado da Espanha ao Rio de Janeiro, José Delavat y Rincón, a seu superior, Francisco Zea Bermudes, em 30 jul. 1825 (Guilherme Santos, *No Calidoscópio da Diplomacia*, p. 351). Sobre a missão a Potosí: Ovando Sanz, *La Invasión Brasileña a Bolívia en 1825*, p. 132 (que dá a data de recebimento da missão por Bolívar em 16 de outubro, e não de 19, como Vázquez-Machicado); Seckinger, *The Brazilian Monarchy and the South American Republics*, pp. 111-119; Millington, *Colombia's Military and Brazil's Monarchy*, pp. 138-139; Santos, *O império e as Repúblicas do Pacífico*, pp. 27-31.
23. Cit. por: Vázquez-Machicado, "Para una Historia de los Limites entre Bolívia y el Brasil", p. 81.
24. *Diário Fluminense*, n. 149, de 28 dez. 1825, cit. por: Pimenta, *Estado e Nação no Fim dos Impérios Ibéricos no Prata*, p. 207.

O ano de 1825 terminaria, assim, com o início de uma guerra confinada a uma parte do continente americano; como, no começo do ano, quisera Bolívar, e não Sucre. Mas não era apenas uma contagem matemática do calendário que ensejava um novo ciclo temporal. A partir de então, devidamente amparados por um sistema de relações internacionais no qual tinham sido admitidos, os Estados plenamente independentes da América estavam livres para existirem, se destruírem e se entenderem. O processo de independência do Brasil e da América hispânica, se não estava completamente encerrado, tinha sido colocado em outro patamar.

De Experiências Independentistas a Experiências Nacionais

Os três eventos de 1825 aqui observados estabeleceram relações recíprocas devidamente observadas por vários de seus partícipes. Suas diferenças de meses não são, a rigor, um afastamento, mas condição de articulação: o episódio de Chiquitos mobilizou toda uma experiência histórica pretérita entre as independências do Brasil e da América espanhola, abrindo novas perspectivas. Ele materializou, em certo sentido, o que poderia significar a existência política do Império do Brasil para seus vizinhos continentais que, como ele, eram ainda neófitos em termos de soberania nacional. A partir dele se aceleraram as demandas em torno do reconhecimento internacional dos novos Estados americanos, abrindo-se novas possibilidades de enfrentamento e entendimento. A chegada um pouco tardia do Brasil a essa condição, pouco antes já adquirida por seus vizinhos, completou um cenário que permitiu a emergência do primeiro grande conflito bélico dessa nova América, surgida de processos de independência que, a partir de então, já não eram mais os mesmos, agora convertidos em processos, sobretudo, de construção e consolidação nacionais.

Uma boa demonstração da inflexão dessa convergência de processos históricos que em 1825 revelou uma nova natureza *nacional* – sem abandonar por completo sua antiga *independentista* – está na dinâmica coeva das identidades políticas. Afinal, quando se luta contra alguém é necessário identificá-lo; o que, reversivamente, potencializa uma autoidentificação. Trata-se de um mecanismo sociopolítico e cultural clássico da história de nações, identidades e nacionalismos, amplamente presente em diversas situações históricas concretas do século XIX em diante. A América ibérica – nela incluído o Brasil – durante e logo após seus processos de independência, constituiu-se em um enorme e complexo laboratório de jogos identitários[25], e que incluíam não apenas matrizes referenciais europeias, mas também africanas e indígenas, todas configuradas, reconfiguradas e historicizadas por séculos de história colonial e por mais de uma década de processos de independência.

A identificação do outro e a identificação de si estiveram presentes também no episódio de Chiquitos, e já desde seus primeiros momentos, quando autoridades hispano-americanas se referiam às mesmas pessoas ora como *brasileiros*, ora como *portugueses*. Tal ambiguidade foi recorrente em muitas outras situações da época. Mas para todos os efeitos, o reconhecimento internacional de um novo Estado – com todo o seu potencial de impacto sobre a formação de novas nações e identidades – colocou as coisas em outro nível. Afinal, uma vez que Portugal reconheceu o Brasil como um corpo político formalmente distinto, a distinção entre portugueses e brasileiros, esboçada e politizada em anos anteriores, tendeu a ganhar ainda mais força e a ficar cada vez mais clara. Mesmo assim, ela seria lenta e sinuosa, produzindo efeitos sobre a abdicação de D. Pedro I, em 1831, e mesmo sobre outros eventos de anos depois. Mas o reconhecimento internacional foi um passo nesse movimento de distinção identitária, e integrou um processo de formação nacional no qual o Brasil, mais uma vez, não esteve isolado de seus vizinhos. Inclusive porque, como vimos, esse reconhecimento fortaleceu as condições para a eclosão, no final de 1825, de uma guerra que, por seu turno, criaria novas condições favoráveis a distinções identitárias e nacionais. Isso ocorreu por meio de correspondências, notícias e artigos de imprensa redigidos em português e espanhol em diversos países, e nos quais seriam abundantes as referências a identidades e nações como brasileiros, argentinos, colombianos, peruanos, americanos, em uma dinâmica de configurações recíprocas. Tudo, claro, de modo processual.

A invasão brasileira de Chiquitos, os reconhecimentos internacionais do Império do Brasil, e a Guerra da Cisplatina sinalizam, separadamente, mas também em conjunto, para os múltiplos espaços, dimensões e tempos de uma mesma experiência histórica. Todos eles construídos e reconfigurados uns em função dos outros, e integrados a experiências semelhantes de outros países americanos; com todos eles se transformando juntos.

---

25. Benedict Anderson, *Comunidades Imaginadas*, São Paulo, Companhia das Letras, 2008.

CAPÍTULO XIII

As Praças de Comércio
Ordem Liberal e Persistências do Antigo Regime

CLÁUDIA MARIA DAS GRAÇAS CHAVES

*A Junta de Comércio e as Praças:
Instituição e Mudanças Político-econômicas*

ANTÓNIO MANUEL HESPANHA (2004) REFERINDO-SE ao liberalismo europeu no início do século XIX disse que ele deveria ser compreendido dentro de seus paradoxos: reivindicava natureza individual, mas pressupunha antes a educação; contava com os automatismos de sociabilidade, mas precisava antes construir a sociabilidade; e, finalmente, pregava governo mínimo, mas precisava governar ao máximo para poder depois governar um pouco menos. Ainda que esse diagnóstico possa ecoar nos nossos dias, ele cai como uma luva para a comunidade dos homens de negócios do império luso-brasileiro daquele período e que muito prontamente abraçaram os ideais liberais sem renunciar aos espaços reservados da governança e de administração mercantil através de órgãos estatais privilegiados. Esse foi o caso com a Junta de Comércio criada em Portugal em 1755 e transformada em tribunal exclusivo a partir de 1788 para tratar não apenas dos assuntos mercantis, mas de quase toda a esfera econômica englobando fábricas, agricultura e navegação[1]. Um espaço administrativo já referido por Nuno Madureira (1997) como o mundo da corporação sem corporações, por ter projetado os homens

---

1. Sobre a criação da Junta de Comércio e seu histórico ver Jorge Pedreira, *Os Homens de Negócio da Praça de Lisboa: De Pombal ao Vintismo (1755-1820)*, Tese de Doutorado, Universidade Nova de Lisboa, 1995; e Andréa Slemian e Cláudia Chaves, "A Praça Mercantil e o Governo do Comércio: Da América Portuguesa ao Império do Brasil (1750-1850)", em Alejandro Aguero, Andréa Slemian e Rafael Sotelo (cord.), *Jurisdiciones, Soberanías, Administraciones: Configuración de los Espacios Políticos en la Construcción de los Estados Nacionales en Iberoamerica*, Cordoba, Universidad Nacional de Cordoba, 2018.

de negócios e seus interesses privados em organismo de direção e consultoria sobre a política comercial e industrial do reino. Isso teria acarretado o reforço das posições destes indivíduos dentro da esfera burocrático-administrativa e, ao mesmo tempo, no mundo dos negócios e dos contratos.

A Junta de Comércio era um órgão consultivo e não executivo, mas isso não diminuía o seu poder dentro da lógica de administração dos conselhos de antigo regime, pois seu caráter consultivo e suas atribuições judiciais baseavam-se em uma justiça rápida e livre de dilações dos processos ordinários e se mantinha, portanto, como governança e justiça. Criada dentro do contexto de centralização administrativa pombalina, a Junta, com suas remodelações entre o fim do século XVIII e início do século XIX, possuía uma gama complexa de transformações típicas daquela conjuntura para o mundo lusitano. A ideia de centralidade governativa e de certa racionalidade administrativa acomodava-se às necessidades de abrigar o novo escopo jurisdicional do corpo mercantil e da legitimação social do topo da elite econômica e comercial: os homens de negócios. Do ponto de vista institucional não há como observar este órgão dentro dos esquadros da historiografia neoinstitucionalista ou mesmo de avaliá-lo dentro de características formalistas ou de análise de maior ou menor eficiência econômica. Como dito acima, a Junta possuía características institucionais do Antigo Regime, mas foi moldada e se adaptava às constantes mudanças político-econômicas do período de crise. Segundo Jorge Pedreira havia uma pressão das circunstâncias e isso é plenamente verificável através das mudanças legislativas que regulamentavam aquele órgão. Esse é um ponto importante que iremos explorar mais adiante.

Em Portugal a Junta de Comércio passou a deter o domínio dos diversos grupos e agremiações mercantis como era o caso das chamadas cinco classes de mercadores – que se organizava em torno da Mesa do Bem Comum dos Mercadores – e funcionava como um mecanismo de controle e contrapesos no mercado. Para alguns historiadores a Junta, constituída por negociantes de grosso trato funcionava mais como um sistema regulatório de compromissos e não de estímulo à competição. E aqui tocamos numa questão fundamental: a Junta estava longe de ser representativa da esfera mais ampla do comércio, mas possuía poder de influir sobre suas políticas. Representada e representativa da elite mercantil, a Junta não significava a praça, mas a partir dela estabelecia sua base e isto refletia a sua composição e defesas políticas. Isso não quer dizer que estavam alheias às praças, muito ao contrário, mas que tentava-se imprimir nelas uma concepção de mercado muito restrita aos seus próprios interesses e percepções. Contudo, a praça não se acomodava sem resistências.

As praças de comércio, como a própria designação sugere, eram espaços por excelência dedicados ao fazer mercantil, suas tratativas, atos comerciais e sua administração. A "praça" era o lugar de reconhecimento e de legitimação do ambiente dominado pelos homens de negócios, mercadores, comissários, corretores de seguros, entre outros. Segundo Jaques Savary Des Brûlons, o mais importante autor sobre assuntos mercantis no mundo moderno, a praça era um lugar público e existia em diversas cidades europeias onde se reuniam em determinados dias da semana comerciantes, negociantes, banqueiros e demais pessoas que se ocupavam do ofício para tratar de seus negócios. A "praça" também foi sinônimo de "bolsa" ou, segundo o mesmo autor, um espaço de jurisdições estabelecido em diversas cidades para o conhecimento em primeira instância dos processos e contendas de comerciantes, cujas apelações de julgamentos ou sentenças que subiam a instâncias superiores. Como dissemos acima, as praças eram os lugares do fazer e da administração mercantil, mas eram também uma espécie de arena política e de jurisdição, lugar, por excelência de objeto da fiscalização e do controle da Real Junta de Comércio, portanto, o ponto de partida e a razão de ser deste órgão era ela, a praça, que legitimava e elegia os seus deputados. O que acontecia apenas entre os negociantes, também reconhecidos como "negociantes de grosso trato", financistas e/ou capitalistas[2].

Por esta razão, nosso objetivo aqui é demonstrar que as dinâmicas das praças determinavam o comportamento da Real Junta de Comércio e isto levou a uma sensível diferença desta instituição a partir da criação de uma nova Junta de Comércio na praça do Rio de Janeiro a partir da transferência da Corte para o Brasil em 1808. As praças não produziram comportamentos e respostas homogêneas dentro do mesmo Império e isso fica bastante evidente antes e após a Independência do Brasil.

O Momento de Mudança: O Monstro de Duas Cabeças

Como é sabido, a transferência da Corte para o Rio de Janeiro em 1808 teve como consequência a re-criação em solo americano de suas principais instituições de governo e de justiça e isso aconteceu com a Real Junta de Comércio a partir de uma nova base:

---

2. Sobre o conceito "negociantes" ver Carlos Gabriel Guimarães & Claudia Chaves, "Negociante", em Bruno Aidar, Andréa Slemian e José Reinaldo Lopes (orgs.), *Dicionário Histórico de Conceitos Jurídico-econômicos (Brasil, Séculos XVIII-XIX)*, São Paulo, Alameda, vol. 2, 2020.

a praça de comércio do Rio de Janeiro. O seu funcionamento logo nos primeiros anos não deixou dúvidas quanto a enorme diferença que separava aqueles dois mundos. Não tardou a surgir nas consultas da Junta americana uma série de solicitações para modificar procedimentos, derrogar alvarás e impor uma nova dinâmica. Os argumentos reiterados eram: a pretensa maior liberalidade dos costumes no Brasil, a ausência de corporações mercantis na nova Corte e adesão aos sãos princípios do liberalismo então em voga. Encontramos estes argumentos tanto nas solicitações de consulta quanto na defesa de Juízes conservadores de comércio e deputados da própria Real Junta de Comércio. Antes de prosseguirmos, no entanto, é importante situar o novo contexto. Criada através do Alvará de 23 de agosto de 1808, a Real Junta do Comércio, Agricultura, Fábricas e Navegação do Estado do Brasil e Domínios Ultramarinos possuía os mesmos estatutos e uma estrutura organizacional bastante semelhante à Junta que ficara em Lisboa. Seus princípios deveriam ser os mesmos, mas muitas novas questões se impunham: uma composição de deputados luso-americanos com interesses e negócios no Brasil, ausência de corporações mercantis, novas possibilidades de rotas e conexões marítimas que atraiam negócios específicos, sobretudo relacionados ao tráfico de escravizados. Essas especificidades fizeram a diferença, particularmente as novas reivindicações ligadas ao comércio de varejo.

No caso das solicitações deste grupo encontramos mercadores de retalhos, comissários ou "homens de mar", categorias não comuns em Portugal como os "negociantes de retalho" ou "mercadores de grosso" e até mesmo mulheres que atuavam no comércio à varejo. Isto já era, por si só, uma diferenciação que se estabelecia entre os dois espaços, que, no caso do Brasil, era definido por um juiz fiscal da Real Junta como "um país de comércio" onde se aplicava sem restrições "a iluminada economia política"[3]. Essa manifestação se dava pelo fato de que estes grupos reivindicavam ser reconhecidos como agentes comerciais que pudessem se matricular como os negociantes o faziam. Em geral, aqueles que não detinham os privilégios dos chamados negociantes solicitavam algumas condições de igualdade ou reconhecimento no tratamento. Entre elas o direito de comércio marítimo para não matriculados, o direito de matrícula para grandes varejistas e até mesmo o reconhecimento da importância do comércio volante. Da parte de muitos deputados e juízes conservadores ouvia-se os argumentos de que aquele contexto havia introduzido uma "nova ordem" que demandava a "derrogar de

---

3. Junta do Comércio, Agricultura, Navegação e Fábricas, 7x, cx. 379, 1810, Arquivo Nacional do Rio de Janeiro.

algumas leis e práticas cultivadas por diferentes condições"[4]. Estas afirmações foram proferidas em consulta realizada pelos próprios deputados da Real Junta ao Príncipe Regente na qual pediam que o Alvará de 6 novembro de 1755, o Alvará de 7 de março de 1760 e a Lei de 20 de agosto de 1770 fossem abolidos ou alterados de acordo com as novas circunstâncias. O primeiro Alvará de criação da Junta de Comércio, proibia o comércio de ambulantes e estabelecia hierarquias mercantis; o segundo Alvará impunha restrições para que o comércio em grosso fosse executado por aqueles que não fossem negociantes devidamente matriculados na Junta; por fim, a Lei citada declarava nobre a profissão de comércio exercida pelos homens de negócios. Diziam os deputados:

> Nem é decente privar-se ou limitar-se a profissão do Comércio (que a Lei de vinte de agosto de mil setecentos e setenta declarou ser nobre) a honra e o especial brasão, que tanto a distingue de poderem os homens de negócio beneficiar em grande, e dar crédito a quem julgarem que o merece[5].

Há uma interessante questão relacionada a esta consulta, pois ela trata os homens de mar como comissários volantes que ficavam restritos em termos de direitos e privilégios para armação de embarcações e comércio em outros portos do reino, sendo na maioria das vezes obrigados a tomar emprestado o nome de algum negociante para fazer valer seus direitos em determinadas negociações. Por essa razão os deputados diziam que isso geraria o favorecimento de determinados grupos aos quais os homens de negócio poderiam conceder seus créditos e pedir consignações. A matéria é vasta e não pretendo esgotá-la neste texto, apenas enfatizar a complexidade das operações e das políticas mercantis que se estabeleciam em torno da Junta e de um pequeno e privilegiado grupo de negociantes.

Estas questões haviam ganhado destaque sobretudo a partir do Tratado de 1810 e do ingresso de negociantes estrangeiros na praça do Rio de Janeiro. Os deputados da Real Junta recém estabelecida exaltavam o "liberal sistema", as "mercadorias livres", os "interesses dos nacionais pela igualdade de direitos de alfândega" e até mesmo o "espírito mercantil nacional" pela franquia do comércio[6]. Todos estes posicionamentos acabavam afetando as decisões e consultas da Real Junta de Comércio em Portugal que, por sua vez, denominava o que ocorria aqui como "defeitos de uma administração estabelecida

---

4. Junta do Comércio, Agricultura, Navegação e Fábricas, 7x, códice 46, v1, fls. 68-72, Arquivo Nacional do Rio de Janeiro.
5. *Idem, ibidem.*
6. *Idem, ibidem.*

em país tão remoto, e cuja organização e atos administrativos só constam o pouco que indicam os documentos produzidos por estas partes"[7]. A crise aberta pela existência das duas instituições e a profunda distinção de posições políticas com distintas realidades e práticas de mercado desencadeou um rumoroso conflito. Hipólito José da Costa, o famoso redator do Correio Braziliense em Londres, já dizia em 1816 que a Junta de Comércio havia se transformado num verdadeiro monstro de duas cabeças e vaticinava:

> De uma coisa podem esses ministros estarem seguros, é que os portugueses não hão de satisfazer só com o nome de união; e que se faltar a realidade, uma vez que declaram a nomenclatura, o erro do presente modo de administração será tão conspícuo, que ninguém lhe perdoará as más consequências[8].

Do lado de cá do Atlântico a praça mercantil que recebia a nova Junta possuía um corpo de comércio que havia se organizado de maneira mais informal em termos da rígida hierarquia e da ausência de corporações de retalhistas como era o caso das chamadas Cinco Classes de Mercadores de Portugal. Ela era integrada de distintos segmentos do comércio em grosso – traficantes de escravos, comércio da cana de açúcar, de tabaco, e de algodão entre outros gêneros – bem como de representantes do comércio à varejo, ou retalhistas, cada vez mais fortalecidos com a centralidade da praça do Rio de Janeiro e se compunha de uma miríade de agentes mercantis estabelecidos em lojas ou no comércio volante, comissários, caixeiros e outros. É neste cenário que o domínio do mercado se estabelecia pelo peso das fortunas e monopólios de determinados nichos de comércio interno e externo, de atacadistas e varejistas com suas ramificações pelas terras centrais. De abastecimento de víveres e de mão de obra escravizada. Esse é o espaço dominado por figuras como o poderoso negociante Brás Carneiro Leão – sogro do futuro Marques de Baependi –, Amaro Velho da Silva e também do traficante de es-

---

7. Mesa do Bem Comum dos Mercadores, MBCM/1, L.2, fls. 44-7. Representação encaminhada para a Junta em 11 de outubro de 1822. Arquivo Histórico do Ministério de Obras Públicas, Lisboa, Portugal. Uma importante referência para esta discussão a partir de Portugal é o texto de Miguel Dantas da Cruz (2020) sobre a Mesa do Bem Comum dos Mercadores a partir de uma perspectiva institucional que compreende a complexidade da defesa corporativa dos comerciantes portugueses estabelecidos dentro das cinco classes de mercadores no contexto de um discurso liberalizante em Portugal. O autor também traz uma instigante discussão acerca da ideia que as corporações sucumbem frente às transformações liberais de mercado devido à sua ineficácia econômica e ausência de competitividade. O contra-argumento da utilidade ao Estado dentro de um projeto de regeneração dos primeiros liberais lusitanos dão sobrevida ao corpo mesmo após a revolução liberal do Porto, da convocação das Cortes e do constitucionalismo.
8. Biblioteca Nacional de Lisboa, Seção de periódicos microfilmados, *Correio Braziliense*, 31 ago. 1816, rolo 1735, fls. 294-6.

cravizados Elias Antônio Lopes. Todos eles foram beneméritos financiadores da Corte no Brasil e se aproximaram politicamente de D. João. Elias Antônio Lopes, que doou a Quinta da Boa Vista para a residência do monarca, foi também deputado da Junta, além de Corretor e Provedor da Companhia de Seguros. Amaro Velho da Silva chegou a doar um conto de réis para a manutenção e despesas da Família Real. Os grandes da praça também garantiram a construção do luxuoso edifício da Praça do Comércio inaugurado em 1820 pelo rei D. João VI com pompa e circunstância[9]. Até 1821 aquelas alianças eram firmes e pareciam acomodar igualmente os diversos segmentos da praça e do corpo de comércio, como também parecia conferir força e legitimidade à Real Junta. No entanto, não era bem assim e os acontecimentos do dia 21 de abril daquele ano na Praça do Comércio mudariam drasticamente a situação[10].

A Independência, a Astúcia Liberal e a Opção Conservadora

Nas Cortes de Lisboa, naquele mesmo ano de 1821, uma comissão composta por negociantes portugueses discutia o futuro e as políticas para o comércio, a agricultura e as manufaturas do reino a partir de uma nova ordem constitucional. As menções aos Brasil eram esparsas e genéricas, exceto pela condenação ao famigerado Tratado de 1810 e nenhum negociante das praças americanas se faziam representar. O saldo dos tempos em que a Corte do Rio de Janeiro era o centro da monarquia portuguesa era sem dúvida uma enorme reprovação sobre a Junta – a americana, claro. Os tempos haviam mudado e,

---

9. O edifício foi projetado pelo famoso arquiteto francês Grandjean de Montigny que integrava a missão artística francesa vinda para o Rio de Janeiro em 1816. O edifício construído era grandioso, possuía um grande centro e duas laterais com suas respectivas fachadas ornamentadas. A imponência da edificação, segundo seus contemporâneos, destacava-se naqueles primeiros anos da Corte no Rio de Janeiro. Os negociantes da Praça então não pouparam demonstrações de fidelidade ao rei, além de criarem fundos de auxílio aos portugueses recém-chegados, também de auxílio à instrução, iluminação das vias públicas e construção de arcos comemorativos.
10. No dia 21 de abril de 1821 no edifício da Praça do Comércio acontecia a reunião da Junta Eleitoral de Comarca quando teve início o conflito. O espaço teria sido tomado por diversos grupos com exigências específicas acerca da constituição. Sabe-se que negociantes e membros da burocracia estatal alteraram a data de reunião convocada para o dia seguinte com o objetivo de impedir a participação da maior parte dos eleitores. A proposta era, ao mesmo tempo, endossar a necessidade da partida de D. João VI para Portugal com o apoio de D. Pedro na Regência e bloquear a ação de senhores de engenhos e lavouras do Recôncavo da Guanabara e do Campo de Goitacazes para que não tivessem acesso à reunião. O plano foi mal-sucedido e subvertido pela presença de diversas agremiações entre varejistas, artífices, caixeiros e outros. Não vou me deter aqui neste texto sobre os acontecimentos da revolta que podem ser conferidos em Oliveira, 1999.

se era necessário se adaptarem aos novos tempos, as instituições precisavam mudar. Era o que parecia. Concluíam que o caminho liberal seria sem volta e o que "velho" tribunal representava um estorvo a ser ultrapassado[11]. Propunham a criação de um "verdadeiro" tribunal acompanhado de um código comercial, o que aconteceria efetivamente somente em 1834 com o "triunfo" da agenda liberal em Portugal. Projetavam, mantendo a ideia de Reino Unido, a existência de diversas Juntas de Comércio espalhadas pelas mais importantes praças do Império: Reino, América, Ásia, África e Ilhas. Essas Juntas deveriam ter uma composição mais técnica e de menor tamanho, eleições anuais e com arbitramento de causas em primeira instância. Além delas, seria criada uma Junta Suprema de Comércio sediada em Lisboa que funcionaria como o grande tribunal de última instância que reuniria membros das distintas praças. O projeto detalhado e extenso redigido entre os meses de janeiro e março daquele primeiro ano das Cortes enfatizava a necessidade de uma maior coordenação destas Juntas sobre a agricultura e indústria de forma mais efetiva, incluindo a possibilidade de ter especialistas nestes ramos da economia e não apenas negociantes. Apesar do forte discurso liberal, a tônica das críticas ao "velho" tribunal da Real Junta voltava-se contra a ausência de proteção da indústria e comércio nacionais e ao nocivo Tratado de Comércio de 1810, como já dissemos, que era percebido como a principal causa da propalada decadência mercantil experimentada pelos negociantes do reino. O projeto refletia o posicionamento da maioria – todos negociantes da praça de Lisboa –, mas trazia também, ao final, alguns votos discordantes. Este foi o caso de João Loureiro[12] e que nos interessa particularmente por criticar severamente a insistência em se manter tribunais de comércio em um estado constitucional. Para ele não fazia sentido regenerar a Real Junta através da criação de um tribunal superior e Juntas provinciais de comércio, pois a única providência que se deveria tomar seria a criação de um código de comércio e arrematava "nem entendo como se julgue necessário um tribunal especial de comércio"[13] e seguia:

---

11. *Memória dos Trabalhos da Comissão para o Melhoramento do Commercio nesta Cidade de Lisboa, Creada por Determinação das Cortes, Geraes, Extraordinarias, e Constituintes da Nação Portuguesa*, Lisboa, Typographia Rolandiana, 1821.
12. Segundo José Luís Cardoso, "A Legislação Económica do Vintismo", *Análise Social*, vol. XXVI (112-113), 1991, p. 482, Loureiro representou um exemplo de compromisso e conciliação entre opiniões protecionistas e livre-cambistas. Em seu voto separado entendia que a liberdade deveria ser regrada pela diferença de direitos, ou seja, a liberdade deveria ser controlada através de um processo discriminado de direitos alfandegários, deixando, contudo, o arbítrio de cada um.
13. *Memória dos Trabalhos da Comissão para o Melhoramento do Commercio nesta Cidade de Lisboa, Creada por Determinação das Cortes, Geraes, Extraordinarias, e Constituintes da Nação Portuguesa*, Lisboa, Typographia Rolandiana, 1821.

Tudo digo para fundamentar os motivos porque me afasto do parecer da Comissão na sua proposta de Novo Tribunal de Comércio Superior, porque não posso convir (seja qualquer que for a forma porque se escolham os homens) em que as causas do comércio continuem a ser decididas em última instância por assalariados ou homens fixos de emprego certo, ainda que periódico, e de eleições gerais, pois todos sabem quanto é fácil jogar-se com semelhantes armas, como são as da opinião pública e classes passivas da sociedade [...] porque seria uma infração das bases da constituição instituir uma nação em geral jurados no crime, no civil, na imprensa e fazer privilegiado o comércio em decisões pela sua corporação em matérias que a maior parte das vezes são entre um comerciante e outro de outro ofício e dar a este corpo uma cabeça em tribunal que não tem os outros cidadãos em nenhuma das suas corporações ou ofícios ou pelo menos não devem ter mais, depois de abraçados luminosos princípios da divisão de poderes, do direito dos homens em sociedade e da responsabilidade das autoridades[14].

A inusitada, arrojada e sensata proposta de João Loureiro para a extinção de todo e qualquer tribunal especial de comércio não encontrava eco entre os demais liberais da comissão. À maioria parecia razoável a ideia de que bastava mudar o modelo institucional e que um código não prescindiria da necessidade de uma justiça entre pares. Esse, como dissemos acima, foi o modelo seguido em Portugal em 1834 e no Brasil em 1850 quando aqui se promulgou o código comercial – e a criação do tribunal no ano seguinte. Os liberais constitucionalistas não estavam preparados para romper aquela barreira e reforçavam a ideia de uma união centralizada em Portugal e sem os "embaraços" do Tratado de 1810 eram os objetivos fundamentais do grupo. Claro que a proposta estava longe de ser consenso entre negociantes de um lado e de outro do Atlântico e ela não passaria no crivo dos negociantes da praça do Rio de Janeiro com toda a certeza[15].

Para os negociantes e mercadores portugueses em Portugal o momento era de possibilidades com novas formas de abordagem e nomenclaturas para os quais eles adaptavam o discurso liberal e constitucionalista. O historiador português Miguel Dantas da Cruz nos apresenta uma interessante abordagem sobre o tema através das análises de petições do grupo mercantil às Cortes. Lembrando que o movimento vintista teve uma curtíssima duração até o ano de 1823 e que foi repleto de contradições como outros movimentos liberais do período, a questão das regulamentações das atividades

14. *Idem*, pp. 16-17.
15. É certo que o Tratado de 1810 também era polêmico entre os distintos grupos de negociantes na Praça do Rio de Janeiro, a mais importante e mais diretamente impactada pelo Tratado, mas seguramente ele garantia os interesses de arranjos com Inglaterra em torno do tráfico de escravizados. Para um aprofundamento da questão ver Tâmis Parron, *A Política da Escravidão no Império do Brasil* (1826-1865), Rio de Janeiro, Civilização Brasileira, 2011, pp. 45-64.

mercantis sobretudo o Alvará de 27 de março de 1810[16] – era o ponto que mais gerava descontentamentos e para os quais se buscava soluções. Era ainda desdobramento dos conflitos gerados pela legalização do comércio ambulante que mencionamos anteriormente e que era defendido nas praças do Brasil. A não resolução do problema nos anos seguintes fez com que ele transbordasse durante o período das Cortes constituintes. Segundo Cruz, o novo espaço de representação abriu as portas para uma verdadeira avalanche de petições marcadas por descontentamentos e ressentimentos que não haviam encontrado anteparo na Real Junta. O fenômeno peticionário era a novidade que acompanhava a dinâmica de uma representação ampliada, mas o discurso e o teor das queixas se escoravam nos mesmos pressupostos dos privilégios corporativistas do Antigo Regime. O curioso é que, pela natureza representativa, as Cortes igualmente recebiam petições de comerciantes ambulantes contra varejistas estabelecidos em lojas que pleiteavam o "mesmo direito e a mesma justiça"[17]. O incômodo por ter que "acomodar" todos os grupos era aparente em muitos deputados e defesa da proteção aos "estabelecidos" em nome de um discurso nacionalista parecia mais adequado ao princípio de regeneração que acompanhou o movimento vintista.

> De um lado, defendem-se os valores da revolução, assumindo-se um compromisso mais ou menos explícito com a igualdade (a igualdade civil, indiscutivelmente); de outro, demonstra-se uma visão do mundo, ou pelo menos da sociedade portuguesa, assente na diferença entre aqueles que faziam parte da ordem liberal e os outros, mais difíceis de acomodar[18].

Seguramente não eram apenas os ambulantes de Portugal que estariam compreendidos entre os "difíceis" de acomodar. O reino do Brasil também não se acomodava e se se tornaria muito claro no decorrer dos meses seguintes como veremos a seguir no lado americano do Atlântico.

No Rio de Janeiro, naquele mesmo ano de 1821, as cartas estavam bem embaralhadas. Não se tratava claramente dos mesmos problemas vivenciados pelos mercadores portugueses. No Brasil, aqueles dilemas já se encontravam mais pacificados, como apresentamos anteriormente. O fim da Real Junta ou a criação de um novo tribunal nem era

---

16. Por este Alvará se eliminavam as restrições impostas ao comércio de varejo – incluindo aquele destinado às Cinco Classes – e abria a possibilidade para o comércio volante entre ruas e casas.
17. Miguel Dantas da Cruz, "A Mesa do Bem Comum dos Mercadores e a Defesa dos Interesses Corporativos em Portugal (1756-1833)", *Varia História*, vol. 36, n. 72, p. 161, 2020, Belo Horizonte.
18. *Idem*, p. 164.

uma questão debatida. O problema maior era a permanência ou não das condições econômicas e de mercado que haviam sido abertas para o comércio na antiga colônia desde a chegada da Corte no Rio de Janeiro e da abertura dos seus portos à todas as nações. As disputas entre as províncias do Norte e do Sul, a permanência dos vínculos com Portugal, a lealdade às Cortes ou ao Príncipe Regente, a propalada ameaça de recolonização, eram as verdadeiras questões que mobilizavam o corpo do comércio no Brasil.

Embora o constitucionalismo fosse uma bandeira comum aos diversos grupos de comerciantes, eles estavam longe de serem homogêneos. Assim como a defesa do constitucionalismo não significava a adesão aos interesses dos portugueses. O impasse estava criado quando D. João VI foi forçado a retornar. Restava a questão da adesão, ou não, à D. Pedro rumo a uma ruptura política.

O famoso episódio da Revolta na recém-inaugurada praça de comércio no mês de abril trouxe incertezas e, sobretudo, demonstrou mais claramente a fissura na composição dos grupos. A reunião para a eleição dos representantes deputados nas Cortes de Lisboa acabou em confronto aberto. As lealdades em torno de D. João VI e a adesão ao constitucionalismo vintista não era um ponto pacífico. O temor do retorno do rei a Portugal e, consequentemente de toda a estrutura institucional em torno da Corte – incluindo a própria Real Junta de Comércio –, trazia desconfianças aos grandes da praça do Rio de Janeiro. Seguramente eles não configuravam entre os mais entusiastas do movimento iniciado no Porto tanto pela desconfiança dos objetivos, quanto pelas distintas posições que separavam os negociantes nas distintas praças. Certamente os negociantes no Rio de Janeiro não tinham conhecimento da *Memória* que se produzia no interior das Cortes pelos negociantes de Lisboa e se assustariam com a proposta. Por ela se retiraria toda a primazia da Real Junta de Comércio do Rio de Janeiro e a substituiria por uma Junta de Comércio de primeira instância subordinada à Junta Suprema de Lisboa; a suspensão imediata de todos os tratados em execução – o de 1810 especificamente; e a proibição da prática – bastante corriqueira na praça americana – de "naturalizar" navios de fabricação estrangeira.

Este último ponto seria particularmente polêmico. Observamos que essa prática era comum e geralmente aceita nas consultas da Real Junta do Rio de Janeiro, ainda que sempre cercada de muitas discussões. Em geral, consistia na compra de um navio fabricado por outras nações e que tivesse operado com outras bandeiras na marinha mercante, ou mesmo militar, e que fosse reformado para uso no comércio com a bandeira portuguesa. Havia um entendimento geral na Real Junta do Rio de Janeiro que se a reforma compusesse a maior parte do valor da embarcação e sem o emprego da antiga tripulação, a nacionalização poderia ser feita sem maiores problemas. Contudo, a proposta dos negociantes portugueses era a de fazer exceção apenas para os casos de navios provenientes de presas ou provenientes de compra de carcaças que necessitassem a reconstrução em valor, pelo menos, quatro vezes superior. O próprio João Loureiro – o negociante que abriu divergência no voto da Comissão – admitiu que tremeu quando leu esta proposta em particular, alegando que o suposto estímulo à indústria nacional escamoteava a obrigatoriedade da aquisição dos navios mais caros de todos os mercados, no caso o Português. Ainda que admitisse a necessidade de certos protecionismos esse era um caso extremo pois a indústria naval portuguesa estaria longe de se colocar como competitiva. O discurso liberal seguia com suas contradições, mas era vivamente aceito em diferentes tons e compreensões.

Como apontamos acima, a defesa, ou não, do liberalismo estava longe de ser o ponto central da questão. A grande maioria dos negociantes de grosso ou à varejo defendia publicamente algum princípio liberal que muitas vezes se trasvestia como defesa do nacionalismo constitucionalista em Portugal. Não havia um consenso ou uma única influência jurídica-filosófica entre os vintistas que fosse muito além da defesa da divisão dos poderes com uma monarquia hereditária. A maior equação a ser resolvida na verdade era a questão Brasil e, como sabemos, ela não foi solucionada. Não da forma como parte significativa dos representantes brasileiros nas Cortes gostariam, sobretudo aqueles que se organizavam em torno da defesa da permanência de D. Pedro no Brasil. Essa é uma questão ampla e complexa, mas vamos nos deter apenas nas disputas em torno da Praça de Comércio do Rio de Janeiro e da Real Junta que tomamos aqui como ponto de observação para os embates em jogo.

Voltemos um pouco no tempo para compreendermos melhor a posição política da Real Junta de Comércio do Rio de Janeiro no pré-Independência. Como já dissemos no início deste texto, a instituição se destacava em relação à sua homóloga portuguesa por um discurso francamente liberal. Sem a Mesa Comum do Mercadores e as corporações das Cinco Classes e sem uma defesa rigorosa da indústria nacional portuguesa, os negociantes do lado de cá do Atlântico abriam espaço para um mercado mais aberto. O caso do comércio das embarcações é um bom exemplo. O parecer de 09 de maio de 1815 da Real Junta de Comércio demonstra essa questão:

> Parece ao Tribunal que não obstante a falta do pagamento da meia sisa na primeira escritura, e a incoerência das datas das subsequentes escrituras, porque o ser de propriedade dos portugueses, que só podem fazer objeto para os meios ordinários; está o suplicante nas circunstâncias de merecer a graça que

implora, quando a reconstrução que fez de quatorze contos quatrocentos oitenta e nove mil e dois réis importou em mais de vinte vezes o primeiro custo da Galera, que lhe foi vendida por setecentos mil réis: muito principalmente manifestando-se ser este o espírito do Direito de vinte e nove de novembro de mil oitocentos e quatorze, pelo qual foi Vossa Alteza Real servido conceder uma semelhante graça, a Bento José da Costa e Antônio da Silva e Companhia Negociantes de Pernambuco habilitando o seu bergantim Aurora Anjo da Guarda, no que parece ficar estabelecida a regra de que a reconstrução pode habilitar os navios para se julgarem nacionais, regra que por algumas razões civilizadas é também abraçada quando a reconstrução vale três partes mais que o primeiro valor da embarcação[19].

Não havia unanimidade na decisão e tampouco esta se dava pelas razões alegadas ao final, ou seja, a reconstrução e o valor elevado dela. A questão foi discutida pelo fato de ser uma embarcação originalmente norte-americana que mantinha as suas características. A questão mais controversa era o fato de que ao naturalizar a embarcação ela passava a ter direitos de entrar no comércio asiático. Nem todos os deputados concordavam com a manobra, mas ela se tornou frequente. Tanto que foi tema de debate na Comissão das Cortes e com forte viés nacionalista.

Não podemos nos esquecer que todo a defesa das liberdades de mercado proferida pelos membros da Real Junta no Rio de Janeiro estava escorada na defesa de interesses de grupos muito restritos de grandes negociantes *em grosso* e à retalho. Neste sentido, quando seus deputados acenavam com mudanças de regras, consentimento de expedientes que burlavam a defesa da indústria portuguesa ou mesmo a quebra de barreiras e hierarquias – como no caso dos retalhistas e dos negociantes que se matricularam apenas em função destes desembaraços –, não impediam o processo de concentração e controle de mecanismos de interesse do grupo mais privilegiado. Os grandes negociantes desfrutavam também de acesso à administração de recursos como, por exemplo, o controle do mercado de seguros. Este foi o caso de Elias Antônio Lopes e de Antônio da Silva Lisboa. Ambos abocanharam os cargos de procurador provedor da casa de seguros do Rio de Janeiro e da cidade da Bahia. Estes casos foram escandalosos pelo fato de advogarem o remanejamento das causas relativas aos seguros para a Real Junta como última instância – ou seja, que seriam avaliadas por eles mesmos – e pelo fato de passarem a receber 5% dos prêmios de corretagem, a exemplo do que acontecia com as casas de seguro em Lisboa. A diferença lá é que os provedores não eram membros da

---

19. *Junta do Comércio, Agricultura, Navegação e Fábricas*, 7x, códice 46, vol. 3, fls. 11 vols, Arquivo Nacional do Rio de Janeiro.

Real Junta e eram vetados desta possibilidade. Estas questões nos fazem refletir sobre o ânimo que os negociantes deputados da Real Junta no Rio de Janeiro tinham sobre a maior parte das reclamações que chegavam por parte da Real Junta de Comércio de Portugal. Os dois lados com seus respectivos interesses pareciam estar mesmo muito apartados às vésperas da Independência. Algo que dificilmente poderia se configurar naturalmente como uma interiorização da metrópole.

Tanto no plano político como no comercial, a verdadeira disputa acontecia na praça e, como bem demonstrou Cecília Helena de Salles Oliveira, ela já se encontrava à beira de uma ruptura aos moldes da Revolução do Porto, no ano de 1820. A autora nos lembra que o grupo de negociantes e traficantes do Rio de Janeiro já seriam avessos a uma incorporação e controle institucional, como de companhias de comércio, desde o século XVIII e preferiam uma ação mais independente. Contudo, a transformação do Rio de Janeiro em sede monárquica e a ampliação da escala de negócios – de concentração de riquezas com o monopólio do mercado atacadista e do incremento para o comércio de escravizados – abriu possibilidades antes inexistentes. Neste processo os negócios se diversificaram e avançaram para o controle do varejo. Isso não aconteceu sem uma boa dose de violência com a participação e certa cooptação de caixeiros como forças milicianas para os quais os negociantes conseguiram uma série de isenções e benefícios. Assim a fatia do mercado de abastecimento foi dominada por grupos de atacadistas que passaram a ter acesso às matrículas. Olhando por este ângulo, não parece absurda a defesa da diluição das hierarquias ou do enobrecimento pela simples ostentação do título de negociante matriculado na Junta. Até mesmo porque esta nobiliarquia se conseguia pelo emprego de outras vias.

Tanto poder e oportunidades daquela praça, por sua vez, despertara o interesse de outros grupos espacialmente deslocados, mas com intenções muito semelhantes e conexões com outras praças como a de Montevidéu e negócios na fronteira sul do Império Luso-brasileiro. A disputa pela praça do Rio de Janeiro passou então por enfraquecer as bases do controle burocrático administrativo já exercido pelos monopolistas e por suas redes de parentelas. Segundo Cecília Oliveira, no ano de 1820 a tensão entre estes grupos ganhava ares de uma disputa política mais acirrada e que se demonstrava através da defesa de uma maior probidade administrativa e legislativa capaz de regenerar a monarquia. Dentro deste novo grupo se destacavam, além dos negociantes, os proprietários de lavouras e de engenhos sobretudo do Recôncavo e do Campos de Goitacazes que constituíam as lideranças mais reconhecidas pelas figuras destacadas no campo da política e da magistratura como Gonçalves Ledo e Clemente Pereira. A tensão estava elevada naquele ano da Revolta na praça.

Não é meu objetivo aqui discutir os desenlaces das disputas entre os dois grupos acirradas pela Revolta, mas sobretudo refletir sobre a complexidade em torno das representações institucionais da Praça. Eulália Lobo em estudo sobre o comércio do Rio de Janeiro do século XIX afirmou que havia um certo divórcio entre a posição liberal da praça de comércio, enquanto a Junta mantinha uma posição mercantilista e fiscalizadora. Para a autora a função da Real Junta era de garantir a manutenção dos monopólios e fiscalizar as atividades econômicas como agricultura e fábricas, já a praça seria o espaço da burguesia comercial nascente.

Neste período de contradição entre o mercantilismo, o fisiocratismo e o liberalismo, a Praça de Comércio do Rio de Janeiro entrou em conflito quase constante com a Junta, a propósito da liberdade dos preços, dos privilégios dos comerciantes britânicos, da questão da concorrência do comércio e do artesanato dos escravos, dos comissários volantes, do problema do crédito à atividade fabril e da redução de impostos[20].

A exposição acima carece de uma série de ponderações. Muitos dos conflitos apresentados acima se dão em relação às consultas que chegavam de Portugal, sobretudo relacionadas aos comissários volantes e aos privilégios de comerciantes britânicos. A percepção de que era uma disputa entre a praça e a Junta está mal colocada. Não que não existisse tensão entre estes dois espaços. Contudo, a argumentação acima prescinde da observação de serem os deputados da Real Junta também agentes mercantis com seus próprios interesses. A ideia de que a instituição era apenas um espaço burocrático com agentes estatais defensores de uma política mercantilista e fisiocrática não corresponde à realidade. Entendemos que isso é um equívoco pensando nos dois lados da questão.

Como observamos acima, é grande o grau de complexidade e de interesses difusos que estiveram em cena naqueles tumultuados anos das primeiras décadas do século XIX. As questões econômicas não podem e não devem ser pensadas de forma apartada das tensões políticas. A manutenção de interesses de qualquer um dos grupos dependia de um caminho político na manutenção dos laços monárquicos com Portugal ou na ruptura intermediada por D. Pedro. Voltando à Revolta como um momento decisivo deste embate, Cecília Oliveira novamente nos socorre na interpretação das figuras multifacetadas que demonstraram estratégico recuo frente ao impulso da multidão. A "astúcia liberal" se fez presente no comportamento mais comedido adotado pelo grupo

---

20. Eulália Maria Lobo, *Economia Brasileira: Uma Visão Histórica*, p. 149.

de Gonçalves Ledo e Clemente Pereira. Ao final do processo, a devassa tornou-se em um "instrumento político no sentido de preservar a imagem dos homens detentores de riqueza e prestígio na província, além de indicar, com nitidez, as distâncias entre 'cidadãos' e 'não-cidadãos'". Isto é, no final os cidadãos se salvam e se reacomodam no plano político imediato em torno da defesa da Independência e de D. Pedro. Afinal, entenderam que estaria em jogo a própria manutenção das "liberdades" de mercado no Brasil ou mais especificamente na sua porção Centro-sul. Mesmo assim, podemos entender como significativo o abandono do edifício da Praça de Comércio e o reordenamento do espaço mercantil que mostraria novamente sua força em 1834, já no período regencial, com a organização dos assinantes da Praça de Comércio com estatutos e jurisdição sobre a administração mercantil e de corretagem. Além disso, este renovado corpo de comércio elaborou um novo projeto para o Código de Comércio e criação do Tribunal. Sabemos, contudo, que dezesseis longos anos se passariam até a sua concretização implementada pelo grupo saquarema. O velho tribunal da Junta foi mantido por todos estes anos e, ainda que tenha aparentemente se enfraquecido, provavelmente pelo maior protagonismo da praça, não deixou de ser um organismo de poder. Contudo, essa é uma questão que requer estudos mais aprofundados pois muito pouco se sabe ou se estudou sobre a Real Junta de Comércio a partir do Império do Brasil.

CAPITULO XIV

Crise, Desenclave das Minas e o Avesso do Vicinal
Conexões e Território no Processo de Independência do Brasil

TÉLIO CRAVO

O TEMA DESTE CAPÍTULO É a mineração, o exame das conexões entre a crise do Antigo Regime, o tráfico negreiro e a navegação, vigentes na capitania e depois província de Minas Gerais. Busca-se, por conseguinte, explorar os desdobramentos do extrativismo mineral, sua passagem de colonial para global, articulada às mudanças do mundo pós- napoleônico e da era da liberdade. Sem perder de vista a emergência do capital industrial e do padrão-ouro, explora-se o avesso do vicinal, pois a atividade econômica extrativista mineral, o tráfico negreiro e a navegação a vapor não poderiam ser elementos isolados da política e das crenças que a enquadram e, muito menos, das possibilidades e das limitações implicadas na formação da nação e dos centros internos de decisão inerentes ao processo de Império do Brasil independente.

Sobre a mineração e suas conexões nas Américas, a literatura tem destacado empresas sediadas em Londres que operaram em Cuba e Brasil nas primeiras décadas do século XIX[1]. Esses empreendimentos com vastíssimo emprego de escravizados tornaram-se ponto de constrangimento para o abolicionismo britânico e ganharam a arena política[2]. A extração de cobre e ouro, respectivamente, em Cuba e Brasil, tinham em comum a presença da escravidão e o aumento do desembarque de cativos oriundos do tráfico transatlântico. Por um lado, Cuba permanecera com o *status* colonial[3], por

---

1. Chris Evans, "Brazilian Gold, Cuban Copper and the Final Frontier of British Anti-Slavery", *Slavery and Abolition*, vol. 34, n. 1, pp. 118-134, 2013.
2. Courtney Campbell, "Making Abolition Brazilian: British Law and Brazilian Abolitionists in Nineteenth-Century Minas Gerais and Pernambuco", *Slavery and Abolition*, vol. 36, n. 3, pp. 521-543, 2015.
3. Ricardo Salles, "A Segunda Escravidão e o Debate Sobre a Relação entre Capitalismo e Escravidão: Ensaio de Historiografia", em Mariana Muaze e Ricardo Salles (orgs.), *A Segunda Escravidão e o Império do Brasil em Perspectiva*

outro, é no processo de Independência que se instituíram, em termos legais, as condicionantes necessárias para a operação da mineração estrangeira no Brasil[4]. Em 1824, ante a crise de conjuntura marcada pelas adesões ao novo centro político independente e seus conflitos, reconfigurou-se o horizonte da antiga mineração[5]. Esta, por sua vez, passou-se a novo estatuto que rendeu movimentos de expansão, que se traduziu no investimento de milhares de libras esterlinas na compra de minas auríferas do tempo colonial dos seus antigos proprietários, circulação de pessoas, imigração de trabalhadores[6], engenheiros, emprego de escravizados e compra de cativos vindos do continente africano.

Levando em conta os modos e ritmos da internalização dos centros de poder no processo de Independência e o controle destes por círculos sociais específicos,[7] este capítulo explora três eixos em movimento no processo histórico-social independentista: tráfico negreiro, mineração e transporte. Argumenta-se que novas dinâmicas, globais e locais, mesmo que calibradas pelas pulsões senhoriais, interagiram no nível das estruturas do poder. Nessa rede de tempos diferenciados se entrelaçaram a reinvenção do tráfico negreiro[8] e a mudança estrutural na mineração. Decisões de investimento, produção e locomoção dos fluxos comerciais redefiniram comportamentos dos agentes. A mineração transmutou-se de colonial em global, sediada em Londres e mediada pelos centros internos de poder do Império do Brasil. Irrompeu dessa mineração, situada no interior do país, em Minas Gerais, em localidades com rios tributários do Rio Doce, o

---

Histórica, São Leopoldo, Casa Leiria, 2020, pp. 27-52; Dale Tomich, The "Second Slavery", *Through the Prism of Slavery*, Lanham, Rowman e Littlefield, 2004, pp. 56-71.

4. Friedrich Ewald Renger, "As Companhias Inglesas de Mineração de Ouro no Tempo de Ernst Hasenclever: 1825 a 1845", em Ernst Hasenclever, *Ernst Hasenclever e Sua Viagem às Províncias do Rio de Janeiro e Minas Gerais*, Fundação João Pinheiro, Belo Horizonte, 2015; Douglas Cole Libby, *Trabalho Escravo e Capital Estrangeiro no Brasil, O Caso de Morro Velho*, Belo Horizonte, Editora Itatiaia, 1984; Fabio Carlos da Silva, *Barões do Ouro e Aventureiros no Brasil*, São Paulo, Edusp, 2012.
5. "Decreto de 16 de setembro de 1824", *Colleção das Leis do Império do Brasil de 1824*, Rio de Janeiro, Typ. Nacional, 1886, parte I, pp. 64-66; Paul Ferrand, *O Ouro em Minas Gerais*, 1. ed. 1894, Belo Horizonte, Fundação João Pinheiro, 1998; Marshall Eakin, "Business Imperialism and British Enterprise in Brazil: The St. John D'el Rey Mining Company, 1830-1860", *The Hispanic American Historical Review*, vol. 66, n. 4, pp. 697-741, 1986.
6. Sobre a contratação de mineradores ingleses, médicos, engenheiros de minas, consultar Robert Walsh, *Notices of Brazil in 1828 and 1829*, London, Frederick Westley e A. Davis, 1830, vol. 2, pp. 116-120. Esse impacto é mensurável pela lista nominal relativa aos domicílios do Distrito de Nossa Senhora do Socorro (1831).
7. Florestan Fernandes, *A Revolução Burguesa no Brasil: Ensaio de Interpretação Sociológica*, São Paulo, Globo, 2005, pp. 52-58.
8. Sobre a defesa da escravidão e do tráfico negreiro, consultar Tâmis Parron, *Política da Escravidão no Império do Brasil, 1826-1865*, Rio de Janeiro, Civilização Brasileira, 2011.

desejo de redirecionar os caminhos de escoamento da produção. Tal associação entre mineração e navegação se traduziu nas justificativas de organização da navegação a vapor do Rio Doce, que desconsiderou a centralidade do Rio de Janeiro, em busca de articulação do interior em novos moldes, postulados pelo empreendimento privado, com sua sede também em Londres, da Companhia de Navegação do Rio Doce[9].

O fenômeno histórico sincrônico de consolidação da Independência e expansão (tráfico e mineração) dimensiona descontinuidades, reinvenções e permanências, bem como conexões, circulação de pessoas e ideias, que ultrapassam a noção de singularidade e o mundo interno de Minas Gerais[10].

É na crise do Antigo Regime que se entrelaçam as reacomodações pós-napoleônicas, o sistema europeu, as terras do novo mundo e as disputas em torno do comércio internacional de escravizados[11]. No interior desse jogo móvel das estruturas, as continuidades e rupturas colocaram em movimento projetos e processos políticos[12]. Esses aspectos redimensionam interpretações de temas clássicos como a mineração e navegação do Rio Doce. Partindo dessa premissa, afasta-se de duas armadilhas: a da história regional[13] e das conexões entre capitalismo e escravidão restritas ao café e ao açúcar no século XIX[14].

*

Ao longo das últimas quatro décadas, contribuições historiográficas, especialmente no âmbito da demografia histórica, revelaram os movimentos de expansão da popu-

---

9. Johann Jakob Sturz, "Plano Para a Organização da Companhia Rio Doce (1832)", *Revista do Arquivo Público Mineiro*, vol. 4, pp. 792-801, 1899. Sobre a atuação empresarial de Sturz e sua relação com os projetos de colonização no Brasil nas décadas de 1820 e 1830, consultar José Juan Melendez, *The Business of Peopling: Colonization and Politics in Imperial Brazil, 1822-1860*, 463f, Tese de Doutorado, University of Chicago, 2016.
10. Caroline Douki e Philipe Minard, "Histoire Globale, Histoires Connectées: Un Changement d'Échelle Historiographique?". *Revue D'Histoire Moderne & Contemporaine*, vol. 54, n. 4, pp. 7-21, 2007.
11. Leslie Bethell, *A Abolição do Comércio Brasileiro de Escravos*, Brasília, Senado Federal, 2002, pp. 34-47; Beatriz G. Mamigonian, *Africanos Livres*, São Paulo, Companhia das Letras, pp. 30-57.
12. Pierre Vilar, "História Marxista, História em Construção", em Jacques Le Goff e Pierre Nora, *História: Novos Problemas*, Rio de Janeiro, Francisco Alves, 1976.
13. Cecília Helena de Sales Oliveira, Vera Bittencourt e Wilma Peres Costa, "Introdução", *Soberania e Conflito*, São Paulo, Hucitec, 2010, pp. 17-24.
14. Burnard Trevor e Giorgio Riello, "Slavery and the New History of Capitalism", *Journal of Global History*, vol. 15, n. 2, pp. 225-244, 2020.

lação escravizada em Minas Gerais[15] e ampliaram o entendimento dos processos demográficos e econômicos[16]. Tratava-se de recolocar a questão da economia mineira no século XIX, ultrapassando a tradicional visão de decadência[17]. Como resultado, a imagem mineira do seu oitocentos alterou-se, ganhou *status* de uma dinâmica "silenciosa"[18], vicinal, orientada para mercado interno e com fraco desempenho exportador[19]. A partir dessas contribuições, Minas Gerais adquiriu tom de peculiaridade sem par na história da escravidão moderna, singularidade no cenário do século XIX[20]. Seguindo essa assertiva, as controvérsias historiográficas voltaram-se essencialmente para o econômico e o demográfico[21]. E, além disso, o debate passou a considerar a vinda da Corte (1808) e o abastecimento carioca pelos volumes excedentes intercambiados da agricultura e da pecuária de Minas Gerais como ponto de ruptura e elemento explicativo do processo de integração territorial e da formação de circuitos internos de produção e acumulação[22].

Tornara-se consenso que, nas primeiras décadas do século XIX, as ligações com o mercado internacional através da agricultura de exportação foram tênues[23], o que resultou numa escravidão que se afastara dos modelos analíticos tradicionais[24]. Por con-

15. Mario Rodarte, *O Trabalho do Fogo: Domicílios ou Famílias do Passado – Minas Gerais, 1830*, Belo Horizonte, Editora UFMG, 2012.
16. Clotilde Andrade Paiva, *População e Economia nas Minas Gerais do século XIX*, 229 f, Tese de Doutorado em História, Universidade de São Paulo, 1996.
17. Celso Furtado, *Formação Econômica do Brasil*, 17. Ed, São Paulo, Editora Nacional, 1980. A respeito do modelo interpretativo de Celso Furtado e o ciclo da mineração, ver Maurício Coutinho, "Economia de Minas e Economia da Mineração de Celso Furtado", *Nova Economia*, vol. 18, n. 3, pp. 361-378, 2008.
18. Sobre o Crescimento em Silêncio e Economia Vicinal, ver Roberto Borges Martins, *Growing in Silence: the Slave Economy of Nineteenth-Century Minas Gerais*, Tese de Doutorado, Vanderbilt University, 1980.
19. Roberto Borges Martins e Maria do Carmo Salazar Martins, "As Exportações de Minas Gerais no século XIX", *Revista Brasileira de Estudos Políticos*, n. 58, pp. 105-120, 1984.
20. Douglas Cole Libby, *Transformação e Trabalho em Uma Economia Escravista: Minas Gerais no Século XIX*, São Paulo, Brasiliense, 1988.
21. Nos anos 1980 e 1990 a agenda historiográfica revisita a tese da decadência e rejeita as análises que insistem na decadência e na estagnação.
22. Francisco Iglésias, "Minas Gerais", em Sergio Buarque de Holanda (org.), *O Brasil Monárquico. Dispersão e Unidade*, vol. 2, tomo II, São Paulo, Difel, 1964; Maria Odila Silva Dias, "A Interiorização da Metrópole (1808-1853)", em Carlos Guilherme Motta (org.), *1822: Dimensões*, São Paulo, Perspectiva, 1972; Alcir Lenharo, *As Tropas da Moderação: o Abastecimento da Corte na Formação Política do Brasil, 1808-1842*, São Paulo, Símbolo, 1979; João Luís Fragoso, *Homens de Grossa Aventura*, Rio de Janeiro, Civilização Brasileira, 1998.
23. Sobre exportação do setor mineral: Robert W. Slenes, "Os Múltiplos de Porcos e Diamantes: A Economia Escrava de Minas Gerais no Século XIX", *Estudos Econômicos*, São Paulo, vol. 18, n. 3, pp. 449-495, 1988.
24. Warren Dean, "Comments on Slavery in a Nonexport Economy II", *The Hispanic American Historical Review*, vol. 63, n. 3, pp. 582-584; Stanley Engerman e Eugene Genovese, "Comments on Slavery in a Nonexport Economy

seguinte, arrefeceram e escaparam da agenda historiográfica as conexões, as circulações de ideias e pessoas, as reinvenções da escravidão e do tráfico e as novas estratégias da monarquia na consolidação da Independência e da construção do estado nacional[25].

**

Em dezembro de 1821, apressou-se o estabelecimento de uma comunicação interior entre as províncias de São Paulo e Minas Gerais. Criou-se uma linha de "correio por terra" com direção para a Comarca de São João Del Rei. A carta egressa do Palácio do Governo de São Paulo, assinada por José Bonifácio de Andrada e Silva e Francisco Ribeiro de Andrada, sublinhava o esforço de promover a comunicação interior entre São Paulo e Minas a fim de estimular o comércio interno de ambos, "destruído pelo carrunchoso sistema administrativo do velho despotismo", e estreitar os "vínculos de amor, e fraternidade [...], a formarem um só povo pela identidade de origem, de costume, de hábitos, e de sentimentos [...]". Os contornos políticos, expressos nos ofícios trocados entre as duas províncias, revelavam temores de invasão do Rio de Janeiro por tropas de Portugal. O Governo de São Paulo anunciava a marcha de mil e cem homens em direção ao Rio de Janeiro e solicitava ao governo mineiro providências semelhantes: colocar em marcha suas tropas até a província de São Paulo para que "se encontrem com os daqui, e continuem a marcha [...] até que cheguem a Corte do Rio de Janeiro".

III", *The Hispanic American Historical Review*, vol. 63, n. 3, pp. 585-590, 1983; Wilson Cano e Francisco Vidal de Luna, "A Reprodução Natural de Escravos em Minas Gerais (Século XIX): Uma Hipótese", *Cadernos do IFCH*, n. 10, Instituto de Filosofia e Ciências Humanas, Unicamp, out. 1983, Campinas; Laird Bergad, *Escravidão e História Econômica: Demografia de Minas Gerais, 1720-1880*, Bauru, Edusc, 2004; Douglas Cole Libby, "O Tráfico Negreiro Internacional e a Demografia Escrava nas Minas Gerais: Um Século e Meio de Oscilações", em Junia Ferreira Furtado (org.), *Sons, Formas, Cores e Movimentos na Modernidade Atlântica: Europa, Américas e África*, São Paulo, Annablume, 2008.

25. Ao longo das décadas de 1980 e 1990, economistas e historiadores buscaram compreender a tardia integração do mercado interno brasileiro em bases capitalistas, voltaram atenção para os fatores históricos atrelados aos desequilíbrios regionais e concentração industrial no Brasil. A interpretação do fenômeno histórico da Independência tinha como parâmetro questões vinculadas às disparidades regionais e da industrialização no Brasil do século XX, consultar Wilson Cano, *Desequilíbrios Regionais e Concentração Industrial no Brasil (1930-1970)*, Campinas, Ed. Unicamp, 1985; João Antônio de Paula, "Ensaio Sobre os Limites da Industrialização Colonial: A Industrialização de Minas Gerais no Século XVIII", *Revista Brasileira de Estudos Políticos*, vol. 58, pp. 63-104, 1984. A respeito das implicações metodológicas de explicações do passado no presente e a narrativa histórica, ver Evaldo Cabral de Mello, *Discurso de Posse*, Rio de Janeiro, Academia Brasileira de Letras, 2015.

Em fevereiro de 1822, o Governo da Província de Minas Gerais acusou o recebimento do pedido de tropas a serem enviadas para o Rio de Janeiro. Em resposta ao ofício, justificou o motivo da dificuldade em enviá-las: "[...] facções de negros supõem concedida a liberdade pela Constituição e exigem cautelas enquanto não se organiza o Batalhão de Caçadores pelas Divisões do Rio Doce e Pedestres do Serro, e não ficam em melhor pé as Milicias [...]"[26]. Em abril de 1823, nomeado governador das armas de Goiás, Raimundo José da Cunha Mattos[27] registrou no seu itinerário, descrições minuciosas do trajeto entre o Rio de Janeiro e Goiás, bem como o interior do território mineiro, inclusive o recrutamento de 100 homens:

> [...] encontrei uma leva de quinze recrutas, que seguiam para o Rio de Janeiro por ordem do Capitão-Mor da vila de São Bento de Tamanduá, conduzidos pelo alferes de granadeiros do Regimento de Milícias da mesma vila. Esses quinze recrutas, um dos quais mutilou em um pé para não servir, completam os cem que foram detalhados à capitania-mor[28].

No plano político, estava em curso a redefinição do sistema político do Império Português, haja vista as Cortes Gerais, Extraordinárias e Constituintes da Nação Portuguesa, que, desde 1821, reuniam-se com o intuito de elaborar a Constituição para Portugal e seus domínios[29]. De modo transversal, representação política, direitos dos cidadãos, divisão de poderes, reformulações identitárias e econômicas adquiriam con-

---

26. Sobre a natureza dos ofícios, dois momentos devem ser levados em consideração. Marcado pela Revolução do Porto, o primeiro momento, agosto de 1820, quando da instalação da 1º Junta Governativa; o segundo, setembro de 1821, quando Minas Gerais recebe os decretos lisboetas de 29 de setembro. A respeito do constitucionalismo e apropriações em Minas Gerais, consultar Ana Rosa Cloclet da Silva, "Constitucionalismo, Autonomismos e os Riscos da 'Mal-Entendida Liberdade': A Gestação do Liberalismo Moderado em Minas Gerais, de 1820 a 1822", *Tempo*, vol. 23, pp. 243-268, 2012. Arquivo Público Mineiro, APM, SP-03.
27. No prefácio Raimundo da Cunha Mattos apontava que poucos eram os itinerários impressos acerca das terras do Brasil: "aqueles que eu tenho notícias, anteriores aos anos de 1823 a 1826 [...]. O meu Itinerário não é uma simples carta de nomes, nem uma coleção fastidiosa de algarismos". O itinerário ganhou publicação em 1836, apesar de escrito entre 1823 e 1826, quando de suas viagens até Goiás. É evidente o seu teor político e temas concernentes à defesa militar; Raimundo José da Cunha Mattos, *Itinerário do Rio de Janeiro ao Pará e Maranhão pelas Províncias de Minas Gerais e Goiás*, 1. ed., 1836, Belo Horizonte, Instituto Cultural Amílcar Martins, 2004, p. 4. Também consultar Augusto Vitorino Alves Sacramento Blake, *Dicionário Bibliográfico Brasileiro*, edição eletrônica [CD-ROM], Belo Horizonte, Fundação João Pinheiro, 2011.
28. Raimundo Cunha Mattos, *idem*, p. 29.
29. Marcia Berbel, "Os Apelos Nacionais nas Cortes Constituintes de Lisboa (1821-1823)", em Jurandir Malerba (org.), *A Independência Brasileira: Novas Dimensões*, Rio de Janeiro, Editora FGV, 2006.

tornos sem precedentes[30]. A troca de ofícios entre os palácios de governo de São Paulo e Minas Gerais, territórios do Reino Unido de Portugal, Brasil e Algarves, colocavam em movimento a centralidade do Rio de Janeiro, capital do Império de uma Corte radicada no ultramar, as comunicações interiores, relações mercantis e a associação entre defesa militar, tropas e população.

Os palacianos mineiros e paulistas, certamente, eram conhecedores da dinâmica populacional de livres e escravizados em Minas Gerais que, em 1821, totalizava 514.038 habitantes[31], o que confere sentido à solicitação de São Paulo[32], a justificativa mineira e o espectro de ação dos poderes políticos.

Estima-se que, em 1805, a população escravizada em Minas Gerais somava 188.786; transcorridas quase três décadas, em 1832, a população alcançava 246.347 mil escravizados. Em comparação, Cuba registrava em 1817 aproximadamente 239.000 mil cativos e, em 1841, 436.000 mil escravizados[33]. Tomando por base esses dados, emergiram dois consensos historiográficos. O primeiro que Minas Gerais era a maior província escravista do Brasil em todo o século XIX[34] e, consequentemente, o terceiro maior espaço escravista das Américas, atrás de Cuba e Estados Unidos. O segundo que em Cuba o crescimento da população escravizada era resultado da participação no tráfico negreiro[35]. Sobre a razão do comportamento da população escravizada em Minas Gerais, é que o debate historiográfico apresenta dissenso sobre os motivos do crescimento: tráfico negreiro ou reprodução natural[36].

30. István Jancsó e João Paulo Pimenta, "Peças de um Mosaico (ou Apontamentos para o Estudo da Emergência da Identidade Nacional Brasileira)", em Carlos Guilherme Mota (org.), *Viagem Incompleta: A Experiência Brasileira (1500-2000)*, São Paulo, Senac, 2000.
31. Projeções demográficas indicam, em 1821, uma população total de 3 235 549 habitantes, o que configura participação relativa de 15,9% de Minas Gerais na população do Brasil, ver Robert Gianubilo Stumpf, "Minas Contada em Números. A Capitania de Minas Gerais e as Fontes Demográficas (1776-1821)", *Revista Brasileira de Estudos de População*, vol. 34, n. 3, pp. 529-548, 2017.
32. Em 1830, a população de São Paulo totalizava 269 621 mil habitantes, sendo 193 838 livres e 75 783 escravizados, consultar Francisco Luna e Herbert Klein, "Slave Economy and Society in Minas Gerais and São Paulo, Brazil in 1830", *Journal of Latin American Studies*, vol. 36, n. 1, pp. 1-28, 2004.
33. José Antonio Piqueras, "Introducción", em José Antonio Piqueras (org.), *Plantación, Espacios Agrários, y Esclavitud en la Cuba Colonial*, 1. ed., Havana, Casa de las Américas, 2017, pp. 1-10.
34. Laird Bergad, *The Comparative Histories of Slavery in Brazil, Cuba, and the United States*, Cambridge University Press, 2007, p. 109.
35. Laird Bergad, op. cit, pp. 112-123.
36. Douglas Cole Libby, "O Tráfico Negreiro Internacional e a Demografia Escrava nas Minas Gerais: Um Século e Meio de Oscilações", em Junia Ferreira Furtado (org.), *Sons, Formas, Cores e Movimentos na Modernidade Atlântica: Europa, Américas e África*, São Paulo, Annablume, 2008.

É preciso considerar que a demografia não é independente nem fundamental. Tampouco neutra ou negligenciável. De fato, o aumento da população é indicador de movimento parcial, resultado direto de outros movimentos, que devem ser reconstituídos à luz de que o incremento demográfico supõe o aumento da produção e do consumo. A conjuntura de expansão demográfica provavelmente acompanha outros movimentos globais, que não equacionam as contradições internas da sociedade[37].

A literatura apresenta expressivas contribuições para esse debate. Munido de "listas nominativas", passou a se conhecer a razão de masculinidade[38] entre a população escravizada em Minas Gerais, aspecto central para determinar a possibilidade de crescimento da população por reprodução natural. Deste modo, sabe-se que, na década de 1830, regiões como Diamantina e Mineradora Central-Oeste, apresentavam, respectivamente, razão de masculinidade de 223,4 e 160,9[39]. Indicadores que são próximos e até superiores quando comparados com a cafeicultura do Vale do Paraíba, especialmente Bananal, que registrava, em 1829, uma razão de masculinidade de 218,7[40].

Se por um lado o holofote historiográfico direcionou-se para a demografia histórica[41], por outro, é preciso sublinhar que essas interpretações privilegiaram centralidade e transformações do Rio de Janeiro, ao tornar-se sede da Corte e centro político-administrativo do Império português, como ponto explicativo central. Por essas razões, um grupo de autores procurou aprofundar a análise da escravidão, a demografia da população livre e escrava. Os questionamentos apresentaram como ponto em comum: o desejo de explicar o comportamento demográfico da população escrava em Minas Gerais associados à centralidade do Rio de Janeiro e ao fenômeno do abastecimento de gêneros de primeira necessidade. Sobressaem dessas contribuições historiográfi-

---

37. Pierre Vilar, *Desenvolvimento Econômico e Análise Histórica*, Lisboa, Presença, 1982, pp. 34-38.
38. Quanto mais próxima de cem (homens e mulheres), provável é que essa população seja resultado de um aumento natural.
39. Clotilde Andrade Paiva e Marcelo Magalhães Godoy, "Território de Contrastes: Economia e Sociedade das Minas Gerais do Século XIX", *Anais do X Seminário sobre Economia Mineira*, Belo Horizonte, Cedeplar, 2002, pp. 1-58.
40. José Flavio Motta, *Corpos Escravos, Vontades Livres: Posse de Cativos e Família Escrava em Bananal (1801-1829)*, São Paulo, Annablume, 1999.
41. Entre 1832 e 1872 a taxa anual de crescimento da população de Minas Gerais atingiu a taxa média de 2,3%, enquanto a média de crescimento do Império era de 1,7%. No que se refere à população escrava o crescimento anual foi de 0,8%. Em termos percentuais se encontrava em Minas Gerais, em 1832, aproximadamente, 16,6% da população do Império. Após quatro décadas, em 1872, a província possuía 20,6% da população do Brasil. Em termos absolutos, a população de 1832 contabilizava a marca de 848 197 mil indivíduos (572 099 livres e 276 098 escravos). Em 1872, a população alcançava 2 083 545 indivíduos (1 705 419 livres e 378 126 escravos). Consultar Mario Rodarte, *O Trabalho do Fogo*, pp. 55-118.

cas dois aspectos: fraca associação de Minas Gerais com o comércio internacional e a transferência da Corte (1808).

A respeito das interpretações historiográficas, pode-se dizer que prevalece a ênfase na centralidade do Rio de Janeiro e os desafios da construção e unidade do Império do Brasil. Francisco Iglesias (1964) argumenta que Minas Gerais beneficiou-se por se avizinhar à Corte, tendo sua economia sacudida e figurando entre as capitanias que se alteram no período da Independência[42]. Deste modo, realça que a imposição das circunstâncias conduziu a política econômica de D. João VI rumo ao incentivo da mineração com auxílio da ciência e técnica para o aprimoramento, à permissão da entrada de estrangeiros e ao amparo à agricultura e ao comércio.

Para Maria Odila (1972), a centralidade carioca e da vinda da Corte (1808) resulta na organização do comércio de abastecimento entre Minas Gerais e o Rio de Janeiro. Nesses moldes, a produção mineira de gêneros de primeira necessidade, comércio e transporte em direção ao Rio de Janeiro torna-se ponto-chave do "processo de enraizamento da metrópole na colônia" e elemento explicativo da continuidade do processo de transição da colônia para o Império. Esse enquadramento interpretativo sublinha o processo interno de ajustamento às pressões externas e o cunho conservador – "a continuidade da ordem existente" – das relações entre o Estado e a sociedade nas primeiras décadas do século XIX.[43]

Seguindo as premissas da "interiorização da metrópole", Lenharo (1979) superestima as estradas como fator do processo de integração da atividade agrícola-mercantil, reitera a decadência da mineração[44] e enaltece o ajustamento político de setores ligados ao abastecimento aos poderes políticos do Rio de Janeiro. É a administração central do monarca capaz de cooptar os interesses locais com a Corte por meio da abertura de estradas e gerenciar as forças internas desagregadoras. Em parte, Lenharo tem por objetivo compreender a trajetória econômica e política de Minas Gerais, após o *boom* da mineração setecentista e a nova conjuntura aberta em 1808. Por conseguinte, 1808 representa associação entre a diversificação agrícola e pecuária de Minas Gerais, con-

---

42. Francisco Iglesias, "Minas Gerais", em Sérgio Buarque de Holanda (org.), *O Brasil Monárquico. Dispersão e Unidade*, vol. 2, tomo II, São Paulo, Difel, 1964.
43. Cf. Maria Odila Silva Dias, "A Interiorização da Metrópole (1808-1853)", em Carlos G. Mota (org.), *1822: Dimensões*, São Paulo, Perspectiva, 1972; Riva Gorenstein, "Comércio e Política: O Enraizamento de Interesses Mercantis Portugueses no Rio de Janeiro", em Lenira Menezes Martinho e Riva Gorenstein, *Negociantes e Caixeiros na Sociedade da Independência*, Rio de Janeiro, Departamento Geral e Informação Cultural, 1993.
44. Especialmente, o capítulo "Subsistência e Integração", Cf. Alcir Lenharo, *As Tropas da Moderação: O Abastecimento da Corte na Formação da Política do Brasil, 1808-1842*, São Paulo, Símbolo, 1979, pp. 73-88.

sequência dos tempos coloniais da mineração setecentista, e o mercado carioca em expansão, marco essencial para os caminhos da projeção política de comerciantes ligados ao abastecimento, e a solidificação do movimento mercantil de gênero de primeira necessidade voltado para o mercado interno.

É, contudo, na interpretação de Roberto Martins (1980) que a produção mercantil de gêneros de primeira necessidade ganha conotação especial na explicação da continuidade do processo de transição da colônia para o Império. Martins explica Minas Gerais como parte excêntrica do Império do Brasil. Isto é, Minas como centro de um todo, que abriga a maior população escravizada, com pouca ou nenhuma conexão externa, guardando como sinônimo dessa singularidade a combinação de economia vicinal, diversificação na produção pecuária e agrícola, não-exportadora e autosuficiente no consumo de gêneros alimentícios.

O modelo interpretativo de Martins busca uma identidade econômica, dimensionada como regional e desarticulada. É retratada como centro, tendo em vista o crescimento pujante da população escravizada durante todo o século XIX. Desarticulada, vicinal e não mero apêndice de setores exportadores, Minas Gerais guardava sua singularidade na vastidão territorial, isolada dos mercados importantes, na demografia da população cativa e na capacidade de atender demandas externas, como o fornecimento de gêneros para abastecer o Rio de Janeiro após a chegada da Corte[45].

Essas abordagens apresentam como convergência a noção de que a presença da Corte portuguesa no Brasil e as medidas adotadas por D. João VI aproximaram as unidades político-administrativas e impactaram a Capitania de Minas Gerais. Portanto, ao identificar os impactos da política joanina em Minas Gerais, esses autores buscam tecer uma visão ampla da transferência da Corte, incluindo o incremento dos laços da capitania no abastecimento do Rio de Janeiro como ponto de inflexão[46].

De fato, entre 1807 e 1821, Portugal, sacudido por um singular encadeamento de eventos, invasões napoleônicas, guerra peninsular, deslocamento da Corte para o Rio de Janeiro e reorganização do espaço imperial, defrontou-se com o abalo dos alicerces do sistema político e econômico do Antigo Regime. Novo desafio era inevitável: como governar, face às transformações, a partir da nova capital do império luso-brasileiro. Essa ruptura e o desafio de manutenção da unidade política do império luso-brasileiro

---

45. Roberto Borges Martins, "Tesouro Revelado", *Revista do Arquivo Público Mineiro*, ano LI, n. 1, pp. 80-103, 2015.
46. Paula Chaves Teixeira, "Movimentações familiares e trocas mercantis (1790-1880)", *De Minas para a Corte. Da Corte para Minas*, São Paulo, Alameda, 2018.

operaram em mundo em plena transformação, face ao crescente empenho da fundação de relações econômicas abertas à escala internacional[47].

***

O início do século XIX é marcado pela supressão do comércio transatlântico dinamarquês (1803), britânico e americano (1808) e holandês (1814). Apesar dos esforços que proibiram o comércio de escravos africanos, a venda e o transporte de escravos da África continuaram pelo menos até a década de 1860[48]. Nas seis décadas seguintes, os navios negreiros desembarcaram mais 2,8 milhões de escravos no Brasil e em Cuba. Como indica a literatura, Brasil e Cuba foram os principais destinos dos desembarques de africanos, com a importação, respectivamente, de mais de 1,7 milhão de escravos e 685 mil cativos. O Rio de Janeiro ascendeu como o maior porto de escravos das Américas e, consequentemente, ponto de partida para reexportação de escravizados para outras regiões das Américas.

Domingues e Cosby observam que, entre 1810 e 1833, 41% dos escravizados desembarcados no Rio de Janeiro se moveram para outras regiões[49]. Os autores sublinham o padrão distinto entre as viagens do tráfico no Atlântico e aquelas realizadas após o desembarque. Enquanto os navios empregados no tráfico transatlântico carregavam uma média de 405 cativos por navio, as viagens de reexportação, o tráfico interno de escravos envolvia entre 1 a 100 cativos por viagem.[50].

Os dados sobre a reexportação de escravos saídos do Rio de Janeiro para outras regiões concentram-se no quinquênio de 1826 a 1830. Do total de 169.194 mil escravizados, o período abrange o registro de 105.669 mil indivíduos. O quinquênio é marcado pelo tratado de abolição do tráfico de escravos, o qual renovava os acordos assinados

---

47. José Luís Cardoso, "A Abertura dos Portos do Brasil em 1808: dos Factos à Doutrina", *Ler História*, vol. 54, pp. 9-31, 2008, p. 14.
48. Robin Blackburn, "Haiti, Slavery, and the Age of the Democratic Revolution", *William and Mary Quartely*, vol. 63, pp. 643-674, 2006; David Brion Davis, *Inhuman Bondage: The Rise and Fall of Slavery in the New World*, Oxford, Oxford University Press, 2006, pp. 157-174; Seymour Drescher, *Abolition: A History of Slavery and Anti-Slavery*, Nova York, Cambridge University Press, 2009, pp. 205-266; James Walvin, *Crossings: Africa, the Americas, and the Atlantic Slave Trade*, Londres, Reaktion books, 2013, pp. 169-215.
49. Katherine Cosby e Daniel Domingues da Silva, "The Interprovincial Slave Trade From Rio de Janeiro", *History Compass*, vol. 18, pp. 1-8, 2020.
50. Katherine Cosby e Daniel Domingues da Silva, *idem*, p. 4.

com Portugal e proibia toda a importação de escravos para o Brasil após a sua sanção. Ratificado em 13 de março de 1827, o mesmo foi visto com desconfiança, sintoma de fragilidade ante ao poderio inglês e ameaça à soberania nacional. É também entre 1826 e 1830 que o porto do Rio de Janeiro registra o desembarque de 202.137 mil escravizados vindos da África. Marca que supera os registros de desembarque dos anos anteriores. Traço da reconfiguração das expectativas dos traficantes mediante o tratado de 1827 e previsão de término do tráfico em 1830, quando a lei entrasse em vigor.

Do total de 202 137 mil escravizados oriundos do tráfico transatlântico negreiro, é possível afirmar que 21,8% foram destinados para Minas Gerais e 18,3% para o Rio de Janeiro.

Tabela 1 – Desembarque e Remessas (1826-1830)								
Ano	Desembarque Rio de Janeiro		IPEA Remessas anuais escravos novos		IPEA Remessas Minas Gerais		IPEA Remessas Rio de Janeiro	
	N	%	N	%	N	%	N	%
1826	37251	18,43	18553	17,55	6038	13,67	5760	15,50
1827	34106	16,87	13088	12,38	6152	13,93	4118	11,08
1828	47504	23,50	25883	24,49	10610	24,02	9506	25,58
1829	48416	24,0	20755	19,64	9318	21,10	7039	18,94
1830	34860	17,25	27420	25,94	12053	27,29	10735	28,89
Total	202137	100,0	105699	100,0	44171	100,0	37158	100,0

Fonte: Katherine Cosby e Daniel Domingues, "The Interprovincial Slave Trade From Rio de Janeiro, 1809-1833: an Analysis of the Brazilian Institute of Applied Economic Research Database", *History Compass*, vol. 18, pp. 1-8, 2020; IPEA, *Banco de Dados* (CD-ROM), Brasília, 2001; "Viagens: O Banco de Dados do Tráfico de Escravos Transatlântico": http://www.slavevoyages.org/voyage/search (acesso: maio 2021).

Apesar da cobertura do destino de 52,2% dos desembarcados no porto do Rio de Janeiro, os dados não permitem afirmar que Minas Gerais seria a maior importadora de mão de obra escrava do Império do Brasil e nem equacionar o debate sobre o lugar do tráfico ou da reprodução natural no crescimento da população escrava de Minas Gerais. Por outro lado, a fiscalidade elimina a hipótese de que os escravizados africanos desembarcados estariam se deslocando para o Vale do Paraíba, passando por Minas Gerais com a finalidade de pagarem menor tributação, pois, a partir de 1825, despachar um escravo para Minas Gerais custava 0$160 réis, enquanto para Resende e Itaguaí 0$40 réis, conforme nos indica a tabela 2.

Tabela 2 – Fiscalidade e Intendência Geral da Polícia (1825)	
Passaportes de estrangeiros, por pessoa	1$600
Passaportes para terras minerais, por pessoa	0$160
Passaportes para Itaguaí	0$40
Passaportes para Resende	0$40

Fonte: "Decisão n. 185, Aprova a Organização da Contadoria e Tesouraria da Intendência Geral da Política" In: *Collecção das Decisões do Governo do Império do Brasil de 1825*. Rio de Janeiro, Imprensa Nacional, 1885, p. 114.

Wilhelm Ludwig von Eschwege nos fornece outros indícios significativos[51]. A historiografia celebra as experiências de Eschwege na fábrica Patriótica, em Minas Gerais, próxima à Congonhas do Campo, enaltece suas contribuições para o desenvolvimento da mineralogia, as relações com Varnhagen na fábrica de ferro de São João de Ipanema, em São Paulo e com o Intendente Manuel F. Câmara na fábrica de Morro do Pilar, como parte constitutiva do plano siderúrgico no Brasil joanino[52]. No entanto, a literatura pouco dimensiona sobre a posição política de Eschwege a favor do tráfico negreiro e contrária à supressão, quando a lei de 7 de novembro de 1831 tornou a atividade ilegal. Eschwege expressa, em 1833, Pluto Brasiliensis, que Minas Gerais importava do Rio de Janeiro, em média, de 5.000 a 6.000 mil escravos anualmente:

[...] sempre dominou no país o mau vezo de não se favorecer o matrimônio entre os escravos [...] estabeleceu-se grande desproporção entre os dois sexos. [...]. Na província de Minas importavam-se anu-

---

51. A trajetória de Eschwege se entrelaça à história da moderna administração das Minas, quando D. Rodrigo de Souza Coutinho e José Bonifácio de Andrada criaram a Administração das Minas e Fábricas de Ferro através do Alvará de 30 de janeiro de 1802. Contratado como minerador em Portugal (1803), em 1810 acompanhou a casa real para o Brasil, tornou-se catedrático de mineralogia, tenente-coronel imperial português do Corpo de Engenheiros, diretor-geral de todas as minas de ouro, inspetor de várias mineradoras e metalúrgicas em Minas Gerais e diretor do Gabinete Imperial de Minerais no Rio de Janeiro. Eschwege, alto funcionário da Coroa bragantina, em 1809, no Brasil, configurava parte da estratégia de modelo de desenvolvimento econômico adequado à manutenção da soberania e unidade política do Império, que teve como um de seus artífices D. Rodrigo de Souza Coutinho. Antonio Almodovar, "José Luís Cardoso e D. Rodrigo de Souza Coutinho e Administração Econômica do Brasil: No Território da Economia", *10th International Congress on the Enlightenment*, Dublin, pp. 1-25, 1999, p. 11.
52. José Murilo de Carvalho, *A Escola de Minas de Ouro Preto*, São Paulo, Finep, 1978, pp. 6-22; Douglas Cole Libby, "Eschwege e os Primeiros Anos no Brasil", em Wilhelm Ludwig Von Eschwege, *Jornal do Brasil 1811-1817*, Belo Horizonte, Fundação João Pinheiro, 2002, pp. 19-24.

almente de 5.000 a 6.000 escravos, para a substituição dos que morriam. [...] Não se poderá mais pensar em mineração [...][53].

Eschwege ganha novo posto ao lado de Bernardo Pereira de Vasconcelos na formulação das ideias que nortearam as práticas e discurso pró-tráfico[54]: "Se eu fosse brasileiro, teria duvida em concordar com a abolição desse comércio. Não concordaria mesmo nunca se essa medida me fosse imposta por outra nação como sucedeu com o Brasil"[55].

Os escritos de Eschwege permitem compreender que, nas partes que formavam o Império Português, a crise do Antigo Regime se manifestou de distintos modos. Suas ideias econômicas englobam variáveis locais, mas também as grandes transformações globais. Crise, de um lado como sinônimo de abertura de expectativas de múltiplos futuros e, de outro, processo fomentador de novas práticas e significações[56].

Mudanças e permanências perpassam o setor da mineração na década de 1820. De um lado, a Real Extração, responsável pelas lavras de diamantes, permaneceu como monopólio da coroa até 1832[57]. Entre 1772 e 1832, o monopólio que concedeu direito de extração aos serviços da Real Intendência dos Diamantes privilegiou o sistema de aluguel de escravos e empregou quase 3.000 cativos na exploração das lavras na primeira década do século XIX[58]. Entre 1824 e 1828, os registros encontrados das remessas de diamantes para o Rio de Janeiro indicam uma média anual da produção de 6.243 quilates[59], o que significava valor total da produção de aproximadamente 49:945$600 réis[60].

---

53. Wilhelm Ludwig Von Eschwege, *Pluto Brasiliensis*, São Paulo, Editora Nacional, 1944, vol. 2, pp. 450-452.
54. Sobre o lugar de Bernardo Pereira de Vasconcelos e o tráfico, ver Tâmis Parron, *A Política da Escravidão no Império do Brasil*, Rio de Janeiro, Civilização Brasileira, 2011.
55. Wilhelm Ludwig Von Eschwege, *Pluto Brasiliensis*, p. 448.
56. Cecília Helena de Sales Oliveira, Vera Bittencourt e Wilma Peres Costa, *Soberania e Conflito*, São Paulo, Hucitec, 2010, pp. 17-24.
57. Junia Ferreira Furtado, *O Livro da Capa Verde*, 2. ed., São Paulo, Annablume, 2008; Joaquim Felício dos Santos, *Memórias do Distrito Diamantino*, Belo Horizonte, Itatiaia, 1976; Manoel Caetano de Almeida e Albuquerque, *Breve Notícia dos Estabelecimentos Diamantinos do Serro do Frio. Estado Actual de Sua Administração e Melhoramento do Que He Susceptível*, Rio de Janeiro, Officina de Silva Porto e Comp., 1825.
58. Laird Bergad, *Escravidão e História Econômica*, Bauru, Edusc, 2004, p. 205.
59. Arquivo Público Mineiro, APM, pp. 1-19, Caixa 1, doc. 06; doc. 48; doc. 49; Caixa 2, doc. 07; doc. 19.
60. Para a estimativa do valor da produção considerou-se o valor de 8$000 para cada quilate. Por outro lado, desconsiderou-se as variações dos quilates, pois o preço variava quando o peso era superior a um quilate. Por exemplo, na remessa de junho de 1825 para o Rio de Janeiro, há dezesseis diamantes com mais de 8 quilates; catorze entre 7 e 8 quilates. Além disso, se levar em conta a observação de Eschwege que o contrabando alcançava duas vezes o valor oficial, pode-se dizer que os registros de produção e valor indicados estão subestimados. Wilhelm Ludwig Von Eschwege, *Pluto Brasiliensis*, São Paulo, Editora Nacional, 1944, vol. 2, pp. 188-191.

Por outro lado, a mineração aurífera passou por profunda transformação após a Independência com a entrada dos ingleses no setor[61]. O desenvolvimento da indústria de mineração do século XIX revela a maneira como o investimento e o sistema financeiro estavam conectados ao comércio transatlântico de escravos. A partir do primeiro quarto do século XIX, sociedades anônimas britânicas iniciaram suas operações na Grã-Bretanha e no exterior[62]. Durante as décadas de 1820 e 1830, setenta e seis empresas de mineração foram constituídas e seis milhões de libras foram investidos em empreendimentos de mineração localizados na América Latina[63].

Entre 1824 e 1836, instalaram-se sete empresas de mineração de ouro no Brasil, todas em Minas Gerais, o que representou um investimento de cerca de 1 milhão de libras, conforme indica a tabela 3.

Tabela 3 – Mineração e capital		
Ano	Empresa	Capital
1824	Imperial Brazilian Mining Association	350.000
1825	General Mining Association	140.000
1828	National Brazilian Mining Association	200.000
1829	Brazilian Company	60.000
1830	St. John del Rey Mining	165.000
1834	Candonga Gold Mining	
1835	Cia de Mineração de Minas	97.000

Fonte: Paul Ferrand, *O Ouro em Minas Gerais*, 1. ed., 1894, Belo Horizonte, Fundação João Pinheiro, 1998; William Jory Henwood, On the Gold Mines of Mines Gerais, in Brazil, 1856. In: *Transactions of the Royal Geological Society of Cornwall*, Penzance, 1871.

---

61. Decreto de 16 de setembro de 1824 concedeu a Eduardo Oxenford autorização para fundar estabelecimento de ouro e outros metais preciosos no Império do Brasil. *Colleção das Leis do Império do Brasil de 1824*, Rio de Janeiro, Typ. Nacional, 1886, parte I, pp. 64-66.
62. Chris Evans. "Brazilian Gold, Cuban Copper and the Final Frontier of British Anti-Slavery". *Slavery and Abolition*, vol. 34, n. 1, p. 118-134, 2013; Marshall Eakin, "Business Imperialism and British Enterprise in Brazil: The St. John D'el Rey Mining Company, 1830-1860", *The Hispanic American Historical Review*, vol. 66, n. 4, p. 697-741, 1986, pp. 697-741; Friedrich Renger, "As companhias inglesas de mineração de ouro no tempo de Ernst Hasenclever: 1825 a 1845", em Hasenclever, Ernst, *Ernst Hasenclever e sua Viagem às Provincias do Rio de Janeiro e Minas Gerais*, Belo Horizonte, Fundação João Pinheiro, 2015, pp. 81-112.
63. James Fred Rippy, *British Investment in Latin America*, Hamden, Archon, 1959, pp. 17-18. Dezoito milhões de libras esterlinas foram investidas pelos britânicos na América Latina e, desses, seis milhões de libras foram para empreendimentos de mineração, ver *The Report of the Select Committee on Joint Stock Companies British Sessional Papers*, House of Commons, vol. 7, 1844, p. 357.

As empresas estavam ligadas ao capital industrial e à transição monetária da suspensão dos pagamentos em dinheiro para o padrão-ouro em 1º de maio de 1821.[64] Essa nova conjuntura redesenhou a exploração do ouro em Minas Gerais e acrescentou uma mudança significativa: a formação de interconexões com o tráfico de escravos, capital financeiro e capital industrial na era da abolição.

Tal aspecto foi observado e destacado por Teófilo Ottoni[65]. Ottoni veio à tribuna do parlamento e apontou que as mineradoras britânicas de ouro em Minas Gerais estavam comprando milhares de africanos escravizados. "Essas companhias para exploração das minas compram não pequenas porções de escravos, suas ações circulam em apólices nas principais praças da Inglaterra [...] que dos seus escritórios em Londres resolvem a compra de milhares de africanos [...]."[66]

Os resultados de pesquisa revelam que havia fundamento na assertiva de Ottoni. No Rio de Janeiro, a casa comercial "Warre, Raynsford, e Companhia" era responsável por depositar no tesouro nacional os direitos do ouro extraído pela sociedade inglesa *Imperial Brazilian Mining Association*[67]. Indícios assinalam que as articulações entre a casa inglesa, situada no Rio de Janeiro, e a mineradora britânica foram mais estreitas. Os registros de reexportação de escravizados do Rio de Janeiro indicam que a casa comercial "Warre, Raynsford, e Companhia" enviou para Minas Gerais cinquenta escravos africanos. Outros dois representantes da companhia inglesa de mineração, Francisco de Paula Santos e José Peixoto de Souza, também aparecem nos registros de reexportação de africanos do Rio de Janeiro para Minas Gerais com, respectivamente, 50 e 130 escravizados[68].

---

64. Michael Bordo e Finn Kydland, "The Gold Standard as a Rule: An Essay in Exploration", *Explorations in Economic History*, vol. 32, n. 4, pp. 423-464, 1995; Pierre Vilar, *Oro y Moneda en la Historia (1450-1920)*, Barcelona, Ariel, 1974.
65. Teófilo Benedito Ottoni nasceu no Serro (27 nov. 1807) e faleceu no Rio de Janeiro em 17 out. 1869. Cursou a Academia de Marinha. Em 1829, deu baixa na Armada e retornou a sua cidade natal. Militante liberal fundou o jornal Sentila do Serra e se estabeleceu no comércio. Foi deputado provincial e geral. Liderou a Revolução Liberal de 1842 em Minas Gerais. Derrotado foi preso e depois absolvido e anistiado. Retornou ao Rio como deputado geral. Em 1847, fundou a Companhia do Mucuri para desenvolver um ambicioso programa de colonização, navegação e abertura de estradas no nordeste de Minas Gerais. Sobre a atuação parlamentar na legislatura provincial na década de 1830: Claus Rodarte, "Os Liberais de Minas e o 'Regresso'", *Revista do Arquivo Publico Mineiro*, vol. 50, n. 2, pp. 68-85, 2014.
66. *O Universal*, 1838.
67. *O Universal*, 23 abr. 1828.
68. No Rio de Janeiro, em 1839, José Peixoto de Souza abriu uma sociedade com os ingleses Salomon Bennaton e Morgan Junior com um fundo de 150 contos de réis. O negócio envolvia comércio de "fazendas", escravos e ouro. Sobre Francisco de Paula Santos e a mineração, consultar Fábio Pinheiro, *O Tráfico Atlântico de Escravos na Formação dos Plantéis Mineiros, 1809-1830*, 169f, Dissertação de Mestrado, Universidade Federal do Rio de Janeiro, 2007; George Gardner, *Viagens no Brasil*, São Paulo, Editora Nacional, 1942, p. 423.

Essa prática não era monopólio da *Imperial Brazilian Mining Association*. Outras companhias do setor mineral também participaram da compra de escravizados africanos no Rio de Janeiro. Em 1826, o balanço da receita e despesa da Sociedade Mineralógica da Passagem de Mariana[69] indicava o desembolso, em fevereiro, de 720$000 encaminhados para o Comendador Manoel Caetano Pinto no Rio de Janeiro para que o mesmo comprasse cativos para a sociedade[70].

****

A reexportação de cativos novos e o vínculo evidente com o tráfico negreiro eram originários da transformação da mineração colonial em transnacional. Tal mudança permitiu a formação, em Londres, da *Imperial Brazilian Mining Association* (1824), tendo capital de 350 mil libras, fracionado por 10.000 ações de 35 libras. Em 1825, as autoridades locais, situadas na Comarca de Sabará, reportaram os efeitos do decreto e o investimento dos agentes mineradores. As autoridades locais questionaram à Presidência da Província se o desejo dos agentes em adquirirem por compra todas as lavras que lhe oferecerem e lhes parecem convenientes eram legítimos. As autoridades entendiam que a extensão daquelas compras era oposta aos artigos 2º e 4º do decreto de 16 de setembro de 1824[71]. A *Imperial Brazilian Mining Association* investiu na operação de compra de antigas minas, o que somou a quantia de 82.758 mil libras, um embolso significativo de antigos proprietários locais pela venda de suas minas dos tempos coloniais[72].

Sintoma dessa transformação manifestou-se no universo da edição de livros. Em Londres, no ano de 1825, Barclay Mounteney publicara *Selections From the Various Authors Who Have Written Concerning Brazil; More Particularly Respecting the Capitancy*

---

69. Em 1817, Eschwege propôs ao rei D. João VI a fundação da Sociedade Mineralógica. Ela foi constituída por acionistas e com capital inicial de 8 contos de réis. Em março de 1819, Eschwege adquiriu a mina de Passagem para a Sociedade Mineralógica. João Antonio de Paula, "Estudo Crítico Sobre o Livro de Eschwege, em Wilhelm Ludwig Von Eschwege", *Brasil, Novo Mundo*, Belo Horizonte, Fundação João Pinheiro, 1996; Wilhelm Ludwig Von Eschwege, "Notícias e Reflexões Estatísticas a Respeito da Província de Minas Gerais", *História e Memórias da Academia Real das Ciências de Lisboa*, tomo IX, pp. 1-27, 1825.
70. Arquivo Público Mineiro, APM, pp. 1-19, Caixa 2, doc. 01.
71. Arquivo Público Mineiro, APM, pp. 1-19, Caixa 1, doc. 25.
72. Mina de Gongo Soco (73 916 mil libras esterlinas); Mina de Cata Preta (5 584); Mina de Antonio Pereira (2 100 mil libras esterlinas); Serra do Socorro (2 158 mil libras esterlinas), ver Paul Ferrand, *op. cit.*, p. 164.

of Minas Gerais, And the Gold Mines That Province[73]. Esse singular livro utilizou os relatos de viagem de Mawe, Luccock, Spix e Martius, Caldcleugh, Koster, Maria Graham e Wied-Neuwied para informar os leitores londrinos das repercussões inevitáveis das conjunturas políticas, econômicas e sociais do Império do Brasil e, sobretudo, dimensionar aspectos da mineração da antiga Capitania de Minas Gerais.

Em Sabará, na Intendência do Ouro, em 1828, Vicente Lupi, 55 anos, funcionário da coroa egresso da África[74], nomeado para o cargo de Escrivão da Receita e Despesa, segundo na hierarquia da Intendência do Ouro[75], defrontou-se com a intensa demanda de fundição de ouro em pó da Mina de Gongo Soco. Entre 1826 e 1829, 176 arrobas de ouro em pó (2,19 toneladas) foram encaminhadas para fundição[76]. Em carta endereçada à Intendência do Ouro, George Francis Lyon, superintendente da Mina de Gongo Soco, solicitava agilidade e aumento dos funcionários para fundição do ouro em barra, pois o "retardamento resulta a cessação dos lucros, que dá o ouro na Praça de Londres"[77].

A escala de investimentos desdobrou-se em nexos com a arrecadação fiscal, cuja responsabilidade passava pela Intendência do Ouro (Ouro Preto e Sabará) e setores fornecedores. Nesse encadeamento encontra-se o engenheiro francês Jean-Antoine Félix Dissandes de Monlevade[78]. Em 1827, Jean-Antoine adquiriu máquinas cilíndricas para sua Fábrica de Ferro, situada nas proximidades da mina de Gongo Soco. Vindo da Inglaterra o maquinário, que pesava mais de quinhentas arrobas, chegou ao Rio de Janeiro em fins de 1827. De lá, partiu em sumaca para o Espírito Santo e rumou em direção ao Rio Doce, pelo qual subiu, sendo as cargas recebidas por soldados militares e índios botocudos da 6º Divisão do Rio Doce[79].

---

73. Barclay Mounteney, *Selections From the Various Authors Who Have Written Concerning Brazil; More Particularly Respecting the Capitancy of Minas Gerais, And the Gold Mines That Province*, Londres, Effingham Wilson, 1825.
74. Lupi perfazia 26 anos de serviço à coroa, contados desde 1796, ano em que foi nomeado feitor da Fazenda Real da Vila de Quelimane na Capitania de Moçambique, onde serviu de Administrador e Almoxarife do Hospital Militar e Juiz da Balança da Alfandega até 1817, quando seguiu para o Rio de Janeiro, Arquivo Público Mineiro, APM, pp. 1-19, Caixa 2, doc. 15-01.
75. Arquivo Público Mineiro, APM, pp. 1-19, Caixa 2, doc. 15-01.
76. *O Universal*, 18 nov. 1829, p. 4.
77. Arquivo Público Mineiro, APM, pp. 1-19, Caixa 2, doc. 33-02.
78. Em 1817, aportou no Brasil. Dez anos mais tarde, já se encontrava casado com Clara Sophia Souza Coutinho, pertencente à família do Barão de Catas Altas (João Batista de Souza Coutinho), antigo dono da mina de Gongo Soco, vendida aos ingleses por mais 70 mil libras, ver Paul Ferrand, *op. cit.*, p. 164.
79. *O Universal*, 19 abr. 1828.

A Fábrica de Ferro de Jean-Antoine Félix e a Mina de Gongo, propriedade da *Imperial Brazilian Mining*, encontravam-se nas proximidades de afluentes do Rio Doce. Interesses em tornar o Rio Doce navegável logo se manifestaram. Em parte, a mineração aurífera, subterrânea, mecanizada e sua produção explicam os contornos do empreendimento empresarial anglo-brasileira da Companhia do Rio Doce[80].

O plano da empresa previa capital de 225.000 mil libras, subdivididos em 5.000 mil ações. Sediada em Londres, a diretoria seria composta por ingleses e brasileiros. Um dos objetivos era conectar a região mineradora ao litoral. Assim, uma lista para subscrição circulou por Minas Gerais. Percorreu Diamantina, Serro, Santana dos Ferros, Mariana, Catas Altas e Ouro Preto. Sturz reconhecia que cidades como São João del Rei, São João, Queluz e Barbacena não teriam interesse no empreendimento "porque eles perderão muito da sua importância"[81]. O objetivo da Companhia de Navegação também era ligar o interior do território ao Atlântico, estabelecer um engenho de serrar as margens do Rio Doce para prover a "Costa do Brasil até Montevidéu e Buenos Aires, com todas as tabuas vigas" necessárias para construção de casas ou de navios, um grande armazém para depositar os artigos de comércio (sal, vinho, baetas, louça, vidro, ferragem, farinha de trigo, bacalhau, etc) e, no Espírito Santo, também produzir todo o sal para abastecer Minas Gerais e o Rio de Janeiro. Além disso, o Plano da Companhia do Rio Doce, distribuído através dos serviços de correios em Minas Gerais e Rio de Janeiro, indicava outra vantagem do empreendimento: "descoberta muito provável de bastante riqueza mineral".

Difundir o plano, tornar público e vender a imagem de apoio político ao projeto ao anunciar que "mais de quarenta membros das Câmaras legislativas, dois Ministros de Estado e pessoas mais respeitáveis da capital do Império" tinham se associados como acionistas, somando essas ações cerca de duzentos contos de réis, era parte do processo de negociação com os centros internos de decisão do país independente. Reconhecia-se a esfera política e o desafio era que não duvidassem "do princípio de que o interesse

---

80. Decreto de 6 de maio de 1825 estabeleceu os estatutos da Sociedade de Agricultura Comércio, Mineração e Navegação do Rio Doce, *Colleção de Decretos, Cartas Imperiaes e Alvaras do Império do Brasil de 1825, Parte 1*, Rio de Janeiro, Imprensa Nacional, 1885, p. 46. O Conselho de Minas Gerais atuou para a revogação do decreto, ver Bernardo Pereira de Vasconcelos, *Carta aos Eleitores da Província de Minas Geraes*, 1. ed. 1827, 2. ed., Rio de Janeiro, Ed. Alfarrista brasileiro, 1899, pp. 7-8.
81. Johann Jakob Sturz, "Plano para a Organização da Companhia Rio Doce (1832)", *Revista do Arquivo Público Mineiro*, vol. 4, pp. 792-801, 1899.

da Companhia" não poderia "nunca separar-se do país, onde ela estabelece"[82]. É, nessa medida, que a conjuntura de incerteza da continuidade do tráfico negreiro dimensiona a presença do plano de imigração na Companhia do Rio Doce.

> Trata-se de aumentar a produção do país, importando novos métodos de agricultura, braços industriosos, e livres tornar navegável [...]. O mercado das Províncias do Interior, até aqui muito remoto, e de difícil e dispendiosa aproximação, torna-se-á fácil e barato. Os produtos aumentaram, e com eles a riqueza nacional [...] é o que significam as concessões reclamadas pela companhia, senão um verdadeiro prêmio em favor da indústria do país, e sua exportação[83].

O caso da Companhia do Rio Doce exemplifica o fato de que o fracasso da modernização não significa o mero predomínio do mercado externo sobre o interno, conforme sugere a interpretação da teoria da dependência[84]. Mas sim o fato de que elementos domésticos – dificuldade de obter crédito e oposição política interna – conduziram à empresa ao fracasso[85].

Considerações Finais

Navegação a vapor do Rio Doce e Mina de Gongo Soco são expressões de "momento de viragem", em que ambas são sintomas das transformações, das continuidades e descontinuidades entre a Colônia e a Nação, carregam em si o paradoxo da assimetria regional e a historicidade dos caminhos estruturais de conexões entre o

---

82. Johann Jakob Sturz, *Memorial Apresentado ao Corpo Legislativo do Império do Brasil pela Companhia de Navegação, Commercio e Colonisação do Rio Doce*, Rio de Janeiro, Typ. Nacional, 1835.
83. Johann Jakob Sturz, *Memorial Apresentado ao Corpo Legislativo do Império do Brasil pela Companhia de Navegação, Commercio e Colonisação do Rio Doce*, Rio de Janeiro, Typ. Nacional, 1835, pp. 16-17.
84. Essa interpretação da história do Brasil independente se insere em um amplo quadro em que o fim da "era colonial" não resultou em mudanças significativas da estrutura econômica. Ela evoca que os privilégios obtidos pela Grã-Bretanha para exportar para os novos mercados como aspecto de interferência direta no processo de industrialização no Brasil do século XIX. Ao direcionar seus produtos manufaturados para o antigo mercado colonial, a Inglaterra impediu o desenvolvimento industrial doméstico. Para uma crítica dessa interpretação da "escola da dependência" sobre os efeitos da emancipação política no crescimento manufatureiro, ver Stephen Haber e Herbert Klein, "Economic Development in Brazil, 1822-1913", em Stephen Haber (org.), *How Latin America Fell Behind*, Stanford, Stanford University Press, 1997, especialmente, pp. 243-252 e 256.
85. Judy Bieber, "The Brazilian Rhône: Economic Development of the Doce River Basin in Nineteenth-Century Brazil, 1819-1849", *Journal Latin American Studies*, vol. 48, pp. 89-114, 2015.

tráfico negreiro (África), capital financeiro e industrial (Londres) e o novo mundo (Império do Brasil).

Os resultados apresentados sugerem outra imagem, o avesso do vicinal, das Minas fechada sobre si mesma e com fraca interação com o mundo externo. Essa interpretação regida pelo imperativo do interno e olhar não-exportador perdera de vista as transformações e conexões do interior das Minas Gerais com o mundo em transformação do século XIX. Com isso, o processo de Independência aplainou-se. Mineração, tráfico negreiro e navegação a vapor foram processos interdependentes, desenrolaram conflitos e tensões, fomentaram a acumulação de capital, colocaram em movimento a integração territorial de um Estado em plena construção e as tramas de interesses da construção da unidade política e territorial[86].

---

86. Isvtán Jancsó, "Este livro", em Isvtán Jancsó (org.), *Brasil: Formação do Estado e da Nação*, São Paulo, Ed. Hucitec, 2003, pp. 15-28; Wilma Peres Costa, "Travessias: Algumas Percepções dos Enlaces entre a Europa e a América na Crise do Antigo Regime", em Cecília Helena de Salles Oliveira, Vera Bittencourt e Wilma Peres Costa (orgs.), *Soberania e Conflito: Configurações do Estado Nacional no Brasil do Século XIX*, São Paulo, Hucitec, 2010, pp. 27-63.

Parte 4
FRONTEIRAS DA CIDADANIA NA FORMAÇÃO DA NAÇÃO

CAPÍTULO XV

Escravidão e Regimes Representativos no Atlântico
Um Exercício de História Conceitual

TÂMIS PARRON[1]

HAVIA UM SENTIMENTO DE ADMIRAÇÃO pairando no ar. Um sentimento que às vezes até parecia inveja. Quanto mais os senhores de escravos do Sul dos Estados Unidos falavam de secessão, acalentando o sonho dourado de criar uma nação escravista independente dos agressivos *yankees* do Norte, mais eles viam o Império do Brasil como um modelo a ser seguido. "Fôssemos chamados a apresentar, para os defensores pusilânimes da escravidão, o mais poderoso argumento a favor da instituição como um elemento de prosperidade e de rápido desenvolvimento nacional, apontaríamos sem hesitar para o Brasil", estampavam os jornais da Lousiana à Carolina do Sul em 1857. O Império do Brasil mostrava a viabilidade e a segurança de uma nação escravista no concerto do mundo. "Deveríamos desfrutar a liberdade que agora é desfrutada pelo povo do Brasil, que tem uma população quase igual [à nossa]", disse James De Bow, um dos mais importantes editorialistas do Sul quando o movimento de secessão já estava quebrando a casca do ovo. O Brasil conduzia um "comércio muito extenso" com o resto do mundo, escreveu outro secessionista em 1860, "e as relações mais amigáveis são mantidas apesar da prevalência da escravidão nesse último país". Por que então não fazer do Sul um novo Brasil e dar a Richmond, capital da Virgínia, a chance de ser uma vez na vida o Rio de Janeiro, a capital de uma nação escravista?[2]

---

1. Agradeço aos comentários feitos durante o seminário por Télio Cravo, Andréa Slemian e Ivana Stolze Lima, bem como às leituras atenciosas de versões anteriores do argumento por Christy Ganzert Pato, Bruno Lima e Felipe Giovanni de Souza.
2. *Charleston Mercury*, 28 jan. 1857, p. 2 (reproduzindo do New Orleans Delta); De Bow, "Disruption of the Federal Union", *De Bow's Review*, vol. 30, n. 4, abr. 1861, p. 435; A. Roane, "The South – In the Union or Out of It", *De Bow's Review*, vol. 29, n. 4, out. 1860, p. 448-465.

O que o desejo dos separatistas do Sul revela é que eles percebiam uma admirável excepcionalidade brasileira na história contemporânea. Uma peculiaridade que valia a pena imitar. Ao passo que, nas outras formações políticas do Atlântico, a escravidão existia em soberanias mais amplas que também abrigavam sociedades livres, criando arranjos políticos bissocietários, meio escravistas, meio livres, como o Sul e o Norte no interior da União ou as colônias caribenhas e suas metrópoles nos impérios europeus, o Império do Brasil era uma sociedade escravista de soberania plena. Suas relações sociais escravistas, com a sanção do prazer de torturar, humilhar, explorar, comprar, vender, hipotecar, doar e herdar corpos escravizados, eram reconhecidas e protegidas na totalidade do seu território. Em meados do século XIX, a exceção se fizera modelo, e segundo a visão dos sulistas o destino do Brasil devia ser o destino das Américas.

Esse é o ponto de chegada de uma história que começa na Era das Revoluções. Nas páginas a seguir, exploro as suas origens buscando entender o que a excepcionalidade escravista do Brasil significou para a montagem da sua ordem constitucional imperial. É uma história de tramas delicadas e de lacunas ou supressões que, para ser recomposta, precisa de uma espécie de arqueologia do constitucionalismo escravista atlântico. De início, proponho um enquadramento conceitual capaz de identificar o desafio de fundo para os pais fundadores do liberalismo que apostaram no futuro da escravidão durante a Era das Revoluções: tudo consistia em articular o regime representativo com o instituto da escravidão negra manipulando por dentro os conceitos políticos fundamentais do liberalismo. Em seguida, revisito as três Constituintes escravistas fundadoras da ordem liberal moderna, todas elas bissocietárias – dos Estados Unidos de 1787, da França de 1789, da Espanha de 1810. E enfim chego à excepcionalidade da experiência constitucional brasileira dos anos 1820. No percurso, meu intuito é destacar que, na Era das Revoluções, a escravidão e os três conceitos chave da ordem liberal – representação, cidadania, soberania – entram numa relação de causalidade circular, na qual os conceitos são definidos como meios de gestão do futuro da escravidão e a escravidão é redefinida como pressuposto histórico dos conceitos. Como será possível perceber durante o argumento, a escravidão e os três conceitos analisados – representação, cidadania, soberania – possuem uma interseccionalidade orgânica, de modo que dificilmente se pode apreender um deles sem o exame dos demais, e vice-versa.

Constitucionalismo Escravista Atlântico: Uma História Conceitual

Não é nada fácil retraçar a relação viva entre a escravidão negra e os conceitos políticos fundamentais do liberalismo na Era das Revoluções. Os notáveis da própria época, de Thomas Jefferson a José Bonifácio, entendiam essa relação como uma oposição estática de dualidades externas ou binômios incompatíveis, pois a escravidão seria um estado de exceção civil que o liberalismo não regra nem organiza ou que, na melhor das hipóteses, destrói por ser o seu contrário. De alguma forma, essa visão, que olha para o cativeiro humano da perspectiva do liberalismo, migrou para o século XX e bateu no século XXI, sendo reproduzida na obra de diversos estudiosos[3].

Quem busca nas Constituições a presença nominal, direta e explícita da escravidão negra de fato não vai encontrar o que procura, pois palavras como "escravo" ou "escravidão" não mancham o corpo supostamente divino dos textos fundadores da política moderna no Ocidente. Mas a questão muda de figura quando se inverte a perspectiva da abordagem. Em vez de indagar se as Constituições regram ou não regram a escravidão, por que não investigar a maneira pela qual a escravidão determina o valor semântico dos conceitos fundamentais das Constituições (representação, cidadania, soberania)? Com essa inversão, escravidão e liberalismo deixam de ser vistos como pares impermistos de uma oposição estática e se tornam relações constitutivas do campo sociossemântico que deu luz ao Estado-nação moderno[4].

Investigar uma relação genética entre escravidão e liberalismo não significa cair no extremo oposto de simplesmente igualar liberalismo e escravidão. Na verdade, uma tensão permanente entre os conceitos políticos modernos e os institutos do ca-

---

3. Roberto Schwarz, "As Ideias Fora do Lugar", *Estudos Cebrap*, n. 3, pp. 150-161, 1973; José Murilo de Carvalho, "Escravidão e Razão nacional", *Dados*, vol. 31, n. 3, pp. 287-308, 1988; Ronaldo Vainfas, "Escravidão, Ideologias e Sociedade", em *Escravidão e Abolição no Brasil*, Rio de Janeiro, Zahar, p. 48, 1988; Robert J. Cottrol, *The Long, Lingering Shadow: Slavery, Race, and Law in the American Hemisphere*, Athens, Ga: UGP, 2013, p. 66; Jeffrey Needell, *The Sacred Cause: The Abolition Movement, Afro-Brazilian Mobilization, and Imperial Politics in Rio de Janeiro*, Stanford, SUP, 2020, p. 37.
4. Para análises nesse sentido, Andréa Slemian, "Seriam Todos Cidadãos? Os Impasses na Construção da Cidadania nos Primórdios do Constitucionalismo no Brasil (1823-1824)", em István Jancsó (org.), *Independência: História e Historiografia*, São Paulo, Hucitec, 2005, pp. 829-847; Marcia Berbel, Rafael Marquese e Tâmis Parron, *Escravidão e Política, Brasil e Cuba, c. 1790-1850*, São Paulo, Hucitec, 2010; Tâmis Parron, "Escravismo e Estado Moderno em Perspectiva Histórica: Repertórios de Constitucionalização, 1787-1824", em Bruno Leal, Diego Machado e José Sanches (orgs.), *Igualdade Racial: História, Comentários ao Estatuto e Igualdade Material*, Rio de Janeiro, GZ, 2013, pp. 1-60; idem, *A Política da Escravidão na Era da Liberdade: Estados Unidos, Brasil e Cuba, 1787-1846*, Tese de Doutorado, Universidade de São Paulo, 2015.

tiveiro humano marca o colapso do Antigo Regime entre 1750 e 1850, à medida que o poder público é reorganizado num nível superior de generalidade e abrangência. A exemplo de muitos outros conceitos fundamentais modernos, "representação", "cidadania" e "soberania" também se desprendem de seus restritos usos seculares e ganham camadas de sentido que ampliam sua compreensão (conteúdo) e sua extensão (aplicação). "Representação", por exemplo, além do que sempre significou, procuração de interesses particulares, passa cada vez mais a conotar algo muito mais inefável como a vontade nacional, a instância abstrata instituinte das leis válidas para toda a comunidade. Não menos importante, a noção de direitos, até então associada a privilégios e imunidades de corpos juridicamente regulamentados (cidades, corporações, estamentos), se transfigura na linguagem universalista dos direitos individuais. Por sua vez, na acepção de fonte ou princípio do poder, soberania se desloca gradualmente para a noção elusiva de povo e, no sentido de exercício do poder, vai migrando da noção de autonomia do governante para a de organização do poder autônomo do Estado. Nos três processos, os conceitos se movem do particular para o universal; rearticulam experiências passadas para repensar projetos de futuro; falam em nome de coletivos singulares normativos (nação, povo, governo); e se tornam objetos de disputa sociopolítica pelo controle do seu valor semântico. Em síntese, passam pelos quatro aspectos sociossemânticos que o historiador alemão Reinhart Koselleck identificou na história dos conceitos fundamentais do mundo contemporâneo: generalização (do particular para o universal), temporalização (hiato entre expectativas de futuro e experiências passadas), ideologização (redução da pluralidade à unicidade) e politização (sair a campo pelo controle dos conceitos)[5].

A profunda transformação na forma moderna de conceituar também transforma a realidade conceituada, e assim a nova e vasta grade conceitual da ordem liberal impõe suas condições e desafios às sociedades escravistas das Américas. Ao contrário dos conceitos modernos, a escravidão é uma forma específica de propriedade que não se deixa generalizar facilmente nem no espaço nem no tecido social. Pelo contrário, nos impérios

---

5. Adalbert Podlech, "Repräsentation", em Otto Brunner, Werner Conze e Reinhart Koselleck (orgs.), *Geschichtliche Grundbegriffe. Historisches Lexikon zur Politisch-sozialen Sprache in Deutschland*, Stuttgart, Klett-Cotta, vol. 5, pp. 509-547, 1984; Reinhart Koselleck, Werner Conze, Görg Haverkate, Diethelm Klippel, Hans Boldt, "Staat und Souveränität", em Otto Brunner, Werner Conze e Reinhart Koselleck (orgs.), *Geschichtliche Grundbegriffe*, vol. 6, pp. 1-154, 1990; Pietro Costa, *Soberania, Representação, Democracia: Ensaios de História do Pensamento Jurídico*, Curitiba, Juruá, 2010; e Reinhart Koselleck, "Einleitung", em Otto Brunner *et al.* (orgs.), *Geschichtliche Grundbegriffe*, vol. 1, p. XIII-XXVII, 1972.

europeus modernos ela vai se restringindo cada vez mais às colônias por leis e decisões judiciais que proíbem ou limitam a presença de cativos nas metrópoles. Até mesmo no ultramar, onde tem seu pleno direito de cidade, a instituição se constela em algumas regiões e quase desaparece em outras. Pense no contraste entre o Sul e o Norte dos Estados Unidos na altura da Constituinte de 1787: os escravos são quase 35% da população total no Sul e só 2% no Norte. Ou então, no despontar do século XIX, na diferença entre Cuba, com 30% de seus moradores escravizados, e o Vice-Reino do Peru, onde os cativos não passam de 3%. A tensão entre conceitos políticos em vias de universalização e a existência circunscrita do escravismo foi sentida *urbi et orbi*. Até mesmo naquela sociedade escravista de soberania plena, o Brasil, o cativeiro também sofria suas limitações. No máximo 30% das residências brasileiras parecem ter tido propriedade escrava no fim do período colonial, e a demografia do cativeiro exibia variações regionais expressivas. No início do século XIX, os escravos são quase 45% da população total no Rio de Janeiro, mas não passam de 25% em Pernambuco, 20% no Pará e 16% em São Paulo ou no Ceará. Portanto, ainda que de modo variável, os constituintes escravistas do Novo Mundo sempre sentem a necessidade de superar a tensão entre a substância universal dos conceitos e o dado particular da escravidão. Aqueles que conseguem fazê-lo criam uma ordem liberal escravista (Estados Unidos e Brasil). Aqueles que não conseguem ou terminam sem a escravidão (São Domingos francesa) ou terminam sem o liberalismo constitucional (ilhas espanholas de Cuba e Porto Rico)[6].

Os autores das constituições escravistas do Atlântico ainda enfrentaram desafios mais explícitos e ruidosos que o jogo entre a substância universal dos conceitos e a realidade local da escravidão. As primeiras associações antiescravistas da história mundial nasceram justamente no fim século XVIII, e a novidade se alastrou com rapidez. Em 1775 a *Sociedade para o Alívio dos Negros Livres Ilegalmente Mantidos em Cativeiro* surge na Filadélfia, precedente importante para a emancipação escrava estadual na Pensilvânia, em Massachusetts, Connecticut e Rhode Island na década seguinte. Em 1783 o *Comitê do Tráfico Negreiro* é inaugurado em Londres. Em 1788 letrados franceses

---

6. *Return of the Whole Number of Persons within Several Districts of the United States*, Filadélfia/Londres, Phillips, 1793, p. 4; George Reid Andrews, *Afro-Latin America, 1800-2000*, Oxford, OUP, 2004, tab. 1.1, p. 41 (Cuba e Peru); Dauril Alden, "O Período Final do Brasil Colônia, 1750-1808", em Leslie Bethell (org.), *História da América Latina: América Latina Colonial*, São Paulo, USP, vol. 2, 1999, tab. 4, p. 535 (RJ, PE, SP); para o Ceará, "Mapa da População da Capitania do Ceará Grande, Apresentado a Sua Alteza Real, no Mês de Junho de 1804", preparado por João Carlos de Oeynhausen e reproduzido em *Revista do Instituto Histórico do Ceará*, n. 39, p. 279, 1925. Para residências escravistas, Francisco Vidal Luna e Herbert S. Klein, *Escravismo no Brasil*, São Paulo, Edusp/Imprensa Oficial, 2010, pp. 57, 155, 305-306.

que têm ligações estreitas com os antiescravistas de Londres e da Filadélfia fundam a *Société des Amis des Noirs* em Paris. Esse abolicionismo organizado surge influenciado pela resistência e sofrimento dos escravizados, mas é inseparável da crise estrutural do Antigo Regime. O ano de 1775 está imerso na atmosfera eletrizante que descarregou na Independência dos Estados Unidos. O de 1783 é aquele em que a Grã-Bretanha reconhece os Estados Unidos como nação independente, a primeira descolonização da história moderna. 1788 semeia a maior tempestade que aquele novo tempo colheria, a Revolução Francesa. O modo de agir, pensar e sentir dos abolicionistas é todo moderno. Eles inventam a petição coletiva em massa, criam o ativismo judicial, inundam a esfera pública de artigos de fundo, panfletos, livros e tratados[7].

Mais importante ainda, os antiescravistas politizam os conceitos fundamentais da ordem liberal no esforço por temporalizar o cativeiro humano, isto é, por extraí-lo do rol das instituições inscritas na ordem natural das coisas e fazê-lo desaparecer segundo modelos não previstos na experiência do passado. No seu horizonte de ação está a emancipação escrava pela ação direta do Estado, em vez da espera paciente por ações individuais de manumissão num processo plurissecular de emancipação, como na transição da Antiguidade tardia para a Alta Idade Média. A julgar pelas primeiras experiências constituintes, em especial a dos Estados Unidos, marco-zero do constitucionalismo ocidental, se tudo dependesse só das boas vontades e virtudes dos escravistas, a existência do trabalho forçado seria assegurada em cláusulas constitucionais explícitas e irreformáveis, mas isso se revelou impossível devido às pressões dos antiescravistas. Em resultado, os arranjos constitucionais modernos ofereceram ao escravismo outro tipo de segurança política. Em vez da proteção direta da escravidão numa redoma constitucional, transformaram os princípios políticos da Constituição em meios de gestão indireta da escravidão: calibraram então o valor semântico da representação, da cidadania e da soberania para aprimorar sua eficiência na gestão de um futuro do escravismo que não só não estava mais garantido pelo passado como ainda estava ameaçado no presente[8].

7. A historiografia é extensa. Para algumas referências, David B. Davis, *The Problem of Slavery in the Age of Revolution, 1770-1823* (1975), Oxford, OUP, 1999; Robin Blackburn, *The Overthrow of Colonial Slavery*, Londres, Verso, 1988; Christopher Leslie Brown, *Moral Capital. Foundations of British Abolitionism*, Chapel Hill, UNCP, 2005; Laurent de Saes, *A Sociedade dos Amigos dos Negros: A Revolução Francesa e a Escravidão (1788-1802)*, Curitiba, Prismas, 2016.
8. Apesar dos inúmeros estudos que hoje existem sobre o abolicionismo, ainda não temos uma história conceitual da política da abolição no Atlântico.

Estados Unidos, França e Espanha: O Valor do Valor

Não tenho espaço para narrar as relações de força entre escravistas e não escravistas nas Constituintes dos Estados Unidos, da França e da Espanha na Era das Revoluções. O que me cabe fazer aqui é esboçar os desafios conceituais e políticos que as superelites da época enfrentaram para elaborar as bases constitucionais de uma ordem liberal escravocrata sobre os escombros do Antigo Regime. Quando chamados para ditar as normas para suas comunidades, os constituintes desses países tiveram de mover peças mais ou menos parecidas no interior de um jogo mais ou menos igual. Nos três cenários, guerras internacionais tinham desestabilizado as estruturas financeiras ou políticas dos seus respectivos Estados. Nos três se decidiu remanejar as bases do poder sob a regência do liberalismo para restaurar a legitimidade da autoridade pública. E em todos havia espaços escravistas (Sul dos Estados Unidos, colônias caribenhas) e espaços virtualmente livres (Norte da república, metrópoles europeias, eventualmente algumas colônias), mundos substancialmente heterogêneos que o ecumenismo liberal tentaria abraçar como se fosse um só corpo.

Seja qual for o ângulo da análise, o conceito mais sensível nas três Constituintes é o de representação, que por suas virtudes ou defeitos é a essência do novo sistema político que leva o seu nome: regime representativo. Isso porque o conceito da representação – aquele que opera a unificação das partes na totalidade do corpo político – é o que mais deve ser verdadeiramente universalizado, que tem de ser aplicado a todos da mesma forma dentro da comunidade política, o único a ser igual a si mesmo no tempo e no espaço. O conceito de cidadania, por exemplo, podia ser modulado, e de fato foi, conforme práticas sociais locais. O de soberania podia ser, e foi reorganizado em núcleos centrais e periféricos de poder segundo circunstâncias específicas. Mas o de representação não tem esse privilégio: ele deve ser abstrato, homogêneo, isotrópico e universal, sem admitir variações de si mesmo. Por isso é que o novo sistema político se chama regime representativo, e não regime de cidadania, nem regime de soberania, nem qualquer outro tipo de regime. A representação é o conceito nuclear da ordem política que emerge[9].

Não admira que os constituintes dos Estados Unidos, da França e da Espanha tenham atravessado uma espécie de percurso conceitual comum onde primeiro consu-

---

9. Para abordagens conceituais da representação, Adalbert Podlech, "Repräsentation"; Pietro Costa, *Soberania, Representação, Democracia*; e Pierre Rosanvallon, *Le People Introuvable: Histoire de la Representation Démocratique en France*, Paris, Gallimard, 1998.

mem todo o estoque inicial de energia e boa vontade na tentativa de definir o conceito de representação. Invariavelmente, eles também manejam uma espécie de intersecionalidade conceitual: o espaço semântico da representação delimita e constitui organicamente o valor semântico dos conceitos de cidadania e soberania. Dito de outro modo, representação, cidadania e soberania não são apenas o que Reinhart Koselleck chama de "conceitos em disputa" (*Kampfbegriffe*), esses signos poderosos que subordinam as demais palavras, os outros valores, os símbolos, as relações de poder, e por aí as ações e inações dos homens, o que podem e não podem fazer no presente e no futuro. Juntos, eles também formam uma espécie de campo conceitual em disputa (algo como *Kampfbegriffsfeld*), onde os atores não competem isoladamente pelo conceito A ou pelo conceito B mas, ao contrário, determinam o conceito A para interferir na determinação do conceito B e assim por diante. Vejamos rapidamente o percurso conceitual das Constituintes e a interseccionalidade dos conceitos constitucionais nos Estados Unidos, na França e na Espanha[10].

Na Convenção da Filadélfia, os escravistas do Sul inferior iniciam sua jornada rejeitando de partida o conceito de representação mais popular na Era das Revoluções, aquele que diz que o Congresso não seria senão um expediente técnico para viabilizar a deliberação coletiva de um número muito grande de indivíduos que, do contrário, não poderiam jamais se reunir. Nessa acepção, a representação retrataria pessoas livres e seus direitos de intervir na gestão da coisa pública. Embora fosse sedutora e autoexplicativa, a proposta causava calafrios nos deputados da Carolina do Norte, da Carolina do Sul e da Geórgia. Com quase metade de sua população sendo propriedade humana despojada de direitos, esses estados tinham maior poder econômico que demográfico e se sentiriam lesados se a distribuição do poder se ancorasse exclusivamente nas pessoas livres e seus direitos. Para eles, só valia a pena embarcar no regime representativo tal como o conhecemos hoje se a representação no Congresso federal também representasse riquezas[11].

Incluir coisas e propriedade no núcleo semântico da representação criava um impasse. Que tipo de propriedade seria tão universal a ponto de servir de unidade de conta da representação em todo o país? Descartando o emprego de terras e rendas alfandegárias como critério de distribuição do poder político, visto que o valor das terras era de difícil

---

10. Reinhart Koselleck, "Krise", em O. Brunner, W. Konze, R. Koselleck (orgs), *Geschichtliche Grundbegriffe*, vol. 3, pp. 617-650, 1982.
11. Este e os próximos parágrafos sintetizam pesquisa em curso sobre as fundações constitucionais da escravidão atlântica no século XIX.

aferição e o valor das alfândegas era desigual entre os estados, os constituintes sulistas exigiram incluir os escravizados no conceito de representação. A questão era evidentemente espinhosa. A escravidão era uma instituição localizada demais para servir de base a uma substância universal: como ela poderia ser sentida, medida e comparada na república inteira se ela só existia em alguns dos seus estados? Coerentemente, deputados do Norte reagem com fúria e escárnio: "A ideia de propriedade não deveria ser a regra da representação. Negros são propriedade e são usados no Sul como cavalos e gado no Norte; e por que a representação do Sul deveria ser aumentada por conta do número de escravos, mas não a do Norte por causa de seus cavalos e bois?". Como reunir, perguntavam-se, um dado local específico a um conceito de aplicação geral? A resposta ao irrespondível coube ao gênio do virginiano James Madison. Considerando-se que o valor de todas as coisas trocadas expressava o valor do trabalho humano, e que a fonte desse trabalho era o próprio ser humano, então bastava contar os seres humanos de cada estado para extrair uma *"proxy"* de suas riquezas. E voilà: os escravos do Sul entram na conta, os cavalos do Norte não, porque a riqueza espelha trabalho abstrato, e não propriedade jurídica. Depois de muita conversa de balcão – e ameaça de separação pelos sulistas –, a Convenção aceita a proposta; e, valendo-se de um precedente para fins tributários que entendera que os escravos produziam três quintos dos livres, os *founding fathers* decidem que cada escravo também valeria três quintos de uma pessoa livre no campo da representação (art. 1, seção 2). Ao se referir aos cativos, o artigo usa o termo outras pessoas no lugar de escravos. Afinal, a fonte do trabalho é o ser humano, não seu status jurídico, é uma substância universal, não um dado particular[12].

Conceitos políticos são inseparáveis. Definindo riqueza, e não direitos, como o núcleo universal da representação, a Convenção ficou livre para entender direitos como formas sociais particulares, e não como valores universais; e, assim, ela permitiu que o conteúdo da cidadania variasse segundo as conveniências do tempo e do lugar das unidades federativas. Caberia então a cada estado fixar critérios de voto e elegibilidade para o Congresso federal (direitos políticos) e dizer quais membros de suas comunidades fruiriam "privilégios e imunidades" (direitos civis) – o que evidentemente abria um flanco para políticas de exclusão racial segundo "necessidades" locais. Dito de outro modo, cada unidade federativa podia redesenhar como bem entendesse o círculo

---

12. Citação em Max Farrand, *The Records of the Federal Convention of 1787* (1911), New Haven, Yale University Press, vol. 1, p. 201, 11 jun. 1966. Resposta de Madison está no próprio plano de governo que ele ajudou a fazer e em Farrand, *The Records*, p. 20, 29 maio, e pp. 585-586, 11 jul.

da sua comunidade de cidadãos porque o raio dele não redimensionava o raio da sua bancada no Congresso. A Constituição Federal dos Estados Unidos tem várias proezas. Uma é medir o que não se pode ver (trabalho abstrato). Outra é universalizar o que se particulariza (escravidão). Outra ainda é falar da cidadania sem falar dos cidadãos[13].

Por sua vez, o jogo entre representação e direitos pré-determina o espaço semântico da soberania na Filadélfia. Ao desvincular o peso de cada estado no Congresso das ideias de cidadania ou povo, a representação esvazia a necessidade de discutir se o povo ou a cidadania é a fonte do poder público, e talvez por isso a Convenção enfrenta o problema da soberania apenas na sua acepção de repartição das competências entre a União e os estados. Cães de guarda como sempre, os escravistas do Sul inferior tentam aí proteger a escravidão propondo uma lista enumerando explicitamente o que a União podia e não podia fazer, base das futuras seções 8 e 9 do artigo I da Constituição. Os poderes autorizados (seção 8) atribuiriam à União competência sobre arrecadação fiscal, política externa, gestão da dívida pública e que tais, sem uma palavra sequer sobre regimes domésticos de trabalho. Da lacuna se inferia que as unidades federativas reservavam o assunto para si, lançando as bases do que os especialistas chamam de "consenso federal": o suposto de que "só os estados podiam abolir ou regular de algum modo a escravidão dentro de suas jurisdições" e que "o governo federal não tinha poder nenhum sobre a escravidão nos estados." Fora dos Estados Unidos, a comunidade política atlântica leu essa repartição da soberania na cartilha dos norte-americanos: a escravidão devia ser assunto de gestão local, não da soberania nacional[14].

Representação universalizada; cidadania e soberania com modulações particularistas. Identificado esse ponto, cabe então perguntar de que modo o arranjo constitucional norte-americano do escravismo foi lido nos outros espaços atlânticos. À primeira vista, Paris parece uma reencenação da Filadélfia: uma comunidade política cindida entre liberdade e escravidão, as províncias livres da metrópole e as colônias escravistas do ultramar; e a necessidade de encontrar fórmulas para combinar um instituto jurídico particular de propriedade, a escravidão, com a substância universal dos conceitos liberais. Como males semelhantes chamam remédios semelhantes, os senhores brancos franceses tomam por seu ponto de partida o ponto de chegada da Constituinte norte-americana, e então eles também se decidem pela elaboração interna dos conceitos

---

13. Farrand, *The Records*, vol. 2, p. 204, 26 jul.; pp. 201-203, 7 ago.; pp. 249-250, 10 ago.; p. 443, 28 ago.; p. 637, 15 set.
14. William M. Wiecek, *The Sources of Antislavery Constitutionalism in America, 1760-1848*, Ithaca, New York, Cornell UP, 1977, p. 16.

políticos como meios de defesa do escravismo. Querem uma noção de representação que represente suas riquezas, inclusive seus escravos. Buscam provincializar a cidadania, para que no ultramar ela valesse só para os brancos. E dão a vida e o sangue por uma divisão de soberania que situe a condução política da escravidão no nível local. É como se quisessem injetar na Constituição francesa o modo de constitucionalizar a escravidão da Constituição norte-americana[15].

Mas Paris não é Filadélfia para que as soluções da Filadélfia causem os mesmos efeitos em Paris. O peso político do ultramar francês na Assembleia Nacional é diminuto em comparação com o do Sul na Convenção: os deputados coloniais não chegam a uma quinzena dos mais de 1.150 reunidos, ao passo que as bancadas sulistas são 40% do Congresso da Filadélfia. Outra diferença é que a vida racial das colônias francesas, em particular de São Domingos, não tem nada a ver com a do Sul da república. No Sul dos Estados Unidos, a população negra livre é menos de 2% da total, ao passo que em São Domingos é quase a metade das pessoas livres. Jogar com exclusões raciais explícitas aí é dançar à beira do abismo. Por fim, os antiescravistas franceses estão num crescendo espetacular às vésperas da Revolução. Em 1788 a *Société des Amis des Noirs* consegue que pelo menos 13% dos círculos eleitorais da metrópole peçam ao novo governo medidas antiescravistas. Essas relações de força mudam as condições da política senhorial. Para cada vitória que os sulistas colhem na Filadélfia os colonos franceses amargam uma derrota em Paris[16].

A disputa pelos conceitos em Paris também começa pela representação. Os porta-vozes dos escravistas de São Domingos pedem uma bancada de trinta pessoas, o suficiente para alçar a colônia entre as províncias mais populosas da metrópole. Dizem que sua demanda está "fundada na combinação de sua população, das riquezas de suas propriedades e da soma de suas contribuições". Considerando-se a população

---

15. Algumas histórias dos eventos políticos e debates parlamentares franceses sobre São Domingos: Prosper Boissonnade, *Saint-Domingue à la Veille de la Révolution et la Question de la Représentation Coloniale aux États-généraux (Janvier 1788-7, Juillet 1789)*, Paris, Geuthner, 1906; Gabriel Debien, "Gens de Couleur Libres et Colons de Saint-Domingue Devant la Constituante (1789-mars 1790)", *Revue d'Histoire de la Amérique Française*, vol. 4, n. 2, pp. 211-232, set. 1950 e n. 3, pp. 398-426, dez. 1950; Laurent Dubois, *Avengers of the New World: The Story of the Haitian Revolution*, Cambridge, MA, Belknap Press, 2004; Jeremy D. Popkins, "Saint Domingue, Slavery, and the Origins of the French Revolution", em Thomas Kaiser e Dale Van Kley (orgs.), *From Deficit to Deluge: The Origins of the French Revolution*, Stanford, California, SUP, 2011, pp. 220-248.
16. A bibliografia aqui também é extensa. Para uma primeira aproximação, John D. Garrigus, *Before Haiti: Race and Citizenship in Saint Domingue,* Nova York, Palgrave MacMillian, 2006; Laurent Saes, *La Société*; para as queixas antiescravistas do eleitorado, *Cahiers de Doléances* em *Archives Parlementaires*, vol. 7, pp. 296-297.

da colônia na época e os critérios de cálculo das bancadas então em execução, é fácil perceber que os colonos estão tentando incluir integralmente sua propriedade humana no campo semântico da representação. A iniciativa causa espécie em Paris, onde os antiescravistas acusam a influência indevida do conceito de representação dos norte-americanos sobre aquele dos colonos escravistas franceses. "No novo sistema federal dos Estados Unidos", explica Brissot de Warville, quadro da *Société*, "os negros [escravos] são contados na representação por apenas 3/5 de seu número", e não na íntegra. E ainda assim era um "compromisso ridículo" que só passara porque a Convenção temia "alienar alguns estados onde os proprietários de escravos são a maioria [alusão às ameaças separatistas do Sul]. No Parlamento, a acusação continua pela boca de Mirabeau. Se os senhores do Caribe queriam mesmo incluir os escravos na base da representação, Mirabeau pede "que notem que, ao proporcionar o número de deputados à população da França, não levamos em consideração a quantidade de nossos cavalos nem de nossas mulas." Cavalos, mulas: a mesma analogia, o mesmo problema. Os colonos tentam se defender dos ataques dizendo que o que vale não é a forma jurídica da propriedade, e sim a fonte humana do trabalho abstrato, mas a Assembleia se põe contra e corta a bancada de São Domingos de trinta para seis pessoas, rebaixando a colônia do status de uma grandiosa província para o de uma província nanica. No império francês, a escravidão não seria abstraída nem universalizada para servir de base ao conceito universal e abstrato da representação. A medida era provisória, pois valia para a Constituinte, mas indicava que a solução definitiva a ser consagrada na Constituição seria provavelmente semelhante[17].

A derrota senhorial no campo da representação abre uma violenta disputa sobre o seu conceito vizinho, o de cidadania. Motivados pelos debates iniciais sobre a bancada colonial, negros e mestiços livres de São Domingos então presentes na capital francesa se organizam, aliam-se com a *Société* e passam a suplicar cidadania para os negros. Se a representação seria representação de pessoas, como dava a entender a decisão da Assembleia ao cortar a bancada senhorial, então como é que "os cidadãos de cor se encontram representados por deputados dos colonos brancos"? A questão evidentemente passava pela cidadania "Nascidos cidadãos livres", dizem, os negros "vivem estrangei-

---

17. *Précis sur la Situation de la Députation de Saint-Domingue, aux États Généraux*, Versalhes, s. e., 1789, p. 11; Brissot de Warville, "Note sur l'Admission des Planteurs", em *Notes Relatives au Plan de Conduite Pour les Députés du Peuple aux États-Généraux de 1789*, S. l., s. e., 1789, pp. 21-28; *Lettres du Comte de Mirabeau a ses Commettans*, Londres/Paris, Hôtel le Bouthiliers, 1789, vol. 1, Lettre x, pp. 189-190.

ros em sua própria pátria. Excluídos de todos os lugares, de todas as dignidades". A Assembleia promete, também aí, regular o assunto dos direitos individuais no futuro[18].

Temendo outra derrota, os colonos brancos tentam virar o jogo mudando de estratégia. Em vez de disputar os conceitos fundamentais num espaço que agora percebem não controlar, a Assembleia Nacional, insistem num regime de soberania onde acham que podem determinar a cidadania e a representação: o autogoverno colonial. Cada colônia, dizem, devia ter uma "Constituição própria a nossos costumes". A estratégia é contraproducente. Regrar a soberania supõe que a casa esteja em ordem nos conceitos de representação e cidadania, pois do contrário as indefinições destes migram para o cerne daquela, e é exatamente isso o que acontece em Paris. Quando a Assembleia autoriza o ultramar a ter constituições, ela se vê obrigada a definir representação e cidadania para a montagem dos parlamentos locais. Com efeito, seu decreto prevê um deputado para cada cem cidadãos, portanto nada de representação escrava, esvaziando assim o poder político das zonas de *plantation* e aumentando o das cidades, onde se concentravam negros livres. Sobre os direitos políticos, determina que são cidadãos "todas as pessoas com mais de 25 anos" proprietárias ou contribuintes – assim mesmo, "todas as pessoas", sem distinção de cor. A instrução passa sob protesto dos colonos brancos, que tentam bloquear sua execução em São Domingos, dando início à violenta guerra civil que desaguaria no fim da própria escravidão e na independência do Haiti. Não deixa de ser notável que quanto mais os senhores franceses imitavam percurso conceitual da Constituinte norte-americana, que eles enxergavam como rota segura no mar da revolução, tanto menos eles controlavam a interseccionalidade constitucional dos conceitos, afastando-se do modelo que seguiam e rumando à sua própria destruição[19].

Isso na França. Façamos agora uma síntese concisa das disputas conceituais na Espanha. Apesar das semelhanças de fundo, como a necessidade de reorganizar o poder público sobre as bases do liberalismo para restaurar a legitimidade política do Estado, a Constituinte espanhola, chamada de Cortes de Cádiz (1810-1812), abre um universo de distância em relação às experiências da Filadélfia e de Paris. Aquela linha divisória entre regiões escravistas e livres, clara nas cenas anteriores, se redesenha agora numa oposição entre bancada metropolitana e bancadas coloniais. Eixo vivo das Cortes de Cádiz, esse antagonismo nasce do medo que a deputação peninsular sente de ser dominada por uma

---

18. *Archives Parlementaires*, 22 out. 1789, pp. 476-478.
19. *Archives Parlementaires*, 26-28 nov. 1789, pp. 256 e 335; 23 mar. 1790, pp. 312-317. Sobre a revolta dos escravos, a literatura é imensa. Para o relato clássico, C. L. R. James, *Os Jacobinos Negros: Toussaint L'Ouverture e a Revolução de São Domingos* (1. ed. em inglês, 1938), São Paulo, Boitempo, 2000.

maioria americana no Parlamento, temor que, apesar de censurado na historiografia, não é de todo injustificável. Àquela altura, as tropas napoleônicas tinham tomado quase toda a Espanha e forçado a abdicação da família real, verdadeiro trauma coletivo que produzira uma esfera de empatia passional com o absolutismo ferido pelo estrangeiro. Nas mãos dos americanos, as Cortes talvez suprimissem o exclusivo metropolitano e rebaixassem as barreiras tarifárias, pontos sensíveis que afetariam a bolsa de grupos influentes na Península, podendo empurrá-los de vez para o absolutismo ou até mesmo para Napoleão. Na mirada dos europeus, manipular os conceitos constitucionais a favor da Espanha é a condição de existência do próprio constitucionalismo espanhol[20].

Outra falsa semelhança com norte-americanos e franceses é que, embora os espanhóis também façam do conceito de representação seu ponto de vida ou morte, eles não enfrentam a questão pelo prisma da propriedade humana. Na verdade, um dos fenômenos mais espetaculares de Cádiz é que o conceito da representação se desloca silenciosamente do campo da propriedade escrava para o campo das relações raciais da escravidão. Razões diversas explicam isso, e uma delas é sem dúvida a demografia. Ainda que a população africana ou afrodescendente da América hispânica seja estatisticamente relevante (20-25% do total), a maior parte dela (70-75%) está fora, e não dentro, do cativeiro. Os escravos são apenas 4% da população total no ultramar espanhol, em contraste com os 40% de escravos no Sul dos Estados Unidos e os 90% nas colônias da França. É possível então definir, sem traumas, representação como de pessoas livres, e não de propriedade – só Cuba e Porto Rico seriam prejudicadas com a exclusão dos escravos, mas nesse ponto elas não tinham o menor apoio nem mesmo das demais colônias. Como população é poder e poder é população, decisivo mesmo em Cádiz é definir quem tem direito de representação entre os livres[21].

No limite, os espanhóis europeus são pela representação exclusiva de livres brancos, o que daria uma deputação europeia quatro vezes maior que a americana, e os espanhóis americanos são pela representação abrangente de todos os livres, o que fabricaria um predomínio americano no Parlamento. Da polarização nasce uma espécie de meio-

---

20. Como nos demais casos, a literatura é extensa: James F. King, "The Colored Castes and American Representation in the Cortes of Cadiz," *The Hispanic American Historical Review*, vol. 33, n. 1, pp. 33-64, 1953; Marie-Laure Rieu-Millan, *Los Diputados Americanos en las Cortes de Cádiz*, Madrid, CSIC, 1990; e Manuel Moreno Fraginals, *Espanha/Cuba/Espanha* (1. ed. em espanhol, 1995), Trad. Ilka S. Cohen, Bauru, São Paulo, Edusc, 2005; Joseph M. Fradera, "Include and Rule: The Limits of Liberal Colonial Policy, 1810-1837", em Matthew Brown e Gabriel Paquette (orgs.), *Connections After Colonialism: Europe and Latin America in the 1820s*, Tuscaloosa, University of Alabama Press, pp. 65-86, 2013.
21. Para estimativas demográficas, nota 5.

-termo declarando que os originários da Espanha (brancos) e da América (índios), bem como seus descendentes mestiços, são representáveis. As demais pessoas livres – africanos e descendentes de africanos, as chamadas "castas" – são reputadas irrepresentáveis. A história do constitucionalismo atlântico então se repete. A definição do conceito de representação perturba e agita o interior dos demais conceitos. Se representação significa pessoas e direitos, e se os negros são irrepresentáveis, então os negros estariam *ipso facto* excluídos da cidadania, e é exatamente isso o que a Constituinte decide. Passionais, polêmicas, arrebatadoras, essas decisões das Cortes de Cádiz acabariam usadas na legitimação dos movimentos de independências da América hispânica, onde guerras civis e emancipações escravas entrariam no repertório dos pesadelos senhoriais do atlântico[22].

A julgar pelas cartas trocadas entre a base eleitoral de Havana e seu principal deputado em Cádiz, Andrés de Jáuregui, os senhores da principal colônia escravista da Espanha são contra o acordo. Quando a plenária já tinha aprovado a Constituição até o artigo 129, com a questão da representação no 29, Jáuregui desabafa numa carta aos havaneses: "Segue avançando a discussão do projeto de Constituição, pois está aprovado até o art. 129. O 29, que passou como está, nos prejudica porque diminui a população que há se servir de base para a nomeação de deputado[s]." Também é grande na ilha o desconforto com o tratamento constitucional da cidadania. Os havaneses pedem ao Parlamento que deixe o assunto para depois, para a atmosfera emocionalmente menos carregada das leis ordinárias: "antes fixar os direitos e os gozos que aqui deve ter a cidadania", dizem às Cortes, "que determinar o tamanho e o número das portas que para esses gozos devem ser abertas ou fechadas às pessoas de cor". A fórmula não engana ninguém. Regular direitos e gozos da cidadania sem nomear cidadãos é o *American way of politics*. Mas querer isso é impossível em Cádiz, onde o sentido da cidadania completa o horizonte semântico da representação. De ouvidos fechados, os peninsulares atropelam a demanda dos senhores de Cuba[23].

As Cortes de Cádiz são incontroláveis para os hispano-cubanos. O que eles querem não cabe no projeto político dos europeus: nem sua concepção de representação

---

22. Marcela Echeverri, "Slavery in Mainland Spanish America in the Age of the Second Slavery", em Dale Tomich (org.), *Atlantic Transformartions: Empire, Politics, and Slavery During the Nineteenth Century*, Nova York, SUNY, pp. 19-45, 2020; Aline Helg, *Liberty & Equality in Caribbean Colombia, 1770-1835*, Chapel Hill, UNCP, 2004; Marixa Lasso, *Myths of Harmony: Race and Republicanism During the Age of Revolution, Colombia 1795-1831*, Pittsburgh, UPP, 2007.
23. *Andrés de Jáuregui ao Ayuntamiento de Havana*, 3 out. 1811, ANC, GSC, legajo 39, fo. 18; "Representación de la Ciudad de la Habana a las Cortes, el 20 de julio de 1811", em Francisco Arango y Parreño, *Obras (volumen II)*, Havana, Imagen Contemporánea, 2005, p. 39.

desracializada nem sua concepção de cidadania sem cidadãos. Desprovidos de força para determinar conceitos tão fundamentais, o senhoriato cubano mudaria seu foco de atuação dali por diante e nos anos seguintes investiria na construção gradual de um regime de soberania que depositasse a gestão política da escravidão nos órgãos locais de governo, em especial na autoridade do capitão-general, e não no Parlamento. Em 1825, a Coroa finalmente concede à ilha um regime militar excepcional, dando aos hispano-cubanos autonomia na gestão da escravidão frente à política metropolitana, fosse ela absolutista, fosse ela parlamentar. Ter perdido o controle sobre os conceitos fundamentais do liberalismo talvez não justifique o abandono do regime constitucional pelos hispano-cubanos. Mas ao menos esclarece por que nunca mais lutaram por ele com o ardor e a paixão de quem ama a liberdade[24].

Feitas as contas, tudo passa pela representação. Tudo depende dela. Ao contrário dos Estados Unidos, onde o conceito se nacionaliza graças à abstração da escravidão como valor do trabalho e, assim, serve de ponte para o consenso entre os constituintes na metade final da Convenção, nos impérios francês e espanhol o conceito de representação abre fissuras profundas entre grupos diversos, inflama divergências públicas sobre a cidadania e faz da soberania um verdadeiro campo de batalha (França) ou o duplo oposto do constitucionalismo (Espanha-Cuba). Tal é o valor (político) do valor (do trabalho). Diante dessas experiências, o que os constituintes brasileiros tentam fazer?

Brasil: Síntese do Mundo

Das Cortes de Lisboa (1820-1822), a primeira experiência constitucional dos brasileiros, à Constituinte do Brasil (1823) e à Constituição imperial de 1824, a ideia fixa das elites letradas brasileiras é despolitizar os conceitos políticos e diminuir seu potencial de alta voltagem. Cientes do que o vínculo explosivo entre representação e cidadania abismou nos demais espaços, tentam produzir o menor dissenso possível – tanto no interior das elites e entre as elites e as camadas populares – desarmando o próprio conceito de representação. O primeiro indício desse movimento vem de uma das mentes mais cosmopolitas daquele Brasil, José Bonifácio de Andrada e Silva[25].

---

24. Parron, *A Política da Escravidão na Era da Liberdade*, pp. 113-150.
25. Para este e os próximos parágrafos, Parron, *A Política da Escravidão na Era da Liberdade*, pp. 151-199.

No plano de governo imperial que redige para as Cortes de Lisboa, José Bonifácio rejeita de partida o princípio da representação proporcional como base da distribuição do poder. Era mais oportuno, diz ele, que os "deputados tanto no reino de Portugal como no ultramar sejam sempre em número igual, qualquer que seja para o futuro a população dos estados". Com a representação por territórios, o império português se livraria *in limine* do problema que tinha tensionado os Estados Unidos, incendiado São Domingos e fragmentado o império espanhol. As Cortes de Lisboa rejeitariam a ideia exigindo representação de "pessoas livres", mas Bonifácio não se dá por vencido[26].

Com a Independência do Brasil, ele e seu irmão, Antonio Carlos Ribeiro de Andrada, integram a comissão que a Assembleia Constituinte de 1823 nomeia para o projeto da Constituição brasileira. Os dois apoiam – é possível que a iniciativa tenha até partido deles – um artigo constitucional deixando o teor semântico da representação em aberto: "uma lei regulamentar marcará o modo prático das eleições, e a proporção dos deputados à população" (art. 137). A manha do texto está na expressão "população". Ela não é definida pelos predicados esperados: livre, o que excluiria escravos; total, o que os incluiria; ou alguma fração esdrúxula à norte-americana. Ela tampouco remete à cidadania, o que amarraria perigosamente os dois conceitos. O campo semântico do termo poderia conter a ideia de representação de pessoas e direitos, mas também de riquezas e interesses. A fórmula caiu no gosto dos poderosos. Depois que D. Pedro I dissolveu a Constituinte e repassou a redação da Constituição ao Conselho de Estado, o artigo do projeto reapareceu no texto final quase palavra por palavra: "Uma lei regulamentar marcará o modo prático das eleições, e o número dos deputados relativamente à população do Império", diz a Constituição imperial brasileira de 1824 no seu artigo 97.

A estratégia de indeterminar o conceito determinante do regime representativo é sem precedentes no constitucionalismo escravista atlântico. Para Filadélfia, Paris, Cádiz e Lisboa, cidades que reúnem delegações de sociedades escravistas e de sociedades livres, a representação é uma espécie de "impossível inevitável", o conceito pelo qual se deve criar necessariamente uma relação de poder igualitária entre as partes desiguais do corpo político. No Rio de Janeiro não tem nada disso. As elites dos seus quatro pontos cardeais se enxergam como dependentes do trabalho escravo mesmo quando maldizem a presença da escravidão. Aceitar que a representação permaneça uma in-

---

26. José Bonifácio, *Lembranças e Apontamentos do Governo Provizorio da Provincia de S. Paulo para os seus Deputados, Mandadas Publicar por Ordem de Sua Alteza Real, o Príncipe Regente do Brasil*, Rio de Janeiro, Typographia Nacional, 1821, pp. 7-8.

cógnita significa, ao menos nesse particular, que as elites confiam mais umas nas outras no Brasil que nos países onde elas se dividem entre escravistas e não escravistas.

Também no campo da cidadania os letrados brasileiros optam por uma saída que evita os "descaminhos" dos outros países. Conhecendo as histórias que consideram de má fortuna em Paris e em Cádiz, onde o problema da representação contaminara o da cidadania, e a disputa de ambos alimentara guerras civis e processos de abolição, os deputados brasileiros lutam por uma definição desracializada de cidadania, a outra face de uma acepção despolitizada de representação. Nas Cortes de Lisboa, essa demanda é atendida, declarando-se cidadãos quaisquer "escravos que alcançarem carta de alforria", inclusive os africanos.

Com a separação do Brasil, a orientação geral do conceito é mantida, mas uma importante nuance é discutida na Constituinte de 1823 e finalmente inserida na Constituição de 1824, onde são considerados cidadãos não os alforriados *sans phrase* mas somente aqueles *nascidos no Brasil* (art. VI, inciso I). A desinvestidura dos africanos se deve, provavelmente, a uma mudança na expectativa sobre o futuro do tráfico negreiro transatlântico imposta pela Independência. Os brasileiros sabiam que o Brasil só seria admitido como nação independente pela Grã-Bretanha oferecendo em troca o fim do comércio negreiro mais volumoso do Atlântico; e os dois países fazem de fato essa permuta entre 1823 e 1825, quando se acertam o reconhecimento do Brasil e a supressão do trato de escravos. Por acordos assinados no período joanino, isso significava que os africanos a bordo de navios contrabandistas apreendidos no futuro receberiam cartas de alforria emitidas por um tribunal binacional anglo-brasileiro de inspiração antiescravista, uma modalidade de alforria exógena aos canais tradicionais de manumissão e vista como perigosa para as relações sociais no país. À luz disso, a separação entre libertos brasileiros e africanos no texto de 1824 é reveladora. Ao mesmo tempo que aqueles veem atendidas suas expectativas de direitos, ancoradas em práticas seculares de assimilação segregada dos egressos do cativeiro, os africanos livres que o antiescravismo britânico criaria são privados de garantias constitucionais básicas. Espoliados do direito de ir e vir e deportáveis a qualquer instante, eles são sujeitos a uma perversa neutralização de direitos constitucionais civis e políticos, um arranjo imprescindível à reabertura do tráfico negreiro transatlântico na forma de contrabando em escala sistêmica anos mais tarde (1835-1850)[27].

---

27. Hebe Maria Mattos, *Escravidão e Cidadania no Brasil Monárquico*, Rio de Janeiro, Zahar, 2000; Andréa Slemian, "Seriam Todos Cidadãos?"; M. Berbel, R. Marquese e T. Parron, *Escravidão e Política*; Tâmis Parron, *A Política da Escravidão na Era da Liberdade*, pp. 151-199.

Por fim, a soberania. Nas Cortes de Lisboa, onde também se decide sobre um império cindido entre espaços escravistas e espaços livres, os deputados brasileiros seguem o precedente atlântico de situar a gestão política da escravidão no governo controlado por escravistas e apresentam um plano de organização federativa do poder no qual o Brasil teria parlamento especial para sua política doméstica, inclusive a escravidão, reservando para o parlamento geral pautas como comércio exterior, exército e orçamento. O mesmo é dizer que foi pela escravidão negra que os deputados brasileiros conceberam um nível de soberania e identidade governativa acima do localismo provincial, a coincidir com os limites jurisdicionais do que depois viria a ser o Estado nacional brasileiro. A ideia é fulminada em Lisboa, onde a vontade dos portugueses é montar um império constitucional centralizado, mas ela ressurge com força depois da Independência do Brasil. Não logo na Constituinte de 1823 nem na Constituição de 1824, quando a questão da soberania, na sua acepção de repartição de competências, reflui porque o Estado brasileiro acabaria sendo dotado de apenas um nível legislativo, o nacional. E sim após a queda de D. Pedro I, no projeto de emenda constitucional que seria aprovado em 1834 com o nome de Ato Adicional[28].

Primeira e última mudança na Constituição do Brasil imperial, inspirada no modelo de governo dos Estados Unidos, a reforma de 1834 criava um arranjo federativo instituindo assembleias legislativas provinciais no país. Não menos importante, ela também transferia a gestão política da escravidão do nível nacional para o provincial: "Compete às assembleias legislativas provinciais", diz seu artigo 10º, "legislar: 1º. Sobre as pessoas não livres". O texto constitucionalizaria explicitamente o consenso federal dos Estados Unidos, incorporando a forma e a substância histórica do federalismo norte-americano ao Império do Brasil. Mas ele acabaria reprovado, e por quê? A explicação coube a Gonçalves Martins, deputado escravista e senhor de engenho da Bahia: "Acho imprudente [dar] às províncias o direito absoluto de legislar sobre escravos, direito que pode ser exercido imprudentemente com risco mesmo dos interesses das demais". Trocando seu raciocínio em miúdos: todas as províncias do Brasil são escravistas, mas umas são mais escravistas que outras; se a escravidão existe no país inteiro e pode ser regulada por uma elite escravista que se vê como igual no Rio de Janeiro, por que abrir brechas para pressões locais que escapam ao controle direto dessa elite? Não fazia sentido frag-

---

28. István Jancsó, "Brasil e Brasileiros: Notas Sobre a Modelagem de Significados Políticos na Crise do Antigo Regime Português na América", *Estudos Avançados*, vol. 62, n. 22, pp. 258-274, 2008; e "Independência, Independências", em Idem, *Independência: História e Historiografia*, São Paulo, Hucitec, 2005, pp. 17-52; Tâmis Parron, *A Política da Escravidão na Era da Liberdade*, pp. 151-199.

mentar a soberania da escravidão se a escravidão coincidia com a soberania nacional. Com a rejeição do artigo, o Brasil se tornou o único país escravista do Atlântico onde a gestão política da escravidão foi depositada, de modo consciente e sem restrições, na cúpula do poder nacional. O destino da escravidão e o destino do império viveriam deliberadamente unidos dali por diante[29].

Considerações Finais: Escravidão e Unidade Nacional

Os conceitos políticos fundamentais não têm guardas suíças na porta dos seus castelos, a proteger seu interior contra as tropas dos castelos vizinhos. Ao contrário, eles vivem interligados, formam um campo semântico no qual o sentido de um lança uma corda sobre os muros do outro, e por ela se deslocam projetos de poder, vontades, medos, utopias. A interseccionalidade dos conceitos constitucionais impõe o percurso constitucional dos conceitos. Primeiro a representação, sempre a senhora do jogo que leva o seu nome, depois a cidadania e a soberania, com a passagem de um conceito para outro sendo sempre potencialmente explosiva. Isso vale para as Constituintes de comunidades divididas entre sociedades livres e sociedades escravistas, onde a luta pela distribuição do poder entre as elites no campo da representação tem o potencial de se deslocar para a luta pela distribuição do poder entre elites e camadas populares no terreno da cidadania, sendo a soberania o seu ponto de distensão ou tensionamento terminal. Do início ao fim do processo, o desafio geral das Constituintes escravistas atlânticas é sempre converter os conceitos políticos fundamentais do liberalismo em meios de gestão do futuro da escravidão e a escravidão no pressuposto histórico dos conceitos fundamentais do liberalismo.

O que chama a atenção na montagem da ordem constitucional no Brasil é que a interseccionalidade conceitual das Constituintes escravistas é desarmada. Saímos do hiperconceitualismo político da representação, que nos Estados Unidos chega até mesmo a dissolver a escravidão como abstração filosófica, para uma política subconceitualizada que anestesia o conceito no campo da indeterminação e transforma as diferenças sociais em indiferença política. Por outras vias, os brasileiros chegam ao mesmo ponto que os norte-americanos: a cidadania e a soberania se desprendem da representação, podendo ser pensadas, concebidas, manipuladas e definidas em si mesmas.

---

29. *Anais da Câmara dos Deputados*, p. 13, 2 jul. 1834; e p. 26, 4 jul. 1834.

Mas a natureza do percurso conceitual da Constituinte e da interseccionalidade constitucional dos conceitos é radicalmente diferente nas duas nações liberais que se lançam de corpo e alma na escravidão durante o século XIX. Nos Estados Unidos a representação é determinada, no Brasil ela é indeterminada. Lá a cidadania é lançada aos sabores da racialização nos estados, aqui há desracialização constitucional da cidadania. Lá a gestão política da escravidão se estadualiza, aqui ela é nacionalizada. Nos dois espaços, as decisões atendem ao fim comum de determinar o tempo histórico da escravidão definindo o valor semântico dos conceitos do liberalismo. A diferença é que as soluções norte-americanas tendem a aumentar o poder político da classe senhorial num universo em que também há elites não senhoriais; no Brasil, as soluções tendem a despolitizar o assunto da escravidão numa comunidade em que a virtual totalidade da elite, mas não da população, é proprietária de escravos. O jogo está em despolitizar o assunto para outros grupos sociais, e não em criar poder político para uma elite minoritária. Talvez esse seja o significado mais profundo do papel que a escravidão negra jogou na construção política da unidade nacional do Brasil, este país que chega aos duzentos anos como aquela personagem que sente que tudo lhe falta pela metade, a metade dos seus sonhos, a metade do seu passado, a metade do seu cérebro, a metade da sua alma. Mas que, no coração do século XIX, chegou a ser admirado em sua integridade escravista como modelo para outras classes senhoriais do Ocidente.

CAPÍTULO XVI

Independência, Constituição e Cidadania
Que Sujeitos? Que Direitos?

ANDRÉA SLEMIAN

Se a população do território do nosso País fora toda homogênea não havia que reparar no caso; mas sendo ela como é heterogênea, mister é não confundir as diferentes condições de homens por uma inexata enunciação.
MANUEL JOSÉ DE SOUSA FRANÇA, 1823

NOS ANOS DA INDEPENDÊNCIA, a palavra constituição ganharia um protagonismo como jamais tivera. Fortemente associada à mudança política que se colocava em pauta, sua imensa utilização demonstra como o processo de separação de Portugal aumentou geometricamente as expectativas em relação ao futuro na América, o que atingiu a sociedade de alto a baixo, e não apenas as elites. Chamada de "base fundamental da sociedade", de "regra infalível da justiça", de "sagrada", e associada a um antídoto contra os despotismos, constituição aparecia assim como verdadeira pedra de toque para construção de um novo governo. Sua utilização servia a muitos gostos, desde os mais conservadores que a recuperavam como base de restauração dos valores antigos de um pacto original dos monarcas com os povos, até aqueles que defendiam sua realização a partir da participação maciça da nação[1].

As transformações no vocábulo em finais do século XVIII expressam bem as marcas do que viríamos a conceber como *constitucionalismo moderno*: se anteriormente

---

1. Lucia Bastos P. Neves e Guilherme P. das Neves, "Constitución", Javier Fernández Sebastián (org.), *Diccionario Político y Social del Mundo Ibero-americano, 1750-1850*, Madrid, Fundación, CEPC, 2009, pp. 337-363; Andréa Slemian, *Sob o Império das Leis: Constituição e Unidade Nacional na Formação do Brasil (1822-1834)*, São Paulo, Hucitec, 2009.

a palavra possuía um sentido de normas *descritivas* para um determinado espaço (domínio), seria a partir de então que ela adquiriria um papel *prescritivo* na criação dos ordenamentos legais que deveriam ser seguidos pelos novos governos. Ou seja, apontava para o futuro como filha legítima das revoluções que tomaram o mundo nesse momento, desde a independência das Treze Colônias, passando pela Revolução Francesa e pelo turbilhão político que atingiria os impérios ibéricos na América. As várias possibilidades no uso da palavra faziam-se a partir de um significado comum que ela passaria a carregar: a de referir-se a uma cultura de direitos de seus cidadãos e de garantias no equilíbrio entre os poderes políticos, sentido presente até hoje, ao menos nos regimes que se pretendem democráticos[2]. É a partir daí que se deve entender como as assembleias e processos constituintes, que então se difundiram por todos os lados, encarnaram o discurso demiúrgico de criação das nações por meio da marcação das regras de governo e regulação de direitos e obrigações, tanto de governantes como de governados[3].

No entanto, é importante frisar que a existência de direitos remontava a uma larga tradição existente no mundo moderno, a qual alimentava uma série de ações em nome de justiça, como vem sendo cada vez mais estudado[4]. Hoje a caracterização da sociedade do Antigo Regime como *garantista* responde exatamente a uma operação de proteção aos direitos dos súditos pelos soberanos, e mesmo de resistência aos oficiais régios e aos próprios soberanos quando justificados seus abusos (na tensão presente no conhecido slogan "viva o rei e morra o mau governo"). Obviamente que falamos de direitos distribuídos desigualmente, e que se aproximavam muitas vezes do sentido de privilégios naquele mundo, os quais não precisavam ser declarados por lei ou regulamentos (como ocorria posteriormente), mas sim reconhecidos como intrínsecos à condição de cada qual e/ou corporação[5]. Os sujeitos jurídicos (*personas*) eram reconhecidos como portadores de direitos de acordo com o lugar social que

---

2. São inspiradoras as questões levantadas por Bartolomé Clavero, *Sujeto de Derecho entre Estado, Género y Cultura*, Santiago, Olejnik, 2016.
3. Dieter Grimm, *Constitucionalismo e Direitos Fundamentais*, Madrid, Editorial Trotta, 2006; Horst Dippel, *Constitucionalismo Moderno*, Madrid, Marcial Pons, 2009.
4. Veja-se, como exemplos: M. Van der Heijden e G. Vermeesch, *The Uses of Justice in Global Perspective, 1600-1900*, Londres, Routledge, 2019; para o caso do Brasil, Silvia Lara e Joseli Mendonça (orgs.), *Direitos e Justiças no Brasil: Ensaios de História Social*, Campinas, Unicamp, 2006.
5. Paz Alonso, *Orden Procesal y Garantias entre Antiguo Regimén y Constitucionalimo Gaditano*, Madrid, Centro de Estudios Políticos y Constitucionales, 2008; António Manuel Hespanha, *Como os Juristas Viam o Mundo, 1550-1750: Direitos, Estados, Pessoas, Coisas, Contratos, Ações e Crimes*, Lisboa, Create Space, 2015.

ocupavam em uma ordem social racista e masculina, mas que reservava às categorias de "rústicos", "miseráveis" e "incapazes", em que entravam muitas vezes indígenas, escravos e/ou mulheres, direitos de proteção derivados dessa condição. Mas cabe destacar que a disputa pela sua efetivação nunca foi pouca para nenhuma dessas categorias, bem como as estratégias para sua valorização[6].

Tal noção de direitos baseada na desigualdade natural foi tensionada desde as primeiras formulações jusnaturalistas do século XVII, quando a extensão da qualidade de naturais à totalidade dos "homens" colocava à prova a visão providencialista medieval/moderna de ordem social. Mas seria apenas em finais do século XVIII que a universalidade dos direitos fundamentais ganharia protagonismo como matéria a ser assegurada pelos pactos constitucionais. Foi quando, sob a tutela de direitos, se passou a falar em liberdades (de expressão, de religião, de locomoção, entre outras) associadas com proteção à propriedade e às garantias das mais variadas contra arbitrariedades (algumas destas até existentes anteriormente). A partir de então, haveria muita variação na equação entre umas e outras, com expressão de maior ou menor garantia das liberdades individuais perante o governo. Mas mesmo no ambiente pós-revolucionário das primeiras décadas do século XIX, as constituições seguiam tendo que expressar garantia de direitos, mesmo que ganhassem feições mais conservadoras.

Esse ponto nos interessa especialmente aqui. A Carta Constitucional de 1824 do Império do Brasil é associada, e de maneira não equívoca, a um documento moderado inspirado pelos movimentos de restauração na Europa em nome da legitimidade monárquica, como bem expressa o sistema bicameral e o conhecido poder moderador. Mas ela apresenta, seguindo as constituições da época, várias das premissas fundamentais no que dizia respeito aos direitos, além de uma definição dos critérios de cidadania, ou seja, dos próprios sujeitos políticos, o que teria uma enorme transcendência política e jurídica no Império adentro. Discutir exatamente esses critérios, bem como eles estiveram em disputa desde nos debates existentes no processo constituinte de 1823, será o escopo das páginas que se seguem[7].

---

6. Ver, ao menos, André L Ferreira, *Injustos Cativeiros. Os Índios no Tribunal da Junta das Missões no Maranhão*, Caravana, s/d.; Eduardo França Paiva, *Escravos e Libertos nas Minas Gerais do Século XVIII. Estratégias de Resistência Através dos Testamentos*, 3. ed., Belo Horizonte, Pós-Graduação UFMG/Anna Blume, 2009.
7. Nesse sentido, revisito e atualizo o tema que tratei em "Seriam todos cidadãos? Os Impasses na Construção da Cidadania nos Primórdios do Constitucionalismo no Brasil (1823–1824)", em István Jancsó (org.), *Independência: História e Historiografia*, São Paulo, Hucitec/Fapesp, 2006, pp. 829-847.

Quais os sujeitos de direitos que se projetavam no debate constitucional para o Império do Brasil e seus efeitos de inclusão e exclusão tendo em vista sua formação social profundamente multiétnica? Essa é a pergunta que nos move, e faz-se necessário uma precisão ao afrontá-la para não cairmos em chaves dicotômicas. Seguindo as primorosas colocações de Pietro Costa, falar de cidadania significa tratar da relação, dos vínculos estabelecidos, entre o indivíduo e a comunidade política. Mas não da pessoa enquanto tal, fulano ou beltrano, e sim na sua dimensão de sujeito a quem atribuímos direitos, deveres, privilégios, etc, a depender da sua qualidade no momento histórico que tratamos[8]. No caso do século XIX, os critérios de cidadania se construíram a partir da formulação de um sujeito universal, marcando-se distinção entre livres e escravos, cidadãos ativos (com direitos cíveis), cidadãos passivos (com direitos civis), e, no nosso caso, entre portugueses e brasileiros (sendo que esses últimos necessitavam ser inventados). Hoje sabemos como este sujeito universal terminou se constituindo em uma categoria altamente excludente e que toda a luta por cidadania ao longo do século XIX estivera pautada por grupos ou pessoas – incluindo descendentes de escravos, indígenas e mesmo mulheres – em fazer valer seus direitos.

Nossa hipótese aqui é que a definição de seus critérios para o Império teve características singulares, sendo aparentemente inclusiva no que se tratava dos afrodescendentes (desde que libertos), bastante restritiva quanto aos portugueses, e movediça no que se tratava em assegurar direitos aos indígenas como cidadãos[9]. Nesse sentido, defenderemos que os "brasileiros" propostos no projeto que se discutiu na Assembleia Constituinte de 1823, poderiam permitir uma leitura mais abrangente às pessoas de carne e osso que habitavam nesses territórios. Mas a Carta de 1824 não deixaria de fazê-lo ao apostar em uma maior abstração dos sujeitos, deixando aos seus intérpretes e à mobilização política um papel essencial para sua consecução. Afinal, cidadania também significa falar em luta por ela, o que não trataremos aqui propriamente. Mas é essencial ter clareza dos seus critérios, e do que estava em jogo a partir dos mesmos, para entender toda e qualquer batalha para sua efetivação.

---

8. "Cittadinanza e Storiografia: Qualche Riflessione Metodologica", *Historia Constitucional*, vol. 6, 2005; *Cittadinanza*, Roma, Latterza, 2005.
9. Márcia Berbel, Rafael Marquese e Tâmis Parron, *Escravidão e Política: Brasil e Cuba, 1790-1850*, São Paulo, Hucitec/Fapesp, 2010; Andréa Slemian, "Seriam Todos Cidadãos?"; Fernanda Sposito, *Nem Cidadãos, Nem Brasileiros: Indígenas na Formação do Estado Nacional Brasileiro e Conflitos na Província de São Paulo (1822-1845)*, São Paulo, Alameda, 2012.

Porquê Cidadãos e Não Brasileiros?

Manuel José de Sousa França, deputado pelo Rio de Janeiro, no primeiro dia de discussão do título que versava sobre quem seriam os "membros da sociedade do Império do Brasil" na assembleia instalada no Rio de Janeiro em 1823, tocava no âmago da questão que então envolvia a determinação dos mesmos, tal qual colocada na epígrafe deste trabalho. O fato de a "população do território do nosso País" ser "heterogênea" fazia com que fora "mister" "não confundir as diferentes condições de homens" no tocante à cidadania[10]. Nesse sentido, França defendeu que a constituição marcasse uma diferença entre "brasileiro" e "cidadão brasileiro". Ao longo da discussão, no entanto, terminou-se aprovando exatamente o contrário, e a polêmica esteve longe de ser um jogo de meras palavras, como se verá a seguir.

A Assembleia Constituinte iniciou seus trabalhos em 3 de maio de 1823, e logo foi nomeada uma comissão[11] encarregada de elaborar um projeto de constituição, a ser discutido entre os representantes. Seu debate se iniciou em 15 de setembro, mas, como é sabido, foi interrompido logo em seus artigos iniciais em função do conhecido fechamento da Casa por D. Pedro em novembro. No entanto, houve tempo para se tratar dos critérios de quem seriam os "cidadãos brasileiros" e reformular o texto inicial apresentado pela comissão no tocante à questão. Tanto o texto original, como as mudanças aprovadas nos dizem muito acerca de como se projetavam as condições de inclusão e exclusão da sociedade.

Baixo o título de "membros da sociedade", o primeiro artigo definia que seriam "brasileiros" "todos os homens livres habitantes do Brasil, e nele nascidos". Imediatamente, a polêmica que se instaurou versava exatamente se não caberia diferenciar "brasileiro" de "cidadão brasileiro". E foi o mesmo França citado acima que pouco antes de concluir o raciocínio anterior, chamara a atenção acerca da importância em se marcar a diferença de um e de outro:

> Segundo a qualidade da nossa população, os filhos dos negros, crioulos cativos, são nascidos no Território do Brasil, mas, todavia, não são Cidadãos Brasileiros. Devemos fazer esta diferença: *Brasileiro é o que*

---

10. *Diário da Assembleia Geral Constituinte e Legislativa do Império do Brasil: 1823* [doravante DAG]. Brasília, Centro Gráfico do Senado Federal, vol. 3, p. 91, 23 set. 1973.
11. Composta pelos deputados Antônio Carlos Ribeiro de Andrada Machado e Silva, José Bonifácio de Andrada e Silva e José Ricardo da Costa Aguiar de Andrada, eleitos por São Paulo, Antônio Luiz Pereira da Cunha do Rio de Janeiro, Manoel Ferreira da Câmara Bittencourt e Sá de Minas Gerais, Pedro de Araújo Lima (que assinou "com restrições") e Francisco Muniz Tavares, ambos eleitos por Pernambuco.

nasce no Brasil, e Cidadão é aquele que tem direitos cívicos. Os índios que vivem nos bosques são Brasileiros, e, contudo, não são Cidadãos Brasileiros, enquanto não abraçam a nossa civilização[12]. (*Grifos nossos*).

Seu temor era claro: que se confundisse a naturalidade do nascimento com a condição *cívica*. Ao mesmo tempo, tal temor não era infundado.

Pode-se dizer que nos regimes constitucionais então recém-inaugurados sob os auspícios liberais, a igualdade das pessoas perante a lei não significava um exercício equânime da cidadania em nenhum lugar. Ao contrário, era consenso que ter direitos civis (propriedade, liberdade de expressão, segurança, etc) não era igual a ter direitos políticos, ou seja, ao voto e a ser elegível; sendo uma ideia recorrente que os cidadãos "passivos" teriam acesso aos primeiros, e os "ativos" aos segundos[13]. Diferença que seguiu existindo pelo século XIX adentro, e que terminou por excluir setores subalternos, os que exercem ofícios mecânicos, as mulheres, entre outros, dos direitos políticos, mas nem sempre de civis. O fato é que em muitos textos constitucionais do período dizer a naturalidade (ser português, espanhol, etc.), muitas vezes, terminava por marcar *ao menos* direitos civis aos envolvidos nessa sociedade, ainda que não fossem cidadãos em sentido pleno, ativos. Sendo assim, afirmar que "os membros da sociedade" seriam todos os "brasileiros", fornecia espaço para essa leitura inclusiva de que todos os nascidos no território poderiam ter direitos *civis* assegurados. Esse era, sem dúvida, o temor de França.

Ainda que com argumentos distintos, o deputado baiano Francisco Gê Acaiaba de Montezuma, um dos apoiadores do novo Imperador, falaria logo em seguida definindo quem considerava ser "membro" da sociedade:

> Eu cuido que não tratamos aqui se não dos que fazem a Sociedade Brasileira, falamos aqui dos Súditos do Império do Brasil, únicos que gozam dos cômodos de nossa Sociedade, e sofrem seus incômodos, que tem direitos, e obrigações no Pacto Social, na Constituição do Estado. Os Índios porém estão fora do grêmio da nossa Sociedade[14].

---

12. DAG, vol. 3, p. 90, 23 set.
13. Pierre Rosanvallon, *La Sacre du Citoyen. Histoire du Suffrage Universel en France*, Paris, Gallimard, 1992, discute como a ideia de igualdade política era alheia ao universo do liberalismo em fins do século XVIII e inícios do XIX. Mesmo entre os revolucionários franceses, a ruptura criada na concepção de "cidadão" não previa o acesso de todos aos mesmos direitos políticos, como no caso do voto.
14. DAG, vol. 3, p. 90, 23 set.

Com esse argumento, Montezuma defendia que entre ser cidadão e "brasileiro" não deveria haver diferenças, já que para o último implicava, mais que o nascimento, fazer parte do Império. A referência aos índios não parece ser à toa, ainda que se possa dizer que ele considerasse nesta condição os que não estivessem integrados, digamos. Nesse sentido, é digno de nota pensarmos no próprio nome que Francisco Gomes Brandão, como se chamava inicialmente, então adotara para evidenciar sua adesão à causa do Brasil: uma referência ao imperador asteca seguida de palavras em tupi.

A diferenciação entre "membros" da sociedade e "brasileiro" foi a retórica de alguns para que se evitasse dizer que o nascimento bastaria para se possuir direitos civis. O deputado paulista Nicolau Vergueiro saiu à frente com a emenda para que o termo "membros" fosse substituído pelo de "cidadãos", evitando-se usar o termo brasileiro:

[...] a epígrafe dá a entender que Brasileiro quer dizer Membro da Sociedade do Império do Brasil: *o que não é exato; porque há escravos e indígenas, que sendo Brasileiros não são Membros da nossa Sociedade*. Por isso parece-me mais exato dizer – São Cidadãos Brasileiros etc. – porque a palavra Cidadão quer dizer Membro da Cidade, ou Sociedade Civil, e seria contraditório dizer-se que a Sociedade se compõe de Cidadãos, e não Cidadãos[15]. (*Grifos nossos*).

A mensagem era clara: os brasileiros não são sinônimos de membros da sociedade. Dois dias antes, o mesmo Vergueiro inauguraria o debate defendendo que o título do artigo falasse apenas em *cidadãos*. Seu argumento era que, como estes seriam sinônimos de "membros do Estado" não haveria razão para que fossem privados deste "honroso título" de cidadania. Completava dizendo que pouco importaria que "nem todos gozem dos mesmos direitos, e que alguns não exercitem os direitos políticos", pois dava por sabida a diferença entre cidadãos passivos e ativos[16].

Na mesma linha, o deputado Pedro de Araújo Lima – futuro Marquês de Olinda e regente do Brasil a partir de 1837 – eleito por Pernambuco, arquitetou de modo ainda mais claro a condição mais restritiva do brasileiro em relação à naturalidade:

Quando se diz Brasileiro, Inglês, Francês, em sentido jurídico; não se quer marcar com isso o lugar de nascimento, nem o lugar da habitação, mas sim a sociedade de que se é membro: Inglês é o Cidadão

---

15. *DAG*, vol. 3, pp. 110-111, 25 set.
16. *Idem*, p. 92, 23 set.

de Inglaterra, Francês o Cidadão de França, e o Inglês, ou Francês que se naturalizou no Brasil, já não é Francês nem Inglês, porém Cidadão Brasileiro[17].

O deputado votava igualmente para que se chamassem "cidadãos" todos os membros da sociedade; e seria igualmente mais claro no tocante à distinção que haveria entre esses. Segundo ele, a "natureza não deu a todos iguais talentos" e nem a mesma "habilidade para desempenharem os ofícios da sociedade", o que justificava que os cidadãos não deveriam exercer os mesmos direitos civis e políticos[18]. Não poderia haver um argumento mais claramente liberal que esse.

Um outro pretexto mobilizado a favor de que o título do artigo falasse em "cidadãos" e não em "brasileiros", seria evitar uma "distinção odiosa" que privasse a "alguns membros do Império Brasileiro do honroso título de Cidadão"[19]. A retórica da afirmação contribuía para que a substituição soasse como uma ampliação no reconhecimento de direitos e não o contrário. Mas houve representantes contrários à extensão do título de cidadãos a todos, sob a defesa que este valeria apenas aos que tivessem direitos políticos. Nesta chave, a preocupação é que, alçando-se "todos os homens livres brasileiros do Brasil", como dizia incialmente o artigo, a cidadãos, os indígenas talvez pudessem se enquadrar aí. Assim falou o deputado militar José Arouche de Toledo Rendon, representante por São Paulo, ao dizer que: "Não é exato, que todos estes sejam Cidadãos, porque o Boticudo[sic] nasceu no Brasil, nele habita, é livre, e contudo nunca direi que é Brasileiro Cidadão"[20].

Mas, ao final, sua posição não fora majoritária, e foi aprovado que o artigo trataria dos "cidadãos brasileiros" em substituição aos simplesmente brasileiros. E assim passaria igualmente para a Carta de 1824.

No entanto, a preocupação de Arouche Rendon não era descabida. Hoje muitos estudos vêm demonstrando como a luta por direitos por parte das populações indígenas era evidente, sobretudo desde meados do século XVIII e em função do Diretório pombalino. Igualmente que o processo de independência geraria não apenas expectativas, mas inclusive mobilizações em nome da cidadania para estas populações.[21] Mas

17. *Idem*, p. 105, 24 set.
18. *Idem*, p. 106.
19. Assim falaria o deputado baiano Luís José de Carvalho e Melo, DAG, vol. 3, p. 110, 25 set.
20. DAG, vol. 3, p. 112, 25 set.
21. André Machado, "O Eclipse do Principal: Apontamentos Sobre as Mudanças de Hierarquias entre os Indígenas do Grão-Pará e os Impactos no Controle da Sua Mão de Obra (Décadas de 1820 e 1830)", *Topoi*, vol. 18, n. 34, pp. 166-195, jan.-abr. 2017, Rio de Janeiro; João Paulo P. Costa, "Independência e Cidadania: Povos Indígenas e o Advento do Liberalismo no Ceará", *Acervo*, vol. 34, n. 2, pp. 1-21, maio-ago. 2021, Rio de Janeiro; Fernanda Sposito,

antes que possamos ver a posição dos constituintes como medida que possibilitaria sobretudo a inclusão, há que se notar que ela permitiria mais de uma leitura, inclusive mais restritiva. Como não havia espaço nas constituições liberais para se tratar de grupos específicos, mas sim de cidadãos em abstrato (fosse qual fosse sua cor ou etnia), a universalização não os colocava em pé de igualdade, ao contrário. Enquanto o termo brasileiro, como muitos deputados perceberam e reagiram com preocupação, certamente poderia assegurar (e esta é a palavra correta) de saída direitos civis a todos os nascidos no Brasil – o mais importante desses direitos, sem dúvida, estaria vinculado à propriedade e a terra, um dos pontos centrais das disputas que envolviam o grupo[22]. Daí toda a operação para demonstrar que para ser brasileiro não bastaria ter nascido no país, e mesmo em nome da ampliação de cidadania a todos. Tendo em vista que a cidadania tratava da definição de categorias e não de indivíduos/grupos específicos, continua sendo muito feliz a expressão de Fernanda Sposito de que aos indígenas caberia estar em uma área que não os assegurava, de imediato, serem tomados nem como "brasileiros" nem como "cidadãos" (pois se poderia argumentar que não faziam parte do pacto político). E equivocados os que criticaram a ambas de nós, dizendo que excluímos os indígenas da cidadania, já que é claro que a mesma se realizaria por meio da luta política por todo o século XIX[23].

Que Portugueses São Agora Brasileiros?

A definição de quem entre os *portugueses* teria direito de ser considerado cidadão brasileiro foi um problema que estava longe de ser pequeno. Há décadas já é sabido que não houve um sentimento nacional "brasileiro" que teria mobilizado a independência, e mesmo que esse termo só ganharia protagonismo entre 1821 e 1822, quando ainda era comum encontrar-se a referência aos "portugueses do Brasil"[24]. Afinal, a herança

---

"Los Pueblos Indígenas en la Independência", em João Pimenta (org.), *Y Dejó de Ser Colónia. Una Historia de la Independencia de Brasil*, Sílex Ultramar, 2021, pp. 197-228.

22. Camilla de Freitas Macedo, "Sesmarias Indígenas na São Paulo Colonial: Uma Interseção entre Estatutos Pessoais e Situações Reais", *Dimensões*, vol. 39, pp. 112-137, jul.-dez. 2017.
23. Vânia Moreira, "A Caverna de Platão Contra o Cidadão Multidimensional Indígena. Necropolítica e Cidadania no Processo de Independência (1808-1831)", *Acervo*, vol. 34, n. 2, pp. 1-26, maio-ago. 2021, Rio de Janeiro.
24. István Jancsó e João Paulo Pimenta, "Peças de Um Mosaico (ou Apontamentos Para o Estudo da Emergência da Identidade Nacional Brasileira)"; Carlos G. Mota (org.), *Viagem Incompleta. A Experiência Brasileira 1500-2000*, São Paulo, Senac, 2000.

colonial era incontornável, a dinastia portuguesa seguia no projeto de Império, e este não era unânime em todas as províncias quando se instaurou a Assembleia Constituinte no Rio de Janeiro. Neste momento, viviam-se guerras ao menos no Pará, Maranhão, Bahia e Cisplatina em função dos embates provocados pela falta de consenso em relação ao projeto de independência espelhado pela Corte, alguns dos quais chegaram a possuir uma conotação de conflito étnico-racial[25].

Neste cenário, como ocorria em toda a Ibero-América em função dos movimentos independentistas, a exigência de adesão expressa aos projetos que se construíam como alternativas políticas passara a ser um valor incondicional. O clima era de tensão devido à existência não apenas de dissidentes, mas também de um sentimento antilusitanista de repúdio aos nascidos no outro hemisfério. Violentos tumultos urbanos ocorreram em várias cidades brasileiras contra os chamados "pés-de-chumbo", também manipulados por grupos e facções envolvidos na luta política[26]. Imediatamente a questão se colocaria no debate constituinte.

No projeto, e de acordo com a aprovação mencionada acima que igualava brasileiros a cidadãos, passariam a essa condição, sem mais, "todos os portugueses residentes no Brasil antes de 12 de outubro de 1822". A assertiva previa uma natural incorporação daqueles que, portugueses de nascimento, teriam decidido permanecer no Brasil após a coroação de D. Pedro como imperador (em 12 de outubro). O clima tenso e a dificuldade em se marcar as formas de adesão e juramento aos portugueses, foram argumentos utilizados por alguns deputados para defender o parágrafo tal qual foi escrito – ou seja, que todos os portugueses residentes passassem automaticamente a ser considerados brasileiros. Assim argumentou Manuel José de Sousa França, que:

[...] nós fazíamos parte da família Portuguesa, tínhamos jurado obediência a um Rei que está em Portugal, depois separamo-nos [...]. Em Revoluções sempre há disto; é necessário dissimular sobre o passado. Eu meditando uma e muitas vezes sobre este parágrafo, não posso deixar de concordar com ele tal qual

---

25. João José Reis e Eduardo Silva, "O Jogo Duro do Dois de Julho: O 'Partido Negro' na Independência da Bahia", *Negociação e Conflito: A Resistência Negra no Brasil Escravista*, São Paulo, Companhia das Letras, 1999, pp. 79-98; André Machado, *A Quebra da Mola Real das Sociedades: A Crise Política do Antigo Regime Português na Província do Grão-Pará (1821-1825)*, São Paulo, Hucitec, 2010.
26. "Pés de Chumbo" eram os identificados com os nascidos em Portugal. Gladys Sabina Ribeiro, *A Liberdade em Construção. Identidade Nacional e Conflitos Antilusitanos no Primeiro Reinado*, Rio de Janeiro, Relume Dumará/Faperj, 2002.

está, porque desejo correr um véu sobre procedimentos passados, evitando a odiosa tarefa de estar agora a ver quem foi amigo, quem foi passivo, quem pegou em armas, quem não pegou[27].

O tom apaziguador de França para que se aceitassem à condição de cidadãos brasileiros todos os portugueses que permaneceram no Brasil, no sentido de se evitar fissuras e tensões, não encontrou respaldo entre os deputados da Casa. Sob argumentos de que caberia aos ditos agora portugueses "jurarem" a Constituição, "trabalharem" pela independência, ligar-se "expressa ou tacitamente" à sociedade brasileira, e mesmo "abraçarem" o pacto social que então se construía, ecoaram na tribuna. Da mesma forma que utilizada na discussão do artigo anterior, ganhava terreno a ideia de que a simples residência não seria suficiente para marcar a entrada desses na "família" brasileira.

Foi quando o combativo padre cearense José Martiniano Alencar fez uma proposta incorporando a ideia de que seriam brasileiros os portugueses domiciliados, mas desde que tivessem aderido à causa:

> [...] eu suponho, que é tal o filho do Brasil, que estava aqui quando se declarou a Independência, e que não se opôs ela, não se ausentou, e aderiu: da mesma forma é Cidadão Brasileiro o filho de Portugal, que praticou o mesmo: também o é o filho de Portugal, ou do Brasil, domiciliado aqui, mas que não se achava presente no tempo da declaração da Independência [...] tudo quanto dantes formava a parte da Sociedade Portuguesa, domiciliada no Brasil, quando este se declarou Independente, e que não se opôs, antes aderiu, e usou do sinal característico de adesão, como o laço Nacional, é Cidadão Brasileiro[28].

Adesão era, portanto, uma demonstração pública, já que o ambiente à época da independência era de disputa e, em muitos lugares, de guerra.

E assim terminaria no texto da Carta de 1824: seriam cidadãos brasileiros "todos os nascidos em Portugal, e suas Possessões, que sendo já residentes no Brasil na época, em que se proclamou a Independência nas Províncias, onde habitavam, *aderiram a esta expressa ou tacitamente*" (artigo 6º, parágrafo IV, *grifos nossos*). Também na Carta se reconheciam os filhos de "pai brasileiro" e os "ilegítimos de mãe brasileira" que, nascidos em país estrangeiro, viessem a "estabelecer domicílio no Império", tal qual previsto no projeto. Afinal, a constituição tinha igualmente um papel de chamada à nova nacionalidade que se forjava.

---

27. DAG, vol. 3, p. 117, 26 set.
28. *Idem*, p. 122, 26 set.

Cidadania aos Libertos, Mas Não a Todos

Novo debate se iniciaria no artigo 6º do projeto de constituição que afirmava, com a inclusão de todos brasileiros à categoria de cidadãos, que "os escravos que obtiverem carta de alforria" assim o seriam. Os que se colocaram contrários à medida foram os primeiros a se manifestarem sob dois distintos argumentos. O primeiro, de fundo civilizacional, tal qual expresso inicialmente pelo deputado Pedro José da Costa Barros, da província do Ceará: Eu nunca poderei conformar-me a que se dê o título de Cidadão Brasileiro indistintamente a todo escravo que alcance Carta d'Alforria. Negros boçais, sem ofício, sem benefício, não são, no meu entender, dignos desta honrosa prerrogativa[29].

O mesmo deputado propôs uma emenda para que apenas obtivessem a cidadania os ex-escravos que tivessem emprego ou ofício. Seu argumento era que o "ocioso" não teria "virtude sociais" sem as quais "nenhum indivíduo convém à sociedade"[30].

O segundo argumento a que todos os escravos que obtivessem carta de alforria fossem considerados cidadãos, foi do sempre atento deputado França, sempre cioso por marcar as diferenças. Para ele, a medida caberia apenas "se os nossos escravos fossem todos nascidos no Brasil; porque tendo o Direito de origem territorial para serem considerados Cidadãos uma vez que se removesse o impedimento civil da condição de seus Pais"[31]. Mas não deveria valer para os "libertos Africanos", o que seria imprescindível ser marcado já que "ainda uma grande parte dos nossos libertos, e escravos são estrangeiros de diferentes Nações d'África"[32]. Com isso, o deputado tocava em uma questão crucial: os africanos não apenas seguiam desembarcando no Brasil, como o número de desembarque havia aumentado após a instalação da Corte no Rio de Janeiro, e aproximação do monarca dos grupos de grande negociantes – de grosso trato – envolvidos com o tráfico[33].

O que se debateu em seguida acerca do artigo possui imensa transcendência para nossa discussão. Isso porque não predominaram os óbices a que os libertos fossem considerados cidadãos, ao contrário, falou-se sobre sua incorporação. A mesma me-

---

29. *Idem*, p. 130, 27 set.
30. *Idem*, p. 134.
31. *Idem*, p. 130.
32. Idem, ibidem.
33. Manolo Florentino, *Em Costas Negras: Uma História do Tráfico de Escravos Entre a África e o Rio de Janeiro (Séculos XVIII e XIX)*, São Paulo, Companhia das Letras, 1997.

dida havia sido alvo de intensa polêmica nas Cortes vintistas portuguesas, instaladas em 1820 e contras as quais, o projeto de independência do Brasil se fizera[34]. Nelas, o debate fora muito mais intenso, haja visto que se então se propunha uma medida para todo o Império português, que incluía territórios na América e na África. De forma menos consensual, aprovou-se primeiramente que os "escravos" que alcançassem carta de alforria seriam considerados cidadãos portugueses (artigo 21º.); no entanto, anos depois, o parágrafo seria retirado da Carta Constitucional promulgada em Portugal em 1826, espelhada na outorgada por D. Pedro para o Brasil, e, por omissão, não aceitava claramente que todos os libertos fossem considerados cidadãos[35]. No Brasil, a solução foi distinta, vejamos novamente.

Logo após as falas iniciais, vieram os que defenderam que os libertos fossem considerados cidadãos. Não faltariam opiniões a favor da humanidade e da compaixão dos deputados da assembleia em relação aos que haviam sido escravos. Mas o argumento que seria mais mobilizado, mesmo entre setores mais radicais e conservadores politicamente, seria de outra natureza. Vale ler como o combativo deputado Joaquim Manuel Carneiro da Cunha, eleito pela Paraíba, criticava especialmente a proposta que previa que os libertos deveriam ter propriedade e ofícios para serem considerados cidadãos:

> [...] somente acrescentarei que o escravo que se liberta tem a seu favor, geralmente falando, a presunção de bom comportamento e de atividade, porque cumpriu com as suas obrigações, e ainda adquiriu pelo seu trabalho com que comprasse a liberdade; acho por isso que tais homens bem merecem o foro de Cidadãos, sem os obrigar a satisfazer ainda à condição de ter algum ofício ou emprego[36].

Ou seja, a justificativa é que aqueles que se libertam já teriam em si mesmo merecimento adquirido pelo trabalho. Novamente, era a tópica liberal, da possibilidade de ascensão via seus próprios braços que ganhava espaço na defesa pela cidadania.

Mas seria José da Silva Lisboa, o Visconde de Cairu, conhecido pelas suas posições de extrema moderação política, que endossou com eloquência a ideia da inclusão dos libertos ao universo da cidadania. Com uma longa explanação acerca dos males da ins-

---

34. Andréa Slemian e João Paulo Pimenta, *O Nascimento Político do Brasil: Origem do Estado e da Nação (1808-1825)*, Rio de Janeiro, DP&A Editora, 2003.
35. Cristina Nogueira da Silva, "Nação, Territórios e Populações nos Textos Constitucionais Portugueses do Século XIX", THEMIS, *Revista da Faculdade de Direito da UNL*, ano III, n. 5, pp. 61-71, 2002, Lisboa.
36. *DAG*, vol. 3, p. 134, 30 set.

tituição escravista, ele propunha uma reformulação do parágrafo, deixando claro que seriam cidadãos "os libertos que adquiriram sua liberdade por qualquer título legítimo". Sua defesa, que se baseava em justificativas humanitárias, acabava por corroborar os preceitos liberais quanto à igualdade de condições entre os homens:

> "Muito se altercou sobre não ter o título de Cidadão Brasileiro, quem não tiver propriedade. Se prevalecesse esta regra, até a maior parte dos brancos nascidos no Brasil não seriam Cidadãos Brasileiros, a considerar-se somente a propriedade territorial, ou de bens de raiz. [...] A propriedade do pobre está nos seus braços e força do corpo, ele prestando as suas obras, e serviços pessoais, como jornaleiro, e criado, no campo e Cidade, vem a ser membro útil da comunidade; e não faltariam brancos que os preferissem aos escravos, se houvessem em abundância"[37].

Nessa linha, a fala que predominou na assembleia foi a da necessidade de se integrar o liberto à condição de cidadão, e não afastá-lo, como a melhor forma de garantia da manutenção da ordem social, inclusive. Deveria ser evitado, para integração do liberto à sociedade, "o desprezo com que os senhores, ou os brancos tratam os libertos", e mesmo qualquer forma de "aversão entre ambos"[38]. A proposta de José da Silva Lisboa foi assim aprovada quase sem nenhuma discussão de fundo. O próprio autor da emenda deixava clara essa necessidade:

> O temor justo deve ser o de perpetuarmos a irritação dos Africanos, e de seus oriundos, manifestando desprezo, ódio, com sistema fixo de nunca melhorar-se a sua condição; quando ao contrário, a proposta liberalidade Constitucional deve verossivelmente [sic] inspirar-lhe gratidão, e emulação, para serem obedientes e industriosos, tendo futuros prospectos de adiantamentos próprios, e de seus filhos[39].

Toda a retórica empregada em nome da humanidade e da ordem, não deve obliterar que ser cidadão significava uma desigualdade de direitos, como já se havia consensuado na forma de ativos ou passivos, marcando imensas diferenças.

Mesmo assim, é digna de nota como a solução aprovada na constituinte teve uma dimensão inclusiva. Não há dúvida que a sociedade profundamente escravista existente no Brasil, o que implicava níveis altos de alforrias, de integração e resistência das

---

37. Idem, p. 136.
38. Idem, p. 139. Discurso do padre pernambucano Venâncio Henriques de Resende.
39. Idem, p. 139.

populações descendentes dos africanos escravizados, seguramente teve seu papel na solução[40]. Avanços mais recentes da historiografia nos permitem pensar que o nível de politização dos negros e pardos desde finais do século XVIII teve um papel na sua definição. Análises demonstram como essa população passou a ser cada vez mais pautada por reivindicações coletivas e pressões para negociação – influenciada pela extinção da escravidão apenas em Portugal em 1773 – por meio de suas irmandades, dos terços militares e batalhões de pardos e negros, entre outros, num acúmulo de experiência que também veio à tona como expectativa quando da independência[41]. Nestes termos, a valorização da cidadania aos libertos, o que não ocorreu em relação aos índios, talvez pudesse ser pensada igualmente como fruto desse processo de luta política.

Mesmo com a aprovação pelos constituintes de que todo liberto pudesse ser considerado "cidadão", ficara no ar a questão daqueles que não fossem nascidos no Brasil. O deputado João Severiano Maciel da Costa, futuro Marquês de Queluz, não deixaria de lembrá-la mais uma vez, quando dizia estar espantando com a possibilidade de que todo o "africano" com alforria estivesse habilitado para o "grêmio da família Brasileira"[42]. Sua defesa deixa estarrecido qualquer pessoa que defenda os direitos nos dias de hoje: "Nós não somos culpados dessa introdução do Comércio de homens; recebemos os escravos que pagamos". Assim que propunha que a admissão dos libertos à condição de cidadão fosse pensada sob condições que pudessem "afiançar sua adesão e afeição ao País e a sua propriedade e segurança".

Não é de se estranhar, portanto, que com o fechamento da constituinte por D. Pedro, a comissão nomeada pelo Imperador para rapidamente fazer um projeto de constituição, valer-se-ia dos critérios discutidos na assembleia, mas introduziria a cláusula

---

40. Segundo Stuart Schwartz, *Segredos Internos: Engenhos e Escravos na Sociedade Colonial, 1550-1835*, São Paulo, Companhia das Letras, 1988, "[...] o Brasil-colônia foi uma sociedade escravista não meramente devido ao óbvio fato de sua força de trabalho ser predominantemente cativa, mas principalmente devido às distinções jurídicas entre escravos e livres, aos princípios hierárquicos baseados na escravidão e na raça, às atitudes senhoriais dos proprietários e à deferência dos socialmente inferiores. Através da difusão desses ideais, o escravismo criou os fatos fundamentais da vida brasileira" (p. 209).
41. Marco A. Silveira, "Acumulando Forças: Luta pela Alforria e Demandas Políticas na Capitania de Minas Gerais (1750-1808)", *Revista de História* (USP), vol. 158, pp. 131-156, 2008; Luiz Geraldo Silva, *Africanos e Afrodescendentes na América Portuguesa: Entre a Escravidão e a Liberdade*, Tese de Titular, Universidade Federal do Paraná, 2018; Priscila de Lima Souza, "Sem que lhes Obste a Diferença de Cor: a habilitação dos pardos livres na América portuguesa e no Caribe espanhol (c.1750-1808)", Doutorado USP, 2017; e o texto de Adriana Barreto de Souza, "Quem Eram os 'Briosos Militares'? O Exército de D. Pedro às Vésperas da Independência", Rio de Janeiro, 1821-1822, presente neste mesmo volume.
42. *DAG*, vol. 3, p. 138, 30 set.

defendida por Maciel da Costa (o qual fora um dos membros da dita comissão): de que se considerassem apenas os libertos nascidos no Brasil. Dessa forma, o texto final aprovado na Carta de 1824, previa que seriam os cidadãos "os que no Brasil tiverem nascido, quer sejam ingênuos, ou libertos" (artigo 6º, parágrafo 1). Aos africanos negava-se a cidadania; aos ingênuos (filhos de mães livres) como seus descendentes e aos libertos "brasileiros" afirmava sua introdução como membros da sociedade. Com ela, igualmente a perpetuidade do tráfico e da entrada de escravizados, como lado mais nefasto da mesma inclusão.

Considerações Finais: Exclusões aos Direitos Políticos

Como se viu, é difícil afirmar peremptoriamente que os critérios de cidadania para o Império do Brasil definidos em meio ao processo de independência foram simplesmente inclusivos ou exclusivos em relação aos grupos que faziam parte da sociedade brasileira. Igualmente porque, conforme salientamos acima, cidadania significou também o processo de luta por direitos que se desdobraria pelo século XIX adentro. Mas é fato que se a Carta garantiu seus direitos à categoria dos libertos, mesmo que não aos africanos, o mesmo não ocorreu em relação aos indígenas que, não poucas vezes, tiveram ainda mais que reivindicar sua posição como cidadãos. O que não dizer das mulheres: embora a tradição jurídica portuguesa reconhecesse direitos às mesmas, igualmente protagonismo social, bem como no processo de independência, elas não seriam especialmente mencionadas quando da construção de seus critérios constitucionais. Há quem diga, como Carlos Petit analisando o processo na Espanha, que caberia enxergar por trás de cada "o" genérico de gênero, e ter em vista que isso lhes assegurava possibilidade de serem igualmente contempladas[43]. No entanto, a leitura é temerária ao menos para o caso brasileiro onde a visível força da família seguiria, e o reconhecimento por direitos das mulheres estava muitas vezes atrelado ao lugar que ocupavam nessa estrutura. Mas igualmente a elas, como a todos os outros grupos aqui descritos, coube disputar, mobilizarem-se, usarem o discurso a seu favor, diante dos novos padrões de desigualdade trazidos pelos ventos liberais.

---

43. Españolas gaditanas, "En Recuerdo de António M. Hespanha", *Quaderni Fiorentini*, Giuffrè Francis Lefebvre, vol. 49, pp. 419-454.

Por fim, cabe uma palavra sobre os direitos políticos. Seguindo a própria Carta de 1824, aos cidadãos brasileiros se lhes garantia direitos civis e de segurança (como não ser preso sem culpa formada, direito de petição, entre outros)[44]. Para os políticos, a Carta os estabelecia especialmente no item sobre as eleições (Capítulo VI). Estas ocorreriam em dois momentos: na escolha dos que elegeriam os eleitores, e quando estes propriamente decidiam pelos elegíveis (deputados e senadores, etc). Para o primeiro, excluíam-se os menores de vinte e cinco anos, os criados de servir, "os filhos legítimos" que estiverem na companhia de seus pais, os religiosos em comunidade, e sobretudo os que não tiverem uma renda mínima anual. Para o segundo momento, aumentava-se a renda exigida e excluíam-se os libertos. Agora, para serem elegíveis, ou seja, deputados e senadores, dobrava-se a renda e excluíam-se os estrangeiros naturalizados e aqueles que não praticavam a religião católica. Nesse sentido, no topo da pirâmide dos direitos políticos, mantinha-se um critério de confessionalidade como marca do Império, já que aos não católicos estava vetada a ocupação de uma posição pública[45].

Para terminar, não se pode deixar de notar que a experiência revolucionária de finais do século XVIII havia exaltado a universalização dos direitos fundamentais, a expressão das liberdades e a inviolabilidade dos cidadãos, colocando-as definitivamente no horizonte de todo e qualquer forma de governo que se pretenderia constitucional no século XIX adentro. Tendo isso em vista, defendemos aqui que as soluções previstas para a cidadania teriam um papel central no que se trava de garantir direitos e mesmo das leituras possíveis a partir do registrado na letra da lei, inclusive para pautar a posterior luta política. Foi assim que apontamos como os "brasileiros" propostos no projeto discutido na Assembleia Constituinte de 1823 poderiam assegurar, a princípio, maior amplitude de inclusão como conjunto abstrato de indivíduos em distintas posições, tal qual presente na Carta de 1824. No entanto, cabia às pessoas de carne e osso que habitavam esses territórios, incluindo as mulheres, a luta pela sua efetivação como cidadãos e cidadãs. Era assim que se abriam possibilidades de futuro para novas formas de mobilização política, sobretudo no tocante aos grupos subalternos. Luta essa que não seria nada fácil, dado o caráter discriminatório da sociedade brasileira de então.

---

44. Para uma discussão sobre direitos nesses anos, "Andréa Slemian, La Independencia de Brasil: Constitucionalimo y Derechos, 1820-1824", em João Pimenta (org.), *Y Dejó de ser Colónia. Una Historia de la Independencia de Brasil*, Sílex Ultramar, 2021, pp. 121-149.
45. Jairdilson da Paz Silva, *La "Santa Ciudadanía" del Imperio: Confesionalidad Como Fuente Restrictiva de Derechos en Brasil (1823-1831)*, Salamanca, Ediciones Universidad de Salamanca, 2016.

CAPÍTULO XVII

Quem Eram os "Briosos Militares"?
O Exército de D. Pedro às Vésperas da Independência (Rio de Janeiro, 1821-1822)

ADRIANA BARRETO DE SOUZA

> *Habitantes e tropas desta fiel capital e província [...] conservai desvelados os generosos sentimentos com que acabais de ganhar o honroso título de beneméritos da pátria, praticai as virtudes sociais que requer o sistema constitucional*
> O ESPELHO, 22 FEV. 1822

> *Os briosos militares, a tropa da terra [...] mostraram quando depois de haverem obrigado a Divisão Auxiliadora a passarem precipitadamente para a outra banda, constrangeram finalmente aqueles vaidosos insubordinados a embarcar para a Europa*
> CORREIO DO RIO DE JANEIRO, 26 ABR. 1822

O MEIO MILITAR DO RIO de Janeiro das primeiras décadas do século XIX é ainda pouco conhecido. As narrativas sobre os conflitos que mobilizaram povo e tropa nas ruas da capital são antigas. Oliveira Lima, em seu clássico "O Movimento da Independência", publicado pela primeira vez em 1922, já descrevia com minúcias os acontecimentos que culminaram na expulsão da Divisão Auxiliadora, tropa comandada pelo general Avilez e fiel às Cortes de Lisboa, da cidade. Nessa descrição, estimou que a tropa de D. Pedro, na madrugada do dia 12 de fevereiro de 1822, reunia cerca de dois mil homens no Morro do Castelo e dez mil no Campo de Santana[1]. Esses dados, no entanto, são

---

1. Os números são sem dúvida aproximados, mas reproduzidos por vários autores desde o século XIX. Manuel de Oliveira Lima, *O Movimento da Independência 1821-1822*, Rio de Janeiro, Topbooks, 1997, p. 207.

mais antigos. Foram extraídos de cronistas do século XIX². Quem eram esses doze mil homens em armas nas ruas da capital, quando o efetivo do Exército estacionado na cidade até alguns dias antes não passava de três mil homens?³ Essa investigação não é simples. As fontes são escassas, talvez até mesmo inexistentes se considerarmos apenas séries documentais oficiais e bem organizadas. O problema é que, em função disso, sequer formulamos a pergunta.

O argumento que pretendo desenvolver nesse artigo é que nessa força extra de nove mil militares estavam as milícias – que, sendo segregadas por cor e classe, incorporavam brancos, pretos e pardos de vários segmentos sociais – mas também milhares de homens que atenderam ao chamado do príncipe-regente e se apresentaram nas praças da cidade. Essa mobilização foi ampla. O primeiro fragmento que serviu de epígrafe a esse artigo foi retirado de uma proclamação assinada por D. Pedro no dia dezessete de fevereiro⁴. Ou seja, menos de uma semana depois do episódio que reuniu doze mil homens em armas no Morro do Castelo e no Campo de Santana. O vocativo por ele acionado é bastante expressivo. Saudou como "beneméritos da pátria", além da tropa, os "habitantes da capital" que, ao ocuparem as ruas, teriam começado a praticar as virtudes do sistema constitucional. No outro fragmento, retirado da seção "correspondências" do *Correio do Rio de Janeiro* e assinado "seu leitor, brasileiro constitucional", esses homens são reconhecidos não só como "briosos militares", mas também identificados como "tropa da terra"⁵.

Acredito que perguntar quem integrava essa "tropa da terra" pode nos levar a ver a participação de diferentes segmentos sociais no movimento de independência no Rio de Janeiro. Essa pesquisa, realizada de forma sistemática para outras capitanias, não existe para o Rio de Janeiro⁶. Até hoje, as milícias da corte imperial não foram tomadas como objeto de análise pelos historiadores. Este texto se configura, assim, como um exercício

---

2. O próprio Oliveira Lima cita suas fontes: Maria Graham e Varnhagen, *idem*.
3. A primeira lei de fixação de forças de terra do Império do Brasil é de 24 de novembro de 1831. Para antes disso, os dados são imprecisos. No caso, foram extraídos de Nilo Val, "A Formação do Exército Brasileiro e Sua Evolução no Século XIX", em *RIHGB*, vol. VII, p. 635, 1922.
4. Disponível em: http://memoria.bn.br/DocReader/docreader.aspx?bib=700916&pasta=ano%20182&pesq=%22tropas%20desta%20fiel%20capital%22&pagfis=145. Último acesso em 01 jul. 2021.
5. Disponível em: http://memoria.bn.br/DocReader/docreader.aspx?bib=749370&pasta=ano%20182&pesq=%22tropa%20da%20terra%22&pagfis=58. Último acesso em 01 jul. 2021.
6. Referenciando apenas algumas pesquisas, André Machado e Matthias Assunção já explicitaram, a partir de investigação empírica minuciosa, a ampla participação popular no Pará e no Maranhão. Para o caso da Bahia, há vários ótimos estudos. Vou destacar aqui as pesquisas de João José Reis e Hendrik Kraay. Para Pernambuco, é importante citar: Evaldo Cabral de Mello, José Geraldo Silva e Marcus de Carvalho.

mais pautado em conjecturas que em provas e, na sua execução, vou me valer amplamente dos avanços da historiografia sobre a independência nas últimas décadas[7].

Vamos começar pelos eventos ou, se preferirem, pelo cenário.

D. Pedro, a Tropa e o Povo.

A corte imperial recebeu a notícia da eclosão do movimento revolucionário do Porto e da adesão de Lisboa em outubro de 1820. A convocação das Cortes para, sob os auspícios de ideias liberais, elaborar uma Constituição era um duro golpe na autoridade de D. João e, a partir de então, as expectativas cresceram. Em janeiro de 1821, a província do Pará aderiu às Cortes e em fevereiro o movimento começou a se difundir pelo Norte a partir da adesão da Bahia. Enquanto isso, no Rio de Janeiro D. João tentava reagir. Em 18 de fevereiro assinou dois decretos. Em um deles, determinou a imediata partida de D. Pedro para Lisboa. Sua intenção era, por meio do filho, manter-se bem informado sobre as decisões e intenções das Cortes. Caberia ao príncipe também reorganizar o poder sem aderir ao movimento. O outro decreto previa a convocação de uma comissão no Rio de Janeiro para elaborar uma nova Constituição a partir de consultas às câmaras municipais de todo o Brasil. A manobra era clara. D. João apelava às tradicionais instituições locais de poder, as câmaras, para garantir sua legitimidade e opor-se às Cortes de Lisboa[8].

Todavia, a divulgação do nome dos integrantes da comissão aprofundou a crise, já explícita entre os estrategistas da corte. Se nos círculos mais próximos ao rei, o conde de Palmela se posicionava favoravelmente às Cortes, fora deles, vinculados ao grupo de proprietários e comerciantes do Recôncavo da Guanabara, apoiado por negociantes de gêneros de abastecimento e varejistas, além de bacharéis e oficiais militares, emergia um poderoso grupo de pressão. Tendo ascendido à sociedade política a partir de 1808, esses homens viam na crise a possibilidade de ampliarem sua parti-

---

7. Referências importantes aqui são Gladys Ribeiro, *A Liberdade em Construção: Identidade Nacional e Conflitos Antilusitanos no Primeiro Reinado*, Rio de Janeiro, Relume-Dumará, 2002; Iara Lis Carvalho Souza, *Pátria Coroada. O Brasil Como Corpo Político Autônomo*, São Paulo, Unesp, 1999; Lucia Bastos P. Neves, *Corcundas e Constitucionais: A Cultura Política da Independência (1820-1822)*, Rio de Janeiro, Editora Revan, 2003; Andréa Slemian, *Vida Política em Tempo de Crise*, Rio de Janeiro (1808-1824), São Paulo, Hucitec, 2006.
8. Andréa Slemian, *Vida Política em Tempo de Crise: Rio de Janeiro (1808-1824)*, São Paulo, Hucitec, 2006, p. 113.

cipação no governo por meio da formação de uma sociedade civil e da ampliação de seus direitos políticos[9].

Figuravam na comissão ministros, desembargadores e militares que já faziam parte do governo, o que revoltou esse grupo de pressão, liderado por Joaquim Gonçalves Ledo e José Clemente Pereira. A atitude deixava claro que o rei manejava para impedir o avanço do movimento constitucional e, por conseguinte, sua subordinação às Cortes.

Numa rápida reação, esse grupo – identificado como constitucional – se articulou com oficiais do Exército e das milícias. D. João tentou reverter a situação, lançando um decreto no qual aprovava as bases da Constituição que se elaborava em Lisboa[10]. Mas já era tarde. Na madrugada do dia 26 de fevereiro as tropas ocupavam em grande agitação o Largo do Rocio (atual Praça Tiradentes), exigindo juntamente com comerciantes e proprietários, dentre outras coisas, a nomeação de um novo ministério, a partida de D. João para Portugal e a eleição dos deputados fluminenses para as Cortes de Lisboa[11].

Foi nesse momento que D. Pedro ocupou politicamente pela primeira vez a praça pública. Ainda nessa madrugada cruzou a cidade e, chegando ao Rocio, negociou – para usar expressão consagrada pelas fontes – com "povo e tropa", partindo em seguida de volta ao Palácio São Cristóvão, com as demandas do grupo. Naquela mesma madrugada D. Pedro ainda retornaria à praça. Dessa vez, trazendo os decretos por meio dos quais D. João acolhia as demandas. Para não parecer que o rei cedia à pressão das ruas, os decretos foram datados de 24 de fevereiro. Às onze horas da manhã foi a vez do próprio rei chegar ao Largo do Rocio. Estrategicamente o príncipe vinha à frente, a cavalo. Os dois foram recebidos com vivas, aplausos e tiros. Da varanda do Real Teatro São João, no meio do Largo Rocio, o rei reafirmou o compromisso assumido pelo filho. A tropa, então, desfilou ordeiramente em sua honra e o rei deu sua mão a beijar aos súditos[12].

Essa descrição do que se passou no Largo do Rocio na madrugada do dia 26 de fevereiro foi realizada por Iara Lis Schiavinatto para destacar não apenas o quanto a praça pública já participava da lógica política nas décadas iniciais do século XIX, como lugar

---

9. *Idem*, p.115.
10. O texto do decreto, datado de 24 de fevereiro de 1821, pode ser encontrado em: https://digital.bbm.usp.br/view/?45000000168&bbm/2411#page/1/mode/2up. Último acesso em: 06 jul. 2021.
11. Iara Lis Souza, *Pátria Coroada. O Brasil Como Corpo Político Autônomo*. São Paulo, Unesp, 1999, p. 95.
12. Para o relato original, ver "Relação dos acontecimentos do dia 26 de fevereiro de 1821, nesta cidade do Rio de Janeiro, e de algumas circunstâncias que o precederam e produziram", Microfilme F7631, Biblioteca Nacional de Lisboa. Há transcrição deste documento em: https://app.mapfre.com/documentacion/publico/es/catalogo_imagenes/grupo.do?path=1085588. Último acesso em: 06 jul. 2021.

privilegiado da liturgia do poder, mas especialmente para marcar o surgimento de D. Pedro como liderança política liberal, capaz de resolver conflitos e ocupar a cena pública[13].

As ruas e praças da cidade, porém, apenas começavam a se abrir para o mundo da política. Em fevereiro, os protagonistas foram as tropas, especialmente o Exército. Já em abril, no episódio da Praça do Comércio, a adesão popular foi maior e – talvez em função disso – um verdadeiro massacre marcou seu desfecho. Desde 7 de março, D. João havia tornado pública sua decisão de embarcar para Portugal, convocando para o dia 22 de abril a reunião dos eleitores que escolheriam os deputados para a Constituinte em Lisboa.

Em meio a esse clima instável, o grupo constitucional, liderado por Gonçalves Ledo, viu na reunião dos eleitores uma ótima ocasião para, além de escolher os eleitores dos deputados, definir a criação de um governo provisório capaz de limitar as ações de D. Pedro na futura regência que se desenhava[14]. A disputa era acirrada. Enquanto o governo tentava desmobilizar os constitucionais, antecipando de forma inesperada a reunião para o dia 21, os constitucionais buscavam torná-la o mais pública possível e, com o apoio do ouvidor da cidade, conseguiram transferi-la do sustensório da Igreja de São Francisco de Paula para a Praça do Comércio onde, inclusive, montaram arquibancadas para acomodar o povo disposto a assistir a reunião. A alteração do local conferia ao já tenso processo eleitoral um caráter – na avaliação dos mais conservadores – excessivamente público[15].

Além dessa ampliação da assistência, a reunião – tendo como referência as Cortes de Lisboa – foi regida pela Constituição de Cádiz que, por sua vez, definia como eleitores proprietários e homens de ofício, o que abria a votação para taverneiros, boticários, mascates, soldados, caixeiros, lavradores e artesãos em geral. Ou seja, ela vinculava os direitos políticos à propriedade e ao trabalho. O resultado foi a reunião de cerca de 160 pessoas, de várias classes, militares e civis, na Praça do Comércio[16].

Tratando-se de evento aberto, outras pessoas que transitavam pela rua, curiosas, se aproximaram e, em pouco tempo, o prédio estava lotado de gente desejosa de tomar parte no ato político. O desfecho desse episódio é bastante conhecido. Como a população havia passado a madrugada no local em discussão acalorada, pautando inclusive temas e propondo reivindicações não previstas para aquela reunião, D. João decidiu enviar tropas para o local. Invadido o prédio, a multidão foi dispersada a tiros.

---

13. Iara Lis Souza, *Pátria Coroada. O Brasil Como Corpo Político Autônomo*, p. 99.
14. Andréa Slemian, *Vida Política em Tempo de Crise...*, p. 121.
15. Documentos para a História da Independência, pp. 277-330. Disponível em: https://bibliotecadigital.seade.gov.br/view/singlepage/index.php?pubcod=10014130&parte=1. Último acesso: 06 jul. 2021.
16. Iara Lis Souza, *Pátria Coroada. O Brasil Como Corpo Político Autônomo*, p. 101.

Os desdobramentos desse episódio foram muitos. Além da abertura de devassa, no dia seguinte, 22 de abril, decidiu-se pelo embarque imediato de D. João para Lisboa – o que ocorreu no dia 26 – e D. Pedro foi nomeado regente do Brasil[17].

A temperatura política da cidade, porém, não arrefeceu. A Divisão Auxiliadora, tropa portuguesa comandada pelo general Jorge de Avilez, que então ocupava o cargo de governador das armas da corte e da província do Rio de Janeiro, desconfiava das intenções constitucionais do príncipe. Quando, em fins de maio, a notícia da aprovação das bases da Constituição em Lisboa chegou à cidade, as expectativas voltaram a crescer. D. Pedro precisava se posicionar formalmente e, para forçá-lo a tomar posição, logo começaram a correr boatos de que a tropa portuguesa conspirava. No dia 5 de junho, corpos da Divisão Auxiliadora se amotinaram, ocupando o Largo do Rocio. Além da aceitação das bases da Constituição, exigiam a organização de juntas provisórias de governo nas províncias e a demissão do conde dos Arcos, considerado separatista. Dois dias depois, em 7 de junho, o príncipe cedia à pressão, atendendo a todas as exigências da Divisão Auxiliadora[18].

A partir de então, o Rio de Janeiro vivia em estado de suspensão. A autoridade de D. Pedro como regente era frágil, equilibrando-se entre a obrigação de fidelidade à Casa de Bragança e o juramento às bases da Constituição. Em outubro, quando as Cortes de Lisboa exigiram o retorno de D. Pedro, a desconfiança se instalou nas tropas portuguesas. O general Avilez duvidava que o príncipe obedeceria às Cortes e, pressionando-o mais uma vez, conseguiu que, num impulso, ele anunciasse que regressaria a Portugal.

Para além das disputas e interesses de grupos da corte imperial, foi a percepção da fragilidade de sua autoridade que levou D. Pedro a investir em novos apoios. Não só avançou nas negociações – já bem conhecidas – com elites de São Paulo e Minas, como também parece ter investido na busca de apoio popular. Para enfrentar seus opositores, em especial as tropas portuguesas, ao que tudo indica D. Pedro mobilizou militarmente a população. Só assim é possível entender o altíssimo efetivo reunido no Campo de Santana e no Morro do Castelo para enfrentar a prevista reação do general Avilez ao movimento em articulação, que ficaria conhecido como movimento do "Fico".

Talvez esta seja também uma boa forma de começarmos a explorar mais esse grande e enigmático sujeito dos documentos de época – "o Povo e a Tropa".

---

17. O texto do decreto encontra-se em: http://www.planalto.gov.br/ccivil_03/Atos/dim/1821/DIM-22-4-1821-2.htm. Último acesso: 06 jul. 2021.
18. Andréa Slemian, *Vida Política em Tempo de Crise*, p. 123.

Ideias Correm Entre o "Povo Miúdo"

O constitucionalismo transformava, a cada novo episódio que rebentava nas ruas e praças da corte, o cenário político do Rio de Janeiro. Ele foi produto – como já afirmou Kirsten Schultz – tanto de discursos transatlânticos, como de práticas locais. Prometendo garantir a soberania popular, por meio de um sistema representativo, o constitucionalismo mobilizou diversos grupos sociais. Sem dúvida, um deles – e o mais poderoso – era o de homens vinculados ao mercado interno a quem essas novas ideias serviam para dar acesso formal aos postos de poder. Porém, eles não foram os únicos. A ideia de representação política engajou vários outros atores, dando início a uma complexa luta pelo significado desses termos – soberania popular, representação política, povo, entre outros – e, desse modo, disputava-se a própria demarcação dos contornos do novo mundo da política[19].

As revoltas no Largo do Rocio e a Assembleia na Praça do Comércio explicitam bem essa luta. "Povo e tropa" partiam para a ação, fundamentando-a nessas novas ideias, que vinham sendo diariamente discutidas em jornais e panfletos publicados na cidade. De 1821 em diante, com tantas notícias correndo pela cidade, todas fundadas na luta contra a "escravidão política" e pela liberdade, não dá para imaginar que elas não chegassem ao "povo miúdo", fosse ele branco ou "de cor", pequeno proprietário ou despossuído, livre ou liberto. Até mesmo entre os escravos essas notícias e ideias circulavam[20].

A imprensa nesses anos cumpria o papel de educar politicamente a população. Como já foi amplamente demonstrado pela historiografia[21], ela se constituía como arena pública, espaço de exposição e confrontação de ideias, valores e interesses. É verdade que a aquisição de jornais e panfletos era limitada. Mais limitada ainda porque eram poucos os que sabiam ler. Todavia, como mostram as pesquisas de Lucia Bastos P. Neves, seu impacto político não era restrito a um público leitor. Além de circular por espaços frequentados pela "boa sociedade", como salões, clubes e cafés, os folhetos em especial corriam ainda

---

19. Kirsten Schultz, *Versalhes Tropical. Império, Monarquia e Corte Real Portuguesa no Rio de Janeiro, 1808-1821*, Rio de Janeiro, Civilização Brasileira, 2008, pp. 350-351.
20. Gladys Sabino Ribeiro, "O Desejo da Liberdade e a Participação dos Homens Livres Pobres e de Cor na Independência do Brasil", *Cadernos Cedes*, Campinas, vol. 22, n. 58, pp. 21-45. Ver as páginas 29 e 38. Disponível em: https://www.scielo.br/j/ccedes/a/bxjjzk7MbDH5RBXbFgnwZqm/?lang=pt. Último acesso: 10 jul. 2021.
21. São referências os livros: Lucia Bastos P. Neves, *Corcundas e Constitucionais: A Cultura Política da Independência (1820-1822)*, Rio de Janeiro, Revan, 2003; Isabel Lustosa, *Insultos Impressos: A Guerra dos Jornalistas na Independência (1821-1823)*, São Paulo, Companhia das Letras, 2000; José Murilo de Carvalho, Lucia Bastos P. Neves e Marcello Basile, *Às Armas, Cidadãos! Panfletos Manuscritos da Independência do Brasil (1820-1823)*, São Paulo, Companhia das Letras, 2012.

por tabernas e casas de pasto, sendo ainda colados em postes, servindo a leituras públicas, recitações e conversações sobre obras, autores e os últimos episódios políticos[22].

Os folhetos manuscritos apresentavam uma escrita ainda mais simples que a dos impressos. Utilizavam frases curtas, diretas e contundentes, visando manter a atenção dos leitores e, no caso das leituras em voz alta, pretendiam atrair os passantes. Precisavam também garantir a compreensão desse público. Para tanto, recorriam constantemente às exclamações e interrogações, se valendo ainda de vocativos virulentos.[23]

As mensagens desses folhetos começaram com críticas aos governos absolutistas, tomados como tiranos e arbitrários, o que se revelava – ainda de acordo com os panfletos – tanto em instituições como nas atitudes de indivíduos com eles identificados. Em contrapartida, ia crescendo em suas páginas o entusiasmo com a liberdade que o "povo do Brasil", agora, começava a respirar. Impressos ou manuscritos, esses folhetos subiam o tom e não demorou para que associassem liberdade, igualdade e direitos. A liberdade era – defendia um folhetinista – natural: o homem nasce livre. Por mais que limitados por uma série de relações sociais, liberdades e direitos pertenciam igualmente a todos. Outro folhetinista afirmava que o status de cidadão havia desalojado e substituído de forma integral a vassalagem, assim como a nova ordem desalojava e substituía a velha[24].

A Constituição figurava como símbolo maior dessa libertação do absolutismo e de uma nova associação que se construía entre o rei e seu povo. Dessa nova associação, tomavam parte formalmente – como se pode ver na Assembleia da Praça do Comércio – homens de letras, mas também homens de ofício, vinculados ao mundo do trabalho. Na verdade, nesse episódio, o avanço foi ainda maior, já que das arquibancadas ali erguidas moradores, antes tidos como meros espectadores, tomaram a palavra e se fizeram oradores. Como observou Silvestre Pinheiro Ferreira, em suas *Cartas Sobre a Revolução no Brasil*, as barreiras que separavam povo e eleitores foram derrubadas em abril de 1821[25].

---

22. Lucia Bastos P. Neves, *Corcundas e Constitucionais: A Cultura Política da Independência (1820-1822)*, Rio de Janeiro, Revan, 2003, p. 32; e Kirsten Schultz, *Versalhes Tropical. Império, Monarquia e Corte Real Portuguesa no Rio de Janeiro, 1808-1821*, Rio de Janeiro, Civilização Brasileira, 2008, p. 351.
23. José Murilo de Carvalho, Lucia Bastos P. Neves e Marcello Basile, *Às Armas, Cidadãos! Panfletos Manuscritos da Independência do Brasil (1820-1823)*, São Paulo, Companhia das Letras, 2012, p. 24; e Lucia Bastos P. Neves, *Corcundas e Constitucionais. A Cultura Política da Independência (1820-1822)*, Rio de Janeiro, Revan, 2003, p. 40.
24. Uma análise desses folhetinistas foi feita por Kirsten Schultz, *Versalhes Tropical: Império, Monarquia e Corte Real Portuguesa no Rio de Janeiro, 1808-1821*, Rio de Janeiro, Civilização Brasileira, 2008, pp. 359-361.
25. Silvestre Pinheiro Ferreira, "Cartas Sobre a Revolução do Brasil", em *As Dificuldades de Um Império Luso-brasileiro*, Brasília, Editora do Senado Federal, 2012. Ver a carta 26. Disponível em: https://www2.senado.leg.br/bdsf/bitstream/handle/id/562748/000939159_Dificuldades_imperio_Luso-brasileiro.pdf. Último acesso em 10 jul. 2021.

Aliás, tanto a existência de um mercado de trabalho quanto a proposta de ler as reivindicações e os "vivas" levantados nas ruas da corte imperial como expressão da participação popular no movimento de independência já haviam sido indicadas, em 2002, por Gladys Ribeiro. Em sua avaliação, se por um lado é certo que os homens livres pobres, libertos e escravos não dominavam à época os conceitos políticos fundados nos ideais liberais, por outro não é possível ignorar que eles os interpretavam, se engajavam e lutavam pelo que julgavam ser seus direitos com base em suas experiências e concepções de mundo[26].

A ampla circulação de uma gramática política pautada na ideia de liberdade como forma de autonomia e participação em uma cidade complexa como o Rio de Janeiro dos anos 1820, permanentemente reinventada pela entrada de milhares de africanos em seus portos, indiscutivelmente teve um alcance muito maior do que o identificado na atuação de líderes políticos e grupos econômicos[27]. Um leitor do *Correio do Rio de Janeiro*, em maio de 1822, escreveu para a seção de correspondência do jornal criticando o uso da palavra vassalo que, segundo ele, o povo ainda teimava em escrever. Dizia-se "detestador desta palavrinha", que não combinava com a nova política. Outro correspondente, de nome João José Pereira, pautava uma questão polêmica. Afirmava ter ouvido que, em tempos constitucionais, todos os cidadãos podiam ser admitidos em cargos públicos, desde que fossem homens livres. Perguntava, então, como ficaria o caso de um negro ou pardo escuro que possuindo uma insígnia militar e honras relativas ao posto que ocupava, fosse nas milícias, na igreja ou nas letras, se "os indiscretos liberais" ainda não permitiam a esse homem frequentar com sua família os camarotes da Casa de Ópera sem sofrer os maiores insultos. Era sobre igualdade e direitos entre cidadãos que o leitor tratava, uma reivindicação antiga dos homens de cor livres e libertos da cidade do Rio de Janeiro[28].

Essas ideias já eram tão disseminadas que até um escravo, de nome Tomás, se sentiu no direito de peticionar ao imperador, queixando-se de seu senhor. Afirmava que mesmo tendo dinheiro para comprar sua alforria, seu senhor se recusava a vendê-lo por se achar satisfeito com seu trabalho. O mais interessante, porém, foi o argumento então acionado

---

26. Gladys Sabino Ribeiro, "O Desejo da Liberdade e a Participação dos Homens Livres Pobres e de Cor na Independência do Brasil", *Cadernos Cedes*, vol. 22, n. 58, pp. 21-45, Campinas. Ver p. 32.
27. Sobre a complexidade do Rio de Janeiro como cidade africana, ver Juliana Barreto Farias, Carlos Eugênio Líbano Soares e Flávio dos Santos Gomes, *No Labirinto das Nações: Africanos e Identidades no Rio de Janeiro, Século XIX*, Rio de Janeiro, Arquivo Nacional, 2005, p. 66.
28. A correspondência desses leitores foi localizada e analisada por Andréa Slemian, *Vida Política em Tempo de Crise...*, pp. 161-162. Sobre a antiguidade dessas reivindicações, ver Adriana Barreto de Souza, "O Meio Militar Como Arena Política: Conflitos e Disputas por Direitos no Regimento de Homens Pardos do Rio de Janeiro, 1805". *Tempo, online*, vol. 26, pp. 363-382, 2020, Niterói.

na petição: "liberdade é a causa mais apreciável ao homem e, por isso, o suplicante a deseja"²⁹. Se escravos se sentiam no direito de peticionar a D. Pedro, falando de seu desejo de liberdade, imaginem quais não eram as expectativas dos homens que se engajaram militarmente na defesa da nova política, sustentando a coroa de D. Pedro I.

Em geral, a historiografia identifica esses homens simplesmente como militares, ou como o Exército de D. Pedro. Nos dois casos, porém, a identificação é imprecisa e, por isso, nos impede de ver um leque de sujeitos, experiências, lutas e expectativas.

Quem Eram os "Briosos Militares"?

Para iniciar uma espécie de decantação, é importante lembrar que o meio militar nos anos 1820 era plural, integrado por instituições com tradições e funções distintas que, além disso, mantinham entre si e na estruturação de seus postos relações hierarquizadas. De modo geral, essas forças militares foram organizadas em duas frentes: um Exército permanente, com tropa paga e uma oficialidade nomeada pelo rei; e as milícias, também conhecidas como terços auxiliares. Estas não eram remuneradas e seus postos de comando ocupados por potentados locais, que também eram responsáveis por sua organização e manutenção³⁰. Ainda que de forma segregada, as milícias incorporavam indígenas, pretos e pardos livres³¹. Como tropa de reserva, havia ainda as ordenanças. Seus integrantes não eram treinados nem recebiam soldo. Eram todos os moradores não incorporados pelo Exército e pelas milícias, acionados como recrutas em situações excepcionais.

No Rio de Janeiro de 1821, há que se considerar uma outra particularidade. O Exército estava dividido entre tropas portuguesas e brasileiras. Esta cisão não era um fato novo. Durante seu governo, D. João VI optou por não misturar os corpos militares. Ao se instalar na cidade em 1808 reorganizou o Exército, criando novas unidades, investindo em armamentos e na reforma de fortalezas e do ensino militar. Todavia, nunca

---

29. *Apud*, Andréa Slemian, *Vida Política em Tempo de Crise...*, p. 163.
30. Para a organização das forças militares do Império português, ver Carlos Selvagem, *Portugal Militar: Compêndio de História Militar e Naval de Portugal*, Lisboa, Imprensa Nacional, 1999.
31. Sobre a incorporação da população local pelas milícias: Hendrik Kraay, *Política Racial, Estado e Forças Armadas na Época da Independênci Bahia, 1790-1850*, São Paulo, Hucitec, 2011; Luiz Geraldo Silva, "Gênese das Milícias de Pardos e Pretos na América Portuguesa: Pernambuco e Minas Gerais, Séculos XVII e XVIII", *Revista de História*, São Paulo, n. 169, 2013; Francis Albert Cotta, *Negros e Mestiços nas Milícias da América Portuguesa*, Belo Horizonte, Crisálida, 2010; Pedro Puntoni, *A Guerra dos Bárbaros: Povos Indígenas e a Colonização do Sertão no Nordeste do Brasil, 1650-1720*, São Paulo, Hucitec, 2002.

investiu – como afirma o brasilianista Michael McBeth – na integração das tropas, que mantiveram até mesmo seus uniformes originais. O que à princípio parecia um detalhe, no dia a dia, alimentava rivalidades nas ruas e praças da cidade. Uma tensão que só aumentou a partir de 1816, quando dez mil homens desembarcaram na corte imperial: cinco mil da Divisão de Voluntários Reais, liberados em Portugal com o fim das guerras napoleônicas, e outros cinco mil da Divisão Auxiliar, vindos de Lisboa sob o comando do general Jorge de Avilez para apoiar a repressão à Revolução Pernambucana[32].

Por terem lutado nas guerras europeias sob as ordens do duque de Wellington e terem, por isso, recebido distinções militares, os oficiais dos regimentos portugueses se tomavam por heróis. Distinção que, além de tensionar a relação com os demais oficiais, estourava no momento das promoções. Como observou John Armitage, as patentes mais altas "foram conferidas quase exclusivamente a oficiais das unidades portuguesas"[33].

Diante desse quadro, não é difícil imaginar as expectativas que o retorno de D. João para Portugal gerou entre a oficialidade. Pelas contas McBeth, entre 1821 e 1823, cerca de catorze mil oficiais militares deixaram o Brasil[34]. É verdade que não estavam todos servindo no Rio de Janeiro. Porém, tamanha movimentação, somada à instabilidade política, deixava claro que uma reconfiguração institucional era inevitável.

Para tentar avaliar melhor o impacto dessas alterações, e sem acesso aos arquivos, recorri a uma fonte clássica: o livro "Brigadeiros e Generais do Exército de D. João VI e de D. Pedro I", de Laurênio Lago[35]. Como o título indica, o livro se limita a biografar generais. No entanto, nós sabemos que vagando postos no topo da hierarquia, por uma espécie de efeito cascata, vagas são automaticamente abertas nos postos intermediários e inferiores do Exército. Então, mesmo sabendo das limitações dos cálculos, decidi fazer um mapeamento. O que se vê é, de fato, uma reconfiguração da hierarquia militar.

Antes de prosseguir, porém, vale um esclarecimento metodológico. Classifiquei como oficial português não os nascidos em Portugal, mas todos aqueles que construíram suas carreiras na antiga metrópole. Em contrapartida, como brasileiros, nomeei os

---

32. Michael McBeth, "The Politicians vs. The Generals: The Decline of the Brazilian Army During the First Empire 1822-1831", PhD Thesis, University of Washington, 1972, pp. 6 e 32-33.
33. John Armitage, *História do Brasil*, Brasília, Edições do Senado Federal, 2011, p. 54.
34. Michael McBeth, "The Politicians vs. The Generals: The Decline of the Brazilian Army During the First Empire 1822-1831", PhD Thesis, University of Washington, 1972, p. 33.
35. Laurênio Lago, *Brigadeiros e Generais do Exército de D. João VI e de D. Pedro I*, Rio de Janeiro, Imprensa Militar, 1938. Registro ainda que este texto foi redigido durante a pandemia de coronavírus e que, em função disso, estamos há mais de um ano sem acesso a arquivos e bibliotecas.

que, nascidos ou não no continente americano, aqui serviram à Coroa a maior parte de suas vidas. Por fim, foram excluídos desse mapeamento todos os oficiais estrangeiros.

Dito isso, é possível avançar na análise das biografias e verificar que, entre os anos de 1821 e 1822, trinta generais portugueses optaram por retornar a Portugal, enquanto 25 decidiram ficar no Brasil. De imediato, D. Pedro não só preencheu as vagas liberadas como criou treze novos postos de oficiais generais. O que essa decisão, a princípio, nos mostra é a preocupação do príncipe em atrair um número maior de militares para o seu lado na disputa contra as Cortes de Lisboa. Desde 1789, todos os oficiais que ascendessem ao posto de marechal de campo ou tenente-general tornavam-se automaticamente fidalgos da casa real[36]. Ou seja, face à fragilização de sua autoridade, D. Pedro ampliava o número de oficiais generais em postos de comando e em sua corte. Porém, olhando com um pouco mais de cuidado, é possível ir além dos altos círculos da hierarquia militar. Como não existe Exército só de generais, ao ampliar o generalato, D. Pedro movimentava toda a cadeia de comando, além de muito provavelmente ter ampliado o efetivo do Exército. Infelizmente, até mesmo esses dados mais gerais são escassos para esses anos. O primeiro relatório do Ministério da Guerra disponível é de 1827. Essa imprecisão já havia sido observada por McBeth, que só conseguiu sistematizar dados para depois de 1828[37].

Apesar dessas limitações, vale observar como D. Pedro preencheu esses postos e uma coisa é certa: não o fez apenas com brasileiros. Em um contexto de alto risco político, optou por certo equilíbrio, nomeando ao generalato 23 coronéis com carreira iniciada em Portugal e vinte que poderíamos considerar brasileiros. Digo certo equilíbrio porque, se somamos aos 23 recém-nomeados os 25 generais portugueses que decidiram permanecer no Brasil, eles são maioria absoluta. De todo modo, D. Pedro acenava positivamente para os oficiais brasileiros. Nem à época da chegada da família real houve tanta oportunidade de promoção para o prestigioso posto de coronel na cidade. Várias famílias sem origem fidalga, que lutavam para se posicionar socialmente, foram então beneficiadas[38].

Se seguirmos com o raciocínio, a abertura de vagas para coronel levou a uma sequência de promoções – ainda que talvez em menor escala – para todos os postos e,

---

36. Essa decisão foi baixada por meio do decreto de 13 de maio de 1789. Uma análise desse decreto foi realizada por Adriana Barreto Souza, "A Serviço de Sua Majestade: A Tradição Militar Portuguesa na Composição do Generalato Brasileiro (1837-1850)", em Celso Castro; Vítor Izecksohn e Hendrik Kraay (orgs.), *Nova História Militar Brasileira*, Rio de Janeiro, FGV/Bom Texto, 2004, p. 167.
37. Michael McBeth, "Brazilian Generals, 1822-1865: A Statistical Study of Their Careers", *The Americas*, vol. 44, n. 2, pp. 125-141, out. 1987.
38. Sobre a temática, ver Adriana Barreto Souza, *Duque de Caxias: O Homem Por Trás do Monumento*, Rio de Janeiro, Civilização Brasileira, 2008, cap. 2.

como não há notícia de recrutamentos na cidade, certamente a ampliação das fileiras se deu pelo engajamento voluntário. O mais interessante, no entanto, é que considerando as afirmações de cronistas e as dispersas na historiografia, o engajamento maior ocorreu nas fileiras das milícias. Até autores mais conservadores, como Oliveira Lima, afirmam que a convocação geral realizada por D. Pedro, para viabilizar o "Fico" e expulsar as tropas do general Avilez, produziu efeitos no Exército, mas que a grande adesão foi mesmo aos regimentos de milícias[39]. Ao descrever os acontecimentos que se sucederam ao "Fico" em sua volumosa correspondência diplomática, o barão Wenzel de Mareschal afirma que às milícias se tinham agregado populares, um número considerável de gente do campo, de padres e monges, à pé e à cavalo, armados de pistolas, de facas e de porretes[40].

A toda essa gente se juntou ainda o "pessoal do comércio" em patrulhas que percorriam as ruas sobressaltados. Incorporados às milícias, esses homens – na descrição de Oliveira Lima – faziam o serviço, "armados e municiados", mas não fardados, usando apenas "bandas e cintos de couro cru sobre seus trajes paisanos"[41].

O curioso é que mesmo nos oferecendo uma descrição tão detalhada, fundada em fina pesquisa empírica, inclusive usando as cartas do barão de Mareschal, no momento de fazer uma avaliação geral dos fatos da independência, Oliveira Lima concluiu que "faltava povo", que "a ralé existia, mas era elemento inteiramente fora da vida política". Isso porque – conforme explica – a "falta de cultura vedava ao povo qualquer participação na vida consciente da comunidade". Para reforçar essa interpretação, recuperou – em uma única frase – Eduardo Prado e o pintor Pedro Américo. Elogiando a "habitual finura" das observações de Prado, toma-lhe emprestado uma observação sobre o consagrado quadro "Independência ou Morte": o povo era como "o carreiro boçal" do quadro, "guiando seus bois, atônito diante daquela cena cujo sentido completamente lhe escapava"[42].

Análises desse tipo, como problematiza Beatriz G. Mamigonian em seu artigo para este livro, produzem um enquadramento historiográfico que silencia vozes e esforços de diversos atores sociais. Não vou nem comentar as palavras pejorativas usadas por Oliveira Lima para se referir ao povo. Vou enfatizar apenas a distorção que produzem. Voltando à interpretação do quadro, ao lado do príncipe o historiador pernambucano vê apenas sua "comitiva militar vibrante de entusiasmo"[43]. Todavia, se há algo "vibrante de entusiasmo"

---

39. Manuel Oliveira Lima, *O Movimento da Independência 1821-1822*, Rio de Janeiro, Topbooks, 1997, p. 212.
40. "Correspondências do Barão de Mareschal", em RIHGB, vol. 80, p. 17, 1916.
41. Manuel Oliveira Lima, *O Movimento da Independência 1821-1822*, Rio de Janeiro, Topbooks, 1997, p. 212.
42. *Idem*, pp. 55-56.
43. *Idem, Ibidem*.

na narrativa que ele próprio nos oferece ao longo do livro, isso está justamente na atuação do "povo e tropa" nas ruas da corte imperial. Foi por conta desse tipo de enquadramento que, décadas depois, mais precisamente em 1976, José Honório Rodrigues escreveu um livro sobre a independência defendendo a ideia de revolução. Como ele próprio explica nas primeiras linhas de seu prefácio: "este volume sustenta a tese de que a independência não foi um desquite, uma separação amigável, como afirmou Oliveira Lima"[44].

Essa polêmica entre dois autores canônicos da historiografia brasileira é bastante conhecida. Não é interesse desse artigo tomar partido no debate. De fato, interessado em se opor a Oliveira Lima, Honório Rodrigues acabou produzindo uma narrativa fortemente nacionalista e, do ponto de vista metodológico, operou "pinçando" fontes documentais que, inclusive, são difíceis de serem localizadas posteriormente[45].

De todo modo, essa operação historiográfica à pinça, se tomada como reveladora de indícios que precisam ser investigados de forma mais sistematizada, nos traz relatos muito significativos. Costurando uma breve narrativa a partir dessas fontes citadas por Honório Rodrigues, para enfrentar a Divisão Auxiliadora logo após o "Fico", nos primeiros dias de janeiro de 1822, Carlos Frederico de Caula, então ministro da guerra e partidário das Cortes de Lisboa, descreveu em um memorando que a indisposição das "tropas de linha e das milícias da terra" contra a Divisão Auxiliadora seguia um "plano premeditado". Para o general Caula, houve uma mobilização prévia e, apesar de não afirmar categoricamente, sugere que D. Pedro participou da ação, inclusive afirma que consta "a nomeação de generais e oficiais superiores" para comandá-los[46].

Em ofício datado de seis meses antes, do dia 17 de junho, o barão de Mareschal sugeria que D. Pedro ia com certa constância aos quartéis e que a atitude o "tornava mais popular"[47]. Sobre a participação das milícias e de populares, as referências aparecem em quase todos os cronistas. Descrevendo o príncipe como "incansável", Maria Graham afirma em seu diário que, na madrugada de 12 de janeiro, ele correu a cidade, "reunindo os diferentes corpos de milícias e as tropas nativas, a fim de proteger a praça da ameaça de saque pelos portugueses"[48]. Sem querer tomar esses relatos como

---

44. José Honório Rodrigues, *Independência: Revolução e Contra-revolução. As Forças Armadas,* Rio de Janeiro, Biblioteca do Exército Editora, 2002.
45. Agradeço a Lucia Bastos P. Neves uma rápida troca de impressões sobre esse livro de José Honório Rodrigues, ainda que a responsabilidade pelo que segue escrito aqui seja exclusivamente minha.
46. Documentos para a História da Independência, pp. 277-330. Disponível em: https://bibliotecadigital.seade.gov.br/view/singlepage/index.php?pubcod=10014130&parte=1. Último acesso em: 13 out. 2021.
47. Correspondências do Barão de Mareschal, em RIHGB, vol. 80, 1916.
48. Maria Graham, *Diário de Uma Viagem ao Brasil*, São Paulo, Companhia Editora Nacional, 1956, p. 203.

a verdade dos fatos, chamo atenção apenas para a menção à participação popular em diferentes fontes, ora referida nesses termos, ora como tropa da terra ou tropas nativas. Dentre essas, Honório Rodrigues particulariza a atuação das milícias de homens pretos e pardos na cidade. Voltando aos ofícios do barão de Mareschal, o historiador conta sobre o encaminhamento dado pelo príncipe a uma petição enviada por alguns jovens caixeiros portugueses, integrantes de dois regimentos de milícias da corte, no qual se queixavam da sobrecarga que o serviço militar lhes impunha. Irritado com os rapazes, no dia do batizado da princesa Januária, D. Pedro confiou a guarda da cidade aos regimentos de homens pardos[49]. Recuperando em seguida uma carta enviada por D. Pedro a José Bonifácio, Honório Rodrigues vai além. Afirma que o príncipe escreveu: "melhores e mais aderentes à causa do Brasil do que os pardos, meu amigo, ninguém"[50].

Todas essas referências, sem dúvida, precisam ser melhor investigadas. Mais que isso, precisam ganhar sistematicidade a partir de uma meticulosa pesquisa empírica. Todavia, antes de encerrar, gostaria ainda de apresentar dois argumentos. Ambos bem fundamentados. Um deles, que ratifica essa confiança de D. Pedro nas milícias de homens de cor, foi a transformação – por decreto de 2 de outubro de 1822 – do Corpo de Henriques num Batalhão de Artilharia de Milícias[51]. Isso significa que o jovem imperador do Brasil franqueou aos milicianos pretos o acesso ao Arsenal de Guerra da corte imperial.

O outro argumento é um desdobramento deste, e se fundamenta nos resultados de minha atual pesquisa. A dedicação, eficiência e serviços prestados pelos oficiais pretos e pardos das milícias do Rio de Janeiro já vinham sendo reconhecidos – e gerando polêmica – desde fins do século XVIII. À época, peticionavam à Coroa, reclamando o que julgavam ser seus direitos. D. João não via problemas na preservação dessas milícias. Ao contrário, ainda em Portugal, as apoiava. Logo, muito provavelmente, esses homens – em sua maioria, carpinteiros, alfaiates, pedreiros, pintores e sapateiros da cidade – se engajaram firmemente nas lutas pela independência, colocando-se ao lado do príncipe, não deixando passar oportunidades de provarem seu valor[52].

49. Correspondências do Barão de Mareschal, em RIHGB, vol. 80, 1916.
50. O original desta carta citada por José Honório Rodrigues, eu ainda não consegui localizar. Referencio, assim, o próprio: *Apud.* José Honório Rodrigues, *Independência: Revolução e Contra-revolução: As Forças Armadas*, Rio de Janeiro, Biblioteca do Exército Editora, 2002, p. 102.
51. Esse decreto foi publicado pela *Gazeta do Rio de Janeiro*, em 10 de outubro de 1822, Disponível em: http://memoria.bn.br/DocReader/docreader.aspx?bib=749664&pasta=ano%20182&pesq=henriques&pagfis=7545 Ultimo acesso em: 14 jul. 2021.
52. Os primeiros resultados dessa pesquisa encontram-se em Adriana Barreto de Souza, "O Meio Militar Como Arena Política: Conflitos e Disputas Por Direitos no Regimento de Homens Pardos do Rio de Janeiro, 1805". *Tempo*,

A história dessas lutas não foi apenas a história de um Exército brasileiro (mesmo que brasileiros adotivos) contra um Exército português. Se este constituía um grupo mais ou menos coeso, no lado brasileiro, sob a alcunha de "tropa da terra" ou "tropa nativa", havia fissuras étnicas, políticas e sociais. Na verdade, a denominação que se perpetuou via historiografia foi "povo e tropa". O fato é que, por trás dessas expressões, há uma enormidade de sujeitos históricos que, interpretando e avaliando conjunturas, tomaram parte ativa nesses eventos. Se engajaram nos conflitos com objetivos próprios. No caso desses militares, lutavam por reconfigurações institucionais que lhes ampliasse o acesso aos postos superiores das Milícias e também do Exército[53].

Talvez por estarem associados à repressão, os "militares" ainda despertam pouco interesse dos historiadores. Porém, como o contexto atual nos mostra: é preciso entender melhor a instituição militar no Brasil. E – estou convencida – o século XIX é um momento chave dessa história, quando as instituições de Estado estão sendo moldadas no Brasil.

---

online, vol. 26, pp. 363-382, 2020, Niterói. Já sobre os dados sobre os ofícios dos milicianos pardos da cidade, fiz uma primeira sistematização para um *paper* apresentado no evento Escravidão e Liberdade no Brasil Meridional, intitulado "Uma Milícia de Pardos se Forma na Capital: História, Perfis e Conflitos no regimento de Homens Pardos Rio de Janeiro finais do Século XVIII" e ocorrido entre os dias 11 e 13 de maio de 2021.

53. Adriana Barreto de Souza, "O Meio Militar Como Arena Política: Conflitos e Disputas Por Direitos no Regimento de Homens Pardos do Rio de Janeiro, 1805". *Tempo, online*, vol. 26, pp. 363-382, 2020, Niterói.

CAPÍTULO XVIII

Interpretações e Alinhamentos dos Povos Indígenas na Era das Revoluções Atlânticas

ANDRÉ ROBERTO DE A. MACHADO

ANALISANDO A PROVÍNCIA DE POPAYÁN, região então da Nova Granada e hoje parte da Colômbia, Marcela Echeverri jogou luz sobre uma série de eventos que revelavam a existência de grupos indígenas e escravos que se puseram abertamente alinhados à coroa espanhola e refratários aos projetos independentistas na década de 1810[1]. A pergunta central do estudo de Echeverri, repetida também por resenhas sobre o livro, é o reflexo de um enorme estranhamento dos homens de hoje olhando para esse passado: afinal, porque razão indígenas e escravos seriam favoráveis à manutenção de um regime que representou sua dizimação, imposição de trabalhos forçados ou mesmo a escravização? Não seria muito mais lógica a aliança com os movimentos independentistas pelo vislumbre de ruptura que eles representavam?

Este me parece um bom mote inicial. Afinal, o que Echeverri enxergou no espaço restrito de Popayán sintetiza o questionamento básico sempre que se relacionam os povos indígenas e os processos de independência na América: afinal, qual o sentido do alinhamento desses povos nos conflitos? Eles tinham projetos próprios ou foram simplesmente engolfados no que Marcus Carvalho chamou, retomando termos usados na época, de "briga de brancos"?[2] Ou, até mesmo antes dessas duas primeiras questões, é recorrente a dúvida se este cenário de convulsões no Atlântico impactava a perspectiva desses homens ou se estavam completamente alheios a essas mudanças.

1. Marcela Echeverri Muñoz, *Indian and Slave Royalists in the Age of Revolution: Reform, Revolution, and Royalism in the Northern Andes, 1780–1825*, New York, Cambridge University Press, 2016.
2. Marcus J. M. Carvalho, "Os Índios e o Ciclo das Insurreições Liberais em Pernambuco (1817-1848): Ideologias e Resistencia", em Luiz Sávio Almeida e Marcos Galindo (orgs.), *Índios do Nordeste: Temas e Problemas*, 1. ed., Maceió, EDUFAL, 2002, vol. 3, pp. 67-128.

Particularmente no Brasil a associação entre a independência e a participação de indígenas é muito rara, quando não é categoricamente negada. Ainda na década de 1860, no auge do indianismo, isso ficou patente em uma ácida crítica do historiador Mello de Moraes, resgatada por Alencastro, para uma estátua equestre de D. Pedro I, ainda hoje existente na praça Tiradentes, em que o monarca segura o ato da independência ladeado por jacarés e indígenas. Mello de Moraes insiste que tudo naquele cenário era ridículo, terminando por perguntar: "que parte tiveram esses índios e aqueles jacarés na independência do Brasil?"[3]

A chacota de mais de 150 anos de Mello de Moraes, certamente faria sentido hoje para quase todos os brasileiros, inclusive os mais escolarizados. Nesse cenário, provavelmente, a grande exceção é a Bahia, onde os povos indígenas sempre ocuparam um papel de protagonismo no quase carnaval encenado todos os anos no dois de julho. O antropólogo Ordep Serra, lembra que já no ano seguinte à batalha final com os portugueses em Salvador, houve um desfile em carro aberto, ostentando o que seriam símbolos nacionais: café, cana, fumo e um homem identificado como um "caboclo". Já em 1826, em uma tradição que perdura até hoje, o homem vivo daria lugar a uma estátua de um caboclo – claramente identificado como um indígena – que pisoteava Portugal corporificada em uma serpente. Na década de 1840, lembra Serra, foi incorporada ao programa uma outra indígena: desta vez, Catarina Paraguaçu, então já bastante conhecida como um mito de origem da Bahia na sua união com o português Caramuru. Não só história e memória se misturam, mas também a fé: há uma peregrinação todos os anos no 2 de julho para fazer pedidos aos caboclos que tem um lugar de honra nas tradições das religiões afro-brasileiras da Bahia. E para aqueles que não conseguem enxergar qualquer conexão nesse carnaval de sentidos, Serra lembra que para os baianos, as imagens não só lembram a participação real dos indígenas nos combates da independência, como representam o grande poder mágico dessas entidades nessa guerra[4].

Voltando ao nosso ponto inicial, mesmo na Bahia onde a participação dos indígenas na independência ocupa uma memória popular, o papel reservado a eles é bastante enviesado. Como bem apontado por Sérgio Guerra, só existe um lugar possível para os indígenas nessa comemoração: o do indígena aliado, aquele que lutou ao lado dos inde-

---

3. *Apud* Luis Felipe de Alencastro, "Vida Privada e Ordem Privada no Império", *História da Vida Privada no Brasil*, vol. 2: *Império: A Corte e a Modernidade Nacional*, São Paulo, Companhia das Letras, 1999, p. 54.
4. O. Serra, "Triunfo dos Caboclos", em M. R. Carvalho & A. M. Carvalho, (orgs.), *Índios e Caboclos: A História Recontada* [online], Salvador, Ed. UFBA, 2012, pp. 55-77, Available from SciELO Books <http://books.scielo.org>.

pendentistas. No entanto, como mostra Guerra e retomaremos aqui, a realidade também na Bahia foi bem mais complexa que o cortejo do 2 de julho pretende sintetizar[5].

O objetivo desse artigo é, além de sublinhar a participação dos povos indígenas nos conflitos da independência do Brasil, buscar explicar as razões dos seus múltiplos alinhamentos que poderiam fazer diferentes grupos indígenas se enfrentarem em uma mesma província, uns aliados a independentistas e outros a grupos fiéis a D. João VI. Em um primeiro momento, busca-se ressaltar a importância e o domínio que esses povos tinham na negociação nos termos do Antigo Regime e como isso foi impactado pelos movimentos constitucionalistas. Em um segundo momento, discute-se a natureza desses alinhamentos, buscando entender em que pontos os indígenas se alinharam em torno dos seus interesses, em que momentos tiveram limitações para fazer escolhas e em que cenários esboçaram projetos políticos de grande autonomia, passando por cima, inclusive, dos projetos nacionais. Por fim, discute-se mais detidamente o caso do Grão-Pará, onde os debates sobre a condição de cidadão, os novos direitos e a independência estavam atrelados a questões mais complexas como o trabalho compulsório dos indígenas.

Entre o Antigo Regime e os Novos Estados Constitucionais: Conflitos, Pactos e Repactuações entre os Povos Indígenas e a Sociedade Envolvente

Repercutindo a declaração de Guerra Justa contra os indígenas Botocudos, em 1808, o jornal *Correio Braziliense* satirizava a peça legal que oficializava a decisão de D. João. Em tudo se assemelhando a uma declaração de guerra a um Estado inimigo, o jornal ironizava ao dizer que daria espaço no periódico à resposta dos Botocudos, ainda que estes não soubessem ler[6].

Talvez a situação não fosse de toda ridícula quanto supunha o pensamento ilustrado representado por Hipólito da Costa, àquela altura tomando o corpo de um tsunami para invalidar boa parte do que era representado pelo Antigo Regime. Os Impérios na América, no entanto, tinham uma larga experiência no trato com os povos indígenas e nem sempre foi possível reduzir essa relação a uma guerra sem fim. Ao contrário, de parte a parte, em uma evidente relação de forças desigual e com grandes perdas para

---

5. Sérgio Armando Diniz Guerra Filho, *O Povo e a Guerra: Participação das Camadas Populares nas Lutas pela Independência no Brasil e na Bahia*, Salvador, UFBA, 2014.
6. Marco Morel, *A Saga dos Botocudos: Guerra, Imagens e Resistência Indígena*, São Paulo, Hucitec, 2018, cap. 4.

os indígenas, muitas vezes a negociação teve que ser posta à mesa em termos que lembram a negociação entre reinos.

Vários exemplos poderiam ser dados, mas talvez um dos mais interessantes foi o "Assento de Pazes" com os indígenas Januís, ainda no século XVII. No contexto da chamada "Guerra dos Bárbaros", já na exaustão de ambos os lados pelo conflito sem fim, os representantes da Coroa portuguesa e os representantes dos indígenas – que iam e vinham para confirmar detalhes com Canindé, uma liderança sobre 22 aldeias espalhadas por quatro capitanias – chegaram a um acordo extremamente detalhado, com vários artigos. Por exemplo, nestes artigos a liderança de Canindé era reconhecida, mas em uma posição de vassalo do monarca português. Por outro lado, os januí não poderiam ser escravizados ou vendidos, deixando-se clara a preocupação deles com possíveis ações dos governadores e dos paulistas[7], além de terem vetado o uso de suas terras para doações de sesmarias. O nível do detalhamento é tão grande que é até mesmo descrito o número de indígenas que seriam disponibilizados para os portugueses em caso de agressão externa: cinco mil homens[8].

É evidente que não se tratava de um acordo entre dois Estados, assim como a declaração de guerra aos Botocudos também não poderia ser. Mas é preciso sublinhar que não se tratava de uma mera fantasia dos europeus, interagindo com quem estava alheio do outro lado. Não só acordos eram relembrados e cobrados pelos indígenas, como elementos materiais dos europeus eram usados como prova. Exemplo disso é o episódio contado por João Paulo Costa de uma expedição de indígenas do Ceará que atravessou o continente em 1814 para ser recebida por D. João. Na bagagem, além do pedido para que o monarca extinguisse o Diretório no Ceará, esses indígenas traziam vários documentos expedidos pelos portugueses, como cartas patentes, alguns com décadas de existência, acreditando que esses papéis eram essenciais para provar o vínculo com o monarca português e exigir dele algum benefício[9]. Ainda na mesma linha de raciocínio esteve o encontro, no começo da década de 1820, entre os naturalistas Spix e Martius e Pachico, o principal dos coretu que era temido nos sertões profundos do Rio Negro por sua fama de fazer guerra contra outros povos, prendê-los e vendê-los como escravos para os brancos. Spix e Martius satirizaram o

---

7. O que hoje chamamos genericamente como "bandeirantes".
8. "Assento das Pazes com os Januís", 10 abr. 1692, em Pedro Puntoni, *A Guerra dos Bárbaros: Povos Indígenas e a Colonização do Sertão Nordeste do Brasil, 1650-1720*, São Paulo, Hucitec, 2002.
9. João Paulo Peixoto Costa, *Na Lei e na Guerra: Políticas Indígenas e Indigenistas no Ceará (1789-1845)*, Tese de Doutorado, Unicamp, 2016, pp. 111-119.

fato de Pachico os receber vestido de casaca azul, empunhando uma cana com borda de prata, pois estes eram elementos que tinham sido objeto de distinção dos principais no tempo de Mendonça Furtado, no século anterior. Mas o que para os naturalistas era anacronismo, parecia ser para Pachico a materialização, a lembrança do seu acordo com os europeus[10]. Hoje é possível identificar vários requerimentos escritos por lideranças indígenas para a Coroa portuguesa, inclusive solicitando mercês para benefício pessoal[11].

Tamanha a importância dessas negociações e o caráter de espetáculo que vão ganhando com a presença da Corte na América, chegaram a fazer Ana Paula Silva cunhar a expressão "Diplomacia Indígena", o que talvez seja um termo exagerado, mas que ressalta a importância que essas ações tinham nas duas pontas da negociação[12]. Sim, pois se para os indígenas era importante estar diante do soberano português ou, posteriormente, brasileiro também é de se notar que a presença de principais indígenas na Corte muitas vezes era noticiada até nos periódicos do Rio de Janeiro. A considerar a narrativa de Silva, provavelmente a mais difundida dessas passagens foi a de Guido Pockrane, em 1840. Pockrane era um dos líderes dos Botocudos e herdava o nome de Guido Malière, um francês que foi diretor de indígenas na região do Rio Doce e é, em geral, classificado pela historiografia como mais afeito a uma relação amistosa do que conflitiva com os botocudos[13]. Em 1840, Pockrane já era bastante conhecido, uma vez que Malière o via como o indígena ideal, dentro da perspectiva assimilacionista do francês[14]. A passagem de Pockrane no Rio foi noticiada em pelo menos dois jornais, detalhando as exigências que ele fazia e dando publicidade à iniciativa do ministério em atendê-lo, ao menos parcialmente. Além da fama envolta no personagem, Silva também atribui o destaque ao interesse de alguns grupos econômicos em usar a mão de obra indígena no Rio Doce, algo para o qual viam a intermediação de Pockrane como fundamental[15].

10. Johann B. Von. Spix e Karl Friedrich P. Von Martius, *Viagem pelo Brasil, 1817-1820*, vol. III, trad. Lúcia Furquim Lahmeyer, Belo Horizonte/São Paulo, Editora Itatiaia/Edusp, 1981, vol. 3, pp. 207-219.
11. Rafael Ale Rocha, *Os Oficiais Índios na Amazônia Pombalina: Sociedade, Hierarquia e Resistência (1751-1798)*, Dissertação de Mestrado, UFF, 2009.
12. Ana Paula da Silva, *O Rio de Janeiro Continua Índio: Território do Protagonismo e da Diplomacia Indígena no Século XIX*, Tese de Doutorado, Unirio, 2016.
13. John Monteiro, *Tupis, Tapuias e Historiadores: Estudos de História Indígena e Indigenismo,* Tese de livre docência, Unicamp, 2001, cap. 7.
14. Yuko Miki, *Frontiers of Citizenship: A Black and Indigenous History of Postcolonial Brazil*, Nova York, Cambridge University Press, 2018, pp. 86-92.
15. Ana Paula da Silva, *idem*, pp. 239-244.

Em todos esses episódios de negociação é bastante importante ressaltar o uso do passado pelos povos indígenas como um instrumento para assegurar os seus direitos. Isso poderia estar no uso de documentos, no uso de fardamentos ou de outros elementos de distinção dados pelos europeus ou de argumentos que reconstruíam tempos longínquos. Em um dos encontros de povos do Ceará com D. João, Ana Paula Silva identifica documentos nos quais, para reivindicar direitos, esses indígenas contam décadas do seu passado usando os sucessivos diretores como marcos cronológicos[16]. Isso mostra não só a habilidade desses povos em fazer uso da lógica do Antigo Regime – no qual o passado de serviços era fundamental – como também põe em xeque a tese da rejeição dos indígenas à história[17].

Na altura da independência, portanto, não só os europeus tinham muito tempo de experiência ao lidar com os povos indígenas, como o inverso era verdadeiro. Com base nisso, Marcela Echeverri, a exemplo de outros autores, explica, ao menos em parte, a decisão de alguns grupos indígenas em se alinharem aos realistas. Afinal, o alinhamento ao movimento independentista significava trocar um lastro de negociações e compromissos por grupos na América que nem sempre pareciam mais amistosos que a Coroa ou afeitos a honrar os seus compromissos[18].

De toda forma, não havia como as Revoluções Atlânticas não impactarem os povos indígenas, mudando não só as suas perspectivas de negociação como os termos a serem usados. Antes das independências, ainda durante as revoluções constitucionais ibéricas, o mundo espanhol foi diretamente impactado pelos debates constitucionais de Cádiz pois eles se dirigiam diretamente aos indígenas, com intervenções de agentes públicos na América. Exemplo disso, é o registro da passagem de autoridades espanholas no Peru alertando que as eleições deveriam contar com os indígenas e seriam consideradas nulas se isso fosse desrespeitado[19]. Também com impacto direto

---

16. Ana Paula da Silva, *op. cit.*
17. Para uma introdução a esse debate, veja Lilia K. Moritz Schwarcz, "História e Etnologia. Lévi-Strauss e os Embates em Região de Fronteira". *Rev. Antropol.*, vol. 42, n. 1-2, pp. 199-222, 1999, São Paulo.
18. Entre outros, veja de Marcela Echeverri Munoz, *Indian and Slave Royalists in the Age of Revolution: Reform, Revolution, and Royalism in the Northern Andes, 1780–1825*, Nova York, Cambridge University Press, 2016; Mariana Albuquerque Dantas, "Do Discurso Sobre o Desaparecimento à Participação Política de Indígenas na Confederação do Equador (Pernambuco e Alagoas, 1824)", em Fábio Feltrin de Souza e Luisa Tombini Wittmann (orgs.), *Protagonismo Indígena na História*, Tubarão, UFFS, 2016.
19. Spain, "Consejo de Regencia. Real orden (1810-aug. 24), D. Jose Fernando de Abascal y Sousa, caballero del Habito de Santiago: teniente general de los reales exercitos, virey gobernador y capitan general del Perú, superintendente subdelegado de Real Hacienda, presidente de la Real Audiencia de Lima &c. Por quanto de real orden se me comunica lo que sigue (Lima, 1811)". Collection of John Carter Brown Library.

e claramente voltado para os indígenas, é igualmente importante ressaltar a decisão de Cádiz de abolir todo o trabalho forçado de indígenas antes existente na América Hispânica[20]. A decisão não só era importante em si, mas pelo fato de ter ganhado ampla divulgação. No México foi publicada em jornais[21]. No Rio da Prata, a Junta Provisória seguiu esse encaminhamento, publicando a decisão não só em espanhol, mas também nas línguas indígenas guarani, quéchua e aymará[22].

A força de como essas medidas alargavam as expectativas e possibilidades dos indígenas pode ser pensada também na América portuguesa, onde o silêncio das Cortes de Lisboa – que não legislaram sobre os indígenas – não impediu que esses grupos reivindicassem para si direitos que não foram inicialmente pensados para eles e tenham usado o vocábulo liberal para dar fundamento às suas requisições. No Pará, como veremos adiante, os indígenas avilados foram progressivamente reivindicando o seu direito de cidadão e associando essa condição à proibição do uso compulsório da sua mão de obra. É um fenômeno interessante, pois foi exatamente esse o argumento repisado várias vezes na América Hispânica. Muitas vezes as ações contra o trabalho compulsório, no entanto, não se davam como uma negativa frontal, mas como lutas contra agentes ou instituições que a viabilizavam. Um dos melhores exemplos disso foi o pedido de deposição de João Martins, Intendente do Arsenal da Marinha, um dos lugares por excelência do uso do trabalho compulsório dos indígenas. Os operários do Arsenal já se mobilizaram para pedir o afastamento do intendente para a Câmara de Belém, poucos dias depois do Pará declarar seu alinhamento ao movimento constitucional português. Sendo sucessivamente ignorados, os operários – certamente indígenas em sua maioria – mandaram um pedido diretamente às Cortes de Lisboa, onde usaram e abusaram dos vocábulos liberais para dar legitimidade ao seu pedido. Assim, o intendente era um problema por seus abusos contra os trabalhadores, mas isso passa a lhe render o título de "déspota". A forma como conseguiu o cargo é censurada na requisição e atribuída aos vícios do Antigo

---

20. Scarlett O'Phelan Godoy, "Los Diputados Peruanos en las Cortes de Cádiz y el Debate Sobre el Tributo, la Mita y la Ciudadanía Indígena", *Revista de História Iberoamericana*, vol. 5, n. 1, 2012.
21. "Diário oficial 9 October 1810", em Antonio Escobar Ohmstede e Teresa Rojas Rabiela (eds.), *La Presencia del Indígena em la Prensa Capitalina del Siglo XIX*, México, Catálogo de Notícias I, 1992.
22. "Decreto: La Asamblea general sanciona el decreto expedido por la Junta Provisional Gubernativa de estas provincias en 1.o de setiembre de 1811, relativo a la extincion del tributo, y ademas derogada la mita, las encomiendas. Por Provincias Unidas del Río de la Plata. Asamblea General Constituyente (1813-1815); Tomás Antonio Valle, 1757-1830; Juan Hipólito Vieytas, 1762-1815; Bernardo Vélez, 1783-1862". Collection of John Carter Brown Library.

Regime. Por fim, a liberdade dos trabalhadores era diretamente referenciada ao que seria o tempo da liberdade promovido pelo movimento liberal do Porto[23].

Na mesma época, igualmente os referenciais liberais foram largamente utilizados pelos indígenas da Vila de Cimbres, em Pernambuco. Como lembra Mariana Dantas, durante o Vintismo esses indígenas fizeram um movimento para recusar a posse de um novo capitão mor e para isso elaboraram uma requisição onde saltavam as declarações de obediência às Cortes de Lisboa e termos como cidadão e nação. O curioso nesse caso é que serão justamente esses indígenas da Vila de Cimbres que vão ser associados à defesa de D. João VI e do absolutismo em Pernambuco, um assunto bem mais complexo que discutiremos adiante[24].

O que os dois exemplos acima demonstram é que os processos constitucionais ibéricos e as independências nas Américas alargaram os campos de possibilidade de negociação, agregando novos elementos. Mas o importante a perceber, e isto será mais detalhado no próximo item, é que o alinhamento aos diferentes campos estava submetido às próprias lógicas indígenas, aliás, como já era no Antigo Regime. Portanto, não se pode reduzir isso ao alinhamento entre realistas versus independentistas. Ao contrário, isso muitas vezes podia estar acima dos Impérios ou dos países em formação. Vários exemplos são possíveis, mas talvez um dos mais interessantes seja da região fronteiriça onde hoje é o sul do Brasil, Uruguai, Paraguai e Argentina. Se já na segunda metade do século XVIII esta era uma área em que os Impérios Ibéricos lutavam para submeter os povos indígenas à lealdade às respectivas coroas europeias, com a crise do Antigo Regime isso se tornou um campo ainda mais movediço[25].

Exemplo disso são as ações de Pablo Arenguaty, um indivíduo que poderia ser classificado como o que se convencionou chamar de "elite indígena": filho de um principal, Arenguaty não só era escolarizado, como formado pela universidade de Córdoba. Em 1814, ele pede ao governo de Buenos Aires uma série de benefícios e garantias de segurança e para isso descreve a sua lista de serviços prestados naquela década: em uma estonteante narrativa, fica claro que Arenguaty esteve em vários palcos de guerra que formaram várias nações na América, ora lutando contra os portugueses, ora lutando ao lado de Artigas, ora contra ele. Ou seja, os seus interesses e suas perspectivas de luta

---

23. Arquivo Histórico Ultramarino (AHU), ACL, CU 013, caixa 151, doc. 11654 e d. 11.644 (Projeto Resgate).
24. Mariana Albuquerque Dantas, *Dimensões da Participação Política Indígena na Formação do Estado Nacional Brasileiro: Revoltas em Pernambuco e Alagoas (1817-1848)*, Tese de Doutorado, UFF, 2015.
25. Elisa Frühauf Garcia, *As Diversas Formas de Ser Índio: Políticas Indígenas e Políticas Indigenistas no Extremo Sul da América Portuguesa*, Rio de Janeiro, Arquivo Nacional, 2009.

ultrapassavam não só as fronteiras dos Impérios Ibéricos, como iam além dos projetos nacionais que se formavam[26].

A Lógica Indígena nos Alinhamentos do Período da Independência: A Independência e o Atrelamento a Outros Projetos Políticos

O caso de Pablo Arenguaty está longe de ser o único. Entre 1816 e 1817, o lendário André Artigas escreveu uma carta para os povos indígenas das missões que estavam em território português: em resumo, conclamava esses indígenas a deixarem o território português – onde dizia que esses homens eram escravizados – e seguirem com ele para um outro projeto político de nação, no qual os próprios indígenas seriam dirigentes. A correspondência de André Artigas estava longe de ser uma fanfarrice: o próprio André era um indígena e tinha sido nomeado pelo comandante José Artigas – de onde retirava o seu sobrenome – como chefe máximo das missões, posto que nunca um indígena tinha assumido. A partir daí, controlando milhares de indígenas em tropas, André Artigas foi uma peça importante no projeto político da chamada "Liga dos Povos Livres", que por volta de 1815 reunia Entre Rios, Corrientes, Santa Fé, Córdoba e parte das Missões. Perceba-se aí que as missões eram parte constitutiva da federação dos "Povos Livres" e esses indígenas estavam longe de ser um detalhe. Ao contrário, era justamente o grande número de indígenas e de montaria que fazia vários políticos da América – inclusive Carlota Joaquina, no Brasil – inclinarem-se a apoiar, ou ao menos sondar a possibilidade de apoio ao projeto político de José Artigas, tido por muitos como invencível na região Oriental[27].

André Artigas e seus comandados foram autores de ações espetaculares, como a própria ocupação da capital da província de Corrientes. A ocupação da cidade deixou as autoridades brancas em pânico, pois pouco antes uma aldeia indígena tinha sido quase que completamente massacrada para impedir que esses homens dessem auxílio a André Artigas que nesse momento estava em apuros em outra campanha militar. Isso deixa claro o quanto ao menos parte dos indígenas estavam dispostos a apostar no projeto político mais autônomo indicado por André Artigas. Havia, inclusive, ações por

---

26. Karina Moreira Ribeiro da Silva e Melo, *Histórias Indígenas em Contextos de Formação dos Estados Argentino, Brasileiro e Uruguaio: Charruas, Guaranis e Minuanos em Fronteiras Platinas (1801-1818)*, Tese de Doutorado, Unicamp, 2017.
27. *Idem, ibidem*.

parte de André que deixavam clara essa sinalização, como a expulsão de não brancos das missões, ação apoiada por José Artigas[28].

Infelizmente, no material analisado até agora não há como saber a dimensão exata dos indígenas na América portuguesa que decidiram deixar esse território para seguir André Artigas. De todo modo, não há dúvidas de que isso impactou a região e a relação dos indígenas com os projetos Imperiais e nacionais da região. Nessa direção, Elisa Garcia afirma que foi significativa a porção de indígenas que deixaram a América portuguesa para seguir Artigas, sendo que em 1828 uma outra grande imigração de guaranis deixou as missões do que já era o lado brasileiro para seguir Fructuoso Rivera na construção do que seria o Uruguai. Garcia cita, inclusive, o relato de viajantes mostrando o esforço das autoridades do lado português, e depois brasileiro, para impedir esse esvaziamento dos territórios indígenas[29]. Percebe-se, então, que os impactos e as negociações dos povos indígenas estavam para além dos futuros Estados Nacionais e as movimentações desses tempos de guerra os engolfava necessariamente, algumas vezes de formas bastante surpreendentes. Um exemplo disso é que os proprietários de terras da capitania de Rio Grande de São Pedro aproveitaram-se do decreto citado acima, de Guerra Justa aos Botocudos, em 1808, para escravizar índios minuanos que os atacavam na região de fronteira, segundo os portugueses sob orientação de Buenos Aires, por volta de 1812[30]. Mais um exemplo de como discutir os indígenas no contexto dos conflitos da independência é algo que inclui também outras disputas como terra e mão de obra.

Provavelmente o projeto liderado por André Artigas é o exemplo mais evidente de como os impactos para as sociedades indígenas iam para além das fronteiras nacionais e podiam ter um grande grau de autonomia. Em outros casos, as nuances exigem uma maior observação do pesquisador para compreender o papel da lógica indígena nesses episódios.

Veja-se o exemplo da Bahia. Como lembramos a partir de Sérgio Guerra, a imagem consagrada desses fatos, inclusive de maneira muito popular, é que os indígenas estiveram ao lado dos independentistas e em grande número. Foi realmente isso? Estiveram nessas tropas pelo seu desejo ou de forma compulsória pelas elites do Recôncavo? Uma carta escrita por Madeira de Melo em novembro de 1822 descreve um cenário de ampla adesão dos indígenas e coloca isso como um ponto crucial. Como

---

28. Karina Moreira Ribeiro da Silva e Melo, *idem*.
29. Elisa Frühauf Garcia, *As Diversas Formas de Ser Índio: Políticas Indígenas e Políticas Indigenistas no Extremo Sul da América Portuguesa*, Rio de Janeiro, Arquivo Nacional, 2009, pp. 289-320.
30. Karina Moreira Ribeiro da Silva e Melo, *op. cit.*

um termômetro do que estava acontecendo no Recôncavo, Madeira de Melo diz que a "Revolução" se espalhou pelas aldeias e agora os indígenas faziam luta unidos contra os portugueses[31]. É a descrição, portanto, de um movimento massivo e espontâneo. No entanto, os poucos documentos citados pelos historiadores sobre isso – em contraste absoluto com a representação popular dessa participação – costumam atestar a presença dos indígenas em tropas em que eles já estavam tradicionalmente presentes ou a partir de recrutamentos. Talvez a mais citada dessas participações seja aquela que é algumas vezes repetida por Luís Henrique Dias Tavares, quando ele destaca a participação das forças indígenas do Morgado da Torre. Cabe ressaltar, porém, que esta força indígena estava tradicionalmente ligada ao Morgado por ordem da Coroa portuguesa e que, portanto, o alinhamento da sua potestade levava essas tropas em conjunto[32]. Mais recentemente, André de Almeida Rego encontrou documentos indiretos que registram a participação dos indígenas nas guerras de independência em vários pontos da Bahia. Um dos mecanismos como isso se dava é melhor explicado aí: se diz que muitas tropas não chegavam ao número necessário com brancos e daí se completava o restante com indígenas[33]. Infelizmente, Rego não deixa claro se era um recrutamento forçado ou voluntário desses povos. Guerra Filho identificou outro mecanismo: a doação de comida para os voluntários teria sido um fator de atração importante de alguns grupos indígenas naquele contexto, sendo bastante cuidada pelos independentistas. O próprio Guerra Filho questiona se a oferta de mantimentos teria sido importante para essa adesão[34].

De toda forma, essas informações não são o suficiente para compreender as lógicas de aliança dos indígenas nesse contexto. Atribuir tudo simplesmente à órbita de interesses dos brancos, por sua vez, parece insatisfatório. Sobre isso é necessário ressaltar que Labaut – o mercenário francês enviado pelo Rio de Janeiro para comandar as tropas na Bahia – desmobilizou os indígenas do Morgado da Torre, aparentemente no movimento comum que se fez à essa altura na Bahia de afastar das tropas os "indesejados", aqueles que poderiam provocar uma subversão social. Afinal, deve-se lembrar que

---

31. Luis Henrique Dias Tavares, *Independência do Brasil na Bahia* [online], Salvador, EduFBA, 2005. Disponível em SciELO Books <http://books.scielo.org>.
32. *Idem, ibidem.*
33. André de Almeida Rego, *Trajetórias de Vidas Rotas: Terra, Trabalho e Identidade Indígena na Província da Bahia (1822-1862)*, Tese de Doutorado, Universidade Federal da Bahia, 2014, pp. 53-54.
34. Sérgio Armando Diniz Guerra Filho, *O Povo e a Guerra: Participação das Camadas Populares nas Lutas pela Independência no Brasil e na Bahia,* Salvador, UFBA, 2014.

o medo de uma subversão social era crescente na Bahia, a ponto do presidente dizer que expulsão dos portugueses era questão de tempo, mas o que o realmente preocupava era a "desordem" social. Assim como Labaut desmobilizou os indígenas, continuamente elementos mais radicais e, sobretudo os negros e escravos, foram sendo retirados das tropas, à medida que crescia o medo do fantasma do "Partido Negro". Ainda assim, essa retirada não foi o suficiente para evitar a "Revolta dos Periquitos", em 1824, com a morte do Governador de Armas e a manutenção de Salvador durante alguns dias sob o controle das tropas dos ditos "homens de cor"[35].

Pode-se alegar que essa desmobilização é geralmente identificada com relação aos negros e escravos. Mas Sérgio Guerra lembra que a retirada dos indígenas das tropas coincide temporalmente com uma série de conflitos protagonizados por indígenas na vila de Água Fria, o que talvez tenha aumentado a urgência de desmobilização desses homens que já havia sido tentada antes por Labaut. Afinal, não era apenas nas tropas que essa história se desenrolava. O próprio Sérgio Guerra lembra que este foi um período de vários ataques de indígenas não avilados, sobretudo os Aramarizes. Além disso, outros grupos estavam atentos aos acontecimentos e se aproveitavam para roubar gado com documentos falsos pedindo doação para a causa da independência. Como insiste o autor, esses são os indígenas que ficam invisibilizados em todos os dois de julho, pois não se encaixam na imagem do indígena aliado aos independentistas[36].

Este é um ponto para o qual temos mais dificuldade de mapear: se avançamos muito na compreensão das lógicas indígenas para os alinhamentos no período da independência daqueles que estavam avilados, sem dúvida nos resta mais pontos de interrogação para aqueles que tinham um contato mais tênue com a sociedade envolvente. A despeito disso, parece evidente que o momento de luta entre facções dos homens não indígenas e a atmosfera revolucionária, permitiu que alguns grupos indígenas tentassem ações mais ousadas. Talvez um dos exemplos mais fascinantes seja a tentativa de cerco da Vila de Vitória pelos Botocudos em 1824. Esse grupo indígena vinha sofrendo as ações de Guerra Justa desde 1808 e isto não estava restrito apenas ao extermínio

---

35. Hendrik Kraay, *Política Racial, Estado e Forças Armadas na Época da Independência na Bahia, 1790-1850*, São Paulo, Hucitec, 2011; João José Reis, "O Jogo Duro do Dois de Julho: O "Partido Negro" na Independência da Bahia", em João José Reis e Eduardo Silva, *Negociação e Conflito: A Resistência Negra no Brasil Escravista*, São Paulo, Companhia das Letras, 1989; Ubiratan Castro de Araujo, "A Política dos Homens de Cor no Tempo de Independência", *Clio Série História do Nordeste*, vol. 1, n. 19, 2001; Sérgio Armando Diniz Guerra Filho, *O Povo e a Guerra: Participação das Camadas Populares nas Lutas pela Independência no Brasil e na Bahia*, Salvador, UFBA, 2014.

36. Idem.

e a tomada de terras. Ao contrário, os botocudos vinham sendo usados como trabalhadores de modo recorrente, até porque a lei de guerra justa permitia a escravização. Não por acaso, Marco Morel lembra que é justamente em Vitória que os proprietários vão reivindicar que esses indígenas fossem distribuídos pelas propriedades privadas, o que foi negado pelo governo, mas aparentemente continuou sendo ação corrente. A tentativa de cerco de Vitória foi uma ação militar dos indígenas articulada entre várias aldeias e só não teve maior consequências pela antecipação das tropas brasileiras[37]. De toda forma, acontece em um momento de intensa reivindicação social, com a revolta dos Periquitos na Bahia, a Confederação do Equador e as incertezas sobre o destino de outras províncias como Maranhão e Pará.

No Ceará é possível encontrar posicionamentos muito diversos dos indígenas em relação a independência. João Costa mostra que muitos Diretores de Índios foram acionados para fornecer soldados para os independentistas, o que de fato aconteceu. Outras situações fugiram bastante do controle dos brancos e deixaram evidente que os alinhamentos dos indígenas tinham razões mais profundas do que a criação do Brasil ou manter-se unido a Portugal. Nesse sentido, Costa detalha uma denúncia, não de todo comprovada, de que o capitão Antonio José de Vasconcelos teria espalhado o boato de que as Cortes de Lisboa pretendiam escravizar os indígenas. Apesar de não se ter certeza da veracidade da denúncia, o fato é que aconteceu um levante de indígenas em Maranguape que irá durar mais de um ano. Costa vê aí, na anteposição às Cortes, mais um episódio em que os indígenas se inclinam a ficar do lado do monarca, em sua interpretação para manter as mercês já negociadas. Além disso, Costa dá vários exemplos de como os indígenas desconfiavam das intenções dos liberais, sempre mais perto da ambição pelas terras. Por outro lado, a lógica indígena não era a mesma dos ocidentais: o mesmo movimento de repulsa às Cortes, gerou a ampliação de um discurso anti-lusitano[38].

Sobre os movimentos indígenas em Pernambuco e arredores há uma interessante tradição historiográfica que vem mapeando os alinhamentos desses povos nos vários pontos de ruptura dessa região de 1817 a 1848. Nesse caso, não foi incomum que os indígenas mudassem de aliados a depender de circunstâncias bem específicas, deixando mais uma vez claro que a sua lógica não era a mesma dos não indígenas[39]. Na repressão

---

37. Marco Morel, *A Saga dos Botocudos: Guerra, Imagens e Resistência Indígena*, São Paulo, Hucitec, 2018, pp. 191-197.
38. João Paulo Peixoto Costa, *Na Lei e na Guerra: Políticas Indígenas e Indigenistas no Ceará (1789-1845)*, Tese de Doutorado, Unicamp, 2016.
39. Mariana Albuquerque Dantas, *Dimensões da Participação Política Indígena na Formação do Estado Nacional Brasileiro: Revoltas em Pernambuco e Alagoas (1817-1848)*, Tese de Doutorado, UFF, 2015; Marcus J. M. Carvalho, "Os Índios

à Confederação do Equador, por exemplo, há uma participação destacada de indígenas de Jacuípe e de Barreiros, responsável por batalhas decisivas. Qual a razão desses indígenas lutarem contra os confederados? A aposta de Mariana Dantas vai na linha já apontada por alguns autores: para ela, a figura da monarquia – ainda que D. Pedro I em vez de D. João VI – parecia uma garantia de direitos dentro da lógica das mercês pelos serviços prestados[40].

No entanto, o caso mais estudado e talvez mais esclarecido seja o dos indígenas da vila de Cimbres. Eles são famosos justamente por serem conhecidos como radicais absolutistas e ferrenhos defensores de D. João VI contra os independentistas. Na verdade, a história não foi bem assim. Como citado anteriormente, Mariana Dantas mostra que um dos pontos de descontentamento foi a escolha do novo Capitão Mor, em 1822, e nessa época os indígenas fizeram apelos pela mudança dessa decisão, usando e abusando de termos liberais e declarando fidelidade às Cortes. O ponto de ruptura, no entanto, aconteceria mais ou menos na mesma época: sob o comando dos liberais, a Câmara decide pela extinção do aldeamento. Os indígenas passam, então, a identificar os liberais – e o constitucionalismo por consequência – como seus inimigos e se associam a opositores da mudança do sistema. Dessa forma, são identificados como ameaça – diziam ser seiscentos arcos a disposição dos absolutistas – e reprimidos. A "fidelidade" ao absolutismo, no entanto, teve pernas curtas. Mariana Dantas identificou que já em 1824 romperam com Serqueira – um poderoso local adversário dos liberais – porque este começou a recrutar os indígenas de maneira forçada[41]. Essa dança das cadeiras dos indígenas de Cimbres mostra como podem ser precipitadas as análises sobre as lógicas indígenas que deem uma resposta mais geral sobre os seus alinhamentos – se aos realistas ou aos independentistas. Muitas vezes as razões poderiam ser bastante específicas.

e o Ciclo das Insurreições Liberais em Pernambuco (1817-1848): Ideologias e Resistencia", em Luiz Sávio Almeida e Marcos Galindo (orgs.), *Índios do Nordeste: Temas e Problemas*, 1. ed., Maceió, EDUFAL, 2002, vol. 3, pp. 67-128.

40. Mariana Albuquerque Dantas, "Do Discurso Sobre o Desaparecimento à Participação Política de Indígenas na Confederação do Equador (Pernambuco e Alagoas, 1824)", em Fábio Feltrin de Souza e Luisa Tombini Wittmann (orgs.), *Protagonismo Indígena na História*, Tubarão, UFFS, 2016.

41. Mariana Albuquerque Dantas, *Dimensões da Participação Política Indígena na Formação do Estado Nacional Brasileiro: Revoltas em Pernambuco e Alagoas (1817-1848)*, Tese de Doutorado, UFF, 2015; Marcus J. M. Carvalho, "Os Índios e o Ciclo das Insurreições Liberais em Pernambuco (1817-1848): Ideologias e Resistencia", em Luiz Sávio Almeida e Marcos Galindo (orgs.), *Índios do Nordeste: Temas e Problemas*, 1. ed., Maceió, Ed. UFAL, 2002, vol. 3, pp. 67-128.

Para Fazer Vencer a "Verdadeira Causa da Independência" no Pará

Um dos aspectos mais controversos quando se discute os povos indígenas e a formação dos Estados Nacionais na América gira em torno dos direitos de cidadão desse grupo neste novo contexto histórico[42]. No Império do Brasil, de modo geral, tem se ressaltado a exclusão desse direito nos projetos constitucionais de 1823 e na carta outorgada de 1824[43]. Mais recentemente essa exclusão tem sido relativizada, argumentando-se que não se aplicava aos indígenas que já viviam na sociedade envolvente, ainda que com a consequência destes serem vistos genericamente como "brasileiros", numa extensão da política assimilacionista do Império[44]. Uma terceira linha, ecoando debates internacionais, sobretudo mexicanos, vai defender que a condição de cidadão foi imposta aos indígenas pelos novos Estados Nacionais. Nesta linha de raciocínio, esta ação representou um enorme prejuízo para estes povos já que lhes retirava direitos específicos que garantiam, por exemplo, a posse de terras comunais e ainda os obrigava a pagar novos tributos[45].

Este é mais um aspecto que torna tão fascinante a participação dos povos indígenas da antiga província do Grão-Pará nos conflitos entre a crise final do Antigo Regime Português e a Independência do Brasil. Além do grande número de indígenas envolvidos e da dimensão dos conflitos, é possível perceber aí com grande nitidez o papel das lógicas indígenas no alinhamento desses povos nos conflitos. Nesse contexto, o eixo norteador não esteve no alinhamento aos defensores da união com Portugal ou necessariamente aos independentistas: ao contrário, percebe-se que a todo momento as ações desses povos

---

42. Vou preferir usar nesse texto o termo "direitos do cidadão", já que como outros autores demonstraram o termo cidadania é anacrônico para o período. Para uma síntese sobre esse debate, veja Vantuil de Pereira, *Ao Soberano Congresso: Direitos do Cidadão na Formação do Estado Imperial Brasileiro (1822-31)*, São Paulo, Alameda, 2010.
43. Fernanda Sposito, *Nem Cidadãos Nem Brasileiros: Indígenas na Formação do Estado Nacional Brasileiro e Conflitos na Província de São Paulo (1822-1845)*, São Paulo, Alameda, 2012.
44. André Roberto de A. Machado, "O Trabalho Indígena no Brasil Durante a Primeira Metade do Século XIX: Um Labirinto para os Historiadores", em Henrique Antonio Ré, Laurent Azevedo Marques de Saes e Gustavo Velloso (orgs.), *História e Historiografia do Trabalho Escravo no Brasil: Novas Perspectivas*, 1. ed., São Paulo, Publicações BBM/Alameda, 2020, vol. 1, pp. 1-20.
45. Vânia Maria Losada Moreira, "Deslegitimação das Diferenças Étnicas, 'Cidanização' e Desamortização das Terras de Índios: Notas Sobre Liberalismo, Indigenismo e Leis Agrárias no México e no Brasil na Década de 1850", *Revista Mundos do Trabalho*, vol. 4, 2012. Para um panorama desse debate internacional, veja Ingrid de Jong e Antonio Escobar Ohmstede (orgs.), *Las Poblaciones Indígenas en la Conformación de las Naciones y los Estados en la América Latina Decimonónica*, Ciudad de México, El Colégio de México, CIESAS, Zamora, Michoacán, El Colégio de Michoacán, 2016, "Apresentação".

estão no sentido de reivindicar para si alguns direitos de cidadão que claramente não tinham sido pensados para eles pelas Cortes de Lisboa ou entrar em luta por seus direitos que supostamente seriam garantidos se vencesse a "verdadeira causa da independência" e não a solução de Estado conservador que eles viram se consolidar com a adesão ao Rio de Janeiro. Ainda mais interessante é que o desejo de ter direitos de cidadão vem de uma leitura dos indígenas dessa realidade: acreditava-se que seus direitos os livrariam do trabalho compulsório, exatamente um dos argumentos usados nas Cortes de Cádiz para eliminar os tributos indígenas, como a mita. O trabalho compulsório dos indígenas é, claramente, um dos grandes motores da guerra da independência no Pará.

Nesta região, no começo do século XIX, já era notável a participação de escravos africanos e seus descendentes na composição da mão de obra da província, algo que ganhou força desde as reformas pombalinas[46]. No entanto, ao contrário do que ocorreu no Maranhão no mesmo período, lugar em que a rica cultura do algodão tornou a escravidão africana a mão de obra predominante, no Pará apesar do aumento da importância da escravidão negra, ela jamais conseguiu suplantar o predomínio do uso compulsório da mão de obra indígena. Na verdade, nunca se operou a imagem vislumbrada por Alencastro em que quase simultaneamente, em 1755, a coroa portuguesa fechava a "torneira" da mão de obra indígena e oferecia a entrada de escravos africanos, uma vez que a pressão dos moradores locais condicionou a liberdade indígena a coexistência com mecanismos que obrigariam os mesmos a trabalharem[47]. O Diretório Indígena foi, antes de tudo, um poderoso instrumento de regulação da mão de obra[48]. Este objetivo conviveu muito bem com a máxima do Estado Português de transformar os indígenas em portugueses, como forma de garantir a posse de um imenso território no norte da América pelas regras do tratado de Madrid[49]. Obviamente, o Estado português não conseguiu transformar os indígenas em portugueses, mas criou um grupo social extremamente heterogêneo, no qual poderia se encontrar uma massa de despossuídos, mas também negociantes, juízes, vereadores, soldados e oficiais do exército e até proprietários de escravos[50].

---

46. José Maia Bezerra Neto, *Escravidão Negra no Grão-Pará (Séculos XVII-XIX)*, Belém, Paka-tatu, 2012.
47. Mauro Cezar Coelho, *Do Sertão Para o Mar: Um Estudo Sobre a Experiência Portuguesa na América, a Partir da Colônia: O Caso do Diretório dos Índios (1750-1798)*, Tese de Doutorado, Universidade de São Paulo, 2005.
48. Patrícia Maria de Melo Sampaio, *Espelhos Partidos: Etnia, Legislação e Desigualdade na Colônia*, Manaus, EdUA, 2012.
49. Ângela Domingues, *Quando os Índios Eram Vassalos: Colonização e Relações de Poder no Norte do Brasil na Segunda Metade do Século XVIII*, Lisboa, Comissão Nacional Para as Comemorações dos Descobrimentos Portugueses, 2000.
50. André Roberto de A. Machado, "O Trabalho Indígena no Brasil Durante a Primeira Metade do Século XIX: Um Labirinto para os Historiadores", em Henrique Antonio Ré, Laurent Azevedo Marques de Saes e Gustavo Velloso

Era justamente sobre esse grupo de "indígenas avilados" que recaíam os dispositivos da Carta Régia de 1798, que retirava a tutela sobre os indígenas que existia no Diretório, mas mantinha um sofisticado e amplo sistema de trabalho compulsório: por meio desta lei todos os indígenas avilados deveriam ser alistados em uma milícia especial, a de ligeiros. Todos os alistados na Milícia de Ligeiros que não pudessem provar uma ocupação regular, mesmo se tratando de homens livres, eram obrigados a trabalhar para o Estado ou até mesmo para particulares. A Carta Régia de 1798, a exemplo de suas similares anteriores e posteriores, justificava o trabalho compulsório pela necessidade de evitar uma suposta tendência ao ócio dos indígenas. A lei determinava que recebessem salários como qualquer outro homem livre e estipulava tempos máximos que poderiam servir. O que eles não tinham era a possibilidade de recusar esse trabalho[51].

É justamente a partir do Vintismo que os indígenas vão se valer da interpretação de que tinham direitos de cidadão e por isso não podiam ser obrigados ao trabalho compulsório. Do outro lado, o recrutamento para o trabalho torna-se nesse mesmo período ainda mais duro, quando o governador de Armas, o brigadeiro José Maria de Moura, reivindica para os oficiais das milícias de ligeiros o papel de controlar o ingresso nessa força. Progressivamente, várias isenções a esse trabalho são ignoradas, o controle das vilas e das lideranças indígenas é atropelado e o recrutamento cada vez mais se aproxima de uma caçada[52].

Se o recrutamento se torna mais duro, do outro lado é evidente que os indígenas interpretam as novidades históricas a seu favor. O mesmo brigadeiro José Maria de Moura está no centro de uma ação que revela isso muito bem: em 6 de julho de 1822, o brigadeiro escrevia para Lisboa dizendo que não cumpriria a decisão das Cortes que tinham proibido o recrutamento para as milícias. Nas palavras de Moura, as Cortes tinham pensado na situação europeia para essa decisão, onde se liberaria mais braços para agricultura, e ignorado que no Pará a não possibilidade de recrutamento para as milícias – no caso, a Milícia de Ligeiros – acabaria com a agricultura porque ela depen-

---

(orgs.), *História e Historiografia do Trabalho Escravo no Brasil: Novas Perspectivas*, 1 ed., São Paulo, Publicações BBM/Alameda, 2020, vol. 1, pp. 1-20.

51. André Roberto de A. Machado, *A Quebra da Mola Real das Sociedades: A Crise Política do Antigo Regime Português na Província do Grão-Pará (1821-25)*, São Paulo, Hucitec, Fapesp, 2010.
52. André Roberto de A. Machado, "O Eclipse do Principal: Apontamentos Sobre as Mudanças de Hierarquias Entre os Indígenas do Grão-Pará e os Impactos no Controle da Sua Mão de Obra (Décadas de 1820 e 1830)", *Topoi, Revista de História*, vol. 18, pp. 166-195, 2017.

dia dos indígenas e sem serem forçados eles não iriam. Ainda mais interessante é o fato de que a ação do Governador de Armas era uma reação a um cenário que já começava a sair do controle: diz ele que os indígenas já estavam reivindicando para si o direito a não serem recrutados para as milícias, tal como definira as Cortes de Lisboa, o que teria como consequência o fim do trabalho compulsório[53].

Como os indígenas tiveram conhecimento dessa decisão? Essa é uma resposta difícil de precisar, mas muito provavelmente isso se deu porque foi noticiada em 22 de maio no Jornal *O Paraense*[54]. Isso demonstra, aliás, como o debate público ganhava lugares para além do que se entendia, então, como sociedade política. Esse parece ser o mesmo mecanismo para outra ação dos indígenas que foi surpreendente: ainda no final de 1822 foi cantada aos quatro ventos o direito dos cidadãos de não serem presos sem culpa formada porque esta foi a base da defesa dos editores do Jornal *O Paraense* depois de serem presos a mando do governador de armas, personagem que vivia sendo criticado no periódico. Alguns meses depois, uma carta do interior deixava claro que os indígenas interpretaram esse direito como uma garantia deles contra o trabalho compulsório: em fevereiro de 1823, o juiz ordinário de Vila Nova Del Rey dizia que os indígenas gritavam para ele o seu direito de não ser preso sem culpa formada, o que segundo o juiz lhe impedia que conseguisse recrutar essa mão de obra. O que uma questão tinha ligação com a outra? O fato de que costumeiramente os indígenas eram detidos em troncos e até em prisões a espera que o recrutador conseguisse alcançar o número de trabalhadores necessários. A inteligência da reivindicação desse direito por parte dos indígenas fica expressa no fato do juiz confessar se sentir de mãos amarradas para recrutar os trabalhadores[55].

Quando o Pará passou a se subordinar ao governo do Rio de Janeiro, em agosto de 1823, a província não se pacificou. Ao contrário: é depois desse episódio que os conflitos armados se tornam ainda maiores. Como já defendi em outros textos, a razão para isso era que os paraenses não tinham uma exata clareza sobre ao que estavam realmente se alinhando, para além da figura de D. Pedro I. O modelo do Estado que estava sendo erguido era absolutamente ignorado, o que fez com que durante algum tempo os diferentes grupos "inventassem" o que seria o significado da "verdadeira independência": para uns a vitória de um projeto conservador, enquanto outros vislumbravam a revolução.

---

53. Arquivo Histórico Ultramarino de Lisboa (AHU), ACL, CU 013, Caixa 155, doc. 11.874 (Projeto Resgate), 06 jul. 1822.
54. Arquivo Histórico Ultramarino de Lisboa (AHU), ACL, CU 013, Caixa 155, doc. 11.875 (Projeto Resgate), edição de 22 maio 1822.
55. Arquivo Público do Pará (APEP), Códice 748, doc. 33.

Em relação ao trabalho compulsório dos indígenas, um dos pontos nevrálgicos da província, era replicado o conflito principal: para uns, o desligamento de Portugal terminava com as determinações das Cortes de Lisboa que restringiram o trabalho compulsório. Era um jogo zerado. No entanto, para os indígenas – como para a maior parte dos homens no período – a Independência remetia a ideia de revolução[56].

Não tardou muito para que essa ideia divergente sobre o estado das coisas terminasse em conflitos: em outubro de 1823, após um levante de soldados e a repressão do mercenário inglês Grenfell, que terminou com mais de 250 mortos no porão de um navio, muitos soldados passaram a desertar do exército e de outras forças. Concentrando-se inicialmente em Cametá – a vila mais importante da província após a cidade de Belém – esses desertores foram caminhando rumo a Santarém. A cada novo rio, a cada nova vila, as forças que seriam as responsáveis pela repressão aos ditos "facciosos" geralmente acabavam por engrossar as suas fileiras. A principal razão para isso, provavelmente, estava no fato de que a origem social e étnica dos dois lados era muito semelhante. Entre outras coisas, é de se destacar uma grande presença indígena em toda a estrutura das forças armadas no Pará, algo já bastante discutido na historiografia[57]. Entre os contemporâneos, isso também era notório, a ponto do Barão de Bagé, um dos primeiros presidentes desta província, resumir que o soldado paraense era um índio meio selvagem[58]. Somava-se a isso o fato de que depois da independência aumentavam dia a dia as irregularidades para obrigar os indígenas a trabalharem e os conflitos entre proprietários entre si e com o Estado para controlar esses homens chegava a um nível perigoso a ponto do Bispo de Óbidos declarar, em 1825, que o "artigo índio" era a "pedra de escândalo" da província. Não parece ser por acaso que justamente nos lugares em que vem as denúncias de maiores conflitos pelos indígenas é que também se encontram os combates daquele tempo. A maior pressão por esses trabalhadores frustrava a perspectiva de maior liberdade que vinha crescendo desde as mudanças do tempo das Cortes de Lisboa e transformava a província em um barril de pólvora.

---

56. André Roberto de A. Machado, *A Quebra da Mola Real das Sociedades: A Crise Política do Antigo Regime Português na Província do Grão-Pará (1821-1825)*, São Paulo, Hucitec, Fapesp, 2010.
57. Shirley Maria Silva Nogueira, *Razões para Desertar: Institucionalização do Exército no Estado do Grão-Pará no Último Quartel do Século XVIII*, Dissertação de Mestrado, NAEA/UFPA, 2000. Cit. David Cleary, "Lost Altogether to the Civilised World: Race and Cabanagem in Northern Brazil, 1750 to 1850", *Comparative Studies in Society and History*, 1998, pp. 113-121.
58. APEP – Códice 869 – Correspondência do Governo com a Corte (1828-1830), d. 37.

Entre o final de 1823 e quase todo o ano de 1824, os rebeldes controlaram ou atacaram as vilas entre a região de Belém e Santarém, causando também grande dificuldade para o comércio ou qualquer tentativa de repressão em razão do bloqueio de muitos rios. As cartas vindas do Governo de Belém mostram o tamanho da rebelião: para o interior, o governo saudava as iniciativas de montar forças armadas locais, mas deixava claro que não poderia auxiliar no combate aos facciosos[59]. Para o Rio de Janeiro, o governo de Belém pedia repetidamente o envio de tropas e insistia em dizer que a província estava a um passo de ser perdida para sempre[60]. As autoridades do interior em diversos momentos descreveram o que estava acontecendo como uma guerra de raças, com o objetivo de exterminar todos os brancos. Mas do interior vinham também o relato de que os rebeldes entravam nas vilas aos gritos de que queriam fazer vencer a "verdadeira causa da independência"[61].

Mas como dimensionar a participação dos indígenas nessas rebeldias? Infelizmente não é possível precisar números, mas o protagonismo dos "índios avilados" nesses conflitos parece tão mais evidente quanto são melhor descritos os rebeldes. Em Bragança, no final de 1823, denunciou-se um cabo do exército, classificado como "tapuio", que disse planejar repetir na vila a rebeldia da capital com os arcos e flechas que dispunha[62]. Em 1823, quando se supunha que tropas de repressão se aproximavam de Cametá, um dos epicentros da revolta, alguns homens publicaram o seu desprezo aos rebeldes em alta voz. Com despeito, um indivíduo identificado com Agostinho dissera que queria ver agora "aparecerem os tapuios e suas flechas". Outro identificado como Antonio José Alves saiu pela rua com espada desembainhada à procura dos "inimigos tapuios" que iria ensinar[63]. Em Monte Alegre e Alenquer, uma das lideranças era identificada como um "tapuio desertor", seguido por vários indígenas, alguns vaqueiros e alguns homens que, segundo o denunciante, foram libertos por esse líder[64]. Mesmo nos pouco nomes das lideranças que chegaram até nós há referências a origens indígenas, como o dito "Tupinambá Baia"[65]. Por fim, o protagonismo dos "indígenas avilados" na revolta tam-

---

59. APEP, Códice 794, doc. 65.
60. João de Palma Muniz, "Grenfell na História do Pará (1823-1824)", em *Annaes da Biblioteca e Archivo Público do Pará*, tomo 10, Belém, Oficinas Graphicas do Instituto Lauro Sodré, 1926, p. 222.
61. André Roberto de A. Machado, *A Quebra da Mola Real das Sociedades: A Crise Política do Antigo Regime Português na Província do Grão-Pará (1821-1825)*, São Paulo, Hucitec, Fapesp, 2010.
62. APEP, Códice 696, doc. 130.
63. APEP, Códice 750, doc. 132.
64. APEP, Códice 789, doc. 31.
65. APEP, Códice 786, doc. 69.

bém fica evidente em uma ação da Vila de Melgaço: de lá vem uma carta em meados de 1824, na qual se dizia que o Senado estava composto àquela altura por "índios rústicos e de nenhum conhecimento" que tinham sido empossados pelos rebeldes que punham a província de pernas para o ar. A tomada do poder da vila pelos indígenas como uma ação dos rebeldes, mostra não só o protagonismo dos "indígenas avilados", mas também o caráter político da revolta.

Apesar da grande dimensão dos conflitos, a partir de 1824 a repressão aos rebeldes se organizou melhor e os facciosos foram sendo enfraquecidos até serem derrotados ainda neste ano. Apesar disso, os conflitos em torno da mão de obra indígena continuaram sendo o principal ponto de tensão na província nas próximas décadas. Diga-se, de passagem, que o trabalho compulsório dos indígenas não irá se constituir apenas como uma herança colonial: a exemplo de situações similares em outros pontos da América, será também uma reinvenção garantida pelas novas instituições do Estado Nacional emergente.

Considerações Finais

Apesar das situações aqui descritas serem muito diversas, parece claro que não há como pensar a participação dos indígenas nas guerras de independência do Brasil sem considerar a sua própria lógica. De um lado, isso significa que as motivações, na maior parte das vezes, iam além de um simples alinhamento aos que queriam manter os laços com Portugal ou aqueles que pretendiam a ruptura. Por outro lado, também é um equívoco ver nessas participações uma simples continuidade das lutas perenes em torno da terra e do trabalho.

A contrário disso, espero que este texto tenha deixado claro como as revoluções Atlânticas impactaram, sim, os povos indígenas que interpretaram as novidades políticas nos seus próprios termos e fizeram cálculos políticos de quais ações poderiam resultar em ganhos ou perdas para as suas comunidades.

CAPÍTULO XIX

Tráfico de Escravos, Africanos Livres e Trabalho Compulsório ou os Silêncios na História da Independência

BEATRIZ G. MAMIGONIAN[1]

Ao abordar o tema da independência, os anos agitados da emancipação política, e, depois, os da construção do Estado imperial, nós, historiadores e historiadoras lidamos, de antemão, com um enquadramento que orienta e restringe a nossa perspectiva. Esse enquadramento é resultante e ao mesmo tempo produtor de silêncios. Tal constatação se inspira nas reflexões de Michel-Rolph Trouillot acerca da produção do silêncio sobre o Haiti na história contemporânea. O autor reflete sobre a escrita da história apontando para os jogos de poder que influenciam todas as etapas do processo:

> Silêncios ingressam no processo de produção histórica em quatro momentos cruciais: no momento da criação do fato (na elaboração das fontes); no momento da composição do fato (na elaboração dos arquivos); no momento da recuperação do fato (na elaboração das narrativas); e no momento da significância retroativa (na elaboração da história em última instância)[2].

Ao perguntar-se o porquê da Revolução Haitiana não constar da narrativa da história ocidental contemporânea, nem sequer na síntese do historiador de esquerda Eric Hobsbawm, *A Era das Revoluções*, Trouillot volta à reação dos contemporâneos às notícias vindas do Haiti no calor dos acontecimentos e sugere que os desdobramentos da revolução eram da ordem do inconcebível. Um tal desafio à ordem das coisas, uma

---

1. A autora agradece a Adriana Barreto de Souza, Antonio Luigi Negro e Antonia Márcia Nogueira Pedroza pela leitura crítica; e a Carlos da Silva Jr. pelo compartilhamento de pesquisa inédita, guardando a responsabilidade pelas escolhas. Essa pesquisa contou com apoio do CNPq por meio de bolsa de produtividade.
2. Michel-Rolph Trouillot, *Silenciando o Passado: Poder e a Produção da História*, trad. Sebastião Nascimento, Curitiba, Huya, 2016, p. 57.

revolta em que pessoas africanas escravizadas derrotam exércitos colonizadores, emancipam-se da escravidão e formam uma república autônoma era impensável, algo sem precedentes para os europeus. O lugar dos negros seria o da base da escala civilizatória. Por isso, para Trouillot, o significado da revolução haitiana não teria sido vocalizado pelos contemporâneos com a dimensão que na realidade teve, de desafio à ordem ocidental calcada no colonialismo, na escravidão e no racismo. Pelo mesmo motivo, tal evento de tantas consequências teria ficado à margem da narrativa da história ocidental até há pouco. Não se trataria de algo planejado:

> Um silenciamento eficaz não requer uma conspiração, nem mesmo um consenso político. Suas raízes são estruturais. A despeito de uma destacada – e quase sempre sincera – generosidade política, mais bem descrita em termos de uma continuidade progressista, as estruturas narrativas da historiografia ocidental não chegaram a romper com a ordem ontológica da Renascença. Esse exercício de poder é muito mais importante do que a pretensa postura liberal ou conservadora dos historiadores envolvidos[3].

Um enquadramento análogo marca a escrita da História do Brasil, desde aquela formulada nos Institutos Históricos e Geográficos. Pautada pela história da colonização portuguesa e da "civilização" nos trópicos, essa história só reconhece protagonismo nos europeus e trata os "outros", indígenas e africanos, ora como inimigos ora como coadjuvantes, ou "afluentes"[4].

A historiografia retrata o período da independência e os anos seguintes pelo ângulo da estruturação do Estado e das instituições, um tempo marcado pela disputa por projetos de país, em geral seguindo os passos e as ações dos grandes personagens. Muitos autores e autoras debruçaram-se sobre as negociações nos gabinetes, tomando por base documentos produzidos por atores de origem europeia (que eram ou agiam como brancos), que desprezavam e morriam de medo do povo, e mais ainda dos africanos escravizados ou dos indígenas ditos "selvagens". O silenciamento dos "outros" na produção das fontes e na organização dos arquivos marcou a formulação da narrativa que

---

3. Michel-Rolph Trouillot, *Silenciando o Passado: Poder e a Produção da História*, trad. de Sebastião Nascimento, Curitiba, Huya, 2016, p. 172.
4. Von Martius tratou as contribuições indígenas e africanas como afluentes da maior, portuguesa, ver Karl Friederich Phillipe von Martius, "Como Se Deve escrever a História do Brasil", *Revista do Instituto Histórico e Geográfico Brasileiro*, vol. 6, n. 24, pp. 381-403, 1845; Sobre o enquadramento dado aos "outros" da nação, ver Manoel Luis Salgado Guimarães, "Nação e Civilização nos Trópicos: O Instituto Histórico e Geográfico Brasileiro e o Projeto de Uma História Nacional", *Estudos Históricos*, n. 1, pp. 5-27, 1988, Rio de Janeiro; e ainda, Kaori Kodoma, *Os Índios no Império do Brasil: A Etnografia do IHGB Entre as Décadas de 1840 e 1860*, São Paulo/Rio de Janeiro, Edusp/Ed. Fiocruz, 2009.

nos serve de base. Mas muitos fragmentos dessa presença vêm sendo recuperados. Nas últimas décadas pesquisadores da história social, relendo a contrapelo as fontes, vêm desafiando tal narrativa corrente. Ainda assim, como denunciou Trouillot, a ordem ontológica da era moderna, que distinguia e hierarquizava os povos, nunca foi descartada. A historiografia permanece eurocêntrica. Por isso, o agir político dos indivíduos categorizados como não-brancos, que era desqualificado pelos contemporâneos, continua marginalizado na história da construção do Estado nacional[5]. O enquadramento da história, retratando o progresso da civilização (europeia) ocidental persiste apesar da perspectiva crítica da historiografia acadêmica/universitária mais recente e, dessa forma, continua produzindo silêncios para os quais deveríamos nos atentar.

Neste texto o foco recai sobre dois silêncios articulados: o da manutenção do tráfico ilegal e o da extensão do trabalho compulsório na história do Brasil independente. Essa extensão, pode-se dizer que atingiu todas as dimensões: foi geográfica, temporal e abarcou uma variedade de experiências. A omissão do contrabando, a consequente anistia daqueles que se beneficiaram do trabalho de africanos ilegalmente escravizados (e de seus descendentes), e ainda o tratamento superficial do trabalho compulsório demonstram o quanto nossa historiografia sofre da aderência aos enquadramentos narrativos dados pelos historiadores do século XIX e do início do XX, implicados na defesa de uma ordem social e econômica excludente. Tais escolhas têm repercussão ampla e vão muito além dos debates intelectuais: elas normalizam a violação de direitos individuais, trabalhistas e humanos.

---

5. Esse silêncio foi abordado por Norberto Ferreras e María Verónica Secreto, "A Plebe nas Guerras das Independências", em *Os Pobres e a Política: História e Movimentos Sociais na América Latina*, Rio de Janeiro, Mauad/Faperj, 2013, pp. 15-39. Ver também, entre outros, João José Reis, "O jogo Duro do Dois de Julho: O 'Partido Negro' na Independência da Bahia", em João J. Reis e Eduardo Silva, *Negociação e Conflito: Resistência Negra no Brasil Escravista*, São Paulo, Companhia das Letras, 1989, pp. 79-98; Hendrik Kraay, *Race, State, and Armed Forces in Independence-Era Brazil* (Bahia, 1790s-1840s), Stanford, Stanford University Press, 2001; Hendrik Kraay, "Muralhas da Independência e Liberdade do Brasil: A Participação Popular nas Lutas Políticas (Bahia, 1820-1825)", em Jurandir Malerba (org.), *A Independência Brasileira: Novas Dimensões*, Rio de Janeiro, Ed. FGV, 2006, pp. 303-341; Luiz Geraldo Silva, "Negros Patriotas. Raça e Identidade Social na Formação do Estado Nação (Pernambuco, 1770-1830)", em István Jancsó (org.), *Brasil: Formação do Estado e da Nação*, São Paulo/ Ijuí, Hucitec/Unijuí, 2003, pp. 497-520; Luiz Geraldo Silva, "O Avesso da Independência: Pernambuco (1817-1824)", em Jurandir Malerba (org.), *A Independência Brasileira: Novas Dimensões*, Rio de Janeiro, Ed. FGV, 2006, pp. 343-384; André Roberto de Arruda Machado, *A Quebra da Mola Real das Sociedades: A Crise Política do Antigo Regime Português na Província do Grão-Pará (1821-1825)*, Tese de Doutorado em História Social – FFLCH-USP, São Paulo, 2006; Mariana Albuquerque Dantas, *Dimensões da Participação Política Indígena: Estado Nacional e Revoltas em Pernambuco e Alagoas, 1817-1848*, Rio de Janeiro, Arquivo Nacional, 2018.

A Proibição do Tráfico Atlântico

Nos anos movimentados da história da emancipação política, o Brasil vivia o drama da interferência britânica nas relações seculares com o continente africano. A Grã-Bretanha extraiu de Portugal a assinatura de um tratado de abolição do tráfico de pessoas escravizadas durante o Congresso de Viena em 1815. Este tratado limitou o comércio aos territórios portugueses e proibiu-o acima do Equador. Mais tarde, a Grã-Bretanha condicionaria o reconhecimento da independência do Brasil à abolição completa do tráfico de escravos, impondo o tratado de 1826, que entrou em vigor em 1830 e esteve vigente até 1845. O próprio governo brasileiro promulgou uma lei de abolição do tráfico e de criminalização de todas as pessoas envolvidas, desde capitães e proprietários de navios até compradores de africanos novos, a lei de 7 de novembro de 1831.

A historiografia política e diplomática apontou as negociações e a intervenção da marinha britânica que desencadearam o debate da lei Eusébio de Queirós, de 1850[6]. O volume do contrabando de africanos novos é, nessa narrativa, uma informação sem maiores consequências. A emancipação dos africanos encontrados a bordo dos navios negreiros capturados é apenas um detalhe. Na história do Brasil imperial contada século XX adentro, após uma grande crise diplomática com a Grã-Bretanha o tráfico foi extinto no início dos anos 1850, e a partir daquele momento só faltava abolir a escravidão[7].

Historiadores vêm, nos últimos 25 anos, esmiuçando o tema do tráfico ilegal cada vez em maior detalhe e trazendo-o para o centro do debate acerca da construção do Estado Imperial. Se Luiz Felipe de Alencastro tinha atribuído à manutenção do tráfico papel fundamental na construção da unidade monárquica e Ilmar Rohloff de Mattos havia apontado para o grupo "saquarema" como responsável pela defesa dos grandes proprietários e garantia da manutenção da escravidão, agora os contornos dessa política estão muito mais delineados e suas implicações expostas[8]. Pesquisadores estimam

---

6. A história diplomática está relatada em Leslie Bethell, *A Abolição do Comércio Brasileiro de Escravos: A Grã-Bretanha, o Brasil e a Questão do Comércio de Escravos, 1808-1869*, 2. ed., Brasília, Ed. do Senado Federal, 2002.
7. Jaime Rodrigues faz uma arqueologia dessa narrativa gradualista, que vem dos abolicionistas no século XIX, como Joaquim Nabuco, e foi incorporada acriticamente pela historiografia. Ver Jaime Rodrigues, *O Infame Comércio: Propostas e Experiências no Final do Tráfico de Africanos para o Brasil (1800-1850)*, Editora da Unicamp/CECULT, 2000, pp. 23-30; Joaquim Nabuco, *O Abolicionismo*, Londres, Typographia de Abraham Kingdon, 1883.
8. Luiz Felipe de Alencastro, "La Traite Négrière et l'Unité Nationale Brésilienne", *Revue Française d'Histoire d'Outre-Mer*, tomo 66, n. 244-245, pp. 395-417, 1979; Ilmar R. Mattos, *O Tempo Saquarema*, São Paulo, Hucitec, 1987; Jaime Rodrigues, *O Infame Comércio*; Beatriz G. Mamigonian, "O Direito de Ser Africano Livre: Os Escravos e as Interpretações da Lei de 1831", em Silvia H. Lara; Joseli M. N. Mendonça, *Direitos e Justiças no Brasil: Ensaios de História*

que o comércio atlântico de pessoas escravizadas tenha promovido a migração forçada de 2 milhões de africanos para o Brasil no século XIX[9].

Cabe aqui tratar da fase mais ignorada do tráfico ilegal, justamente a dos agitados anos entre a elevação do Brasil a Reino Unido e a abdicação de Pedro I. Pelo Tratado Anglo-Português de 22 de janeiro de 1815, o comércio feito com regiões ao norte do Equador era ilegal. Na prática, isso afetava principalmente as rotas da Bahia com a Costa da Mina e do Maranhão com Cabo Verde e a Costa da Guiné.

A convenção adicional ao Tratado de 1815, assinada em 1817, previa direito mútuo de visita e busca dos navios suspeitos de engajamento no tráfico e criou comissões mistas dos dois lados do Atlântico para julgar os navios apreendidos por suspeita de estarem em desacordo com o tratado. O artigo 7º do Regulamento das comissões mistas estabeleceu que os navios condenados teriam o casco e a carga leiloados, e as pessoas escravizadas encontradas a bordo seriam emancipadas. Cada um dos dois governos se responsabilizaria por "garantir a liberdade" dos africanos emancipados em seu território, e eles e elas deveriam ser "empregados em qualidade de criados ou trabalhadores livres"[10].

A coroa portuguesa também previa apreensões de navios por autoridades locais: Juízes dos Contrabandos e Descaminhos ou outros magistrados que ocupassem tais funções. O art. 1º do Alvará de 26 de janeiro de 1818 previa que os proprietários de navios envolvidos com comércio ao norte do Equador perderiam as embarcações e as cargas e os comandantes das tripulações seriam degredados para Moçambique por 5 anos, e também pagariam multa[11].

Social, Campinas, Editora da Unicamp, 2006, pp. 129-160; Tâmis Parron, *A Política da Escravidão no Império do Brasil (1826-1865)*, Rio de Janeiro, Civilização Brasileira, 2009; Sidney Chalhoub, *A Força da Escravidão: Ilegalidade e Costume no Brasil Oitocentista*, São Paulo, Companhia das Letras, 2012; Beatriz G. Mamigonian, *Africanos Livres: A Abolição do Tráfico de Escravos no Brasil*, São Paulo, Companhia das Letras, 2017; Thiago C. Pessoa, *O Império da Escravidão: O Complexo Breves no Vale do Café (Rio de Janeiro, c. 1850-1888)*, Rio de Janeiro, Arquivo Nacional, 2018.

9. Cálculo feito com dados da seção "Estimativas" do Banco de Dados Slave Voyages: do volume do tráfico transatlântico para o Brasil, do banco de dados Slave Voyages: https://www.slavevoyages.org/assessment/estimates. Acesso em: 01 jul. 2021.
10. Carta de Lei de 8 de novembro de 1817; Ratifica a convenção adicional ao tratado de 22 de janeiro de 1815 entre este reino e o da Grã-Bretanha assinada em Londres em 28 de julho deste ano sobre o comércio ilícito da escravatura", *Coleção das Leis do Brasil de 1817*, Rio de Janeiro, Imprensa Nacional, 1890, pp. 74-101; Sobre as negociações, ver Guilherme Santos, "O Governo de D. João e o Tráfico de Escravos: A Convenção de 1817 e a Sua Repercussão na América Portuguesa", *Almanack Brasiliense*, n. 4, pp. 95-101, 2006, São Paulo.
11. Art. 1º, "Alvará com força de lei de 26 de janeiro de 1818", *Coleção das Leis do Brasil de 1818*, Rio de Janeiro, Imprensa Nacional, 1889, pp. 7-10.

O Destino dos Africanos Resgatados do Tráfico

A coroa portuguesa escolheu, deliberadamente, não adotar para os africanos emancipados do tráfico nem o sistema de aprendizado de ofícios, que existia e era regulamentado pelas Câmaras municipais, nem algo mais próximo do trabalho livre como apontava o Regulamento da Comissão Mista. Vale dizer que os "criados" tinham proteção nas Ordenações Filipinas[12]. Pelo Art. 7º do Alvará de 1818, os africanos que fossem resgatados dos navios negreiros seriam considerados "libertos" mas somente gozariam do "pleno direito da sua liberdade" depois de doze (no caso de boa conduta) ou catorze anos de serviço obrigatório, durante os quais ficariam submetidos às autoridades encarregadas pela justiça ou, na falta delas, àquelas responsáveis pelos indígenas[13].

Não são abundantes os registros de apreensões de navios do lado de cá do Atlântico nesse período em que o comércio ao norte do Equador estava proibido. Quatro apreensões serão tratadas aqui: a da chalupa *Syrene* ocorrida no Ceará em 1819; da escuna *Emília*, apreendida na costa africana e julgada pela Comissão Mista no Rio de Janeiro em 1821, da escuna *Carolina* apreendida no Maranhão em 1826, e da escuna *Destemida*, apreendida em 1830 e também julgada pela Comissão Mista do Rio.

A chalupa *Syrene* fez a travessia atlântica entre a Ilha da Boa Vista, no Arquipélago de Cabo Verde e o porto de Fortaleza, no Ceará, entre agosto e setembro de 1819. Trazia 39 africanos a bordo. Segundo Jofre Teófilo, naqueles anos a escravidão africana no Ceará ganhava impulso com a expansão da cultura do algodão, e a carga estava destinada ao capitão-mor Lourenço da Costa Dourado, que era negociante de destaque na capitania. O responsável pela apreensão foi, em última instância, o governador Manuel Ignacio de Sampaio, que já havia se mobilizado pela repressão aos republicanos do Crato em 1817, e continuava buscando cumprir rigorosamente a legislação. Mesmo tendo as autoridades alfandegárias liberado o desembarque, Sampaio ordenou a abertura de processo. O navio teria vindo de Cabo Verde, e os africanos seriam da região de Cachéu e Bissau, ao norte do Equador, onde o comércio era proibido. Só acabou incriminado um cidadão de Charleston, nos Estados Unidos, mas os africanos vindos a bordo a

---

12. Beatriz G. Mamigonian, "Os Direitos dos Africanos Livres", em Monica D. Dantas e Samuel Barbosa, *Constituição de Poderes, Constituição de Sujeitos: Caminhos da História do Direito no Brasil (1750-1930)*, Coleção Cadernos do IEB, São Paulo, Instituto de Estudos Brasileiros/USP, 2021, p. 204-226.
13. Art. 7º, "Alvará com força de lei de 26 de janeiro de 1818", *Coleção das Leis do Brasil de 1818*, Rio de Janeiro, Imprensa Nacional, 1889, pp. 7-10.

chalupa *Syrene* teriam sido emancipados.[14] Aparentemente a documentação acerca do batismo, nomeação e distribuição para o serviço não sobreviveu ao tempo nos arquivos do Ceará. Deles, somente temos uma menção, numa nota de jornal de 1851: "No tempo de Manoel Ignacio Sampaio, também foram apreendidos outros africanos em iguais circunstâncias, e estão em liberdade, e alguns ainda existem; como afirma o Ilmo. Sr. Vigário geral padre José Ferreira Lima Sucupira, ex-procurador dos mesmos"[15]. Essa nota sugere que os africanos da chalupa *Syrene* teriam recebido a emancipação definitiva depois do serviço obrigatório. O autor, protegido pelo anonimato, parecia estar defendendo a manutenção do prazo de catorze anos para o caso dos africanos vindos depois de 1831 também. Defendia, possivelmente, os 160 africanos apreendidos e declarados livres em 1835, que dezesseis anos depois não viam sinal de emancipação[16].

Sobre os africanos e africanas da escuna *Emília* sabe-se um pouco mais, não muito. A escuna zarpou da Bahia em outubro de 1820, indicando destinar-se para Molembo, próximo a Cabinda, ao sul do Equador. Mas na realidade, comerciou em Onim (hoje, Lagos) e zarpou em fevereiro de 1821 com 397 homens, mulheres e crianças escravizados para a Bahia. Foi apreendida dias depois pela tripulação da corveta britânica *Morgiana*. Não fosse a dificuldade de enfrentar correntes marítimas contrárias, teria sido levada a julgamento na Comissão Mista Anglo-Portuguesa de Serra Leoa. Acabou sendo trazida para o porto do Rio de Janeiro, onde foi julgada e condenada em julho de 1821. Os 352 africanos sobreviventes foram emancipados e entregues ao governo português[17].

Depois de meses em depósito no Lazareto, a ouvidoria da comarca encarregou-se de leiloar seus serviços para arrematantes idôneos. A maior parte – talvez trezentos deles – trabalhou, assim, para particulares. Pressupõe-se que foram postos ao ganho e tenham desempenhado todas as funções dos escravos urbanos. Um grupo de 41 africanos (três deles mulheres) foi designado para a Intendência da Polícia. Trabalharam no serviço da iluminação pública, no Passeio Público e no Chafariz da Barreira. Como um deles, Casemiro, reclamou anos depois, nunca recebeu pagamento pelo trabalho. Em

---

14. Jofre Teófilo Vieira, *Os "Samangolés": Africanos Livres no Ceará (1835-1865)*, Tese de Doutorado em História Social, Centro de Humanidades, Universidade Federal do Ceará, Fortaleza, 2017, pp. 94-135.
15. *O Cearense*, n. 432, p. 4, 25 maio 1851, citado em Jofre Teófilo Vieira, *Os "Samangolés"*, p. 117.
16. Jofre Teófilo Vieira, *Os "Samangolés"*, p. 149 e seguintes.
17. Arquivo Histórico do Itamaraty, Coleções Especiais 33, Escuna Emília, lata 13, maço 1, fls. 34-38v.; Pierre Verger, *Fluxo e Refluxo do Tráfico de Escravos Entre o Golfo do Benin e a Bahia de Todos os Santos, dos Séculos XVII a XIX*, São Paulo, Corrupio, 1987, pp. 408-410; Beatriz G. Mamigonian, *Africanos Livres*, pp. 30-32.

julho de 1831, a Câmara estava às voltas com a fuga de vários dos africanos da *Emília*, tanto dos da Intendência de Polícia quanto dos que trabalhavam para particulares. Eles tinham aproveitado as movimentações em torno da abdicação para se emancipar. Em 1836, os comissários britânicos souberam que um grupo fretara um navio para voltar à África, com seus familiares e agregados[18].

A escuna *Carolina* foi apreendida no Maranhão em 1826, já depois do desembarque dos africanos vindos de Cachéu, na Senegâmbia como "domésticos". O cônsul britânico Hesketh insistiu na abertura de processo depois de apurar que onze embarcações vindas dos portos de Bissau, Cachéu e Santiago (Cabo Verde) entre 1818 e 1823 haviam usado do mesmo expediente e sido beneficiadas com proteção dos capitães-gerais e governadores junto às autoridades alfandegárias encarregadas de apreendê-las. O tráfico ilegal era realizado sob a alegação fraudulenta de transferência de trabalhadores domésticos entre propriedades dos mesmos donos, de Cabo Verde para o Maranhão. Dos 110 africanos emancipados da escuna *Carolina* não se tem mais notícia[19].

A escuna *Destemida* foi apreendida no litoral baiano pelo cruzeiro britânico *Druid*, nos primeiros dias de dezembro de 1830 e seu caso levado à Comissão Mista do Rio de Janeiro para julgamento. Segundo o mestre Raimundo de Arribas, nascido na Flórida e naturalizado português, a embarcação estaria trazendo para a Bahia cinquenta africanos livres para empregarem-se como domésticos. Segundo o comandante da fragata apreensora, este era mais um pretexto para o tráfico ilegal. A escuna *Destemida* havia partido da Ilha do Príncipe para a Costa da Mina, o que era uma rota muito recorrente pois justificava a presença dos navios de comerciantes baianos ao norte do Equador. Ao fim do julgamento, a escuna foi restituída ao proprietário, visto que ele era português e não estaria sob jurisdição daquele tribunal, mas a Comissão Mista emancipou os 50 africanos, todos homens de nação nagô e jeje, encontrados a bordo[20]. Demorou bastante para que eles, junto com outros africanos emancipados em 1830 fossem distribuídos para o trabalho compulsório: o leilão dos seus serviços só aconteceu em abril de 1831. Por enquanto, sabemos apenas que alguns africanos desse carregamento alcançaram

---

18. Walter Hawthorne, "'Sendo Agora, Como se Fôssemos, uma Família': Laços Entre Companheiros de Viagem no Navio Negreiro Emília, no Rio de Janeiro e através do Mundo Atlântico", *Mundos do Trabalho*, vol. 3, n. 6, pp. 7-29, 2011; Beatriz G. Mamigonian, *Africanos Livres*, pp. 41-44 e pp. 67-69.
19. Hesketh para Canning, 8 mar. 1826, *British and Foreign State Papers* [doravante BFSP], *1826-1827*, pp. 371-97; Robert E. Conrad, *Tumbeiros: O Tráfico de Escravos para o Brasil*, São Paulo, Brasiliense, 1985.
20. Ana Flávia Cicchelli Pires, "A Repressão ao Comércio Atlântico de Escravos na Rota da Costa da Mina: O Caso da Escuna Destemida, 1830-1831", em Mariza de Carvalho Soares (org.), *Rotas Atlânticas da Diáspora Africana: da Baía do Benim ao Rio de Janeiro*, Niterói, Eduff, 2007, pp. 157-189.

a emancipação definitiva pois registraram suas cartas em cartório. Foi o caso de Policarpo, em 1841; de José, André e Fortunato, em 1845. Felício Mina, outro africano da escuna *Destemida*, trabalhou para José Paulo Figueiroa Nabuco de Araújo, eminente jurista do Império que chegou a desembargador do Supremo Tribunal de Justiça. Em 1844, o africano estava recolhido à Casa de Correção por desentendimentos com seu arrematante. Felício contava que os ingleses viessem resgatá-lo, mas, no entanto, Nabuco de Araújo escrevia ao mesmo tempo a Eusébio de Queirós, chefe de Polícia da Corte, solicitando que Felício fosse deportado para a África, em vista de sua insubordinação e mau exemplo para os outros africanos livres sob seu poder. O jurista gozou da concessão de ao menos outros catorze africanos e africanas livres, que trabalharam gerando renda para sustentá-lo[21].

É necessário aqui destacar que o processo de construção do Estado causou uma distinção nas experiências dos africanos apreendidos antes da lei de 1831 e aqueles emancipados depois. A pesquisa demonstrou que depois dos avisos de 1834 e 1835, que regularam a distribuição dos africanos livres, o Ministério da Justiça centralizou a administração e a informação sobre eles. O que antes seria atribuição da Ouvidoria da Comarca, mas que era executada por terceiros passou para o eixo Juizado de Órfãos – Ministério da Justiça – Casa de Correção. Os dados sobre os africanos emancipados nesses anos conturbados da independência e do Primeiro Reinado permitem afirmar apenas que seus serviços foram arrematados e que se dividiram entre serviços públicos e serviços para particulares. Talvez alguns estivessem sob contratos de soldada como aqueles da Escuna *Emília* que trabalharam para a Intendência de Polícia da Corte, mas provavelmente a maioria esteve ao ganho como se fossem escravos. Dada a confusão administrativa dos anos de instabilidade política, muitos talvez tenham sido reescravizados. Outros talvez tenham conseguido escapar das obrigações. Havia uma percepção por parte de algumas autoridades de justiça dos anos 1830 e 1840, que esses africanos livres emancipados antes da lei de 1831 tinham exagerada autonomia. O que parece certo é que a administração imperial na década de 1840 entendeu que o tempo de serviço dos africanos e africanas desse primeiro grupo era de catorze anos e que deviam receber emancipação definitiva ao cumpri-lo, o que definitivamente não aconteceu com aqueles que foram arrematados ou concedidos depois de 1834. Estes outros acabaram trabalhando por mais de vinte ou 25 anos e foram submetidos a um controle mais severo e mais sistemático do que os da fase anterior.

---

21. Beatriz G. Mamigonian, *Africanos Livres*, pp. 123-127.

Os africanos livres constituíram um corpo de mão de obra à disposição do governo imperial que não foi enquadrado juridicamente em outras categorias de trabalho livre como o aprendizado de ofícios ou o estatuto de criados, nem os contratos de locação de serviços. Foram postos, como os índios, sob tutela. E esse "lugar" no mundo do trabalho foi o mais limitante de todos, além de ter dificultado, sobremaneira, a autonomia. Ao tratar da experiência dos africanos livres no espectro do trabalho compulsório, distinto da escravidão, é importante destacar que o governo imperial brasileiro usou a concessão de africanos livres como moeda de troca para obter apoio político e aproveitou-se, em grande escala, de mão de obra de africanos livres, indígenas, recrutas, galés e outros para a construção de infra-estrutura e oferta de serviços públicos durante o século XIX[22]. A política de imposição de trabalho compulsório aos grupos considerados "intratáveis" aponta facetas da relação do Estado com aqueles a quem a cidadania plena era negada e demonstra o seu papel de garantidor da ordem excludente[23].

O Comércio Ilegal com os Portos ao Norte do Equador

Os africanos resgatados do tráfico nesse período foram, no entanto, uma fração ínfima do comércio ilegal feito com portos ao norte do Equador entre 1815 e 1830. Alguns outros navios foram apreendidos e levados a julgamento em Serra Leoa. A imensa maioria não foi. E a articulação entre o contrabando e a construção do Estado imperial é tema incontornável da história brasileira.

Um exemplo pontual ilumina esse contraponto, e sua gravidade.

O brigue português *Desengano*, trazendo mais de trezentas pessoas escravizadas a bordo, deu entrada no porto do Rio de Janeiro nos últimos dias de março de 1822, vindo da Bahia. A cena era recorrente: naquele trimestre, outros 29 navios tinham desembarcado nada menos do que doze mil "africanos novos" na Corte[24]. Mas os africanos e

---

22. Beatriz G. Mamigonian, *Africanos Livres*, pp. 129-164 e pp. 284-323.
23. Peter Beattie usa a expressão "pobres intratáveis" para se referir ao conjunto daqueles a quem o Estado brasileiro nega dignidade e cidadania e impõe trabalho compulsório: Peter Beattie, *Punishment in Paradise: Race, Slavery, Human Rights, and a Nineteenth-Century Brazilian Penal Colony*, Durham, Duke University Press, 2015; ver também Monica D. Dantas; Vivian C. Costa, "O 'Pomposo Nome de Liberdade do Cidadão': Tentativas de Arregimentação e Coerção da Mão-de-obra Livre no Império do Brasil", *Estudos Avançados*, vol. 30, n. 87, pp. 29-48, 2016.
24. "List of Slaves imported at Rio de Janeiro, from January to March, 1822", anexa a Henry Hayne para Earl of Clanwilliam, 15 maio 1822, em *Great Britain, British and Foreign State Papers, 1822-1823*, London, James Ridgway and Sons, 1850, p. 459.

africanas a bordo do *Desengano* tinham aportado da travessia atlântica na Bahia e de lá tinham sido reembarcados para o Rio de Janeiro para serem vendidos. O que parecia ser um detalhe era, na verdade, crucial[25].

O movimento do porto do Rio de Janeiro era muito intenso naqueles anos, com a navegação de longo curso conectando a metrópole tropical à Europa, ao Oriente, à América do Norte e ao Rio da Prata, e ainda com a navegação costeira ligando-a aos portos maiores e menores do Brasil. O comércio negreiro era uma parte dessa circulação, mas que estava visada a partir das proibições acordadas por Portugal com a Grã-Bretanha, sobretudo pelo Tratado de 1815, que proibia a aquisição de africanos em portos ao norte do Equador.

A investigação a respeito da proveniência dos africanos e africanas do *Desengano* foi objeto de uma petição dirigida à Comissão Mista Anglo-Portuguesa sediada no Rio. Os africanos teriam vindo de Onim, porto situado na região proibida pelo tratado de 1815. Desde 1819, os comissários britânicos Henry Hayne e Alex Cunningham estavam encarregados pelo *Foreign Office* de monitorar a movimentação dos negreiros e julgar os navios que fossem trazidos à Comissão Mista, aberta naquele ano. Enquanto os dois comissários se correspondiam com seus superiores em Londres sobre o caso do Brigue *Desengano*, também se ocupavam dos desdobramentos da condenação da Escuna *Emília*, ocorrida no final de julho do ano anterior.

A petição dirigida à Comissão Mista vinha de um certo João Felipe de Amorim, que teria feito uma denúncia ao superintendente-geral dos contrabandos, da Junta do Comércio, pois ele estava persuadido de que os africanos trazidos a bordo do Brigue *Desengano* haviam embarcado em Onim e seriam ilegais. A apuração dos fatos ficou a cargo do escrivão da superintendência, que relatou ter ido à casa do comerciante Manoel Joaquim Ribeiro, que era o correspondente, no Rio, de Domingos Almeida Lima e Antonio Ferreira Coelho, proprietários do brigue. Em seu relatório, o escrivão registrou que foi informado que os escravos haviam estado na Bahia por quarenta dias sem que houvesse questionamento, que lá todos os impostos tinham sido pagos, e ainda que o documento produzido pela Alfândega da Bahia havia sido apresentado na chegada ao Rio. O informante apresentou um roteiro da "legalização do ilegal", mas o escrivão re-

---

25. O caso do *Desengano* foi tratado na correspondência entre os membros britânicos da Comissão Mista Anglo-Portuguesa no Rio e o *Foreign Office*, em Londres, ver Henry Hayne para Marquês de Londonderry, 12 maio 1822, em *Great Britain, British and Foreign State Papers, 1822-1823*, Londres, James Ridgway and Sons, 1850, pp. 453-455.

gistrou tudo sem emitir qualquer juízo de valor[26]. Na apuração, veio à tona que depois de desembarcados no Lazareto os africanos e africanas do Brigue *Desengano* tinham sido retidos em 28 de março por ordem da secretaria de Estado, mas liberados no dia seguinte para serem vendidos livremente. Temos, então, em anexo, cópias das duas ordens, de retenção e liberação, assinadas por ninguém menos do que José Bonifácio de Andrada e Silva, que desde 18 de janeiro era Ministro do Reino e dos Negócios Estrangeiros, braço direito de D. Pedro. Tendo em vista a informação colhida pelo escrivão, o juiz dos contrabandos registrou que não tinha o que decidir sobre a denúncia. E ela foi aparentemente devolvida ao denunciante. Pode-se especular o motivo: talvez fosse indesejável que ficasse nos arquivos da superintendência pois demonstraria a conivência das autoridades com o comércio ilegal. Em momento nenhum cogitou-se investigar a origem dos africanos. Henry Hayne relatou ao Foreign Office que era público e notório na cidade que eles pertenciam a grupos vindos do norte do Equador e estavam sendo vendidos no mercado do Valongo como "negros minas"[27].

Pierre Verger mostrou em detalhes como, na Bahia, os traficantes se adaptaram às proibições do Tratado de 1815: com emissão de passaportes para comerciar ao sul do Equador, em Molembo; passagem por São Tomé; sistema de dois passaportes e alegação de que os africanos seriam criados, não escravos. Paulo Oliveira de Jesus mergulhou nas engrenagens da burocracia apontando como autoridades alfandegárias entraram em sintonia com os comerciantes, fazendo vistas grossas para essas fraudes, com a conivência do próprio Conde dos Arcos. Para Jesus, é evidente que essa fase de proibição parcial do tráfico serviu de aprendizado, para os comerciantes e os funcionários encarregados das funções portuárias, de gestão da ilegalidade. Assim os negócios na rota Bahia-Costa da Mina seguiram o curso, mesmo sob intenso escrutínio, nas três décadas seguintes[28].

O Brigue *Desengano* certamente não era o primeiro a testar os limites da conivência com o contrabando no Rio de Janeiro. O consignatário da carga, Manoel Joaquim Ribeiro, era um comerciante que recebia e despachava cargas nas rotas entre a Índia, a Es-

26. A expressão foi emprestada de James Holston: J. Holston, "Legalizando o Ilegal: Propriedade e Usurpação no Brasil", *Revista Brasileira de Ciências Sociais*, vol. 8, n. 21, pp. 68-89, 1993.
27. Hayne para Vice-Consul, 19 abr. 1822, anexo a Henry Hayne para Marquês de Londonderry, 12 maio 1822, em *Great Britain, British and Foreign State Papers, 1822-1823*, Londres, James Ridgway and Sons, 1850, p. 455.
28. Pierre Verger, *Fluxo e Refluxo do Tráfico de Escravos Entre o Golfo de Benin e a Bahia de Todos os Santos: Dos Séculos XVII a XIX*, Trad. de Tasso Gadzanis, São Paulo, Corrupio, 1987, pp. 405-444; Paulo César Oliveira de Jesus, *Mantendo o Curso: Restrições, Subterfúgios e Comércio da Escravatura na Bahia (1810-1817)*, Tese de Doutorado em História, Faculdade de Filosofia e Ciências Humanas, Universidade Federal da Bahia, 2017.

panha e o Rio da Prata. Tinha pelo menos dois navios: a sumaca *Brilhante Madalena* e o Bergantim *Novo Destino*, que foram leiloados quando ele faleceu em 1824, junto com muitas fazendas da Índia. Ribeiro contribuiu generosamente nas subscrições levantadas pelo nascente Estado imperial para o aumento da Marinha de Guerra e demais "urgências do Estado" em 1823[29]. Talvez aí esteja uma explicação para a não apreensão dos mais de trezentos africanos minas, que deveriam ter sido emancipados. Como, naquele contexto conturbado da política da independência, José Bonifácio ordenaria o confisco de uma carga de tão alto valor, em nome de um tratado diplomático que era execrado, e adotaria uma medida que talvez comprometesse as relações do príncipe com os comerciantes baseados na Bahia, enquanto D. Pedro costurava alianças para manter-se no trono?

"Toda a força é insuficiente contra a vontade de um povo, que não quer viver escravo", proclamou Pedro I aos portugueses em outubro do mesmo ano, justificando sua opção pela emancipação política e expondo as medidas tomadas para distanciar o Brasil do domínio pretendido pelas Cortes constitucionais de Lisboa[30]. Escravidão seria continuar o Brasil subordinado a Portugal. O uso figurado da palavra "escravidão" como algo indesejado era recorrente na cultura política do início do oitocentos; já o tratamento da escravização de pessoas não apontava na mesma direção. Como analisou Jaime Rodrigues, não havia consenso sobre a condenação do tráfico, e raros foram aqueles que defenderam o fim da escravidão naqueles anos da independência[31].

José Bonifácio foi um deles. Pouco antes de deixar o ministério, ele instruiria o representante do Brasil em Londres, Felisberto Caldeira Brant Pontes, a respeito da

---

29. *Império do Brasil – Diário do Governo*, 17 mar. 1823, n. 62 (chegada da barca Novo Destino, de Calcutá); *Império do Brasil – Diário Fluminense*, 02 jun. 1824, n. 128 (chegada de carga vinda de Cádiz); *Império do Brasil – Diário do Governo*, 20 out. 1824, n. 95 (chegada de Buenos Aires, como passageiro); *Império do Brasil – Diário do Governo*, 27 mar. 1823, n. 69 (subscrição mensal para a Marinha de Guerra do Império); *Diário do Rio de Janeiro*, 31 ago. 1824 (cedeu escravos para construção dos fortes da linha do Pedregulho); *Diário do Rio de Janeiro*, 22 jan.1825, 10 maio 1825, 18 set. 1825 e 07 abr. 1826 (anúncios dos leilões de seus navios, com dois marinheiros escravizados da Sumaca *Brilhante Madalena*, e estoque de tecidos).
30. Arquivo Nacional, SDH – Diversos – Caixas Topográficas, Cx 740.3, Proclamação aos portugueses, 21 out. 1822; A proclamação foi reproduzida entre as publicações diplomáticas britânicas: "Proclamation of the Emperor of Brazil to the People of Portugal, on His Elevation to that Dignity, 21st October, 1822", em *Great Britain, British and Foreign State Papers, 1822-1823*, Londres, James Ridgway and Sons, 1850, pp. 945-46.
31. Jaime Rodrigues, *O Infame Comércio: Propostas e Experiências no Final do Tráfico de Africanos para o Brasil (1800-1850)*, Campinas, Editora da Unicamp/CECULT, 2000, pp. 69-77; Alain El Youssef também fez uma leitura muito atenta do debate sobre o tráfico e a escravidão na imprensa oitocentista, ver Alain El Youssef, *Imprensa e Escravidão: Política e Tráfico Negreiro no Império do Brasil (Rio de Janeiro, 1822-1850)*, São Paulo, Intermeios, 2016.

posição de D. Pedro sobre o tema do comércio de escravos, parte das negociações do reconhecimento da independência. "S.M.I. está intimamente convencido não só da injustiça de semelhante comércio, mas ainda da perniciosa influência que ele tem sobre a civilização e prosperidade do Império", diria Bonifácio, reiterando os termos do Tratado de Aliança e Amizade de 1810, para acrescentar que D. Pedro aguardava a abertura dos trabalhos da Assembleia, mas esperava que essa também apoiasse a abolição gradual do comércio de escravos. Ana Rosa Cloclet da Silva associou a iniciativa de José Bonifácio de apresentar a *Representação Sobre a Escravatura* para a Assembleia Constituinte em 1823 a essa negociação diplomática em curso[32]. Alain El Youssef apurou que Bonifácio havia censurado a imprensa crítica ao ministério e disseminado artigos em defesa de seu projeto emancipacionista enquanto era ministro[33]. Na *Representação Sobre a Escravatura*, ele se declararia contrário ao tráfico de africanos. Sua crítica contundente à escravização de pessoas, com base em argumentos filosóficos e religiosos de igualdade, se estendia à exploração econômica de pessoas escravizadas, considerada indesejável para o país a longo prazo e associada à deformação moral dos cidadãos brancos e à devastação da natureza[34]. Os artigos que José Bonifácio propunha ao fim da *Representação*, como um projeto de lei sobre o fim do tráfico e a emancipação gradual dos escravos, estavam em sintonia com o debate na Grã-Bretanha, onde pressionado por grupos protestantes o Parlamento havia proibido o comércio de escravos em 1807 e se preparava para impor às colônias legislação que promovesse a melhoria das condições de vida e tratamento dos escravos. Não se pode associar essa adesão à emancipação gradual a qualquer simpatia pelas demandas populares: Bonifácio rejeitava veementemente as posições dos "ultra-liberais", e seus periódicos, por sua associação com os interesses "da plebe e da grande multidão de viciosos", indicando grande preocupação com a mobilização política de livres de cor e pessoas libertas e escravizadas. Seus projetos de emancipação gradual dos escravos e de assimilação dos libertos e indígenas ao campesinato visavam, entre outros objetivos, ampliar a base de cidadãos aderentes

---

32. Ana Rosa Cloclet Silva, *Construção da Nação e Escravidão no Pensamento de José Bonifácio (1783-1823)*, Campinas, Editora da Unicamp/Centro de Memória da Unicamp, 1999, pp. 205-207.
33. Alain El Youssef, *Imprensa e Escravidão: Política e Tráfico Negreiro no Império do Brasil (Rio de Janeiro, 1822-1850)*, São Paulo, Intermeios, 2016, pp. 89-91.
34. José Bonifácio de Andrada e Silva, "Representação à Assembleia Geral Constituinte e Legislativa do Império do Brasil sobre a Escravatura", em Miriam Dolhnikoff (org.), *Projetos para o Brasil*, São Paulo, Companhia das Letras, Publifolha, 2000, pp. 23-41; A *Representação Sobre a Escravatura* foi publicada em português, em Paris, em 1825, e em inglês, em Londres, em 1826. Teve duas edições brasileiras, em 1840 e 1851, associadas ao movimento de condenação do tráfico de escravos, antes de ser retomada pelo movimento abolicionista da década de 1880.

aos ideais liberais e à propriedade. Sabemos que a *Representação* não foi nem lida na Assembleia Constituinte antes de sua dissolução[35]. Não temos referência de que José Bonifácio tenha se posicionado a respeito do extenso contrabando de escravos de que foi testemunha ou de suas consequências para o país.

É difícil de precisar o volume do comércio de escravos vindo do norte do Equador naqueles anos da ilegalidade, entre o início de 1816, quando o tratado de 1815 entrou em vigor, e março de 1830, quando entrou em vigor o tratado de 1826, proibindo todo o comércio de escravos para o Brasil. As principais dificuldades são associadas ao subterfúgio recorrente dos traficantes de declarar, quando solicitavam passaportes, que destinavam-se a Molembo e Cabinda, ao sul do Equador e na realidade continuar comerciando e adquirindo pessoas escravizadas na Costa da Mina. Com isso, uma boa parte das viagens registradas como legais, foram, como a do *Desengano*, ilegais. João José Reis calculou que entre 65% e 75% dos africanos desembarcados na Bahia na primeira metade do século XIX teriam vindo da Costa da Mina, o que seria 126.933 de um total de 154.385 pessoas entre 1816 e 1830. Carlos da Silva Júnior, por sua vez, estimou em 107.000 os africanos importados durante o período ilegal para a Bahia, em um cálculo refinado das distintas conjunturas dessa fase[36]. As estimativas constantes no banco de dados Slave Voyages dão 46.469 africanos vindos do norte do Equador e desembarcados no Brasil entre 1816 e 1830, 73% deles na Bahia. E o comércio da Bahia com Molembo e Cabinda (uma parte vindo, de fato, da Costa da Mina) soma mais 48.717 africanos desembarcados no mesmo período, aos quais se pode adicionar 940 desembarcados no Maranhão/Amazônia[37]. O tráfico ilegal do período anterior ao Tratado de 1826 trouxe, portanto, entre cem mil e 130 mil pessoas e precisa entrar na conta do contrabando oitocentista e da maciça escravização ilegal. Em maio de 1831, quando o Senado debatia o projeto de lei proposto por Felisberto Caldeira Brant (agora

---

35. Ana Rosa Cloclet Silva, *Construção da Nação e Escravidão no Pensamento de José Bonifácio (1783-1823)*, Campinas, Editora da Unicamp/ Centro de Memória da Unicamp, 1999, citação nas pp. 175-176.
36. Alexandre Vieira Ribeiro, "Eram de Cabinda e de Molembo? Uma Análise Sobre as Viagens Negreiras do Norte de Angola para a Bahia nas Primeiras Décadas do Século XIX Presentes no Banco de Dados The Transatlantic Slave Trade", em Alexandre V. Ribeiro *et. al.* (orgs.), *África Passado e Presente*, Niterói, Eduff, 2010, pp. 65-73; João José Reis, "Por sua Liberdade me Oferece uma Escrava: Alforrias por Substituição na Bahia, 1800-1850", *Afro-Ásia*, n. 63, pp. 232-290, 2021, cálculo nas pp. 239-241; Carlos da Silva Jr., "A Bahia e a Costa da Mina no Alvorecer da Segunda Escravidão (c. 1810-1831)", *Afro-Ásia*, n. 65, pp. 91-147, 2022.
37. "Transatlantic Slave Trade Database: Estimates, Desembarques de Viagens que Comerciaram ao Norte do Equador e Desembarques de Viagens que Comerciaram em Molembo e Cabinda", Disponível em: https://www.slavevoyages.org/assessment/estimates. Acesso em 18 jul. 2021, ver tabelas 1 e 2, em anexo.

Marquês de Barbacena) para por fim ao tráfico, houve quem questionasse se os africanos importados na fase ilegal anterior também teriam direito à liberdade. O marquês achou impraticável inscrever tal direito na lei e remeteu ao judiciário tais demandas[38]. O silenciamento acerca dessa fase do contrabando foi tamanho que até os mais radicais abolicionistas dos anos 1880 defendiam apenas a emancipação dos africanos importados depois de 1831[39].

"Tem Sangue Retinto Pisado, Atrás do Heroi Emoldurado"[40]

Os conflitos em torno da repressão ao tráfico de escravos naqueles primeiros anos de vigência do tratado Anglo-Português e a extensão do contrabando – escravização ilegal de quem deveria ser livre – devem ser incorporados à história do movimentado processo de independência. Episódios como o do Brigue *Desengano* iluminam o funcionamento do Estado, as influências incontornáveis dos comerciantes e proprietários de terras e escravos, e, consequentemente, os projetos em disputa a respeito do trabalho compulsório, da cidadania e da composição étnica da nova nação.

A narrativa da construção do Estado deve ser revista. Reafirmar a denúncia de que a independência manteve a escravidão não é suficiente. O silêncio sobre a extensão do tráfico ilegal, a promoção do trabalho compulsório pelo Estado e a conivência com a escravização de gente livre é insustentável.

Estes africanos e africanas – e seus descendentes – foram vendidos e mantidos como escravos apesar da flagrante (e admitida) ilegalidade de sua importação e foram responsáveis pela produção econômica em várias regiões do país. Seus detentores foram dirigentes políticos, grandes e pequenos proprietários fundiários e investidores urbanos cujas fortunas estavam lastreadas na violência física e simbólica. A conivên-

---

38. Beatriz G. Mamigonian, "O Direito de Ser Africano Livre: Os Escravos e as Interpretações da Lei de 1831", em Silvia H. Lara e Joseli M. N. Mendonça (orgs.), *Direitos e Justiças no Brasil: Ensaios de História Social*, Campinas, Ed. da Unicamp, 2006, pp. 129-160.
39. Elpídio de Mesquita, *Africanos Livres*, Salvador, Typographia dos Dois Mundos, 1886; rebatendo interpretações restritivas, Luiz Gama argumentou que os atos anteriores à lei Eusébio de Queirós continuavam em vigor, e citou explicitamente o Alvará de 26 de janeiro de 1818; no entanto, não consta que fossem numerosas as ações de liberdade tendo o Tratado de 1815 ou o Alvará de 1818 como argumento, ver Luiz Gama, "Questão Jurídica", *Província de São Paulo*, 18 dez. 1880, republicado em Ligia Fonseca Ferreira, *Lições de Resistência: Artigos de Luiz Gama na Imprensa de São Paulo e do Rio de Janeiro*, São Paulo, Edições Sesc, 2020, pp. 272-290.
40. Deivid Domenico, *et al.*, "Histórias para Ninar Gente Grande", samba-enredo da Mangueira, 2019.

cia com esse crime marcou o funcionamento das instituições, em todos os poderes e esferas. O fato de ainda tratarmos os estadistas do Império com reverência é a maior demonstração de como opera o silenciamento da história. Não tivesse a historiografia naturalizado a extensão do tráfico e da escravização ilegal, Bernardo Pereira de Vasconcelos, o Marquês de Olinda, o Marquês do Paraná e tantos outros seriam conhecidos como escravizadores de gente livre, e José Bonifácio, o Marquês de Barbacena, Eusébio de Queirós e José Thomaz Nabuco de Araújo como agentes públicos prevaricadores. Por tudo isso, as consequências sociais e políticas do contrabando não podem mais ficar à margem da história da formação do Brasil. Podemos dizer outro tanto da nociva naturalização do trabalho compulsório de pessoas livres: indígenas, libertos, condenados, recrutas e outros. A precarização da liberdade atravessou a Abolição e é vivida ainda hoje por muitos milhões de pessoas que vivem em insegurança alimentar, em condições precárias de moradia, sob ameaça de violência do próprio Estado ou de detentores de poder, sem os direitos básicos universais associados à cidadania. Reconhecer que estes grupos sofreram e sofrem violações de direitos humanos, e que este estado de coisas é intolerável vai junto com reformular nossa narrativa da história.

É importante reconhecer que o tráfico ilegal e a exploração dos africanos livres e do trabalho compulsório, podem ser reconstituídos, pois estão minimamente documentados. Porém o silêncio sobre esses temas na narrativa corrente não é uma simples omissão pontual. Não temos como ignorar que as pessoas submetidas a opressão e exploração clamavam por liberdade e dignidade. Os estudos sobre a resistência escrava e as revoltas de livres pobres, entre o final do século XVIII e todo o XIX (e mesmo durante o século XX), vêm mostrando evidências veementes de um aprendizado da política – na feliz expressão de Monica Dantas – e demandas muito concretas por parte dos trabalhadores[41]. Os homens e mulheres escravizados do Engenho Santana em 1789 registraram suas demandas em um documento em que detalhavam as condições para voltar ao trabalho. Elas incluíam os tipos de função aceitas, o ritmo e o volume de trabalho e procuravam garantir o direito à folga e ao lazer.[42] Os oficiais de baixa patente, pardos, na Revolta dos Alfaiates,

---

41. Monica D. Dantas, "Homens Livres Pobres e Libertos e o Aprendizado da Política no Império", em Monica D. Dantas (org.), *Revoltas, Motins, Revoluções: Homens Livres Pobres e Libertos no Brasil do Século XIX*, São Paulo, Alameda, 2011, pp. 511-563.
42. "Tratado Proposto a Manuel da Silva Ferreira pelos Seus Escravos Durante o Tempo em que Conservaram Levantados", em João José Reis e Eduardo Silva, *Negociação e Conflito: A Resistência Negra no Brasil Escravista*, São Paulo, Companhia das Letras, 1989, pp. 123-124; Stuart Schwartz, "Trabalho e Cultura: Vida nos Engenhos e Vida dos Escravos", em *Escravos, Roceiros e Rebeldes*, Bauru, São Paulo, 2001, p. 89-122.

em 1798, reclamavam da discriminação racial, dos castigos físicos, da baixa remuneração e do impedimento de ascensão na hierarquia militar[43]. Os balaios, no Maranhão, assim como tantos outros, se insurgiram contra o recrutamento para as forças militares, que implicava em deslocamentos, trabalho forçado, baixos soldos, castigos físicos e humilhações. Queriam que valessem para todos os homens livres as proteções individuais inscritas na Constituição de 1824[44]. O deputado Antonio Rebouças fazia, no Parlamento imperial, a mesma defesa das liberdades individuais. Os cidadãos deviam ser considerados apenas por seus "talentos e virtudes", nunca pela cor ou pela condição de libertos. Mas o espaço político para ele e para defesa dessas ideias se fechou na década de 1840, suas palavras sendo consideradas "terrivelmente anárquicas"[45]. Os revoltosos do Ronco da Abelha, no sertão da Paraíba e de Pernambuco, resistiram ao registro civil, que se impunha sobre eventos de vida e morte que costumavam ser mediados pela religião, e também podia dar ao Estado dados que facilitassem o recrutamento, ou, como alguns temiam, a reescravização[46]. Os ganhadores de Salvador em 1857 não aceitavam a taxação e imposição de controle da Câmara sobre suas atividades, muito menos o uso de seus corpos para portar placas de registro[47]. Milhares de pessoas escravizadas do Brasil inteiro disputaram sua liberdade na justiça com aqueles que se apegavam ao direito de propriedade, uma parte delas em casos de escravização ilegal decorrentes de contrabando, sequestro, ou fraude em registros. E os escravizadores raramente foram criminalizados[48]. Naqueles anos, escritores negros problematizavam a liberdade, o racismo e a cidadania no país em

---

43. István Jancsó, *Na Bahia, Contra o Império: História do Ensaio de Sedição de 1798*, São Paulo, Hucitec, Salvador, Edufba, 1996; István Jancsó, "Bahia 1798 – A Hipótese do Auxílio Francês ou a Cor dos Gatos", em Junia Furtado (org.), *Diálogos Oceânicos: Minas Gerais e as Novas Abordagens para uma História do Império Ultramarino Português*, Belo Horizonte, Ed. UFMG, 2001, pp. 361-387.
44. Matthias Assunção, "Balaiada e Resistência Camponesa no Maranhão (1838-1841)", em Márcia M. Motta. e Paulo Zarth (orgs.), *Formas de Resistência Camponesa: Visibilidade e Diversidade de Conflitos ao Longo da História*, vol. 1, São Paulo/ Brasília, Ed. Unesp/Min. Desenvolvimento Agrário, 2008, pp. 171-197. Ler ainda sobre a Cabanagem, a maior revolta popular do período imperial: Magda Ricci, "Cabanos, Patriotismo e Identidades: Outras Histórias", em Keila Grinberg e Ricardo H. Salles (org.), *O Brasil Imperial, vol. 2: 1831-1870*, Rio de Janeiro, Civilização Brasileira, 2009, pp. 185-231.
45. Keila Grinberg, *O Fiador dos Brasileiros: Cidadania, Escravidão e Direito Civil no Tempo de Antônio Pereira Rebouças*, Rio de Janeiro, Civilização Brasileira, 2002.
46. Maria Luiza F. Oliveira, "Resistência Popular Contra o Decreto 798 ou 'a Lei do Cativeiro': Pernambuco, Paraíba, Alagoas, Sergipe, Ceará, 1851-1852", em Dantas (org.), *Revoltas, Motins, Revoluções*, pp. 391-427.
47. João José Reis, *Ganhadores: A Greve Negra de 1857 na Bahia*, São Paulo, Companhia das Letras, 2019.
48. Beatriz G. Mamigonian e Keila Grinberg, "O Crime de Redução de Pessoa Livre à Escravidão no Brasil Oitocentista", *Revista Mundos do Trabalho*, vol. 13, pp. 1-21, 2021.

transformação⁴⁹. Não se pode esquecer, também, da Revolta da Chibata, de 1910, em que os marinheiros, sob a liderança de João Cândido, se insurgiram contra a discriminação e os castigos físicos e foram fotografados, portando um pano-bandeira com os termos "Viva a Liberdade"⁵⁰. A resistência dos trabalhadores e trabalhadoras à exploração, aos maus-tratos e à discriminação racial foi constante e poderia ser um fio condutor da nossa história. Na época da independência essas demandas e expectativas talvez fossem vocalizadas como "liberdade", mas tanto quanto "escravidão" esse sentido de liberdade ficou fora do constitucionalismo⁵¹. Esses temas hoje afeitos ao conceito de dignidade – inscrito na Constituição de 1988 – nos permitem conectar duzentos anos de história, ou mais, e nos provocam a rever o enquadramento da nossa escrita da história e questionar a produção de silêncios. Devemos nos perguntar: e se, por inspiração nas reflexões de Ann Laura Stoler sobre os arquivos do colonialismo, entendêssemos nossos arquivos como senhoriais, ou mesmo escravistas?⁵² E se insistíssemos em expor os esforços para silenciar as vozes dissonantes e desqualificar projetos alternativos, esforços esses de silenciamento que estão na base da nossa historiografia? E ainda: e se desnaturalizássemos a exploração dos trabalhadores e apontássemos para aqueles que dela se beneficiam? Que visão da história brasileira teríamos, afinal, se passássemos a entender as demandas populares por dignidade – concretamente, liberdade e autonomia – como um projeto político?

---

49. Ana Flávia Magalhães Pinto, *Escritos de liberdade: Literatos Negros, Racismo e Cidadania no Brasil Oitocentista*, Campinas, Editora da Unicamp, 2018.
50. Augusto Malta, "Marinheiros a Bordo do Navio São Paulo", Rio de Janeiro, 26 nov. 1910, Arquivo G. Ermakoff, reproduzido em Angela Alonso e Heloísa Espada (orgs.), *Conflitos: Fotografia e Violência Política no Brasil, 1889-1964*, p. 139; sobre a Revolta da Chibata, ver Alvaro P. Nascimento, *Cidadania, Cor e Disciplina na Revolta dos Marinheiros de 1910*, Rio de Janeiro, Mauad, 2009.
51. Gladys Ribeiro mostrou como pardos e pretos davam sentidos ampliados à liberdade no tempo da emancipação política, o que era motivo de grande tensão entre autoridades e senhores; Marcos Queiroz releu os debates da Constituinte de 1823 e apontou as reiteradas e temerosas menções dos deputados às expectativas populares por liberdade e cidadania ampliada, demonstrando como o constitucionalismo brasileiro estruturou-se como rejeição do reconhecimento da humanidade e dos direitos humanos aos africanos e seus descendentes; Gladys S. Ribeiro, *A Liberdade em Construção: Identidade Nacional e Conflitos Antilusitanos no Primeiro Reinado*, Rio de Janeiro, Relume Dumará/Faperj, 2002, pp. 299-325; Marcos Queiroz, *Constitucionalismo Brasileiro e o Atlântico Negro: A Experiência Constituinte de 1823 diante da Revolução Haitiana*, Rio de Janeiro, Lumen Juris, 2017. Para uma discussão do tratamento seletivo do vocabulário político no constitucionalismo, ver o capítulo de Tâmis Parron nesta coletânea.
52. Ann Laura Stoler, "Os Arquivos Coloniais e a Arte da Governança", em Luciana Heymann e Letícia Nedel (orgs.), *Pensar os Arquivos: Uma Antologia*, Rio de Janeiro, Editora da FGV, 2018, pp. 207-238; ver também Ann Laura Stoler, *Along the Archival Grain: Epistemic Anxieties and Colonial Common Sense*, Princeton, New Jersey, Princeton University Press, 2009.

Anexos

Tabela 1 – Estimativas do número de africanos desembarcados no Brasil vindos de portos ao norte do Equador (1816-1830)					
	Amazônia	Pernambuco	Bahia	Sudeste	Totais anuais
1816	183	661	4452	368	5664
1817	0	0	1292	0	1292
1818	803	573	3649	0	5025
1819	823	183	4994	0	6000
1820	366	0	3967	0	4333
1821	688	600	3231	415	4934
1822	393	0	4594	408	5395
1823	617	214	328	390	1549
1824	0	390	342	0	732
1825	0	376	726	0	1102
1826	895	483	2187	352	3917
1827	0	490	2479	449	3418
1828	0	0	166	244	410
1829	19	345	1819	529	2712
1830	225	0	61	0	286
Total	5012	4315	34287	3155	46769

Fonte: *Transatlantic Slave Trade Database: Estimates*. Desembarques de viagens que comerciaram ao norte do Equador. Consulta em 18 jul.2021.

Tabela 2 – Estimativas do número de africanos desembarcados no Brasil vindos de Molembo e Cabinda (1816-1830)

	Amazônia	Pernambuco	Bahia	Sudeste	Totais anuais
1816	0	0	1699	9400	11099
1817	0	0	5241	10521	15762
1818	0	0	3183	14701	17884
1819	0	0	1699	5579	7278
1820	0	516	0	2443	2959
1821	0	1158	0	4649	5807
1822	383	512	7060	7291	15246
1823	557	935	3245	2912	7649
1824	0	449	3353	5635	9437
1825	0	472	3252	5089	8813
1826	0	294	2427	7716	10437
1827	0	549	2818	9542	12909
1828	0	244	587	13190	14021
1829	0	248	9108	17259	26615
1830	0	26	5045	6517	11588
Total	940	5403	48717	122444	177504

Fonte: *Transatlantic Slave Trade Database: Estimates.* Desembarques de viagens que comerciaram em Molembo e Cabinda. Consulta em 18 jul. 2021.

CAPÍTULO XX

Vozes Africanas no Lado Avesso da Independência e da Língua Brasileira

IVANA STOLZE LIMA

> *O Brasil já foi mandado por Portugal. O Brasil já foi uma roça portuguesa. Existiu aqui um cativeiro muito perigoso. Os portugueses, a carregar negros das costas da África, pra botar aqui pra trabalhar na enxada. Essas coisa tudo já passou. Daí o português entregou isso e Dom Pedro I fez a Independência. Botou o Brasil pra cá e Portugal pra lá. Daí ficou o Brasil por conta de nós próprios.*
> GABRIEL JOAQUIM DOS SANTOS[1]

A PROPOSTA DESTE TEXTO é discutir a definição de uma "língua brasileira", ou "língua nacional" no processo de Independência, olhando para o seu lado avesso: as vozes africanas. Já foram apontados os limites e exclusões na construção do conceito de *brasileiro* pela formação do Estado nacional: este não se ligava exatamente ao nascimento, e um escravizado nunca seria assim qualificado, apesar de ser a escravidão o sustentáculo da ordem política, econômica e social daquele Estado. De forma similar, também as formulações acerca da língua brasileira merecem uma análise crítica. Quais os projetos, percepções, sentimentos e práticas relativos à dimensão das línguas nessa entidade

---

1. A importância de Gabriel Joaquim dos Santos (1892-1985), sua obra artística e seus escritos, perpassa o documentário *O Fio da Memória*, de Eduardo Coutinho (1991, 120min.), que utiliza a gravação de uma entrevista concedida por ele, da qual foi transcrita essa epígrafe. A pesquisadora de arte popular Amélia Zaluar foi responsável pela compreensão e documentação sobre esse artista (http://blogameliazaluar.blogspot.com/p/casa-da-flor.html); Ver também Jaime Rodrigues, "Fios de O Fio da Memória", *Revista de História* (USP), n. 141, pp. 179-182, 1999; e o documentário *Um Certo Senhor Gabriel*, (En la Barca Jornadas Teatrais, 2021, 28min), disponível em https://www.youtube.com/watch?v=pC1jXmwm5jo.

então construída como Brasil? Como os processos linguísticos não seguem exatamente a cronologia política, questões que emergem na Independência serão abordadas em uma periodização mais longa, problematizando as "vozes africanas", isto é, o lugar e a potência das populações africanas e descendentes nesses processos.

Pode-se afirmar que a formação dos Estados nacionais europeus teve no século XIX o momento, por excelência, de definição das línguas nacionais, ocorrendo uma intervenção inédita do Estado nos falares da população, a ponto de criar, no homem comum, a expectativa de um padrão linguístico uniforme, que até então era próprio de grupos sócio-culturais restritos. A pluralidade linguística foi combatida por políticas educacionais e administrativas que acompanharam a formação dos Estados. Além disso, o olhar nacionalista sobre a língua aglutinou a ação de lexicógrafos, filólogos, gramáticos e escritores. A difusão da língua nacional impressa, como acentuou Benedict Anderson, desempenhou um papel importante – porque cotidiano, corriqueiro, indireto – na gestação do sentimento de comunidade nacional[2]. Governar, criar a soberania sobre o território e a população, consistiu também em "difundir a língua nacional", em construir uma uniformidade da fala, em pretensamente transformar "uma miscelânea de povos em uma comunidade nacional"[3].

No Brasil, antes e além dos manifestos teóricos produzidos no Romantismo literário em torno da nacionalidade linguística, já na década de 1820, em vários campos discursivos, há atos que apontam bem quem seriam os "outros" dessa tentativa de refundar a língua[4]. Mais do que o outro externo, o contraponto com Portugal, os *outros internos* me parecem terem sido os mais enredados por esse esforço de fundação. Como apontou Ilmar Rohloff de Mattos, o Império do Brasil, no tempo saquarema, exerceu sua vontade expansionista sobretudo para as tensões internas, a "expansão para dentro"[5].

---

2. Sobre o conceito de comunidades imaginadas, e a importância da língua impressa e unificada, ver Benedict Anderson, *Nação e Consciência Nacional*, São Paulo, Ática, 1989; Sobre a política da Revolução Francesa acerca da diversidade linguística, ver Michel de Certeau, Dominique Julia e Jacques Revel, *Une Politique de La Langue, La Révolution Française et Les Patois: l'Enquête de Grégoire*, Paris, Gallimard, 1975.
3. Jonathan Steinberg, "O Historiador e a Questione Della lingua", em P. Burke e Roy Porter (orgs.), *História Social da Linguagem*, Unesp/Cambridge, p. 242, 1997.
4. Desenvolvi essa questão em Ivana Stolze Lima, "Língua Nacional, Histórias de Um Velho Surrão", em Ivana Stolze Lima e Laura do Carmo (orgs.), *História Social da Língua Nacional*, Rio de Janeiro, Edições Casa de Rui Barbosa, 2008, pp. 215-245.
5. Ilmar R. de Mattos, "Construtores e Herdeiros: A Trama dos Interesses na Construção da Unidade Política", *Almanack Brasiliense*, vol. 1, pp. 8-26, 2005.

Os debates parlamentares, desde as primeiras legislaturas da Câmara dos Deputados, foram pontuados por esse movimento de renomeação, embora também pela força da tradição do uso de "língua portuguesa", que como sabemos, afinal, é o que permanece como a denominação da língua oficial no Brasil e na representação corrente. A criação das escolas de instrução primária, na lei de 1827, estipulou o "ensino da gramática da língua nacional". A importância política e os limites dessa medida podem ser avaliados pela manifestação, em 1838, de Paulino Soares de Souza, que vai se tornar um dos mais importantes dirigentes saquaremas. Então presidente da província do Rio de Janeiro, ele propunha que a estabilidade política do regime monárquico-escravista deveria estar ancorada em um "modo geral de sentir", de forma a forjar cidadãos afinados com a naturalização da classe senhorial e seu modelo de nação[6]. Sob seu governo, no ano anterior, a regulamentação da instrução primária na província, desde o artigo 3º dizia serem proibidos de frequentar as escolas públicas "os escravos, e os pretos africanos, ainda que sejam livres ou libertos"[7].

Um segundo exemplo no campo legislativo é ainda mais explícito sobre o "outro" que era contraposto a essa língua nacional imaginada. Em 1832, foi feita a regulamentação da Lei de 1831, que declarara livres todos os escravos vindos de fora do Império. Sua regulamentação estipulava que, em caso de suspeita de tráfico, uma autoridade deveria examinar o "preto boçal" para saber "se entende a língua brasileira"[8]. Caso não entendesse, seria uma prova de que ele seria um recém-ingresso. Vale comentar que tal critério foi rapidamente abandonado, por sua ineficácia diante da rica política linguística dos africanos[9], que discutirei ao longo desse texto.

6. Ilmar Rohloff de Mattos, *O Tempo Saquarema: A Formação do Estado Imperial*, 2. ed., São Paulo, Hucitec, 1990, p. 251. No capítulo "Formação do Povo", Mattos considera os elementos simbólicos no processo de consolidação do Estado nacional oitocentista, particularmente a instrução primária.
7. Lei Provincial n. 1, 1837, Sobre instrução primária no Rio de Janeiro.
8. Decreto de 12 de abril de 1832. Para uma análise do decreto, ver Marcos Abreu Leitão de Almeida, *Ladinos e Boçais: O Regime de Línguas do Contrabando de Africanos (1831-1850)*, Dissertação de Mestrado em História, Unicamp, 2012.
9. Uma das inspirações para delimitar o conceito de políticas linguísticas dos africanos no Brasil, investigando suas práticas de comunicação, construção de sociabilidades e resistências em contexto escravista, vem de Richard Price, "Palmares Como Poderia Ter Sido", em Flavio dos Santos Gomes e João José Reis, *Liberdade Por Um Fio: História dos Quilombos no Brasil*, São Paulo, Companhia das Letras, 1996. O potencial de comunicação dos quilombolas foi objeto de uma reflexão pelo autor, que compara Palmares às comunidades de escravos fugitivos do Suriname, os Saramacas, que por terem sobrevivido por séculos chegaram a formar uma língua própria, o saramacano, um crioulo anglo-português, falado no Suriname e na Guiana Francesa.

Textos mais informais, como anúncios de escravos fugidos, indicam que esse novo nome da língua passava a fazer parte do espaço público. Debates entre os distintos grupos políticos podiam acionar também tal imagem, segundo exemplos localizados no Rio de Janeiro, Minas Gerais e São Paulo[10].

O disseminado projeto do liberalismo imaginou uma nação expurgada dos africanos. O jornal mineiro *Mentor das Brasileiras*, um dentre aqueles que buscavam a renomeação da língua do Brasil, em 1830 republicou uma matéria que havia saído no periódico baiano *Escudo da Constituição*, o qual propunha uma modificação de hábitos e condutas das "senhoras brasileiras", para que se desse uma "reforma na educação da mocidade". O articulista visava coibir a prática das amas de leite, "que são pretas comumente escravas, e também africanas", o que levaria à "depravação dos costumes e o próprio idioma [sic]".

[...] é costume cantar aos meninos, de ordinário, estes só ouvem nos berços cantigas sem significação, ou em língua dos pretos, e quando as amas são melhores, todas essas cantilenas, são cheia de busões, fanatismo, superstição, terrores, corcundismos, e muitas vezes são lascivas, e todas só próprias para lançar sementes de estupidez, ou de corrupção nas tenras alminhas dos nossos filhos.

A proposta combatia as cantigas, que além de serem cantadas pelas amas, acabariam por ser repetidas também pelas mães, e afirmava que essas toadas jamais seriam esquecidas na vida adulta, "e isto de certo é mui pernicioso; porque tais impressões deixam sementes, que na idade maior deitam ruins frutos"[11]. Na reforma visada, o autor propunha quadrinhas com o ideário liberal, tratando da constituição, da guerra ao despotismo e ao governo absoluto. O artigo é indício de um imaginário que se tornaria bem difundido: a ideia de que os africanos corrompem a língua da mocidade.

---

10. Eis alguns exemplos do uso dessa expressão: no *Diário do Rio de Janeiro* (p. 3, 11 dez. 1824), o escravizado de nome João, de nação Caçange, foi descrito como "fala alguma coisa atrapalhado a língua brasileira". O jornal liberal moderado, *Astrea*, (p. 6, 07 mar. 1827), na crítica a um opositor político, Antonio Correa de Carvalho, o ironiza dizendo "nem ao menos saber a língua brasileira". Em Minas, o *Mentor das Brasileiras* (p. 3, 10 fev. 1832), louvando a expansão das "luzes" e da instrução, louva também o ensino da "língua brasileira".
11. *O Mentor das Brasileiras*, 02 abr. 1830 e 16 abr. 1830; Sobre o jornal, ver Wlamir Silva, "Amáveis Patrícias: O Mentor das Brasileiras e a Construção da Identidade da Mulher Liberal na Província de Minas Gerais (1829-1832)", *Revista Brasileira de História*, vol. 28, n. 55, pp. 107-130, 2008.

O infante alimentado com leite mercenário de uma africana vai, no desenvolvimento de sua primeira vida, aprendendo e imitando seus costumes e hábitos, e ei-lo já quase na puberdade qual outros habitantes da África central, sua linguagem toda viciada, e uma terminologia a mais esquisita, servindo de linguagem[12].

Formulações como essas merecem ser lidas a contrapelo pela historiador: elas terminam por deixar perceber que as cantigas africanas tinham poder de permanência e duração.

A expansão da cultura escrita, a incipiente expansão da alfabetização, a difusão da palavra impressa, o fortalecimento da administração, o forjar da soberania territorial, as ligações e comunicação por terra, rios e mar, agiam para uma unificação linguística no território. Uma expressão significativa disso foi a publicação do *Dicionário da Língua Brasileira*, escrito por um dono de tipografia, Luís Maria da Silva Pinto, em Ouro Preto, em 1832, passados dez anos da ruptura política com Portugal[13]. De que trata esse dicionário? O autor-tipógrafo-editor, esclarece: o volume seria "compreensivo das palavras e frases entre nós geralmente adotadas, e não somente daquelas que proferem os índios, como se presumira". Note-se assim, por esse e outros indícios, que a expressão língua brasileira poderia soar àquela altura como sinônimo de língua brasílica, que havia sido uma das formas de comunicação estratégicas para o estabelecimento de uma ordem colonial na América Portuguesa nos séculos anteriores, isto é, uma língua geral de base indígena que serviu à colonização[14]. O *Dicionário da Língua Brasileira* foi todo ordenado como uma compilação resumida do *Dicionário da Língua Portuguesa* de Antonio de Moraes e Silva[15], uma espécie de Moraes "portátil" (adjetivo usado por Silva Pinto). Para além da polêmica

---

12. *O Constitucional*, 07 maio 1853, citado por Mariana Muaze, "Maternidade Silenciada: Amas de Leite no Brasil Escravista, Século XIX", em Helen Osório e Regina C. Xavier (orgs), *Do Tráfico ao Pós-abolição, Trabalho Compulsório e a Luta por Direitos Sociais no Brasil*, São Leopoldo, OIKOS, 2018, pp. 360-391.
13. Luís Maria da Silva Pinto, *Dicionário da Língua Brasileira*, Ouro Preto, Tipografia de Silva, 1832; Ivana Stolze Lima, "Luís Maria da Silva Pinto e o Dicionário da Língua Brasileira (Ouro Preto, 1832)", *Humanas*, vol. 28, pp. 33-67, 2006.
14. José Bessa-Freire, *Rio Babel: A História das Línguas na Amazônia*, Rio de Janeiro, Eduerj/Atlântica, 2004; Ver também Kittiya Lee, *Conversing in Colony. The Brasílica and the Vulgar in Portuguese America, 1500-1759*, Tese de Doutorado, The Johns Hopkins University, 2005.
15. A análise da nomenclatura, isto é, do conjunto de entradas da obra, traz de fato uma espécie de compilação do dicionário de Morais e Silva, tomando como base de comparação a segunda edição, de 1813, feita em vida pelo dicionarista. O tipógrafo mineiro fez uma espécie de transposição do *Dicionário* de Morais, embora tenha introduzido, alguns aspectos da lógica local nesse processo. Antônio Morais e Silva, *Dicionário da Língua Portuguesa Recopilado*, Lisboa, Typ. Lacerdina, 1813.

nomeação da língua, o fato é que a publicação contribuía para a unificação linguística nacional: o volume impresso e distribuído localmente, que tornaria acessível esse instrumento de ortografia e padronização. Vale ainda acrescentar que nesse dicionário não há menção à origem de alguns termos correntes na linguagem cotidiana como procedentes de empréstimos lexicais africanos, particularmente de algumas línguas do grupo banto, como por exemplo *moleque*: "Preto escravo pequeno"; ou *mocambo*: "Habitação, que fazem os pretos fugitivos nos matos, chamada por outro nome Quilombo". A África aparece em verbetes como "Tabaque s.m. Tambor, de que usam na Ásia, e África os bárbaros"[16].

Passando à produção intelectual do Romantismo, algumas discussões encetadas nas páginas da revista *Guanabara*[17] trazem elementos interessantes para a reflexão sobre a construção da nacionalidade linguística. Aí foi publicado o manifesto de Joaquim Norberto, intitulado "Língua Brasileira", uma das peças de defesa de que os escritores brasileiros teriam direito a uma língua literária própria. Os parâmetros para tanto são razoavelmente conhecidos: vocábulos apropriados da "suave e elegante" língua tupi, enxertados no texto literário, seriam uma das marcas que a diferenciariam da língua portuguesa[18]. Entre o diferente e o mesmo, Joaquim Norberto decretava o sentido da expressão língua brasileira, naquela mesma direção em que já havia atuado o dicionarista Luís da Silva Pinto, em 1832. Não mais seria a "língua dos antigos dominadores do Brasil", pois essa deveria ser a partir de então designada como "língua guaranina" ou "língua geral".

---

16. Luís Maria da Silva Pinto, *Dicionário da Língua Brasileira*, sem página (o dicionário não tem numeração das páginas).
17. A *Guanabara* é uma das representante de revistas literárias, acadêmicas e científicas que foram órgãos importantes do romantismo brasileiro e, de forma mais ampla, da atividade intelectual naquele contexto. Tratava-se, no mesmo volume, de química, botânica, história e poesia. Notícias sobre livros publicados em diferentes locais do Império e resoluções de equações matemáticas conviviam nestes projetos, dedicados às "classes da sociedade que procuram um passatempo instrutivo", como publicado em seu prólogo. A revista foi publicada entre 1849-1851 e retomada de 1854 a 1856. Os diretores da primeira fase foram Joaquim de Macedo Soares, Araújo Porto-Alegre e Gonçalves Dias. Na segunda fase, este foi substituído por Joaquim Caetano Fernandes Pinheiro, *Guanabara, Revista Mensal Artística, Científica e Literária*, Rio de Janeiro, 1849-1851, 1854-1856.
18. Para uma abordagem ampla da questão, ver Flora Sussekind, "O Escritor Como Genealogista: A Função da Literatura e a Língua Literária no Romantismo Brasileiro", em Ana Pizarro (org.), *América Latina: Palavra, Literatura e Cultura*, São Paulo, Memorial da América Latina/Campinas, Ed. da Unicamp, 1994; Ivana Stolze Lima, *Cores, Marcas e Falas: Sentidos de Mestiçagem no Império do Brasil*, Rio de Janeiro, Arquivo Nacional, 2003, cap. 3: "Entre o Tupi e a Geringonça Luso-africana: Eis a Língua Brasileira".

[...] ao menos cá de mim para mim tenho, que quando disser língua portuguesa, entenderão por tal o idioma de que se usa na velha metrópole, e quando disser língua brasileira, tomarão por tal a que falamos, que é quase aquela mesma, mas com muitas mudanças.

Em outras passagens, o autor foi ainda mais eloquente sobre os valores civilizacionais que ele atribuía à língua brasileira:

Ora, não há dúvida que nós trazemos no peito a cruz de Afonso Henriques, e temos nos lábios a língua de Camões, como tão poeticamente disse o meu Porto Alegre, e que bem traduzido e em termos de prosa quer dizer que *somos cristãos e falamos português*[19].

Ainda na *Guanabara*, o poder unificador da língua nacional servia como argumento para combater um medo que rondava o universo desses escritores-dirigentes, o de uma *africanização* da população, continuamente alimentada pelo tráfico, que se associava ao temor de uma população dividida entre brancos e pretos. Quanto a esses medos, assegurava o cônego Fernandes Pinheiro que, no Brasil, encontram-se "ligadas as suas diversas partes pela comunidade de interesses, de língua, de Religião"[20].

A *Guanabara* traduziu – e traiu – partes de um artigo do escritor e diplomata espanhol Juan Valera, *A poesia brasileira*, publicado na *Revista española de ambos os mundos*, em 1855[21]. Num rasgado elogio à produção poética e à musicalidade brasileira, Valera afirmou que palavras dos "dialetos americanos" estavam sendo incorporadas à língua nacional – o que como vimos era uma tópica aceita – e acrescentou que "tambien palabras de las lenguas de la costa de Africa, acaso de la lengua bunda y de la lengua del Congo, que son las mas perfectas que hablan los negros"[22]. Mas os editores da *Guanabara* intervieram no texto, truncando essa passagem, que foi traduzida por

---

19. Joaquim Norberto de Souza e Silva, "A Língua Brasileira", *Guanabara, Revista Mensal Artística, Científica e Literária*, tomo III, p. 100, 1855, grifo meu.
20. Joaquim Caetano Fernandes Pinheiro, "Uma resposta", *Guanabara*, tomo III, 1855, pp. 97-98. Para uma análise mais circunstanciada do texto de Pinheiro, ver Ivana Stolze Lima, "A Língua Brasileira e os Sentidos de Mestiçagem no Império do Brasil", *Topoi – Revista de História*, n. 4, pp. 334-356, 2003.
21. Juan Valera, "A Poesia Brasileira", *Guanabara, Revista Mensal Artística, Científica e Literária*, p. 198, 1855 e 1856.
22. A expressão língua bunda, ou língua ambunda, era então usada para denominar o quimbundo. A expressão aparece, por exemplo, no trabalho do missionário capuchinho Frei Bernardo de Canneccatim, que foi prefeito das missões em Angola e compôs o *Dicionário da Língua Bunda, ou Angolense, Explicada na Portuguesa, e Latina*, Lisboa, Impressão Régia, 1804.

"língua buda da Costa do Congo". Esse erro tipográfico, talvez não inocente, transformou *bunda* em *buda*. A outra intervenção, foi uma nota de rodapé dos editores.

> Parece-nos sumamente injusto o que diz o ilustre viajante; porque se algumas palavras dos dialetos africanos se acham introduzidas entre nós, não são elas jamais empregadas por pessoas instruídas e bem educadas[23].

A produção literária oitocentista foi marcada por uma tópica bem menos comentada, em torno de uma "língua de preto", que representou escravizados africanos e crioulos, com marcas de uma fala distanciada do que seria entendido como uma língua adequada e culta. Na construção desses personagens, atribuíam a eles uma fala estropiada, uso de algaravias incompreensíveis, pronúncias características de certos sons, frases que não seguiam a sintaxe padrão[24].

Sobre a força das línguas africanas na fundação da língua nacional, notamos que mais do que um silenciamento, havia uma reiterada denegação. Como Freud já explicou, um *não* reiterado, tem um *sim* escondido.

É interessante ampliarmos o olhar para outras temporalidades, pois a historicidade das línguas tem uma duração mais lenta. Para perceber a força da comunicação africana, proponho que focalizemos as últimas décadas do século XVII e as primeiras do século XVIII. Num intervalo de quarenta anos, foram produzidas as duas mais importantes obras sobre línguas africanas no Brasil, uma na Bahia, outra em Minas, ambas no espaço atlântico. São obras aliás preciosíssimas para a própria história da linguística africana. A *Arte da Língua de Angola*, de 1697, considerada a primeira gramática de quimbundo, foi elaborada por Pedro Dias, um jesuíta português que viveu no Rio de Janeiro, Pernambuco e Bahia, com a decisiva colaboração da rede constituída pela Companhia de Jesus, que incluía bases no Reino de Angola. A *Obra Nova da Língua Geral de Mina*, que tem a primeira versão de 1731, e uma segunda versão de 1741, foi elaborada por Antonio da Costa Peixoto, português que viveu em

---

23. "... los brasileños... hayan añadido tambien palabras de las lenguas de la costa de Africa, acaso de la lengua bunda y de la lengua del Congo, que son las mas perfectas que hablan los negros", Juan Valera, "La Poesia Brasileña", *Revista Española de Ambos os Mundos*, pp. 175-184 e pp. 618-633, 1855.
24. Tania Alkmin, "Fala de Escravo: Estudo de Um Caso de Representação", *Estudos Portugueses e Africanos,* n. 28, 6371; Tania Alkmin, "Falas e Cores: Um Estudo Sobre o Português de Negros e Escravos no Brasil do Século XIX", em Ivana Stoltz Lima e Laura do Carmo (orgs.), *História Social da Língua Nacional,* Rio de Janeiro, Edições Casa de Rui Barbosa, 2008, pp. 247-264.

Minas Gerais; um leigo, escrivão e juiz da vintena, um desconhecido, sem vínculo com as tradições literárias clássicas. Trata-se de um livro manuscrito que consiste em um vocabulário organizado tematicamente, de palavras, frases e diálogos de línguas do grupo gbe (o que foi chamado língua mina), traduzidos para o português. Certamente não por acaso essas obras lidaram com os dois principais macrogrupos do tráfico de homens e mulheres àquela altura. Os povos da área Congo-Angola, falantes de línguas distintas, mas numa região em que o quimbundo foi estratégico para a montagem e funcionamento do tráfico e da presença portuguesa, constituem 40% dos escravizados desembarcados no Brasil. A esse intensíssimo fluxo de escravizados, a mineração do ouro ensejou que o já existente tráfico da região chamada de Costa da Mina, atingisse um patamar também muito alto. Na primeira metade do século XVIII, desembarcaram cerca de 370 mil escravizados "minas", em grande proporção falantes das línguas gbe, e que por isso compartilhavam um relativo grau de intercompreensão, o que foi um dos elementos que contribuiu para o sistema de produção de cativos na área[25].

Para além das diferentes intenções dos dois autores (um missionário envolvido em dominar o quimbundo para doutrinar os Angolas[26] e um burocrata leigo que vivia metido nas tabernas bebendo cachaça com negros e negras, que foi uma espécie de intermediário entre falantes de mina e de português), essas duas obras fazem ver que àquela altura, duas línguas gerais africanas se impuseram como línguas estratégicas para a montagem da ordem escravista. Isto é, estas acabaram sendo usadas como espécies de línguas coloniais, num ambiente linguístico em que o português era minoritário na sua dimensão demográfica. Pode-se considerar que o regime linguístico da colonização teve várias línguas coloniais: aquelas de base tupi e também aquelas que chamaram língua de Angola e a língua mina.

---

25. Carlos da Silva Jr., "A Diáspora Mina-gbe no Mundo Atlântico", em Juliana Farias, Ivana Stolze Lima, Aldair Rodrigues, *Diáspora Mina: Africanos Entre o Golfo do Benim e o Brasil,* Rio de Janeiro, Nau Editora, 2020.
26. Ver a reflexão de Sílvia Lara sobre a relação entre linguagem e ordem escravista: Sílvia Lara, "Linguagem, Domínio Senhorial e Identidade Étnica nas Minas Gerais de Meados do Século XVIII", em C. Bastos, M. V. Almeida e B. Bianco (orgs.), *Trânsitos Coloniais: Diálogos Críticos Luso-brasileiros,* Lisboa, ICS, 2002, pp. 205-226. Para uma análise da problemática histórica da elaboração da *Arte da Língua de Angola,* no espaço atlântico, ver Ivana Stolze Lima, "Escravidão e Comunicação no Mundo Atlântico: Em Torno da Língua de Angola, Século XVII". *História Unisinos,* vol. 21, n. 1, p. 109-121, 2017. Sobre a obra nova da língua geral de mina ver Ivana Stolze Lima, "A Voz e a Cruz de Rita: Africanas e Comunicação na Ordem Escravista", *Revista Brasileira de História,* vol. 38, n. 79, 2018.

Portanto, por muito tempo não foi o português a língua colonial por excelência[27]. Não por opção, pois no horizonte imaginado, desde o século XVI, a língua do príncipe deveria ser falada pelos súditos. Mas alteridades americanas e africanas se impuseram ao projeto colonizador. Para que o português se tornasse língua colonial de forma mais efetiva, essas outras línguas coloniais funcionaram como espécies de etapas. A Coroa portuguesa, na primeira metade do século XVIII, ainda antes do Diretório Pombalino de 1757, já vinha tentando associar a presença da sua língua para justificar a expansão territorial nas áreas do interior do continente que caberiam à Espanha, na forma dos tratados então firmados[28]. O Diretório que, dentre outras importantes medidas, ensaia a imposição do português e o esquecimento das línguas gerais indígenas é um ato desse movimento. Entretanto, mais do que tal medida político-administrativa, os fatores que tornaram o português cada vez mais a língua corrente no espaço americano foram a própria consolidação da colonização, acompanhada de intenso fluxo populacional do Reino, a teia administrativa da língua escrita e a formação de um sistema literário. Esse processo, marcado por muitas línguas em contato, em uma complexa ecologia linguística, levou à transformação e emergência do português brasileiro[29].

A inflexão observada com a formação do Estado independente, que potencializou o projeto de unificação linguística, possibilitou que as línguas africanas já não tivessem aquele lugar tão estratégico no repertório da comunicação da ordem escravista no perí-

27. A língua portuguesa dominava nas áreas de maior vínculo com os interesses mercantilistas, como o litoral nordestino e do sudeste e as áreas mineradoras, ver Luiz Carlos Villalta, "O Que se Fala e o Que se Lê: Língua, Instrução e Leitura", em Laura de Mello e Souza (org.), *História da Vida Privada no Brasil: Cotidiano e Vida Privada na América Portuguesa*, São Paulo, Companhia das Letras, vol. 1, 1997; Bethania Mariani, *Colonização Linguística*, Campinas, Pontes, 2004.
28. Bessa-Freire aponta como as disputas de fronteira entre Portugal e Espanha, que geraram os tratados de Utrecht (1715), Madrid (1750) e Santo Idelfonso (1777), acionavam o princípio de que a ocupação dos territórios era a fonte do direito sobre os mesmos. A língua aí falada seria a prova de sua ocupação, a base para a delimitação da soberania. Segundo o autor, esse foi o grande motivo para a tentativa de "portugalização" da Amazônia. Esse processo se intensificou no governo do Marquês de Pombal (1755-1777), marcado, entre outras medidas de reestruturação política e administrativa, pela tentativa de imposição do português e a proibição de qualquer outra língua. O Diretório buscava que a língua portuguesa passasse a ser a língua de comunicação entre todos os moradores, portugueses, mestiços e índios, observação decisiva de Bessa-Freire para mostrar que não se visava apenas os aldeamentos e as línguas faladas pelos índios, mas a língua corrente de ampla comunicação. José Bessa-Freire, *Rio Babel: A História das Línguas na Amazônia*, Rio de Janeiro, Eduerj/Atlântica, 2004.
29. Há uma vasta produção na área de linguística explorando as características do português brasileiro. Ver por exemplo a discussão teórica sobre esse processo em Olga Coelho; Thomas Finbow, "Apontamentos para uma História Linguística Transatlântica e Descolonizada do Português no Brasil: O Contato e a Diversidade em Foco", em Francisco Vieira e Marcos Bagno (org.), *História das Línguas, Histórias da Linguística*, Homenagem a Carlos Alberto Faraco, São Paulo, Parábola, 2020.

odo colonial. Mas isso não quer dizer que não deixaram de ser alvo de ações reiteradas para sua obliteração, como vimos no esforço de fundar uma língua brasileira da qual as vozes africanas não fariam parte. É isso mesmo que mostra a sua contínua força.

Os cerca de dois milhões de africanos desembarcados no Brasil na primeira metade do século XIX[30] continuaram a operar suas artes da linguagem. A comunidade de fala quimbundo-quicongo-umbundo nas fazendas de café do Vale do Paraíba, explorada por Robert Slenes[31] é um importante sinal disso. A dinâmica do tráfico e as questões da história da África ocidental no início do século XIX, levaram a Salvador um grupo significativo de falantes de nagô (iorubá), propiciando ali também uma recriação de laços comunitários nessa língua. O fon, ou jeje, no Maranhão, foi a base de uma das mais importantes casas de candomblé, a Casa das Minas[32], exemplo, dentre inúmeros outros, da permanência reinventada das falas africanas nas comunidades de terreiro em todas as regiões do país.

O Brasil oitocentista, portanto, embora tenha buscado forjar a experiência de uma unificação linguística, foi marcado por esse intenso multilinguismo africano. A capacidade de conviver no ambiente multilíngue era uma experiência cognitiva básica para esses povos. Portanto, aprenderam português expostos à presença mais intensa dessa língua. Ao mesmo tempo souberam, inclusive, negociar suas falas, performar identidades linguísticas, podendo ser confundidos como crioulos, ou podendo disfarçar a voz, "fingirem ser boçais"[33]. A capacidade de "fingir-se boçal" estaria na base do abandono daquele regulamento de 1832 para coibir o tráfico, mas continuou a ser praticada pe-

---

30. A estimativa do Slave Trade Database para o desembarque de africanos no Brasil, entre 1801 e 1850 é de 2 061 625 homens e mulheres. https://www.slavevoyages.org/assessment/estimates. Acesso em 16 jan. 2021.
31. A categoria lingüística banto foi definida no século XIX para analisar várias línguas da região central do continente africano, presentes por exemplo em Angola, Congo e Moçambique, para citar regiões de onde saiu um fluxo importante de africanos para o Brasil. Deve-se ter cuidado pois é uma categoria muito ampla, que engloba centenas de línguas com muitas particularidades. Robert Slenes indica como isso propiciou uma "comunidade de palavra", pois algumas línguas da família banto, nesse contexto específico, seriam muito próximas entre si, possibilitando uma intercomunicação, que teria início já no continente africano. Este autor lembra como essa comunidade da palavra, especialmente na região Sudeste, e mais especialmente na região cafeeira do Vale do Paraíba, criou condições para formas de resistência social e cultural entre os escravos. O jongo seria disso um exemplo, por reunir formas próprias de sociabilidade e recriação cultural em torno da experiência daqueles indivíduos submetidos à condição de escravos. Robert Slenes, "Malungu, Ngoma Vem! África Coberta e Descoberta no Brasil", *Revista USP*, n. 12. p. 55, 1992.
32. Sergio F. Ferreti, *Querebentã de Zoumadônu. Etnografia da Casa das Minas do Maranhão*. Rio de Janeiro, Pallas, 3 ed., 2009.
33. Essa pesquisa tomou como material básico os anúncios de jornal relativos a escravos. Ivana Stolze Lima, "Escravos Bem Falantes e Nacionalização Linguística no Brasil: Uma Perspectiva Histórica", *Estudos Históricos*, vol. 25, n. 50, pp. 352-369, 2012.

los homens e mulheres em situação de escravidão que, ainda que já fossem "ladinos", forjaram situações em que manejaram sua comunicação para parecer que não sabiam a língua senhorial[34].

Em Minas, na atual cidade de Bom Despacho, a língua da Tabatinga formou-se como uma língua secreta, uma comunicação africana da qual os senhores seriam deixados do lado de fora. Essa língua tem marcas principalmente do umbundo, e também quicongo e quimbundo, o que corresponde à intensificação do tráfico oriundo de Benguela para a região[35].

No contexto da Balaiada, no Maranhão, Cosme Bento das Chagas, preto forro que se auto-intitulou "imperador da liberdade" e que reuniu dois mil quilombolas na Lagoa Amarela, dando mostra de uma política linguística criou uma escola no mocambo para que as crianças aprendessem a ler e escrever. Indo além, ele mesmo lavrou cartas de liberdade para os fugitivos que capitaneou. Assim, lançava mão da escrita como ato simbólico instituidor de uma realidade almejada. Foi preso e condenado à morte em 1842[36].

O negro Agostinho José Pereira, conhecido como Divino Mestre, alfabetizava outros negros e costumava pregar pela liberdade em Recife. Havia participado da Confederação do Equador, teve contato com a Sabinada, e carregava um "ABC" onde falava das injustiças e violências contra os "morenos" e discutia os acontecimentos no Haiti e na "América Inglesa". Acabou preso em 1846, dado o explícito temor que representava para as autoridades constituídas[37].

Mas mesmo tendo sido tantas vezes presa ou condenada à morte, a vontade da apropriação da escrita por africanos e descendentes prosseguiu, algo que vem sendo cada vez mais explorados por diferentes pesquisas[38].

---

34. Sobre o impacto das ações africanas em torno dos usos das línguas, no período em que se buscou combater o tráfico de africanos, ver Marcos Abreu Leitão de Almeida, *Ladinos e Boçais: O Regime de Línguas do Contrabando de Africanos (1831-1850)*, Dissertação de Mestrado em História, Unicamp, 2012.
35. Margarida Petter, "A Tabatinga Revisitada: A Manutenção de um Léxico de Origem Africana em Minas Gerais", *Moderna Sprak*, vol. 107, pp. 89-100, 2013.
36. Maria Januária Vilela Santos, *A Balaiada e a Insurreição de Escravos no Maranhão*, São Paulo, Ática, 1983, p. 99. Matthias Röhrig Assunção, "A Resistência Escrava nas Américas: Algumas Considerações Comparativas" em Douglas Libby, e Junia Furtado (org.), *Trabalho Livre, Trabalho Escravo. Brasil e Europa, Séculos XVIII e XIX*, São Paulo, Annablume, p. 358.
37. Marcus J. M. Carvalho, "'Fácil é Serem Sujeitos, De Quem Já Foram Senhores': O ABC do Divino Mestre", *Afro-Ásia*, n. 31, pp. 327-334, 2004.
38. Ver o instigante artigo de Maria Cristina Wissenbach, "Cartas, Procurações, Escapulários e Patuás: Os Múltiplos Significados da Escrita Entre Escravos e Forros na Sociedade Oitocentista Brasileira", *Revista Brasileira de História da Educação*, n. 4. 2002. Diferentes pesquisas foram reunidas por Marcelo Mac Cord, Carlos Moreira de Araújo e

Para poder ouvir as vozes africanas em um contexto tão adverso, de exclusão e hierarquização, podemos buscar inspiração no pensador quilombola contemporâneo Antonio Bispo dos Santos. Nos seus escritos, Bispo se apresenta não como autor, mas como tradutor, por ter aprendido a escrita, a qual entende como instrumento que amplifica as falas e ações da sua comunidade quilombola no Piauí[39]. Ele propõe a perspectiva de uma contracolonização e, questionando as categorias da racialização, generalizantes e exteriores, de negros e índios, coloca o foco nos "contracolonizadores afro-pindorâmicos" como atores políticos da história. Um dos elementos dessa colonização – que não terminou – foi impedir que falassem suas próprias línguas, de manter "as significações dos nossos modos de vida".

> Colonizar é subjugar, humilhar, destruir ou escravizar trajetórias de um povo que tem uma matriz cultural, uma matriz original diferente da sua. (…) E o que é contracolonizar? É reeditar as nossas trajetórias a partir das nossas matrizes. E quem é capaz de fazer isso? Nós mesmos! Só pode reeditar a trajetória do povo quilombola quem pensa na circularidade e através da cosmovisão politeísta[40].

Diante daquela reiterada denegação que o imaginário sobre a língua brasileira carregou, apoiado em práticas excludentes, como explicar que a formação do Estado nacional no Brasil, sustentada na mão de obra escrava e nos privilégios da classe senhorial tenha sido, também, a experiência de gestação de um mundo das letras, com grande número de descendentes de escravos, libertos e africanos entre seus agentes, inclusive os mais ilustres? Esses artesãos da palavra escrita, escritores, consagrados ou esquecidos, além de tipógrafos, redatores, revisores, cronistas, muitos hoje de fora da "literatura brasileira", mas que estavam ali pelos bastidores, pelos cafés ou pelas esquinas, ou como diz Flora Sussekind, numa "lata de lixo" da historiografia literária tradicional[41].

Flavio dos Santos Gomes (orgs.), *Rascunhos Cativos: Educação, Escolas e Ensino no Brasil Escravista*, Rio de Janeiro, 7 Letras/Faperj, 2017.

39. "Quando provoco um debate sobre a colonização, os quilombos, os seus modos e as suas significações, não quero me posicionar como um pensador. Em vez disso, estou me posicionando como um tradutor. Minhas mais velhas e meus mais velhos me formaram pela oralidade, mas eles mesmos me colocaram na escola para aprender, pela linguagem escrita, a traduzir os contratos que fomos forçados a assumir". Antônio Bispo Santos, "Somos da Terra", *Piseagrama*, n. 12, pp. 44-51, 2018, Belo Horizonte.
40. Antônio Bispo dos Santos, *Colonização, Quilombos. Modos e Significações*, Brasília, Instituto Nacional de Ciência e Tecnologia, 2015, p. 50.
41. Flora Süssekind e Rachel Valença, *O Sapateiro Silva*, Rio de Janeiro, Fundação Casa de Rui Barbosa, 1983. Também disponível em: https://www.gov.br/casaruibarbosa/pt-br/centrais-de-conteudo/publicacoes/pdfs/o-sapateiro-silva--ocr.pdf/view.

Quantos deles são descendentes mais ou menos próximos de escravizados, libertos, crioulos e africanos? O mundo da imprensa constituía um mercado de trabalho que possibilitava profissionalização e relativa ascensão social. Podemos ampliar um pouco e pensar nas leitoras e leitores anônimos, e nas professoras e professores pobres, que mantinham suas aulas particulares ensinando meninos pretos e pardos a ler, escrever e contar[42]. Paula Brito é um exemplo conhecido: mulato humilde, aprende a ler, começa como aprendiz em uma tipografia e se torna dono da célebre Tipografia Imperial Dous de Dezembro[43]. Se não tão célebres, outros anônimos existiram. O pai de Lima Barreto foi escravo e tipógrafo. Sua mãe, filha de escravos, era professora.

Maria Firmina dos Reis, hoje revisitada como a primeira escritora negra brasileira, filha de uma liberta, publicou *Úrsula, romance original brasileiro*, em 1859, autoidentificando-se na capa apenas como "Uma maranhense". Foi professora de primeiras letras, publicou também poesias e contos[44]. Na nota com que abre seu romance, a autora apresenta um interessante testemunho onde podemos entrever as hierarquias linguísticas que enfrentou:

> Sei que pouco vale este romance, porque escrito por uma mulher, e mulher brasileira, de educação acanhada e sem o trato e a conversação dos homens ilustrados, que aconselham, que discutem e que corrigem; com uma instrução misérrima, apenas conhecendo a língua de seus pais, e pouco lida, o seu cabedal intelectual é quase nulo.

Identifico uma forte dimensão de gênero colocada pela autora nessa frase: "homens ilustrados" que "corrigem". A retórica da modéstia quiçá carrega aí uma afirmação irônica do seu lugar externo a esse clube masculino letrado. Por vários motivos, esse romance é raro e especial na produção literária romântica. Há nele uma crítica

---

42. Adriana Maria Paulo da Silva, "A Escola de Pretextato dos Passos e Silva: Questões a Respeito das Práticas de Escolarização no Mundo Escravista", *Revista Brasileira de História da Educação*, n. 4. p. 145-166, 2002; Marcus Vinicius Fonseca, "Educação e Escravidão: Um Desafio para a Análise Historiográfica", *Revista Brasileira de História da Educação*, n. 4. pp. 123-144, 2002; Alessandra Frota Martinez Schueler, e Irma Rizzini, "Trabalho e Escolarização Urbana: O Curso Noturno para Jovens e Adultos Trabalhadores na Escola Municipal de São Sebastião, Rio de Janeiro (1872-1893)", *Revista Brasileira de História da Educação*. vol. 17, n. 1, pp. 89-115, jan.-mar. 2017.
43. Mônica Velloso, "Um Agitador Cultural na Corte: A Trajetória de Paula Brito", em Paulo Knaus, *et al.* (org.), *Revistas Ilustradas. Modos de Ler e Ver no Segundo Reinado*. Rio de Janeiro, Faperj/Mauad, pp. 67-78, 2011; Rodrigo C. Godoi, *Um Editor no Império. Francisco de Paula Brito (1809-1861)*, São Paulo, Edusp/Fapesp, 2016.
44. Sobre Maria Firmina dos Reis, ver o excelente site organizado por Luciana Diogo, pesquisadora de sua obra: mariafirmina.org.br.

contundente à escravidão e ao poder patriarcal. Personagens escravizados têm voz, dor e vontade, e não seguem o estereótipo da fala arrevezada característico da produção literária oitocentista. Na minha leitura, a cena de maior densidade dramática é aquela em que a protagonista, em momento em que se refugia num campo, vive o pavor de ser estuprada por um homem desconhecido que a assedia. (A trama depois revela que esse homem era seu tio). Acuada e buscando preservar sua honra, ela se coloca e pede respeito: "Estou só, o lugar ermo, tudo vos protege e vos anima". Pede, "Senhor, eu devo voltar para minha casa". Tenta, ainda, a via da dissimulação, indagando seu nome, o que é recusado. Esse homem, tomado por um amor obsessivo, sentencia "haveis de ser minha, porque ninguém me desdenha impunemente. Ouvis?". Úrsula, congela, "pálida e queda de horror", até que consegue se desvencilhar de suas mãos e partir[45]. Nessa crítica, a explicitação da violência contra a mulher, feita por uma mulher, escritora negra, nas letras impressas sob o regime monárquico-escravista, é rara e preciosa.

Retornemos à epígrafe desse capítulo, de Gabriel Joaquim dos Santos, filho de um ex-escravizado e de uma índia, nascido em 13 de maio de 1892. Gabriel garimpava, entre os lixos da região os restos e cacos que ninguém queria para construir a Casa da Flor, em São Pedro da Aldeia, RJ, tombada pelo Iphan em 2016. Ele aprendeu a ler e escrever já adulto, e começou a produzir os chamados cadernos de assentamento nos quais elaborou simbolicamente, a partir de fragmentos, aquela aguda e precisa reflexão sobre a história. A fala de Gabriel, porém, distanciada da padronização, é importante para nos fazer repensar sobre o quanto temos enraizado de preconceito linguístico entre nós, na nossa reiterada recusa da oralidade como expressão legítima, no nosso riso disfarçado diante de "erros" de português, que Lélia Gonzalez brilhantemente conceituou como o pretuguês[46].

Não há como não concluir esse texto sem explicitar o quanto de racialização houve nesse movimento que estruturou a formação de uma língua nacional no Brasil. O racismo linguístico tem várias dimensões. A colonização, continuada internamente pelo Império sobre os povos do seu território, aniquilando distintos modos de vida e desagregando comunidades de fala, é uma dessas dimensões. Outra é a construção de

---

45. Maria Firmina dos Reis, *Úrsula. Romance Original Brasileiro*. São Luís. Tipografia do Progresso, 1859. Edição fac-similar, organizada por José Nascimento Morais Filho. São Luís, Gráfica Olímpica, 1975, pp. 100-107.
46. Lélia Gonzalez, "Racismo e Sexismo na Cultura Brasileira", *Revista Ciências Sociais Hoje*, ANPOCS, pp. 223-244, 1984. Para uma discussão sobre como a racialização é operada através da linguagem, ver Gabriel Nascimento, *Racismo Linguístico: Os Subterrâneos da Linguagem e do Racismo*, Belo Horizonte, Editora Letramento, 2020.

um imaginário sobre a fala dos outros: a fala estropiada, a barbárie poliglota, a incapacidade de comunicação, o uso pejorativo do conceito de "dialetos", a "corrupção" da língua corrente, entre tantos outros. As categorizações raciais carregadas pela língua senhorial reiteram as operações patriarcais e escravistas de segmentação dos grupos sociais, a começar pela própria categoria de "brancos", associada à condição de livre, que moldava as noções de preto, associado à escravidão, e portanto excluído do ideal de cidadania. A exclusão do mundo da escrita foi também uma forma de racialização. Aliás, o próprio desafio historiográfico em buscar as vozes africanas e descendentes, nos arquivos construídos como instrumentos da ordem, é um sinal disso. O acesso a certos lugares sociais ainda hoje é condicionado ao uso oral e escrito de um código linguístico específico. Os exemplos de resistência apontados nesse artigo indicam a percepção de que aqueles que buscavam a liberdade sabiam que se apropriar desse instrumento de poder era algo importante. A permanência de distintas formas de oralidade e memória continuam se debatendo com o sistema hoje naturalizado como língua portuguesa, uma estrutura de hierarquização e exclusão sistemática das vozes da diferença. A Constituição de 1988 reconheceu o direito à diversidade linguística, e combater as distintas formas de racismo linguístico parece ser um caminho urgente que merece ser trazido para a reflexão sobre uma independência ainda em construção.

Sobre os Autores

ADRIANA BARRETO DE SOUZA é professora do Departamento de História da UFRuralRJ, pesquisadora do CNPq (PQ/CNPq) e Cientista do Nosso Estado (CNE/Faperj). Foi pesquisadora visitante na Universidade de Paris I – Panthéon Sorbonne e no Instituto de Ciências Sociais da Universidade de Lisboa. É autora dos livros: *O Exército na Consolidação do Império: um Estudo Sobre a Política Militar Conservadora*, publicado pelo Arquivo Nacional, e *Duque de Caxias: o Homem por Trás do Monumento*, publicado pela editora Civilização Brasileira. Co-organizou ainda o livro: *Pacificar o Brasil: das Guerras Justas às UPPs*, pela editora Alameda.

ANDRÉ ROBERTO DE A. MACHADO é professor do Departamento de História da Universidade Federal de São Paulo (UNIFESP). É doutor em História Social pela USP (2006) e realizou estágios de pesquisa (pós-doutorado) no CEBRAP, entre 2007 e 2009, na Brown University e na Harvard University, entre 2019 e 2020. É co-editor da *Revista Almanack*. Ao longo dos anos vem desenvolvendo pesquisas sobre a formação do Estado e da Nação no Brasil, estudando o processo de Independência, assim como o desenvolvimento do sistema representativo no Império. Atualmente, pesquisa as formas de trabalho compulsório dos indígenas empregados no Pará entre 1821 e 1840, bem como outras formas de trabalho forçado nas Américas.

ANDRÉA SLEMIAN é graduada em História pela Universidade de São Paulo, mestre e doutora na mesma instituição. Professora da Universidade Federal de São Paulo (Unifesp), onde leciona na graduação e na pós-graduação. Desenvolveu estágios de pesquisa na Universidade Nova de Lisboa (Portugal) e na Università di Roma "La

Sapienza". Foi professora visitante da Universitat Jaume I (Espanha), no Instituto Tecnológico Autónomo do México (ITAM), na Universidade Jean Jaurés (Toulouse), na University of Texas (Austin, EUA), na Universidad del Pais Vasco (UPV, Bilbao) e na Universidade do Espírito Santo (UFES). Atualmente é editora da *Revista Brasileira de História* (RBH).

BEATRIZ G. MAMIGONIAN doutorou-se em História pela Universidade de Waterloo (Canadá). É professora titular do Departamento de História da UFSC e pesquisadora do CNPq. Publicou o livro *Africanos Livres: a Abolição do Tráfico de Escravos no Brasil* (Companhia das Letras, 2017) e co-organizou as coletâneas *The Human Tradition in the Black Atlantic* e *The Human Tradition in the Atlantic World* (Rowman and Littlefield, 2009 e 2010), *História Diversa: Africanos e Afrodescendentes na Ilha de Santa Catarina* (Editora da UFSC, 2013) e *Revisitar Laguna: Histórias de Conexões Atlânticas* (Editora da UFSC, 2021). Coordena o Programa Santa Afro Catarina de educação patrimonial.

CARLOS LIMA JUNIOR, doutor em Estética e História da Arte pelo MAC-USP, com estágio de pesquisa pela Université de Bourgogne (França), sob financiamento da FAPESP. Pesquisador de Pós-doutorado pelo Departamento de História da Unicamp, bolsista FAPESP. Docente do curso de Especialização em Museologia, Cultura e Educação da PUC-SP. Foi curador-adjunto para a exposição Memórias da Independência no Museu Paulista da USP (2021).

CLÁUDIA MARIA DAS GRAÇAS CHAVES é doutora em História pela Universidade Federal Fluminense (UFF) e é professora e pesquisadora do Departamento de História e do Programa de Pós-Graduação da Universidade Federal de Ouro Preto em Minas Gerais (UFOP). Atua nas áreas de História do Brasil (Colônia e Império: século XVIII e XIX) e tem pesquisado e publicado sobre os seguintes temas: Economia colonial e elites mercantis; Instrução e formação de negociantes e mercadores; Administração e governo econômico; Instituições e contencioso administrativo. Atualmente é editora chefe da *Revista Almanack*.

FABRÍCIO PRADO é doutor em História da América Latina pela Emory University e professor de História da América Latina Colonial e de História do Mundo Atlântico na Universidade William & Mary, nos Estados Unidos.

Fernando Nicolazzi, graduado em história pela UFPR, com mestrado e doutorado pela UFRGS, foi professor do Departamento de História da UFOP (2008-2011) e atualmente é professor do Departamento de História e do Programa de Pós-Graduação em História da UFRGS. É coordenador do Laboratório de Estudos sobre os Usos Políticos do Passado/LUPPA e pesquisador do CNPq.

Heloisa Murgel Starling é professora titular-livre de História da Universidade Federal de Minas Gerais e coordenadora do Projeto República: núcleo de pesquisa, documentação e memória da UFMG. Historiadora e cientista política. Publicou, entre outros livros, *Brasil, uma Biografia*, em coautoria com Lília Schwartz (2015) e *Ser Republicano no Brasil Colônia: A História de uma Tradição Esquecida* (2018). Organizou *Ação e Busca da Felicidade. Hannah Arendt* (2018); *Vozes do Brasil: A Linguagem Política da Independência*, coorganizado com Marcela Telles Elian de Lima (2021). Entre seus trabalhos mais recentes estão os livros *Linguagem da Destruição: A Democracia Brasileira em Crise*, em coautoria com Miguel Lago e Newton Bignotto (2022) e *Independência do Brasil: As Mulheres que Estavam Lá*, coorganizado com Antonia Pellegrino (2022).

Ivana Stolze Lima é pesquisadora titular da Fundação Casa de Rui Barbosa e bolsista PQ2/CNPq. Possui doutorado em História pela Universidade Federal Fluminense (2000). Em 2010, concluiu pós-doutorado no Program of African Studies, Northwestern University. Autora de *Cores, Marcas e Falas: Sentidos de Mestiçagem no Império do Brasil* (Arquivo Nacional, 2003). Suas publicações mais recentes incluem as coletâneas *Marcadores da Diferença: Raça e Racismo na História do Brasil* (Editora UFBA, 2019) e *Diáspora Mina: Africanos entre o Golfo do Benim e o Brasil* (Nau, 2020).

João Paulo Pimenta é doutor em História e professor do Departamento de História da USP desde 2004. Foi professor visitante do Colegio de México, da Universidad Andina Simón Bolívar – Equador, da PUC-Chile, da Universitat Jaume I – Espanha, e da Universidad de la República – Uruguai. Especialista nos processos de independência e construção dos Estados nacionais americanos. Autor de oito livros editados em seis países, incluindo *Estado e Nação no Fim dos Impérios Ibéricos no Prata* (2002), *A Independência do Brasil e a Experiência Hispano-americana* (2015),

Tempos e Espaços das Independências (2017), *O Livro do Tempo: uma História Social* (2021) e *Independência do Brasil* (2022).

JURANDIR MALERBA é doutor em História (USP, 1997), Professor Titular Livre da UFRGS e pesquisador PQ/CNPq. Atuou em várias instituições brasileiras e foi pesquisador visitante na Universidade de Oxford (Inglaterra) e professor convidado nas universidades Georgetown (EUA) e Livre de Berlim (Alemanha), onde inaugurou a Cátedra Sérgio Buarque de Holanda de Estudos Brasileiros. Publicou dezenas de livros e artigos acadêmicos no Brasil e no exterior, entre os quais *A Corte no Exílio* (Companhia das Letras, 2000), *Brasil em Projetos* (Editora FGV, 2020) e *Almanaque do Brasil nos tempos da Independência* (Ática, 2020).

LUCIA BASTOS P. NEVES é doutora em História pela Universidade de São Paulo (1992). Professora Titular de História Moderna na UERJ. Pesquisadora do Programa Prociência da UERJ, bolsista 1A do CNPq. Bolsista "Cientista do Nosso Estado" da Faperj. Sócia Titular do IHGB. Coordenadora principal do Projeto Pronex FAPERJ/CNPq Os Caminhos da Política (2017 aos dias atuais).

PAULO CÉSAR GARCEZ MARINS Bacharel e licenciado em História, doutor em História Social e livre-docente pela Universidade de São Paulo. Professor Associado MS5-1 do Museu Paulista da Universidade de São Paulo, docente do Programa de Pós-graduação em Arquitetura e Urbanismo da FAU-USP e do Programa de Pós-graduação em Museologia da USP. Chefe do Departamento de Acervo e Curadoria do Museu Paulista da USP (2022-2024). Membro do corpo de curadores do Programa de Exposições do Museu do Ipiranga 2022. Pesquisador principal no Projeto Temático "Coletar, identificar, processar, difundir: o ciclo curatorial e a produção do conhecimento", financiado pela Fapesp (2017-2023). Membro do International Council of Museums (ICOM-BR) e do Internacional Council of Monuments and Sites (ICOMOS-BR).

RENATO VENANCIO é doutor pela Universidade de Paris IV – Sorbonne e professor do curso de Arquivologia na Universidade Federal de Minas Gerais (UFMG). Entre 2006-2008 foi consultor Científico da UNESCO, no Comitê Nacional Memória do Mundo e membro da Seção Brasileira da Comissão Luso-Brasileira para Salvaguarda e Divulgação do Patrimônio Documental – COLUSO – Conarq/Arquivo Nacional. Entre 2005 e 2008 dirigiu o Arquivo Público Mineiro, também atuando como Editor da *Revista do Arquivo Público Mineiro*. Atualmente desenvolve pesquisa a respeito da história dos arquivos e da arquivologia.

Rodrigo Patto Sá Motta é professor Titular de História do Brasil da Universidade Federal de Minas Gerais e pesquisador 1D do CNPq. Atuou como Professor visitante na Universidad de Santiago de Chile, na Universidad Nacional de Colombia, no IHEAL da Universidade de Paris III (Cátedra Simón Bolivar) e nas Universidades Nacionais Argentinas de Rosario, de General Sarmiento e de San Martín. As principais publicações são os livros: *Em Guarda Contra o Perigo Vermelho: o Anticomunismo no Brasil* (2ª ed. Edufff, 2020 – editado em inglês pela editora Sussex Academic Press, 2020, e em espanhol pela editora universitária argentina UNGS, 2019); *Jango e o Golpe de 1964 na Caricatura* (Zahar, 2006); *As Universidades e o Regime Militar* (Zahar, 2014); e *Passados Presentes: o Golpe de 1964 e a Ditadura Militar* (Zahar, 2021). Foi presidente da Associação Nacional de História (ANPUH) no período 2013-2015.

Roquinaldo Ferreira é Henry Charles Lea Professor de História da Universidade da Pensilvânia. Autor de *Cross-Cultural Exchange in the Atlantic World: Angola and Brazil during the Era of the Slave Trade* (New York: Cambridge University Press, 2012) e *Escravatura, Abolicionismo e Colonialismo em Angola: Algumas Contribuições para a Compreensão do Passado Angolano* (Luanda: Narrativa Editora, 2018).

Tâmis Parron é professor do Instituto de História da UFF, membro do Centro UFF sobre Desigualdades Globais e integrante da Cátedra Unesco sobre Desigualdades Sociais e Globais. Estuda as relações históricas entre liberalismo, escravidão e economia mundial capitalista pelas perspectivas da sociologia histórica, da teoria crítica e da história conceitual. É autor de *A Política da Escravidão no Império do Brasil* (Civilização Brasileira, Prêmio Jabuti em Ciências Humanas) e coordenador da coleção *Narrativas da Escravidão* (Hedra, eleita para o PNLD 2021). Foi Volkswagen Fellow em Harvard (2016–2017).

Télio Cravo é pós-doutorando no Max Weber Programme da European University Institute e autor do livro *Construindo Pontes e Estradas no Brasil Império* (Alameda, 2016). É doutor em História pelo Instituto de Economia da Universidade Estadual de Campinas e mestre em História Social pela Universidade de São Paulo.

Wilma Peres Costa é historiadora, professora titular aposentada da Unicamp (História Econômica). Atualmente, é professora do Departamento de História da Universidade Federal de São Paulo. Suas áreas de pesquisa gravitam em torno da relação entre o escravismo e a formação do estado nacional brasileiro, focalizando a fiscalidade, as guerras platinas, as narrativas de guerra e de viagem e a historiografia do século XIX e início do século XX. É autora, entre outros trabalhos, de *A Espada de Dâmocles: o Exército, a Guerra do Paraguai e a Crise do Império* (Hucitec, 1996) e *Cidadãos e Contribuintes: Estudos de História Fiscal* (Alameda, 2021). Atualmente pesquisa a família Taunay e seu enraizamento no Brasil no "longo" século XIX.

Formato	18 x 25cm
Tipologia	Minion Pro
Papel	Supremo Alta Alvura 250 g/m² (capa)
	Pólen Natural 70 g/m² (miolo)
Impressão e acabamento	Camacorp - Visão Gráfica Ltda.
Data	Maio de 2023

MISTO
Papel produzido a partir de fontes responsáveis
FSC® C172712